史料与史学

「战争·变革·史料」学术会议论文集

周东华　刘萍　主编

社会科学文献出版社

SOCIAL SCIENCES ACADEMIC PRESS (CHINA)

前　言

　　战争是影响人类历史发展最为重要的因素之一。近代中国的命运与战争紧密相连，战争不仅影响了近代中国的走向，也带来了一系列的社会变革。史料是历史研究的基础。近年来，史料观念发生重大转变，得益于历史档案的逐步开放，史料范围得到了广泛拓展，史料出版呈现多样化态势。具体到战争史资料方面，同样数量繁多，种类丰富，内容涵盖战争动员、战争宣传、战略战术、军工技术、武器装备、军事供给、战场救护、后方勤务、战争灾难、战争法、战争罪行等多个方面，围绕上述议题，出版了大量综合性资料和专题资料。尤其突出的是，史料类别不再局限于传统的文字史料、实物史料，大量图像史料、音像史料、口述史料等被纳入史料范围，进入研究者视野。在全球化浪潮席卷下，分藏于世界各地档案机构的相关史料也被学者搜集整理，并引入国内出版，语种上突破了传统的以汉语为主的局限，英、法、俄、日、德、西班牙、荷兰等多语种的外文资料也陆续得以翻译或影印出版。随着计算机及数字化技术的发展，历史资料在呈现、存储、检索、传递和分析、处理等方式上都发生了革命性的变化。各类文献、档案、图像、音像史料以不同方式被数字化处理，以诸如光盘、电子图书、文献数据库等方式进行存储或传输，最为便捷地为读者检索和利用。

史料范围的拓展和新史料的不断发现，为相关研究奠定了重要的史料基础，从而极大促进了战争史研究的深入和细化，在研究视角、研究方法及史料运用上都呈现出新的特点，有关战争的研究已不再局限于传统的军事史、政治史、外交史等视角，而将目光扩展至社会史、制度史、科技史、医学史、法律史等诸多领域，并向交叉学科发展，取得了显著成就。但应该看到，在史料的整理出版及利用过程中，也出现不少问题，如史料整理中的粗制滥造现象，以及史料重复出版现象并不鲜见。在史料利用中，也出现背离实事求是、有一分史料说一分话的原则，盲目夸大或贬低史料的价值，甚至出现仅通过搜索引擎搜集史料、随意拼凑史料的现象。以上种种问题，亟待学界重视并加以纠正。

2020 年 10 月 17 日至 18 日，中国社会科学院近代史研究所史料学研究室与杭州师范大学浙江省民国史研究中心共同举办了“战争·变革·史料”学术研讨会。会议共收到学术论文 30 余篇，来自北京大学、南开大学、复旦大学、杭州师范大学、中国第二历史档案馆、中国社会科学院近代史研究所等单位的 40 余名学者，围绕近代战争的发生、发展、变化、性质，战争对中国近代政治、经济、文化、社会等方面的影响，以及战争史料搜集、整理、运用等问题，进行了深入的探讨。

为了促进广泛的学术交流，我们从此次会议论文中选取 15 篇，编辑成论文集，供读者参考讨论。这些论文从不同方面探讨了战争与历史之间的关系，在一定程度上反映出目前相关研究的趋向。这些论文在研究方法、视角、观点上也许并不成熟，在史料的利用上也可能存在这样或那样的问题，希望能得到读者的批评指正。

编　者

2024 年 1 月 15 日

·目 录·

绅士无以救时：咸丰六年清廷推行团练"任官督率"的背景与意蕴

崔　岷

自太平军发动金田起事至占据南京的两年多时间里，清廷在不断调兵遣将围追堵截的同时，亦将团练视为救时良法，多次谕令各省督抚动员绅民加紧办团，以期再现嘉庆年间以其成功镇压"教匪"的明效。同时，清廷还以"特旨简派"和"京员保奏"的方式，于咸丰二年五月至三年二月委任了近三百位在籍绅士"帮同"地方官员办理团练，期望利用其熟悉地方情形且素具乡望的优势加快办团进程。不过，由于广泛兴办团练需要非同寻常的社会动员能力，而"小政府，大社会"的国家治理模式决定了政务殷繁且时需率兵防剿的地方官员难以亲身践行，繁重的团练事务往往落在奉旨帮办的在籍绅士身上，嘉道时期始终为官府掌握的团练控制权亦随之转移至钦派在籍绅士手中。

在此背景下，当随后数年团练未能发挥“御侮”作用，甚至因抗官抗粮而酿成“靖乱适所以致乱”的局面时，主导办团的钦派在籍绅士便难以避免地成为时论抨击的对象。特别是咸丰六年春夏间，因太平军连续攻破江北、江南大营，亟欲改善团练效果的清廷遂采纳军机大臣放弃钦派绅士的“任绅不若任官”之议，决定在湖北、湖南、江西、广西、河南、安徽、江苏、浙江等八个形势危急省份和直隶、山东两省要隘之处，推行由司道府县官员全面接手团练事务的“任官督率”方案。

咸丰六年“任官督率”方案的推行，意味着历经三年多的“任绅”办团后，清廷试图从钦派在籍绅士手中收回团练控制权，以期发挥团练应有的功能，从而成为嘉庆以降清廷从“顶层设计”上探索社会动员策略过程中的重要节点。学界以往论及咸丰六年清政府与太平天国的激烈对抗时，多聚焦于前者如何应对江北、江南大营相继陷落后的困局，极少注意到清廷社会动员策略的变动。[①]揭示清廷推行团练“任官督率”的背景和意蕴，不唯有助于进一步认识咸同年间团练的作用与角色，亦可加深对于晚清时期官绅关系和清廷社会动员策略的理解。

一　有名无实的“团练御侮”

还在太平军于广西境内转战期间，清廷便采纳国子监祭酒胜保和大学士卓秉恬从嘉庆年间平定“教匪”的成功经验中寻求制胜之法的建议，十分重视团练在地方防御中的作用。自咸丰二年四月太平军突入湖南至十二

---

① 关于嘉庆以降清廷以“团练御侮”为目标的社会动员策略，孔飞力的研究业已表明，清廷自白莲教起事至道光末年，始终坚持“团练的官方控制”。但对于咸丰初年清廷委任在籍绅士之举，他在提出这一策略旨在“控制”各地正在加快的办团进程后，并未跟进考察随后的情形。参见 Philip Alden Kuhn, "The T'uan-lien Local Defense System at the Time of the Taiping Rebellion," *Harvard Journal of Asiatic Studies*, Vol.27, 1967, pp.234-236；〔美〕孔飞力：《中华帝国晚期的叛乱及其敌人：1796—1864 年的军事化与社会结构》（修订版），谢亮生等译，中国社会科学出版社 1990 年版，第 45—49、58—63、148—149 页。近年，国内学者较完整地梳理了咸丰一朝清廷社会动员策略的演化过程，唯对其间清廷社会动员策略数次变动复杂内情的揭示尚欠充分。参见张研、牛贯杰《试论团练大臣与双重统治格局》，《安徽史学》2004 年第 1 期；崔岷：《游移于官绅之间：清廷团练办理模式的演变（1799—1861）》，《史学月刊》2019 年第 7 期。

月初攻占武昌，清廷先后谕令湖南、湖北、江西、河南、江苏、陕西、安徽等"贼扰"及"邻近"省份的地方官员紧急动员绅民举办团练。① 咸丰三年正月初八日，因御史王茂荫奏请令军机大臣进呈嘉庆年间《筑堡御贼疏》和《坚壁清野议》，以供"现在贼扰及邻近各省督抚按照成法，参合时宜，选派干员总理其事，通饬州县实心筹办"，② 清廷由内阁颁布上谕，令上述省份的地方官员迅速发动绅民举办团练，"或筑寨浚濠，联村为堡；或严守险隘，密拿奸宄。无事则各安生业，有事则互卫身家"。③

督促各省紧急办团的同时，清廷还加紧推广广西巡抚任用在籍绅士协助地方官员办团的模式。咸丰二年五月、八月和十一月，清廷先后委任前任湖北巡抚罗绕典、前任刑部尚书陈孚恩、丁忧侍郎曾国藩（取代罗绕典）"帮同"湖南、江西两省督抚办理团练。④ 咸丰三年正月三十日，在太平军自武昌沿江东下并接连攻克九江、安庆、芜湖，江宁告急的情形下，清廷采纳编修何桂珍"专办团练，惟有责成疆吏，兼派乡绅"的建议，⑤ 不但向形势尤为吃紧的江苏委任了前任左都御史沈岐等八位在籍绅士"会同地方官邀集众绅士，酌办团练事宜"，还责令各部院堂官及翰詹科道荐举各省公正在籍绅士倡办团练。⑥

稍后，根据十余位京员的陆续保奏，清廷在二十天内发布三十余道上谕，形成了委任在籍绅士帮办团练的高潮。连同最早委任的罗绕典、陈孚恩、曾国藩等，自咸丰二年五月至四年五月，清廷通过"特旨简派"和"京员保奏"两种方式，先后向湖南、江西、安徽、江苏、山西、直隶、山东、陕西、河南、湖北、浙江、四川、贵州、福建等十四省委任了近

---

① 详见崔岷《从御匪到救时：道咸之际清廷团练动员的兴起》，《社会科学研究》2020年第5期。

② 王茂荫：《请将筑堡御贼疏坚壁清野议饬下仿行片》，《王侍郎奏议》第3卷，顾廷龙编《续修四库全书》第500册，上海古籍出版社1995年版，第450页。

③ 《谕内阁本月上辛祈毂大祀朕引咎自责著该部及各直省刊刻腾黄宣示中外》（咸丰三年正月初八日），中国第一历史档案馆编《清政府镇压太平天国档案史料》第4册，社会科学文献出版社1992年版，第363—364页。

④ 详见崔岷《咸丰初年清廷委任"团练大臣"考》，《历史研究》2014年第6期。

⑤ 《翰林院编修何桂珍奏陈用兵之失请责成各省专行团练折》（咸丰三年正月三十日），《清政府镇压太平天国档案史料》第4册，第642页。

⑥ 《谕内阁著在京各部院官员各举各省在籍绅士办理团练如办有成效即由该督抚奏请奖励》（咸丰三年正月三十日），《清政府镇压太平天国档案史料》第4册，第646—647页。

三百位旨在协助地方官员办团的在籍绅士。①

　　至此，随着各省官军在太平军兵锋面前节节败退，清廷已将团练从两年前的一项地方防卫策略升级为用以扭转王朝命运的救时良方，同时对奉旨办团的在籍绅士寄予厚望。正如江南道监察御史李宗焘数年后的回顾所言：“自军兴以来，大将不能将将，小将不能将兵，以致匪类猖獗，民遭荼毒。”既然“官不可恃，兵不可恃”，朝廷遂“以坚壁清野之法使民团练以自卫，复命各部院堂官及翰詹科道各举在籍绅士”。② 不过，由于广泛兴办团练需要非同寻常的社会动员能力，而“小政府，大社会”的国家治理模式决定了政务殷繁且时需率兵防剿的州县官员无力遍赴四乡亲身践行，因此劝谕、捐资、练勇、浚濠、筑寨、查奸等繁重事务往往落在奉旨帮办的在籍绅士身上。这一对在籍绅士从“借助”到“借重”的情形正是太平军兴后官府被迫将绅士引入地方公事的显著表现。③

　　然而，随后数年虽不时有督抚上奏为某地防御有功的团练及其领袖请奖请恤，但中央和地方官员对于办团效果的激烈批评，不能不令清廷产生各省团练总体上“有名无实”的糟糕印象。咸丰三年八月，左副都御史周祖培奏称：“各省自奉旨以来，有团练之名，而无团练之实。即有一二处认真者，亦不过聚集乡民加以操演，而于坚壁之法并未讲求。”在他看来，最能说明团练有名无实的便是此前数月太平军在华北的所向披靡。当时河南怀庆府城被太平军围攻两月之久，与其接壤的山西垣曲县和相隔不过二三百里的绛县、曲沃县“果使实行团练，寨堡林立，且举步皆难，何至怀庆解围未及旬日而连陷数城，如入无人之境？”④ 两个月后，安徽学政孙铭恩亦对各省办团效果提出类似批评：“近日外省无处不团练，而真团练者

① 详见崔岷《咸丰初年清廷委任“团练大臣”考》，《历史研究》2014 年第 6 期。

② 《江南道监察御史李宗焘奏为敬陈在籍绅士办理团练利弊请旨申谕各省严查各弊端事》（咸丰朝），中国第一历史档案馆藏宫中朱批奏折（以下简称“朱批奏折”），04/01/19/0059/008。

③ 〔美〕张仲礼：《中国绅士——关于其在 19 世纪中国社会中作用的研究》，李荣昌译，上海社会科学院出版社 1991 年版，第 57、70—71 页；杨国强《论晚清中国的绅士、绅权和国家权力》，《华东师范大学学报》（哲学社会科学版）2011 年第 1 期。

④ 《周祖培请饬各省核实团练设立堡寨各绘图说折》（咸丰三年八月二十日），中国第一历史档案馆编《清政府镇压太平天国档案史料》第 9 册，社会科学文献出版社 1993 年版，第 353—354 页。

十仅一二，余皆纸上只谈，有名无实。"①

相较于团而不练、虚应故事，更令官员们难以接受的是团练从"靖乱"到"致乱"的角色崩塌。正如翰林院侍读孙鼎臣所言："团练，用民以御贼也，今乃变民为贼。其与夫始意，岂不甚刺谬哉？"②作为当时团练"致乱"的重灾区，山东办团不过数月，各地团练便呈现出令官府疑惧的发展势头："里长、武生、文童、职监以及吏胥、钳徒、下贱，自跻于绅，挟众以号令一邑，肆其贪暴，生杀由之。"③当年十月，到任不及半载的巡抚张亮基便注意到"兖、沂、曹各属风气大为刚劲，往往睚眦杀人"。④至咸丰四年二月，他更是忧心忡忡地奏报东省"或十余庄为一团，或数十庄为一团。枪炮军械无物不备，一呼百诺，千人之众，指挥立聚，渐成官弱民强之势"。⑤

在同为畿辅屏障的河南，本应"保卫乡间"的团练亦对地方官府构成严重威胁。巡抚英桂在咸丰五年五月的一份奏报中写道，河南自咸丰三年遭太平军攻袭后，"地方奉行团练，原以保卫乡间，捍御寇盗。乃刁悍之徒往往借团练为名，暗相勾结，始则敛钱聚众，希图抗纳钱粮，继而抗官围城，居心尤为叵测。大河南北新、卫、辉三县以及开封、许州、河南三属屡相煽惑，几于遍地皆然。而其中辉县、新乡、获嘉三县刁徒凶悍尤甚，竟至固结死党，胁众万余，明目张胆，树立旗帜。其势日张，形同叛逆"。⑥

在较早开始办团的广西，提督惠庆用"阳为团练之民，阴行盗贼之

---

① 《孙铭恩奏复劝谕筹办团练情形折》（咸丰三年十月二十四日），中国第一历史档案馆编《清政府镇压太平天国档案史料》第10册，社会科学文献出版社1993年版，第635—636页。

② 孙鼎臣：《论兵三》，盛康辑《皇朝经世文续编》第81卷，沈云龙编《近代中国史料丛刊》（844），台北，文海出版社1972年版，第2264页。

③ 《山东军兴纪略》第22卷，中国史学会编《中国近代史资料丛刊·捻军》第4册，上海人民出版社1957年版，第419页。

④ 《张亮基恭报到任日期并陈现在地方情形由》（咸丰三年十月二十二日），中国第一历史档案馆藏军机处录副奏折（以下简称"录副奏折"），03/8554/072。

⑤ 《山东巡抚张亮基奏为密陈东省办理催征钱漕实在情形事》（咸丰四年二月初十日），朱批奏折，04/01/01/0856/031。

⑥ 《河南巡抚英桂奏为接奉廷寄察看河北三府情形裁撤联庄会等由》（咸丰五年五月二十七日），录副奏折，03/8915/014。

事。未见团练之利，先受团练之害”来描述团练的角色崩塌。他在咸丰四年三月的奏报中说："有如今日者，南宁一带团练或借捕匪以掠财，御暴为暴；或因争利而械斗，以团击团。其始寻仇报怨，残害者不过数村。其后招匪助凶，焚掠者几遍通邑。所过乡村，有不从者，不独掠其资财，并掳及耕牛、妇女，不独焚其房舍，并搜及岩穴深林，使之无所容身，不得不从贼求活。"①

　　除朝臣和地方大吏外，在一般乡绅和基层官员的亲历描述中，亦时见对办团效果的不满和担忧。举人汪士铎在咸丰五年初注意到，办团一事往往"富者不出财，欲均派中户。贫者惜性命，欲借贼而劫富家。中户皆庸人，安于无事，恐结怨于贼。为官所迫，不得已，以布旗一面搪塞，官去则卷而藏之"。②又如赴山西任职的黄辅辰途经湖南时对于常德府团练的描述：知府"迫于上官之命，于城厢内外遍插'奉宪团练'旗帜，究竟实无其事。上官奉旨饬行，不得不转谕属吏，亦明知力不能办，办亦不足恃，不过遍行一纸空文以塞责"。③咸丰六年正月，生员王闿运在致信曾国藩时亦表达了对湖南办团效果的失望："今自倡行乡团之说，民无盗贼之累，而先有团费之扰。一甲出谷数十石，一邑一岁率敛谷数千石。人置竿木，家悬布旗，号为一团。强而后入籍，未聚而求散。此微论贼至一夫妄号而千团瓦裂矣，故团之效可昭昭而睹然。"④

　　至于团练反为乡里之患的情形，汪士铎同样感受颇深，是以写下"团练者，收罗本地土匪弹压邻乡土匪也"的激愤之语。⑤在湘乡知县任上主张"欲卫闾里，非团练乡兵不可"的朱孙诒亦承认："民间疾苦，困于贼者难堪，困于团练者亦甚。借团练以科敛钱谷者无论，已有名为团总而实通贼者。不惟乡闾仰其鼻息以图保身家，即地方官亦听其指挥以苟全性命。有借充团总而

① 惠庆：《奏陈粤西团练日坏亟宜挽救疏》（咸丰四年），盛康辑《皇朝经世文续编》第82卷，沈云龙《近代中国史料丛刊》（844），第2474—2475页。
② 邓之诚辑录《汪悔翁（士铎）乙丙日记》第3卷，沈云龙编《近代中国史料丛刊》（126），台北，文海出版社1967年版，第117页。
③ 黄辅辰：《戴经堂日钞》，中国科学院历史研究所第三所编《太平天国资料》，科学出版社1959年版，第55页。
④ 王闿运：《与曾侍郎言兵事书》，《湘绮楼文集》第2卷，沈云龙编《近代中国史料丛刊》（594），台北，文海出版社1970年版，第128页。
⑤ 邓之诚辑录《汪悔翁（士铎）乙丙日记》第2卷，沈云龙编《近代中国史料丛刊》（126），第62页。

大获重利者，其始将微物以饵地方官，其后遂挟制地方官以鱼肉乡民。甚至自相雄长，生势忿争，又或率其党羽公然为盗。种种流弊，莫可名言。"①

二　问责钦派绅士与"任官督率"方案的提出

面对团练从救时良方到有名无实的巨大反差，京内外官员纷纷开始反思问题的根源所在。他们在归咎于积弊丛生的地方吏治和团长、团总借团营私的同时，②还分别从传统的"治人"与"治法"理念出发，主张严厉问责专职办团的钦派在籍绅士。

一些官员抨击钦派在籍绅士办团过程中的渎职和以权谋私，并由此主张对其加强官府监督。太平军于咸丰三年五月底自河南氾水、巩县一带渡过黄河后，作为畿辅重地的直隶"尤当思患预防"。但到八月时，奉天府府丞张鏴注意到该省"捐输团练尚多观望"，众多奉旨办团的在籍绅士"是否办理业有成效，亦未见详细奏闻"。他奏请清廷督饬直督讷尔经额就"捐输是否踊跃、团练是否得法"等责令办团之在籍绅士限期查明具奏，并令当初保奏该绅士等的京员秉公稽查。③未料四个月后，张鏴发现直隶仍不过"间有一二州县实力奉行，而办者十一，不办者十九"。④

鸿胪寺少卿倪杰则看到了钦派在籍绅士如何在办团期间以权谋私。他在咸丰三年十月的奏折中揭露说："各省举行团练，诚因地方官经理耳目难

---

① 《朱孙诒》，赵尔巽等撰《清史稿》第 39 册，中华书局 1977 年版，第 11814 页；朱孙诒：《团练说》，《团练事宜》，沈云龙编《近代中国史料丛刊三编》（550），台北，文海出版社 1990 年版，第 17—18 页。

② 前者如《周祖培请饬各省核实团练设立堡寨各绘图说折》（咸丰三年八月二十日），《清政府镇压太平天国档案史料》第 9 册，第 353 页；《河南巡抚英桂片》（咸丰五年九月十九日），录副奏折，03/8915/041；邹钟：《东省筹防疏》，《志远堂文集》卷 2，济南德华堂光绪十二年刻本，第 18—19 页。后者如《孙铭恩奏复劝谕筹办团练情形折》（咸丰三年十月二十四日），《清政府镇压太平天国档案史料》第 10 册，第 635—636 页；孙鼎臣：《论兵三》，盛康辑《皇朝经世文续编》第 81 卷，沈云龙编《近代中国史料丛刊》（844），第 2264 页；掌河南道监察御史范承典：《豫省抗粮众案多请饬整顿由》（咸丰四年十月二十日），录副奏折，03/8915/013。

③ 《奉天府府丞兼学政张鏴请饬直隶督臣实力奉行捐输踊跃团练等事》（咸丰三年八月初八日），录副奏折，03/4235/067。

④ 《奉天学政张鏴奏请严饬直省督抚三月之内办理团练事》（咸丰三年十二月十三日），录副奏折，03/4196/086。

周，致多吏胥骚扰情弊，所以责成该绅士协力董办。"但钦派在籍绅士办团时骚扰更甚，往往"不分贫富，概行索派。甚至阳假团练之名，阴为渔利之计，扰累乡闾"。对此，他亦主张由各省督抚对钦派在籍绅士随时访查，若"该绅士等有勒派侵渔之处，必当据实参奏"。①

考虑到团练在当时地方防御体系中的重要性，钦派绅士的渎职和以权谋私被认为直接导致了地方防御的崩溃。张鏴便指控正是由于直隶钦派绅士办团不力，"贼匪经过之区，无不惨遭蹂躏"。幸而天津素有火会，"贼锋少挫，不致扰及京师"。②倪杰则认为各省钦派绅士的以权谋私"不特于捍御之道毫无裨益，且恐乡里居民有苦于诛求而无告者，殊负圣主为民御患之至意"。③

另一类声音则指责钦派绅士在办团过程中不时侵入地方官员的权力空间，并由此发出将团练改为"任官督率"的呼吁。相对前述从个人道德角度指责钦派绅士假公济私的声音，此方向的批评指向了清廷的团练动员策略这一"治法"上。

咸丰四年三月，广西提督惠庆率先发难，向清廷指控该省两位办团在籍绅士的越权行为。他将广西团练"流弊无穷，实为别省所无"的根源归咎于总办全省团练的龙启瑞和朱琦，控诉他们"擅作威福，遇事把持。是其党则虽莠亦良，非其党则虽良亦莠"，并就此提出撇开在籍绅士、团练"只可官为经理"的建议。④同年十一月，安徽巡抚福济指责该省钦派在籍绅士"往往借团练之名，擅作威福。甚且草菅人命，攘夺民财，焚掠村庄，无异土匪。地方官不敢过而问者，以其假托钦差之名，不受牧令约束"，从而以"州县官职虽卑，土地、人民责任极重，必须事权统一，斯能纲举目张"为由，奏请将钦派在籍绅士由地方官节制差委。⑤

---

① 《鸿胪寺少卿倪杰奏为敬陈各省办理团练扰累乡闾请饬各直省督抚随时访查据实参奏以恤民隐事》（咸丰三年十月十九日），朱批奏折，04/01/12/0479/073。

② 《奉天学政张鏴奏请严饬直省督抚三月之内办理团练事》（咸丰三年十二月十三日），录副奏折，03/4196/086。

③ 《鸿胪寺少卿倪杰奏为敬陈各省办理团练扰累乡闾请饬各直省督抚随时访查据实参奏以恤民隐事》（咸丰三年十月十九日），朱批奏折，04/01/12/0479/073。

④ 惠庆：《奏陈粤西团练日坏亟宜挽救疏》（咸丰四年），盛康辑《皇朝经世文续编》第82卷，沈云龙编《近代中国史料丛刊》（844），第2474—2475页。

⑤ 《福济奏报各邑绅士借团练之名草菅人命请归州县节制片》（咸丰四年十一月初四日），中国第一历史档案馆编《清政府镇压太平天国档案史料》第16册，社会科学文献出版社1994年版，第209页。

在两人看来，承担办团使命的在籍绅士严重妨害了地方官员的权力行使，不仅导致团练流弊无穷，更将从根本上动摇官府对基层社会的统治。这意味着，官绅关系已恶化至不再是个别官员与绅士间的利益纠葛，[①]而是地方官僚集团与上层绅士集团之间足以引发地方权力结构变动的冲突。不过，此时距离推行在籍绅士协助地方官员办团的策略仅一年有余，清廷尚无意遽行放弃。[②]直至咸丰六年春夏间，以江北、江南大营相继陷落为标志的军事重挫使如何改善团练效果成为一时之急务，加之朝中大员奏请切实举行团练，并将此前办团效果不佳归咎于钦派在籍绅士，清廷始尝试从后者手中收回团练控制权。

五月二十五日，吏部右侍郎沈兆霖奏请各省"实行"团练，并提出类似皖抚福济的旨在加强对钦派在籍绅士控制以改善团练效果的主张。他首先申明，在当前军事行动遭遇严重挫败的情形下，办理团练仍为急务："军兴以来，已逾七载，劳师糜饷，迄无已时。兵勇骄惰成习，几不可用……为今之计，惟实行民团，庶无俟增兵益饷，而贼坐受其困。"随即便是对钦派在籍绅士的批评："咸丰二年奉旨饬各省在籍绅士举行团练后，何尝不遵旨奉行。而所办或苟且塞责，或雇勇充数，甚且有借端科敛、恃众抗粮，从而滋弊者。此种团练不唯无益，害且甚巨。"为此，沈兆霖一面奏请饬令江南、安徽、江西、浙江、湖北、湖南各省加紧实力办理团练，一面强调这一过程须由地方大吏对办团在籍绅士严密纠察，对其"贪诈者黜之，因循者易之"。[③]

两天后，军机大臣文庆提出了更为激进的放弃在籍绅士、由地方官员单独办团的"任官督率"方案。他将军事失利直接与团练"无效"联系起来："自粤匪窜扰长江，即经奉旨通行团练。数年以来，不少得力之处，而

---

① 瞿同祖：《清代地方政府》，范忠信、晏锋译，法律出版社 2003 年版，第 326—330 页。
② 《寄谕劳崇光著妥筹团练并著拣派贤员督率绅耆会办》（咸丰四年三月二十三日），中国第一历史档案馆编《清政府镇压太平天国档案史料》第 13 册，社会科学文献出版社 1994 年版，第 388—389 页；《谕内阁著各省督抚严参借办团练营私扰累之绅士》（咸丰四年十一月初十日），《清政府镇压太平天国档案史料》第 16 册，第 266—267 页。
③ 《吏部右侍郎沈兆霖请饬用兵各省实行民团自保事》（咸丰六年五月二十五日），录副奏折，03/4244/031。

视为具文者亦属不少。统兵诸臣分道进剿，斩获无算，而贼氛飘忽，防不胜防。往往此报收复而彼报失陷。滨江郡邑，旋得旋失，良将劲兵，首尾驰□，常有顾此失彼之虞。贼愈杀而愈多，兵益分而益少。此非战阵之不力，实团练之无效也。”①

将军兴以来“贼愈杀而愈多”归咎于“团练之无效”而非“战阵之不力”，似不应简单地视为替统兵诸臣开脱，其真实心态恐怕是对团练寄予厚望后的无比失落。不过，文庆并不认为这是团练本身的问题，“视为具文”一词便很能反映其认识：团练“实为至善不易之法”，责任实在办团者身上。他相信，若“团练得力，则人自为战，家自为守”。②由文庆代奏其折的户部主事、军机处章京王锡振亦认为，之所以军兴以来团练“或行之无效，或行之小效”，“大抵皆由未能齐力认真办理”。③

将矛头指向钦派在籍绅士后，文庆这样评价他们在办团过程中的形象：“实心者每患权轻，喜事者有同儿戏。或保举不洽舆情，或经费难于持久。甚至土豪劣董借名科敛，既无实济，且启乱萌。一旦有警，贤者尚知效劳，不肖者相率溃逃，甚至有奉旨办团之巨绅而潜踪他处。”既然在籍绅士办团无论“实心者”还是“喜事者”均有弊端，文庆由此断定，办理团练一事，“任绅不若任官也”。④

这“任绅”中的“绅”正是咸丰二三年间清廷委任的那些以办团为使命的在籍绅士。在文庆看来，此前三年的办团策略为“以绅率绅”，即以钦派的在籍绅士领导一般由举人、生员担任的团长、团总。如今应一变而为“以官率绅”，即以地方官员直接领导团长、团总，如此便不会再有钦派在籍绅士与地方官员的相互掣肘，团练方能无害并发挥其应有的御侮作用。为此，他主张“仿唐时刺史带团练之制”，各省以按察使和道员兼“督办团练”衔，知府和直隶州知州兼“办理团练”衔，共同统率州县官实力办团。对于地方辽阔、司道不敷分辖之省，准许添设三四品官员分督

---

① 《军机大臣文庆奏为请实行团练由》（咸丰六年五月二十七日），录副奏折，03/8560/004。
② 《军机大臣文庆奏为请实行团练由》（咸丰六年五月二十七日），录副奏折，03/8560/004。
③ 《军机大臣文庆奏为代军机章京王锡振奏请各省因地制宜酌量采纳团练各条事》（咸丰六年五月二十七日），录副奏折，03/4244/033。
④ 《军机大臣文庆奏为请实行团练由》（咸丰六年五月二十七日），录副奏折，03/8560/004。

团练，并照司道例亦兼"督办团练"衔。①

显然，文庆的方案旨在从钦派在籍绅士手中收回他们对于团练的实际控制权，从而回归嘉道年间的官办旧法。另一值得注意之处是，此方案试图依据办团地方官员在官僚系统内的等级，划定其在团练事务上的隶属关系，即形成"督办团练"（司道）—"办理团练"（知府、直隶州知州）—州县官的团练控制系统，显示出此前三年办团所缺乏的制度化和正规化。

面对令人失望的办团效果，急于利用团练救时的清廷立即采纳了文庆的"任官督率"方案。文庆上奏当日发布的一道上谕宣称：

前因粤匪肆扰，叠次谕令各直省举行团练，并刊刻明亮、德楞泰《筑堡御贼疏》，龚景瀚《坚壁清野议》，颁行各省。数年以来，颇有奉行得力之处，而视为具文者亦复不少。本日据文庆等奏，实行团练，任官督率，酌拟整顿事宜数条……朕详加披览，于现在防剿机宜颇中切要……现在湖北、湖南、江西、广西、河南、安徽、江苏、浙江或被贼窜扰，或逼近贼氛，自应赶紧举行团练。其河南之归德、江苏之徐州等属为捻匪出没之区，及直隶、山东要隘处所，均应一律举行。著各该督抚各就地方情形，酌量办理。司道府州既各有团练之责，固当择贤而任。至州县为亲民之官，团练起于州县，民心之向背视州县之贤愚，亦非碌碌庸才所能胜任。该督抚等办理此事，当以得人为先务。著将拟办章程先行具奏。②

此时的清廷似乎已将地方官单独办团将导致吏胥假手和无力兼顾团务的问题抛之脑后，转而相信新的"任官督率"方案可避免此前官绅合作办团的弊端，又特别向"被贼窜扰"和"逼近贼氛"的十省督抚强调遴选司道府州官员时务必"以得人为先务"，可谓既有"治法"，又有"治人"，

① 《军机大臣文庆奏为请实行团练由》（咸丰六年五月二十七日），录副奏折，03/8560/004。
② 《寄谕各省督抚各就地方情形酌量办理团练保甲事宜》（咸丰六年五月二十七日），中国第一历史档案馆编《清政府镇压太平天国档案史料》第18册，社会科学文献出版社1995年版，第441—442页。

势将一扫此前团练有名无实的颓势。亦需看到，“各就地方情形酌量办理”的指示，实际上沿袭了道光末年为“防夷”而在沿海各省办团时提出的“因地制宜”理念，① 反映出清廷在基层社会动员问题上急于寻求一种完美良法的同时，在具体实施上亦不无务实灵活的一面。

三　十省督抚的变通与迁延

清廷谕令十省督抚实施“任官督率”办团并先行奏报拟办章程后，从当年七月至咸丰七年三月，陆续有山东、直隶、安徽、河南、江苏五省督抚复奏。尽管其间清廷多次降旨催促，湖北、湖南、江西、广西、浙江五省督抚始终迁延未奏。值得注意的是，复奏章程的五省督抚均对清廷颁布的“任官督率”方案谋求“变通办理”，特别是其中三省督抚皆不欲为司道府州官员另设“督办团练”和“办理团练”头衔。

七月十八日，为加强河南、山东境内黄河渡口的防御，同时考虑到江南至山东山、湖两路无险可守，清廷指示两省应“择要先行团练，借民力以防河”，并要求东抚崇恩与奉旨办理河南防河的左副都御史王履谦就办团一事“妥议章程，先行具奏，不得视为具文”。② 但崇恩已于七月十三日上折，成为首位向清廷复奏“任官督率”办团计划的地方大吏。

在复奏中，崇恩将钦派在籍绅士取代了地方官员在团练控制上的主导地位视为山东团练抗官抗粮之案频发的关键，但对于“任官督率”方案并不完全认同。这一方面是由于“司道府州虽均有督办团练之责，而所辖地方辽阔，未能周历其地，与民相接”，因而“督办团练”和“办理团练”不过虚衔，“无裨实济”。③ 另一方面，州县官的操守也让人难以看好“任官”办团的前景：“果有清真之吏，不必条教号令，侈言王道，但于漕米钱粮取民有节，词讼盗贼缉审勤明，以其经营家室之精神思虑，分其半以及民，即已属好官。”但眼下山东“廉明之吏本未易得。

---

① 详见崔岷《倚重与警惕：1843 年的团练“防夷”之议与清廷决策》，《史学月刊》2018 年第 11 期。
② 《清文宗实录》第 204 卷，咸丰六年七月癸酉，中华书局 1987 年影印版，第 216 页。
③ 《山东巡抚崇恩奏为接奉廷寄筹办团练》（咸丰六年七月十三日），录副奏折，03/8560/008。

近年捐例叠开，仕途冗杂，勤朴廉能之吏百不获一"。因此，崇恩虽然未敢违抗"于要隘处所一律举行"的谕令，表示拟于尚未撤防的曹州府和济宁州认真办团，但出于对当地州县官员的不信任，他计划从其余十府州的州县官中择其"不事奔竞、不蹈巧诈者"酌量调补曹、济，以保证办团效果。①

相比崇恩，直隶总督桂良的变通仅涉及不拟为司道府州官员设立办团专衔。在八月二十一日的复奏中，他鉴于直隶和山东同为仅于要隘处所办团的省份，拟在与河南接壤之大名、广平两府和濒临运河之天津、河间两府实施，并责成四地道府督率办理。平日由州县官承担具体办团事务，道府官员则对每村每乡可集若干团，每团可练若干勇，其技艺如何演习以及如何加以约束等事宜"亲历周查，相机督办"。不过，桂良对"任官督率"方案中为司道府州官员另加"督办团练"和"办理团练"头衔提出异议，"盖司道府州本有统率之责，督办团练亦系该有司分内之事，似可毋庸再加团练虚衔"。②

十月初七日复奏的皖抚福济虽表示将遵奉清廷指示，拟将司道官员加"督办团练"衔、府州官员加"协理团练"衔，但又有所创制，于"督办"之上增加了"调度"一级。他将全省十三府州划分为两片区域，安庆府、庐州府、六安州、滁州、和州、凤阳府、颍州府、泗州等八府州的团练办理归按察使与庐凤道分统稽查，由其亲自调度；徽州府、宁国府、池州府、太平府、广德州等五府州的团练办理归徽宁道统理稽查，由时驻徽宁之已革江西巡抚张芾（由福济奏调在皖帮办军务）调度，以期"彼此各有专责，庶免顾此失彼之虞"。③

江督怡良和苏抚赵德辙的变通，亦是在遵行为司道府州设立办团专衔的基础上对其加以微调。两人在咸丰七年三月的联衔复奏中将江苏除海州外的十一个府州厅划分为六片区域，分别由臬司、一位盐运使、两位道

---

① 《山东巡抚崇恩奏为接奉廷寄筹办团练》（咸丰六年七月十三日），录副奏折，03/8560/008。
② 《直隶总督桂良奏报遵旨筹办团练事宜等情形事》（咸丰六年八月二十一日），录副奏折，03/4236/049。
③ 《安徽巡抚福济奏呈皖省拟办团练章程折》（咸丰六年十月初七日），《清政府镇压太平天国档案史料》第18册，第678页。

员、两位委员和两位知府督办，且均加"督办团练"衔。其中，在臬司和盐运使督办的地区，相关道府州官员作为"协理"；由委员和道员督办者，该管知府作为"协理"；由知府督办者，该管同知作为"协理"。上述作为"协理"的道府州同官员均加"协理团练"衔。① 这一方案的变通之处在于不但在司道府州之外增添了两位委员，还将拟加"督办团练"和"办理团练"衔的官员范围加以扩展，分别从司道增至司道府州，从府州增至道府州同。

其间变通程度最大者应属豫抚英桂拟定的办团计划。在十一月十二日的复奏中，他首先以省内各处民情不一，若"即行之，利弊各判"为由，主张局部办团，反对将河南列入需要通省办团的八个省份之一。其中，曾发生严重团练抗粮事件的开封府、彰德府、怀庆府、卫辉府和许州甫将团练一律解散，不宜再办。民情素称淳朴且非近敌之区的河南府、陕州和汝州若强行办团，势必烦扰绅民，且恐无裨于事。只有习俗刚强且此前办团较为认真的归德府、陈州府、南阳府、汝宁府和光州可继续施行。其次，对于拟办团的归德等五府州，英桂也提出了相关官员不宜另加团练虚衔、"以昭覆实"的主张。他认为，藩臬两司"事务较繁，势难逐处亲身督办"，道府州"团练地方，均其所属，无虑呼应不灵"，只需督饬州县官"董率团练，约束操练，示以恩信，随时激励"，当足可"御外侮而保桑梓"。②

面对五省督抚涉及调整办团区域、人员和抵制办团专衔的不同变通方案，在五月二十七日上谕中即指示各省"各就地方情形酌量办理"的清廷并不加以干涉，只需满足"官为督率"的基本前提，便一律批准且不附加其他指示。这一务实灵活的态度突出地体现于对崇恩不欲司道府州兼领办团专衔和向办团地区调补州县官员计划的批复："所奏系就该省情形而论。各直省形势不同，用兵省分更非山东可比。"③ 此外，对直督、豫抚、皖抚

---

① 《两江总督怡良江苏巡抚赵德辙奏为遵旨筹办团练等情形事》（咸丰七年三月十二日），录副奏折，03/4236/090。

② 《河南巡抚英桂奏为豫省遵旨举行团练各属就地方情形分别办理事》（咸丰六年十一月十二日），朱批奏折，04/01/01/0858/078。

③ 《清文宗实录》第204卷，咸丰六年七月丁丑，第219页。

和江督的变通方案亦示以"著照所奏奉行"。①

　　与山东等五省督抚的变通不同，尽管清廷谕令按"任官督率"方案办团后又屡催相关督抚尽快反馈，湖北、湖南、江西、广西、浙江五省督抚却始终未予复奏。还在咸丰六年七月批复东抚崇恩的变通方案时，清廷即谕令其他九省督抚迅速复奏照所拟之办团章程，"毋得视为具文，致涉延缓"。②其后又在二十余天内先后催促战况紧急的湖北、江苏、安徽三省督抚于督师进剿的同时留心选择贤能大员，按照"任官督率"方案迅速实力办团。③十月十三日批复皖抚福济的复奏后，清廷又向其余七省督抚发出警告："各省情形不同，尚有未经奏复者。该督抚等仍各妥为酌拟，将办理章程迅速具奏，毋涉玩延。"④但此后直到次年，也仅有河南、江苏两省督抚复奏了办团计划。

四　结语

　　咸丰六年"任绅不若任官"主张的出现和"任官督率"办团方案的提出，是一次由各省办团效果不佳引发的并不十分成功的"正式权力"的回收尝试。在咸丰三年各省大规模办团后针对团练效果的问责声中，既有对地方官渎职和团长、团总贪婪的指斥，亦有将钦派在籍绅士的以权谋私和侵夺官权行为视为团练效果不佳的重要原因。这一情形促使急于改善团练效果的清廷从相对易于调整和见效的"治法"入手，在咸丰六年春夏军事行动严重受挫的背景下，尝试对委任在籍绅士办团这一"顶层设计"进行

---

① 见桂良和英桂两份奏折末尾的批语（"著照所奏奉行"和"知道了"）及针对福济和怡良方案所发布的上谕。《直隶总督桂良奏报遵旨筹办团练事宜等情形事》（咸丰六年八月二十一日），录副奏折，03/4236/049；《河南巡抚英桂奏为豫省遵旨举行团练各属就地方情形分别办理事》（咸丰六年十一月十二日），朱批奏折，04/01/01/0858/078；《谕内阁著照福济所议办理安徽团练并著各省督抚将办理章程具奏》（咸丰六年十月十三日），中国第一历史档案馆编《清政府镇压太平天国档案史料》第19册，社会科学文献出版社1995年版，第13页；《谕内阁著江苏在任各官员分别督办各处团练》（咸丰七年三月二十一日），《镇压档》第19册，第288页。

② 《清文宗实录》第204卷，咸丰六年七月丁丑，第219页。

③ 《寄谕湖广总督官文等著实力进剿早克武汉并择贤员督办团练》（咸丰六年七月二十三日），《清政府镇压太平天国档案史料》第18册，第549页；《清文宗实录》第204卷，咸丰六年七月己卯，第222页；《清文宗实录》第205卷，咸丰六年八月己亥，第239—240页。

④ 《谕内阁著照福济所议办理安徽团练并著各省督抚将办理章程具奏》（咸丰六年十月十三日），《清政府镇压太平天国档案史料》第19册，第13页。

调整，收回在办团过程中转移至钦派绅士手中的团练控制权，从而回归嘉道年间“任官”办团的旧法。① 此举意味着，在团练效果令人失望却依旧被视为救时良法的同时，在籍绅士一度被判定难以承担救时的使命。

吊诡的是，清廷推行的“任官督率”方案并未得到督抚们的积极响应。尤应注意者，山东、直隶及河南督抚“毋庸再加团练虚衔”的主张意味着部分地方官员并不希望在团练事务上投入过多精力，而东抚崇恩关于州县官员中“勤朴廉能之吏百不获一”的判断恐怕既属实情，也绝非山东一省的情形，加之湖北等五省督抚的迁延不报，表明此前数年地方官员对钦派绅士虽多有不满，完全抛开后者也未必是其所乐见。由此，责重事繁的“办理团练”务须统合官绅之力仍属多数官员的共识，关键在于如何实现资源和权力的平衡：既能发挥在籍绅士和地方官员在整合地方资源方面的各自优势，又可最大限度地减少官绅之间的事权之争。

咸丰二年至六年清廷对团练控制权的下放与收回反映出近代中国在地方动乱频仍、统治秩序不断面临严峻挑战的情形下，国家在倚赖何种力量迅速实现社会动员问题上左右为难的困境。太平天国的空前威胁使得清廷相信积弊已久的地方官僚系统无力单独应对，转而求助于作为地方上层精英的在籍绅士，通过赋予其原本由地方官员独享的“正式权力”，利用官绅合作的方式，动员民众组建团练并达到御侮救时的目的。然而，在中外官员的严厉问责后，清廷又认定在籍绅士难以承担社会动员的使命，试图重回由地方官员主导社会动员的老路。这一对在籍绅士从借重到放弃的转变以一种特殊的方式揭示出清代官绅关系的两重性：以其地方性而天然不同于国家权力的绅权既能与官权合作，二者亦无可避免地具有相冲突的一面。②

（崔岷，南开大学历史学院教授）

---

① 关于嘉道年间的“任官”办团模式，参见〔美〕孔飞力《中华帝国晚期的叛乱及其敌人：1796—1864年的军事化与社会结构》（修订版），第45—49、58—63页。
② 关于清代绅权与官权的关系，参见〔美〕萧公权《中国乡村：论19世纪的帝国控制》，张皓、张升译，台北，联经出版事业股份有限公司2014年版，第372—377页；〔美〕张仲礼：《中国绅士——关于其在19世纪中国社会中作用的研究》，第73—74页；瞿同祖：《清代地方政府》，第327—329页；杨国强：《论晚清中国的绅士、绅权和国家权力》，《华东师范大学学报》（哲学社会科学版）2011年第1期。

世界史视野下的龚振麟铁模铸炮技术优劣探析[*]
——以图像、文献、表格为中心

刘鸿亮　张媛媛

在飞机、坦克和核武器被人类发明和用作兵器之前的很长时间内，船炮一直是代表中西方核心军事技术的主战兵器及杀伤兵员的利器，其强弱是衡量一个国家军事力量的重要尺度。在二者中，又以造船为先务。时至中国近代史的开端——鸦片战争时期，处于传统农业经济发展阶段的晚清军事技术的总体水平大致在前火器科学阶段向常规火器科学阶段的过渡期，仅相当于欧洲 17 世纪"风帆时代"（Age of Sails，1650—1850）的初期水平，已经连续错失欧洲 16—17 世纪、18 世纪后期至 19

---

* 本文为 2023 年度河南省高等学校哲学社会科学基础研究重大项目"技术史视野中的近代中国海军'盛衰史'研究"（项目号：2023-JCZD-12）、2022 年度河南省教育厅古籍整理研究项目《演炮图说》（1841）、《演炮图说辑要》（1843）、《演炮图说后编》（1851）三本古籍中的图录与解读"阶段性成果。

世纪初期的军事技术革命，军事装备仍是冷热兵器混用，这是清军不敌外国侵略军的时代背景。而侵华英军火炮技术水平处于常规火器科学阶段向火器科学革命阶段的过渡期。不过，令人惊奇的是，当时中国制炮技术虽因没有发生工业革命而呈现出整体落后的态势，个别单项技术却呈现出一些亮点。亮点之一是铸炮工匠把明清以来的复合金属炮传统发扬光大。其代表是浙江嘉兴县县丞龚振麟（？—1862）于 1841 年 8 月在镇海炮局发明的铁模铸铜铁炮技术。当时亲历其事的中西人士都给予了相当高的评价。英国学者李约瑟曾评论道："龚振麟在这个时期完成的一项重大的铸造发明，比西方使用这项发明早大约 30 年。"[①] 也有中国学者评论道："此技术是中国火炮史上一个伟大创造，也是世界兵器史上一件十分了不起的事件。"[②] 但在此赞誉背后，我们也产生了诸多疑问：中国人在此时期为什么能创新铸炮法，此炮型与侵华英军的卡龙炮型为什么会如此相似，二者相比优劣如何？为何此炮型未能在浙东战场上发挥些许作用，为何没有在此后的中国铸炮史上发扬光大，到底是什么因素阻碍了其性能的发挥和工艺的传承？由于缺乏交叉学科等的辅助，相关研究一直徘徊不前（笔者也曾撰文，但仍亟待深入[③]）。本文借助中英当事者的史料、对中国境内遗留的中西铁模炮的调研和炮身的材质金相鉴定，破解其谜团，也希冀深化近代中西军事技术交流史以及技术社会史的研究。

一　龚振麟发明铁模铸炮技术的各种物质条件凭借

龚振麟，福建光泽（今建安）人，后徙居江苏，为长洲县监生，候补知县。年轻时，素有巧思，且具有革新思想，对西方的算术、火器有一定的研究。1829 年 2 月 2 日（道光八年十二月二十九日）署浙江青田县知县，

---

① 〔英〕李约瑟：《李约瑟中国科学技术史》第 5 卷第 7 分册《军事技术：火药的史诗》，胡维佳译，科学出版社 2005 年版，第 351 页。
② 刘旭：《中国火炮史》，上海人民出版社 1989 年版，第 103 页。
③ 刘鸿亮、孙淑云：《鸦片战争时期英军卡龙炮技术的初步研究》，《社会科学》2009 年第 9 期；刘鸿亮、张建雄：《鸦片战争时期清朝龚振麟铁模炮技术的研究方法新谈》，《广西民族大学学报》（自然科学版）2009 年第 3 期。

1839 年任嘉兴县县丞。

表 1　龚振麟等发明铁模铸炮技术的各种物质条件总结

铸炮的基础	中国古代金属器物的铸造，主要有泥范、铁范、失蜡法三大技术，其中泥范工艺可铸炮，铁范铸造工艺仅限于制造农具、钱币等，却为之后的铁模铸炮法准备了技术条件。
龚振麟铸炮前后的合作者	1842 年季秋龚自序："庚子年英夷犯顺，侵入舟山，其时振麟备职禾中，奉羽檄赴甬东从事。……中丞（刘歆珂）察思周详，力图实效，尝以一劳永逸计，垂示于振麟，退而商诸同事，祝运村副转运刘朗亭槎尹并率两子格棠，殚思竭虑，拟以铁易土为模，而稽无成法，未敢直陈管见，值朱辰下方伯奉命来浙，偕蔚书蒋光访总理军需事，振麟晋谒见之余，面陈梗概，亟蒙许可，遂以私意创造，模成后鼓铸便捷。"[1]
自广州贬官的林则徐来此所带炮书的帮助	钦差大臣、两江总督裕谦（蒙古镶黄旗人，约 1793—1841 年）知振麟之才，于道光二十年六月将龚由嘉兴调到宁波军营，令督制军营一切器械。十月裕谦为加强海防工事，设立铸炮局，令龚振麟、余姚知县汪仲洋、镇海粮台鹿泽长等主管其事。裕谦主持浙东战事期间，被道光帝贬官的林则徐从广东赴镇海军营"戴罪效力"。时汪仲洋说："林少穆来浙，出前明焦勖所其泰西汤若望造炮之法，分火攻挈要、秘要二卷，总名之曰《则克录》，其书约二三万言。予得此书后，与龚县丞互相起发，颇得神器三昧。"[2]
另龚受到一失事英国船上卡龙炮的启发	龚多次亲临甬东海边，此时在海边恰有一艘失事的英国运输船，船上英人被清军俘获，龚和下属目睹了英国卡龙炮炮型后，受此启发，于道光二十一年八月在镇海炮局发明了铁模铸铜铁炮技术。 1842 年 6 月 16 日吴淞之战时，在一座军工厂里，"英军看到有清军 10 门野战炮，都安装在手推车上。这种炮车颇似花园里用的大推车，前面有放炮弹的匣子，把手之间有一个抽屉，里面装有火药和铲火药的小铲子。我们除了看到各种口径的铁炮，还发现了一些全新的 12 磅弹铜炮。这些炮是按照放在旁边的嵌有王冠的 GR1826 型大炮仿造的，式样完全相同，唯一的区别就是用中国字代替了'王冠'"。[3] 这里英军参战军官所言的清军 12 磅弹铜炮就是铁模炮。
铁模铸炮的实效	龚振麟于道光二十年六月调赴宁波军营差委，因素有巧思，在营制造轮船。前钦差大臣裕谦，令督制军营一切器械，迨九月间，臣复令在省局监工，凡军器中一切应用机括之物，皆系该员督率指示。如铸造炮位向须合土为模，再行范铜倾注，而土模非月余不能干燥，极为费手。该员冥心苦索，创为铁模，"试用与土模无异，仍可源源熔铸，且事简功倍，所省工费尤多，不特内

铁模铸炮的实效	地工匠等所未知，并为西洋夷法所未有"。[4] 鹿泽长对此言："禾城龚振麟县丞，精于泰西算法，故制造军械，皆能覃思极巧，神明乎规矩之外。……辛丑夏，予从事镇海粮台，兼管炮局，甚虑制造之艰缓，与商变通之法。"[5] 再如当时士人魏源也说："至去冬以来，浙江铸炮，益工益巧，光滑灵动，不下西洋，而效安在也！"[6]

注：[1] 龚振麟撰，李萱绘《铁模图说》，道光二十二年（1842）刊印，第2页，国家图书馆藏。

[2] 魏源著，王继平整理《海国图志》，长春时代出版社2000年版，第1266页。

[3] G. G. Loch, *The Closing Events of the Campaign in China: The Operations in the Yang-Tze-Kiang and Treaty of Nanking*,London,1843, p.226.

[4] 魏源著，王继平整理《海国图志》，第1266页。

[5] 魏源著，王继平整理《海国图志》，第1267、1284页。

[6] 魏源：《筹海篇》，中国史学会主编《鸦片战争》第5卷，上海神州国光社1954年版，第554页。

由表1可以看出，龚振麟铁模铸炮的工艺应是借鉴了中国很早就有的铁模制其他工具的工艺，是个人巧思、前人炮书的参考、英国运输船上舰炮的启发以及团队协作的结果。就此合范对接铸炮的方法，中国是首次出现，欧洲32年后方发明。计自开铸以迄1841年10月9日（道光二十一年八月二十五日），共铸大小铜炮120余门。除分拨定海外，余皆摆列港口炮台。① 另据史料载：

> 铸成二千二百斤重铁模二副，一千五百斤重铁模二副，七百五十斤重铁模四副，三百七十斤重铁模五副，一百二十斤重铁模四副，安南炮铁模一副，共十八副。②

道光二十四年六月十九日（1844年8月2日），浙江巡抚梁宝常对其

---

① 魏源著，王继平整理《海国图志》，第1267页。

② 郑诚：《火药与火器》，湖南科学技术出版社2020年版，第231页。清朝1尺=32厘米，1斤=今604.53克，1里=今576米；英国1英尺=12英寸=今0.3048米，1码=今0.9144米，1磅=今0.454千克；英国1英镑=清朝纹银3两。船体尺度包括船长、船宽、舱深和吃水等，通常以"米"为计量单位。船长是舯艉端点之间的最大水平距离，包括上甲板长和下龙骨长两种；船宽是两舷之间的最大水平距离；风帆时代的战船，通常上甲板载枪炮，下甲板载弹药、食品各种物资，舱深是炮甲板下层底板与货物层上甲板面之间的垂直距离；吃水是船体设计水线面至底龙骨线的垂直距离；排水量＝载重量的两倍。

制造费用做了统计：

> 　　镇海炮厂先经铸成大小铜铁炮一百一十七位，分拨镇海、定
> 海等处海口军营安设。计铜铁价及运脚工料匠事等项，共用银
> 十万八千五百九十余两，现已入册请销。[①]

这里每炮合计费用 931 两。1842 年，清廷刊印《铸炮铁模图说》，分发沿
海各地区推广应用，道光二十四年七月初八日（9 月 20 日），清廷奏销铁
模炮以及炮架和相关弹药等的费用，每门共花费 1589 两白银。[②]

二　龚振麟在磨盘炮架方面的创新

　　龚振麟除创制的铁模铸铜炮外，还创制了磨盘炮车、车轮战船，并改
良了传统火箭的制作方法，这在中国都属首次。

　　当时中西主导型火炮都是使用刚性炮架的前装滑膛加农炮，机动性都
不可能太好。此时期的中西野战炮为便于越野，通常使用 2 只大车轮，而
要塞炮和舰炮由于移动距离短，常使用 4 只小车轮。而此时期的中国火炮
普遍改变了康乾时期由"重"到"轻"的趋势，重新发展重炮，与之匹配
的炮架必然庞大和笨滞。

　　19 世纪中叶，为了提高火炮的机动性，沿海的广东、福建、浙江、江
苏、直隶等省对炮架逐渐重视起来，宪木或油椎的木质有所提高，制作数
量十分庞大，技术有所改善。如 1841 年 8 月，龚振麟在镇海铸炮局制成
了磨盘形枢机式炮架和四两炮车，凡炮体千斤以上至万余斤者用磨盘炮
车，凡炮体千斤以内者用四两炮车（见图 1）。陆海皆可使用，磨盘炮车
在江阴小石湾炮台、浙江部分地区曾使用过。史载：

> 　　中丞（刘公）又以炮架旧式重滞，仅能直击，与林少穆制府其相筹

---

① 中国第一历史档案馆编《鸦片战争档案史料》第 7 册，天津古籍出版社 1992 年版，第 478 页。

② 《鸦片战争档案史料》第 7 册，第 478 页。

画，拟数千斤重器置于上，畀一人之力，使之俯仰左右旋转轰击，授以绳墨。振麟得以师承其意，而如法以成，即图中磨盘架四轮车是也。①

时人鹿泽长对此评价道：

> 禾城龚振麟县丞……如造夷船式，炮车用四辆，可以退拽进退，车上另用磨盘木四面旋转，皆堪施放。②

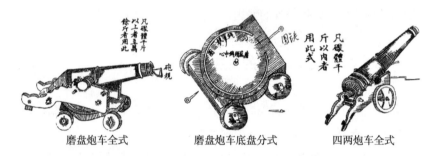

磨盘炮车全式　　　　　磨盘炮车底盘分式　　　　四两炮车全式

图 1　龚振麟所制陆海大炮所用的磨盘炮车及陆用四两炮车

资料来源：魏源著，王继平整理《海国图志》，第 1289—1291 页。

　　1841 年 10 月 10 日英军进犯镇海时，发现清军火炮所用的炮架，其技术已经有惊人的改进。他们认为其是清军雇用了一些人画了英船的图样而复制的，最显著的革新是它们非常灵巧。

　　此磨盘炮架仅靠一根枢轴运转，机动性解决了，但后坐力对枢轴伤害的问题难以克服，故其实战性值得怀疑。何况这种改进还只涉及沿海直省，内地的炮架重滞依然如故。

三　龚振麟在车轮战船方面的创新

　　15 世纪中叶以后，起点较高的中国战船技术发展缓慢。清廷与台湾郑

---

① 魏源著，王继平整理《海国图志》，第 1266 页。
② 魏源著，王继平整理《海国图志》，第 1267 页。

成功争斗时，双方的主力战船都是鸟船和赶缯船，其双桅或三桅双层甲板木质帆船居然代表了 19 世纪中叶以前中国师船的最高水平。"首崇满洲"是清朝一以贯之的治国理念，将八旗置于国家军事体制的核心，以满、蒙兵来控制汉军，以汉军来控制绿营，以绿营来控制绿营水师。"巡洋会哨、防海缉盗、战船和炮台的督造与维护"是水师的中心任务，靖内患或有余，御外侮或不足。一向官营的明代造船技术最发达的省份是福建，其传统一直保持到清朝。

清代前中期，广东的造战船技术在沿海处领先地位。但无论是福建的大横洋梭船还是广东的米艇，其水平居然落后于明代中期，桨橹时代的特征并未完全消失。师船多承继明代而来，多是福船和广船等民用船的改装版，典型特征是尖底、阔面、水密，没有真正完全以军用为目的设计的战船。其实力虽在嘉庆与道光两朝达到鼎盛，战船制敌于外洋，炮台歼敌于沿岸，江海水师及陆师则防堵敌人于岸上，但由于其海防战略和御敌对象被锁定在实力甚弱但船技相当的海盗身上，战船修造重于速度，忽视船只大小以及武器的改良，此外，也欠缺一套水师人才的培育计划，水师仅为陆路部队的附庸而非独立的兵种。至乾隆末年以后，广东海盗猖獗，故广东逐渐取代福建成为全国的海防重心，浙江、江苏次之，山东、直隶与奉天则较为落后。至鸦片战争时期，与侵华英船吨位差距甚大的多数战船除机动性稍胜一些外，其稳定性、坚固性、防腐性、操纵性及航速都远逊英军风帆战船。随着英军明轮船在沿海的肆虐，清军战船机动性的优势丧失。在中英陆海炮战中，清军师船装备与明代中期戚家军抗倭时的福船配置差不多，只是用红夷炮替代了大发熕与佛郎机炮而已。清军以通常在 150 吨上下的排水量、载数门至 20 余门炮的双桅战船居多。由于缺少大型船只，八旗、绿营水陆各部均将大部兵力驻于陆地，依托岸基炮台、营寨进行防御作战。清军在抵御西方侵略军的陆海攻击中，战船技术所占角色突出，但由于技术的低劣，基本不具备出海作战的能力，偶尔出海对敌，使用接舷、火攻等战术，往往大败溃散，故其在战争期间几乎没有发挥出作用。战争前后，沿海的一些官绅以私人身份购买了零星的西方明轮船，用于自卫。然而，由于中西社会基础、制度和思想存在的诸多差异，此举效果有限。

　　时至 1840 年，浙江巡抚刘韵珂开创制船事，令龚振麟依前式制造更大的车轮船。龚振麟观察英军明轮船后，仅凭印象，用了一个月时间，于 1841 年造出了以人力驱动叶轮击水致船体航行的车轮船（见图 2），时速达 3.5 海里（1 海里 = 3.704 华里，3.5 海里即 12.894 华里），较人力划桨敏捷。刘韵珂对此大为夸奖。1840 年 6 月，"浙江巡抚刘片奏，查嘉兴县县丞龚振麟，于道光二十年六月，调赴宁波军营差委，因素有巧思，在营制造轮船。……中丞刘公开制船事，令依前式造巨舰，越月而成，驶海甚便"。①

　　嘉庆、道光年间清朝水师的主力战船——同安梭船（1817 年绘制，台北"故宫博物院"藏）。"集"字号大横洋棱船长 26 米、宽 8.3 米，载员 50 人，140—2400 斤炮 25 门，每炮携蜂窝子 400 斤，另带藤牌牌刀 30 面、口挞刀和竹篙枪各 60 杆。船首有绞车，船舷高于其他船只

鸦片战争时期清人试制的桨轮船式样

图 2　19 世纪中叶清朝绿营水师的主力战船

　　资料来源：李天鸣《兵不可一日无备：清代军事文献特展导览手册》，台北"故宫博物院" 2002 年版，第 41 页；〔美〕迈克尔·E. 哈修斯：《图解世界战争战法：装备、作战技能和战术·东方战争（1200—1860 年）》，张魁译，宁夏人民出版社 2010 年版，第 242 页。

---

① 魏源著，王继平整理《海国图志·铸炮铁模图说》，第 1266 页。

1841 年 10 月 10 日英军进犯镇海时，发现清军"已有用于推动他们帆船的类似蹼轮的机械……有两根硬木制成的长轴，直径约 12 英寸（30.48厘米），附着蹼轮；还有一些结实的木制嵌齿轮，近于完工。这些是打算在船内由人力操作的。中国人的这种独创才能，不禁令人钦佩。因为在北方的镇海，只有在以前我们占领舟山时（指 1840 年 7 月第一次占领定海——引者注），他们才可能看到我们偶然在这个岛逗留的轮船"。① 每艘战船上都安装了两对明轮，明轮的木轴上都装有许多硬木制的齿轮，同时上一层甲板上装有一个平躺的绞盘，同样装有一些硬木齿轮。木轴和明轮的齿轮相接，当数人推动绞盘转动时，通过多个齿轮传动，明轮就会转动，从而推动战船前进。由于绞盘位于最上层的甲板之下，推动绞盘的水手有舷墙保护，不用担心为枪弹所伤。当然，面对英军的火炮，那层脆弱的木墙还是像纸糊的一样。

1841 年 4 月 1 日，钦差大臣裕谦上奏，浙江镇海守军抗英已预备 16 桨车轮船 20 只，大小渔船 60 只。②

侵华英军说，其在 1842 年 6 月的中英吴淞之战中，俘获了以辘轳推动明轮的清军战船 3 只，这是清人模仿英军造船的明显例子，虽然在制造上并不及鬼船（明轮船），这种想法显然是从轮船上得到的。③

战争中在镇海还未完工的车轮船和龚振麟仿制的铁模炮一起落入英国人手中，但到 1842 年 6 月 16 日吴淞之战前夕，清军已拥有 5 艘车轮船以用于实战。"因为这是中国水师的最后立足之地，清军做了最充分的防御准备，在吴淞江到水更深的长江汇合处沿岸集结了 175 门大炮（绝大多数是外国制造的）。除此之外，还集结了一支由 14 艘帆船组成的船队，其中有 5 艘人力驱动的桨轮（4 个桨轮）船，以阻止侵华英军通过沿岸的炮火

① W. D. Bernard , *Narrative of the Voyages and Services of the Nemesis from 1840 to 1843, and of the Combined Naval and Military Operations in China*（以下简称《复仇女神号轮船航行作战记》），Ⅱ，London，1844，p.226。

② 宁波市社会科学界联合会、中国第一历史档案馆编《浙江鸦片战争史料》，宁波出版社 2000 年版，第 146 页。

③ J. E. Bingham, *Narrative of the Expedition to China from the Commencement of the War to its Termination in 1842 with Sketches of the Manners and Customs of that Singular and hither almost Unknown Country*（以下简称《宾汉英军在华作战记》），London:Henry Colburn，1842，p.337。

防线。"①

　　吴淞之战是清军车轮船和英军蒸汽船之间唯一的一次对决。英军见到的不再是一堆没有组装好的机械装置，而是投入实战的清军车轮船。每艘船上配有2—3门新铸的黄铜炮，此外还有大量抬枪。船上还发现了大量火绳枪、刀剑、长矛。清军显然对车轮船寄予厚望，每艘车轮船都配备了一名高级官员做指挥。当英船闯入吴淞口，七八千名清军奋力反击，江南提督陈化成督战的西炮台仅有千人，与其他地区清军多次临战哄散相较，吴淞第一线的清军抵抗还是很英勇的。侵华英人对之评析道：

　　　　清军对于防御工事的准备，范围是广泛的，他们对于敌人所做的抵抗是坚决的，他们所铸制大炮的形式以及所建造的兵船，都有若干改进。这一切皆足以证明，中国对于吴淞这个要塞的防卫，是曾认真准备的。②

　　然而，未经战阵的两江总督牛鉴不懂中英船炮技术之间的悬殊差距，居然把车轮船当成克敌利器。这位自信满满的主帅从不知英吉利为何物，制定了具体细微却又属于闭门造车的应敌方案，被道光帝称赞水陆交严，深得以静制动之法。具体而言：

　　　　英人看到了清军14艘兵船，同时也看到了新近造好的5艘大型明轮船，这种船是用木制的轮桨在推动。由于明轮每小时能行3.5海里，因此到了逃走的时候，它就具有决定性的便利。……明轮船的两边各置有两把轮桨，它们都是用很坚固的木料制成的。安放轮桨的回转轴也是用木料制成的，轴上还有许多木制的牢固齿轮，然后用绞盘将其推转。这个绞盘也装在齿轮上，再用人力加以运输。船上的机械都放在船舱之间，而且在舱面下边，运转轮桨的水手因此可以得到掩

---

① 〔美〕迈克尔·E.哈修斯：《图解世界战争战法：装备、作战技能和战术·东方战争（1200—1860年）》，第246页。

② 《复仇女神号轮船航行作战记》，第352、359页。

蔽。这些明轮船都是新近造好的。[①]

　　清军企图靠两个人力推动的绞盘去抗衡英军蒸汽战船，用两三门黄铜炮和一大堆火绳枪去抗衡摇架舰炮，再加上中式帆船防炮能力低下的船体，与向它进攻的英国船只的锻铁壳和蒸汽动力相比，木头和人力终究无法超越前者，因此，车轮船的惨败可以说是毫无悬念的。史载：

　　　　英军"复仇女神（Nemesis）"号和其它蒸汽船一道，在中国沿海任意航行，用它那无与伦比的动力拖拽着皇家海军中相对陈旧一些的战船。当英国舰队朝着位于上海的最大水师基地前进时，中国人集结起他们最重型的洋炮和车轮船，意图将侵略者堵在长江口。但英国的蒸汽船和大炮让清人无法承受。[②]

　　　　当清军战船进入"复仇女神"号的葡萄弹的射程时，清军水师主帅带头驾船逃跑，其他战船也跟随主帅逃命。英国人以最快的速度装填射击火炮，不停地向清军战船发射葡萄弹和霰弹。清军战船上的水手陷入一片混乱，有人跳上舢板弃船逃生，有人干脆直接跳到黄浦江里向岸边游去，一些水手随着被击沉的船只沉入江底。清军船队土崩瓦解，只有2艘战船逃出，剩下的12艘不是被击沉，就是被遗弃在岸边或江上。所有清军战船都拼命向江岸逃去，其中跑得最快的就是那几艘车轮船。[③]

四　龚振麟在火箭摇架装置方面的创新

　　中国是火箭的最早发明国，明末是传统火箭发展的高峰期，并在侧杆

---

① 《复仇女神号轮船航行作战记》，第271、352、353页。
② 〔美〕迈克尔·E.哈修斯：《图解世界战争战法：装备、作战技能和战术·东方战争（1200—1860年）》，第246页。
③ 《复仇女神号轮船航行作战记》，第271、352、353页。

式火箭的基础上，有直杆式系统的些微创新。不过，因直杆式火箭发展缓慢，且在战场上仅偶然为之，史书记载甚少。从明末到洋务运动长达三百多年的时间里，在中国占压倒优势的是侧杆式火箭系统，直到 19 世纪中叶并无实质性变化，在战争中发挥的作用微乎其微。至鸦片战争时期，中英两军对抗时，在平地多用火炮，在山路间用火箭。中西火箭在战场上对攻击骑兵和易燃物质效果显著，至于其他场合，主要起恐吓和焚烧作用。总体上看，其仅是对枪炮威力的补充，填补了制式的燧发枪与野战炮射程之间的空白。清军使用明清以来长期沿用的纸质基体火龙箭、九龙箭或一窝蜂等集束火箭，用手工方式制成，利用桶装、竹装等的载体，靠弓弩或简单的工具发射出去，属传统火箭范畴，射程在千米以内，主要起骚扰、干扰和焚烧等作用。其技术和性能与英国康格里夫火箭相比，确实存在一个“代际差”，二者几无可比性，与中西火炮武器尚能缩小一些差距迥然不同。由于清人火箭作用十分有限，西人每每提及此事，总是冷嘲热讽，这也使战争前后的清人羞于谈及此事，渐渐淡忘了先人作战时是否运用了火箭。

根据魏源所记，1842 年 3 月浙江镇海招宝山炮台被英军攻击时，清军十分讨厌火枪和火箭，因为害怕它会燃及自身。美国一家期刊在 1857 年 3 月 7 日评论道：“中国羽毛火箭长 1.8 米，箭头为铁或铜的，系在一根导向杆上。由于运动不规则，它可能会导致一些轻伤，尽管中国人还将之视为不能轰炸的杀人武器。”① 英国伦敦的阿德莱德陈列馆（Adelaide Gallery Museum）现藏有一些清军旧时火箭，这是鸦片战争时英国军队得到的。据称这种火箭几乎与《武备志》中所载没有什么大的不同。② 英国科学史家李约瑟写道：“在中国进行的鸦片战争中，交战双方自然都使用了火箭，1840 年舟山的定海炮台失守时发现了火箭仓库。第二年，‘康格里夫火箭’又用上了，将安森湾里（Anson's Bay，沙角与威远炮台之间）的最大战舰烧燃，并将该船和水手一起摧毁。12 年后，1856 年，在珠江又发生了战斗，肯尼迪海军上将曾写道：‘因一般认为中国火箭不会对我们造成多大

---

① Frank H. Winter, *The First Golden Age of Rocketry:Congreve and Hale Rockets of the Nineteenth Century*, Washington:Smithsonian Institution Press, 1990, p.50.

② 潘吉星：《中国火箭技术史稿》，科学出版社 1987 年版，第 76、100 页。

伤害，故火箭射来时并未回避，但我们还是有艘船被击中，并被烧了个大洞.'这就是在它们发明之后欧洲火箭与有 700 年历史的中国火箭之间的较量。"①

面对侵华英军康格里夫火箭的肆虐，火器家龚振麟利用机械装置取代手工，以提高火箭生产的数量和质量。《铸炮铁模图说》中写道：

> 火箭之利远，首重敲工，旧法一箭用一匠持锤敲之，日得五六枝或三四枝，枝各万锤，虽强者敲至两三枝后而力已渐疲，更有偷减苟完，则箭药不能一律坚实，当军书方午，智者督之，亦难尽善。因试造摇车，列十锤为一架，二人摇之，二人添药，轮流替换，合四人之力，日得箭三十枝，积至千万枝，皆得一律坚实，且只用粗工摇筑，事减工倍，已有成效。火箭敲成后，旧法以手扶钻，钻中心线眼，扶持稍偏则眼斜，引线亦斜，放去不能一直，即工匠专心，而手力不能齐也。今亦用架，扣定箭筒，镶稳箭头，两相参直，以二人更换摇之，一摇可钻二箭，无偏倚之弊。②

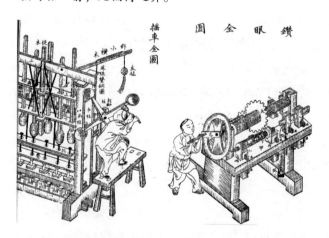

图 3　火器家龚振麟创制的摇车敲筑火箭及钻眼

资料来源：龚振麟撰，李萱绘《铁模图说·试造摇车敲筑火箭图说》，第 7 页。

---

① 〔英〕李约瑟：《中国科学技术史》第 5 卷第 7 分册《军事技术：火药的史诗》，第 450 页。

② 龚振麟撰，李萱绘《铁模图说·试造摇车敲筑火箭图说》，第 7 页。

不过，此摇架制火箭技术在清朝仅是个案，当时使用的大多是笨拙的手工工艺，火箭生产的数量和质量难以提高。

五　鸦片战争前后中国铁模炮发展的史实

火药和大炮的构思是从中国传入欧洲的，中西方都是从13世纪将金属管形火器用于战争，中国以冶铸技术见长，火炮设计与制造技术在15世纪以前领先于欧洲。明朝中期以后，开始步入模仿西洋火炮技术的历程：一是16世纪初期对技术含量不高的西洋佛朗机后装滑膛火炮的模仿与推广；二是17世纪初期对技术含量颇高的西洋加农炮的模仿与推广。后一种火炮式样到19世纪70年代成为中国军队装备中的标准样式并占支配地位。该火炮以口内圆球直径为标准，各部位直径是按比例关系设计的。口内径为 a，口壁厚 = 0.5a，口外径 = 2a，炮耳处壁厚 = 0.75a，底径 = 3a。至19世纪中叶，清朝所造炮体虽大，但口内径相对较小，此特征具有普遍性。当然，清人也在吸收国外制炮的先进经验，火炮有趋向轻式和洋式发展的倾向，尽管不占主流地位。从13世纪末开始中国把火炮用于战争后，一直没有按用途做明显的区分。我们今天按照其弹道和弹药装填方式的不同进行划分，主要有六种类型：重型红夷炮（Red-barbarian Cannon）、铁模炮（Iron-Molding Technique Gun）、抬炮（Jingall，Gingall，Wall Gun）、冲天臼炮（Chongtian Mortar）、子母炮（Mother-and-Son Cannons），以及纸质基体的火箭炮等。鸦片战争爆发以后，中国江海御敌的失败创痛唤起了国人上下改革旧物的初步意识。龚振麟等新创的铁模铸炮技术就是其中之一（见图4）。

龚振麟在《铁模图说》中详细地叙述了铁模铸炮的工艺过程和技术：第一步用泥范铸造铁模；第二步用合瓦式两铁模对接铸造铁炮；第三步铸后清理，按瓣次序剥去铁模，再用铁丝帚、铁锤收拾内腔。此法特点在于：铸炮模型更新；使炮身减轻，灵活度提高；炮身构造仿制西洋火炮法。龚振麟铸造的铁模炮口内径大，炮身粗短，铸有圆环尾纽和立表装置。

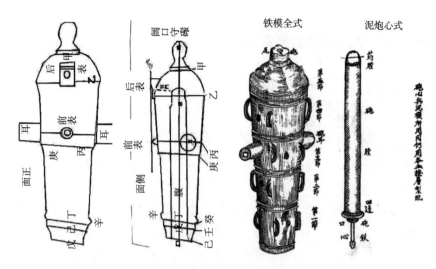

图 4 1843—1849 年丁拱辰绘制的铁模炮

资料来源：龚振麟撰，李萱绘《铁模图说》，第 7—10 页；丁拱辰：《演炮图说后编》，咸丰元年（1851）刻本，第 9 页，中国科学院自然科学史研究所藏。

笔者在国内 40 个市县博物馆、炮台文管所先后调查了 400 门铁炮及 300 余颗炮弹，共发现清朝铁模炮 15 门。浙江、福建、广东、山东等地均有铁模炮遗存，且尺寸比 1841 年造的大，这说明铁模炮技术出现后，陆续向南北方沿海省份扩散（见图 5）。

图 5 1841 年龚振麟制造的铁模炮（平夷炮）

立表均遭破坏。左图福建厦门胡里山炮台展览的铁模炮及后人仿制的铁模具，炮身上铭文："铁模配药　配弹比　监造"。炮口至炮耳长 78 厘米，炮口至火门长（炮长）129 厘米，炮尾至后蒂长 23 厘米，口内径 10 厘米，口外径 21 厘米，底径 36 厘米，耳长 15 厘米，耳径 10 厘米

六　侵华英军卡龙炮发展史实

截至 15 世纪 90 年代，西洋前装滑膛火炮已经具备之后 370 年一直沿用的形态。不过，17 世纪以来的欧洲长炮类火炮，在形制性能、构造原理上已经达到前装滑膛炮发展演变的最高阶段，在随后的两个世纪中，中西火炮都是朝着改善机动性的方向发展，以适应陆上野战的需要。18 世纪末期以后，英国炮型主要为托马斯·布卢姆菲尔德（Thomas Blomefield）设计的炮型（见图 6），炮身圆锥度圆整，炮头膨胀度缩小，特制的炮尾钮用作俯仰或穿绳子。16 世纪前，欧洲火炮名称也非常繁杂。法国人瓦利叶在 1732 年建立的火炮系统被公认是历史上的第一个火炮系统。到 1830 年，英法两国都用了单一口径的武器装备，发射同样口径的炮弹。至鸦片战争，英军在陆海战中使用过传统的前装滑膛加农炮（Cannon）、17 世纪末期以后创制的榴弹炮（Howitzer）、陆海兼用的臼炮（Motar）、1752 年发明的海上用卡龙炮（Carronade）、1805 年采用的康格里斯火箭炮（Congreve Rocket）等。

图 6　英国人托马斯·布卢姆菲尔德设计的炮型

资料来源：Chris Henry, Brian Delf, *British Napoleonic Artillery 1793-1815*（2）: *Siege and Coastal Artillery*, Oxford: Osprey Publishing, 2003, p.23。

在美国独立战争期间，英国首个火炮设计的更新，是短管铁炮型的舰炮——卡龙商用炮的发明。这是臼炮和榴弹炮的变种，身管长相当于口径的 7—8 倍，口内径大，有大至 20.3 厘米的，炮重和长度约为同样口径正规加农炮的 1/4，炮筒被旋凿而成，有一个短截锥形药室。其大都没有耳轴，依靠炮身中部下面的卡箍被安装在轨道炮架上。发射用火药只占实心弹的重量的 1/16—1/8（小的药量意味着后坐力小），初速低，射程近（达 548—1371 米）。由两个炮手在舰首操纵，由长炮配搭而成。

在远距离射击时无效，但在抵近（150 码，即 130 米以内）射击时，5.5 磅的药包可发射 68 磅重的巨型爆炸弹、霰弹、葡萄弹、链弹等，[1] 由于飞行速度较小，能给敌舰的木质部分造成严重的破坏。"英国更重要的技术进步是 18 世纪 60 年代铸造技术的提高，此后枪炮不再是中空铸造的，而是实心铸成的，铸成后用水钻膛，再用蒸汽动力设备旋削，制成更为精密的炮膛，从而更有效地利用发射药的推动力。这种方法使得苏格兰卡龙公司（Carron Company of near Falkirk，其公司运行于 1759—1982 年间，最后铸炮时间为 1852 年）在 18 世纪 70 年代发展了卡龙舰炮技术［英国海军上尉 Robert Melville 于 1752 年发明，英国铸炮匠约翰·威尔金森（John Wilkinson，1728-1808）于 1774 年申请了用钻孔机在镗床上钻炮膛的专利（No.1063），该年 Melville 利用此技术首次造出卡龙炮］。"[2] 到了 18 世纪末 19 世纪初的法国大革命和拿破仑战争时期，随着法国、西班牙长期遭受英国海上封锁，海军官兵缺少训练，败多胜少，战术、士气越来越差。这让英国的战术越来越疯狂、越来越不计后果，最终出现了 1805 年 10 月 21 日英国舰队同法国、西班牙联合舰队的特拉法尔加大战（Battle of Trafalgar）中纳尔逊那样的纵队直冲对方战列线的"作死"战术。由于是近战，卡龙炮当之无愧为被倚重的兵器。但是，对海军武器而言，机动性甚好的卡龙炮因为斤两不大，属辅助性而非主战用炮位，通常并不被计算在舰炮内，故也造成了帆船携带的炮位多于额定的炮位。

当然，英国有些卡龙舰炮也有耳轴，《风帆时代的海上战争》一书中载有此火炮的图片。[3] 恩格斯在 1858 年的著作《卡龙炮》中也特意指出了这一点（见图 7-1、图 7-2）。[4]

---

[1] N. A. Mordger, *The Command of the Ocean: A Naval History of Britain 1649-1815*, New York:W.W. Norton & Co., 2006, p.420.
[2] 〔英〕安德鲁·兰伯特：《风帆时代的海上战争》，郑振清、向静译，上海人民出版社 2005 年版，第 39 页。
[3] 见〔英〕安德鲁·兰伯特《风帆时代的海上战争》，第 40 页。
[4] 恩格斯：《卡龙炮》，《马克思恩格斯全集》第 14 卷，人民出版社 1964 年版，第 247 页。

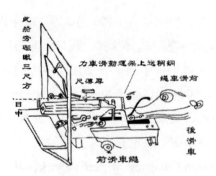

图 7-1　19 世纪中叶清人绘制的美利坚卡龙炮型

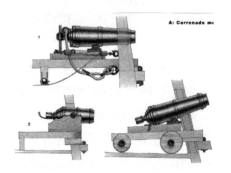

图 7-2　18 世纪末以来欧洲卡龙炮的两种炮型

资料来源：丁拱辰《演炮图说辑要》卷 2，道光二十三年（1843），第 9 页，国家图书馆藏；Chris Henry, Brain Delf, *Napoleonic Naval Armaments 1792-1815*, Oxford, Osprey Publishing Ltd., 2004, p.14。

表 2　1792—1815 年英国 12—68 磅弹卡龙炮在不同射角下的射程

种类	重量（千克）	长度（米）	口内经（厘米）	弹重（千克）	射角（射程单位：米）				
					5 度	10 度	15 度	20 度	45 度
68 磅弹卡龙炮	1829	1.625	20.4	2.27	457	668	859	1006	1152
42 磅弹卡龙炮	1118	1.37	17.4	1.586	393	640	823	960	1097
32 磅弹卡龙炮	864	1.22	15.9	1.13	347	549	732	892	1070
24 磅弹卡龙炮	660	1.14	14.4	0.908	329	530	704	869	1024
18 磅弹卡龙炮	508	1.01	15.	0.68	311	503	681	841	960
12 磅弹卡龙炮	305	0.81	11.5	0.454	283	475	654	814	887

资料来源：Chris Henry, Brain Delf, *Napoleonic Naval Armaments 1792-1815*, Oxford, Osprey Publishing Ltd., 2004, p.12。

　　至鸦片战争，英国仅派遣一支量少质差且性能与使命不符的舰队执行侵华任务，像是一场其远征军在中国海岸进行的实战演习。其混合舰队与当时欧洲或英国海军相比，不是最先进的，完全不能反映出其世界第一海军大国的事实。直属英国海军的 159 艘舰只中不单没有作为其皇牌单位的一等级战舰，连二等级战舰也没有，三等级风帆战舰也就区区 4 艘，仅是总数的 2.5%。炮位数最多且吨位最大者为 72 炮的 Cornwallis（"康华里"号），容量 1809 吨，甲板长 54.776 米（龙骨长 44.23 米），水线宽 14.96 米，吃水 6.4453 米，底用铜包，载员 590 人。[1]载炮 74 门的三级战列舰是这样配置炮位的：最下层载 28 门 32 磅弹炮，上层甲板载 28 门 18 磅弹炮，露天甲板载 14 门 9 弹磅炮，舰首载炮 4 门，一些是 9 磅弹炮，与 32 磅弹卡龙舰炮配合使用。时人记载道：

> 　　此有表熟铁短炮，重一千斤。……身轻质小，故安船面，不碍驶船，然击远不及长炮四分之一，弹发各有高低左右之偏，身短故也。此等短炮，必用此架，钩在船旁，方不跳动。[2]

　　笔者在沿海进行调研，共发现 300 余门英军卡龙炮。图 8 为福建厦门胡里山炮台展览的两门英军卡龙舰炮。一门炮长 140 厘米，口内径 18 厘米，口外径 26 厘米，底径 40 厘米，口至耳 76 厘米，炮腰上方的立表装置清晰可见。另一门口内径长 16 厘米，口外径 20 厘米，底径 38 厘米，炮口至炮耳长 68 厘米，炮口至火门长 107 厘米，后尾至后蒂 24 厘米，炮重约 850 千克。

图 8　胡里山炮台展览 19 世纪中叶英国典型 32 磅弹卡龙炮（源自厦禾路）

① Rif Winfield, *British Warships in the Age of Sail 1817-1863*, Design, Construction, Careers and Fates, Barnsley: Seaforth Publishing, 2014, pp.73, 76, 118.
② 丁拱辰：《演炮图说辑要》卷 2，第 6 页。

七　侵华英军关于清军铁模炮与英军卡龙炮技术关系的记载

浙东中英之战是鸦片战争中清军唯一稍具规模的反攻之战。当时一些英人就 1841 年 10 月 10 日中英镇海之战中涉及的清军铁模铸炮技术写道：

> 英军炮击山下的清军炮台，清军利用两门铜铁模炮、抬枪和火绳枪进行回击，但幸运的是英军死伤不多；英军在岸上发现了清军 90 门铁炮、82 门黄铜炮与卡龙炮（实际上是铁模炮），英双桅运输船“风莺”号（Kite）曾在此海域失事，它上面的两门卡龙炮被清人停获，清人以它为模型铸造了铁模炮，二者非常相似。这里有一个非常好的炮厂，许多铁炮和铁模炮还没有铸造好。我还看到了一门我们炮击时仍在铸造的炮模炮，由于发烫，不能触摸。中国炮很大，但口径小，没有超过 32 磅弹炮的。黏土做的炮模是分离的，用铁环捆缚，可以交替铸同样的炮。在英军驻地附近的一个庙宇，清人建造了一个工作车间，以制作炮架。比我们过去见到的要好，但多是固定的。在一个炮房，他们造了许多炮架，其模样也是仿制我们的，做得非常好，可以旋转发射。在这里，我们还发现了两本书，谈论数学、天文、机械和炮术的，显然是从耶稣会士传播而来。但他们的书极具特色，如球形的物品上装饰了一些帝国龙。[①]

上面史料中英国参战军官明确指出了清军铁模炮和其承载的炮架是仿制英国卡龙炮型的，且有西洋炮术学著作作为参考。英国单桅纵帆船“谦虚”号（Modest）上服役的军官宾汉，也对此做了评论：

> 发生在 1841 年 10 月 1 日的中英第二次定海之战，攻上岸的英

---

① A. Murray, *Doings in China: Being the Personal Narrative of an Officer Engaged in the Late Chinese Expedition, from the Recapture of Chusan in 1841, to the Peace of Nankin in 1842*（以下简称《1841—1842 年英军从舟山到南京的远征》），London: R.Bentley, 1843, pp.33, 51.

军发现，清军兵器库中有大量的军需储备，很明显，清军并没有想到这样快就在舟山战败。在炮台中发现许多大炮，其中 36 门是新的、黄铜的、铸得很好的。后来这些东西被搬上运输船。炮车是最劣的一种，只有四架除外。这四架装在回转架上，和英军轮船上的相类似。……在中英镇海之战中，在岸上的一座炮台上，发现了我们失事的"风鸢"号上的一门卡龙炮，旁边还有一个精良的仿造品（应是铁模炮）。的确，这座城市中的黄铜炮铸得很好，金属很厚，炮口平滑。有些炮车比在中国见到过的任何一种更优。我们发现的炮车模型和用于铸造时刮平沙模的刮型片说明，在战争的用材方面清人正在克服他们对于模仿任何外国货的反感心理。这里有个很大的铸炮所，还有为铸炮而收集的大约 200 吨铜。这种金属全被装到英军运输船上，由英国"布朗底"号（Blonde，46 炮，五级战船）和小型船只运至江中。[①]

后来的英国人对其评价道：

英军双桅船"风鸢"号（容量 281 吨，从事印度贸易）在向舟山的进发中，携带了 6 门 12 磅弹重的卡龙舰炮，本欲去长江从事测量工作，但后来此船在镇海附近海域失事，两门卡龙舰炮被清人缴获，幸存人员被中国渔民带往宁波。……在中英镇海之战中，英军俘获了清军 157 门炮，一些很陈旧，一些却是新炮，一门清人按照"风鸢"号上的卡龙舰炮制造的仿制品。[②]

从以上三则英国方面史料可推出，龚振麟铁模铸炮及旋转活动炮架技术确系仿照侵华英军的有耳卡龙炮型制成。当时参战的英国军士对中英镇海之战的清军铁模炮技术称赞道："我们刚占领镇海，发现了一个巨大的火炮铸造厂，其制造水平为迄今发现最好的，虽然我不能断言它铸造时的深

---

① 《宾汉英军在华作战记》，第 261、281 页。

② J. Beeching, *The Chinese Opium Wars*, New York: Harcourt Brace Jovanovich, 1975, pp.121, 139.

奥技术，一些被俘获的火炮也制有铁环。"①英国参战军官伯纳德对此也评
价甚高：

> 在镇海发现的 157 门火炮中，有 67 门是铜炮，铸得很好，也很
> 重，在城市里也发现了一个铸炮厂，见到了许多铸炮的金属。4 门刚
> 铸得很好的炮被发现，是按照英军失事的"凤鸢"号上的卡龙炮型仿
> 制的。新炮架有几处引人注目，是仿制英军的，很可能被误作为雇人
> 做的，非常灵巧。清人这种首创才能，不由令人钦佩。②

八　龚振麟铁模炮与英军卡龙炮技术优劣的讨论

文献研究、实地考察和金相检测的结果表明，影响中国铁模炮和西洋
卡龙铁炮性能的技术因素较多，如铁炮的材质、制造和加工技术直接关系
着铁炮的质量，而铁炮的质量则是影响铁炮性能最重要的因素。

（一）中国铁模炮和西洋卡龙炮材质比较

1.中国铁模炮的材质

中国火炮材质自明代以来，小者多用铜，大者多用铸铁，少量的也
有用熟铁。18 世纪 70 年代工业革命以前，中国冶铁业的技术和规模与
欧洲大体相当，然而随着西洋发明蒸汽机技术，距离逐渐拉开。至 19
世纪中叶，中西铜炮的质量尚显现不出明显差距。但是中国铁质不好，
所造铁炮质量确实比西洋差。此时的中国冶铁依然以木炭为主，虽然也
存在焦炭冶炼。炼铁炉仍为传统的瓶形土高炉，尽管山西等地也发展起
操作工艺相对简单的坩埚生铁冶炼技术，其冶铁技术水平大体停留在宋
代的层次。鼓风设备仍为传统的活塞式木风箱，采用畜力或水力驱动，

---

① A. Cunynghame, *The Opium War:Being Recollections of Service in China*, Philadelphia: G. B. Zieber & Co., 1845, p.51.

② 《复仇女神号轮船航行作战记》，第 226 页。

风压不高，风量不足，造成炉温较低，炼出的铁水产量低。由于铁水含硅低，而硅是促使铸铁石墨化的元素，故浇注易生成白口铸铁，即铁炮组织以白口铸铁为主。铁炮火门的制作是用熟铁缠丝放进火门管，然后用钻杆钻就。清朝铁芯铁体金属炮的外膛为铸铁，内膛主要为熟铁、低碳钢或少量铸铁。此型火炮具有良好的机械和力学性能。

从实测的13门铁模炮可以看出，中西此种舰炮型确实有相同的一面，即口壁薄，向后又逐渐变厚，有瞄准装置，炮钮独特。但是，中西此种炮型因不同的机器加工，炮体内外光滑程度不同。1841年11月29日，浙江巡抚刘韵珂奏称：

> 惟铁斤有紫口、青口、白口之分，铸炮以紫口铁为上，青口铁次之，白口铁则性脆质粗，易致炸裂，不适于用。[①]

从对三种铁的描述可以推断，"白口"即白口铸铁；"青口"可能是灰口铸铁，因灰口铁断口颜色青灰、性能优于白口铁；"紫口"性能又优于灰口铁，解释为展性铸铁比较可信。另一则史料说："（清朝）历来营局所造大炮，俱用生铁，性质坚刚，铸成之后，不得打磨，不可钻锉，其炮体既已粗糙，而药膛又不光滑。若生铁性刚，钻锉无所施，且多蜂窝，必致炸裂。"[②]当然，清军铁炮也有其他好的材质，如文献记载中有紫口铁、青口铁，不过所占比例不大。

目前国内保留的铁模炮实物较少，取样检测样品只有4件，其材质的代表性似具有一定局限性（见图9）。但结合文献记载，铁模炮浇注后铸件冷凝快，容易得到白口铁，白口铁的脆性使铁炮性能下降。此材质的铁炮也不易加工，粗清理的炮膛得不到精加工，铸造时不消除中和内膛砂眼、蜂窝的问题，必然影响其寿命、射程和射击精度。且铁模炮主要靠手工制成，铸炮受压小，火炮成形后，抵抗外部环境侵蚀的能力低，自然锈蚀严

---

① 《鸦片战争档案史料》第7册，第377页。
② 王韬撰，黄达权口译《火器略说》，《中国丛书集成》卷四八，同治元年（1862）刻本，第33页，国家图书馆藏。

重。此次检测的组织主要为铸铁脱碳钢或脱碳铸铁（二者都是白口铁的变种）应不是偶然现象。

图9　浙江镇海口海防纪念馆展览的1841年造的铁模炮，
炮身锈蚀的金相组织为脱碳铸铁

2. 至18世纪中叶西方包含卡龙炮在内的铁炮材质

14世纪至19世纪中叶，西洋火炮一般是由青铜、铸铁或熟铁制造，且占压倒性优势的火炮为铜炮。进入18世纪后，铁炮逐渐替代了青铜炮，成为各国战船的标准装备。18世纪初焦炭的使用和18世纪70年代蒸汽机的应用使炉型获得了广阔的发展空间，逐渐演化成现代五段式高炉。18世纪末期，以英国为代表的欧洲诸国工业革命发生后，西洋开始使用13—15米高的炼铁高炉或反射炉，生产灰口铁或可锻铸铁来替代性脆的白口铁，以焦炭为燃料，使用蒸汽动力、机械驱动活塞式鼓风机进行强力鼓风，并采用预热鼓风技术，炉温高，矿石中的硅较多被还原，铁水含硅高，浇注易生成灰口铸铁或可锻铸铁，可铸造质量好的大炮。由金相检测看出，19世纪中叶的西洋铁炮材质有灰口铁、白口铁、麻口铁、铸铁脱碳钢、展性铸铁（也叫可锻铸铁、韧性铸铁）等。其中灰口铁占了绝对优势，铁炮火门金相与炮身相比无特殊性，多是灰口铁钻就。

《演炮图说辑要》中就英军卡龙舰炮材质优劣写道：

此有表短炮，火轮船所用，熟铁铸就，重一千斤，乃用熟铁炼净，铸成坚实，光滑恍若铜炮。……夷炮亦系黑麻铁铸就，用刮刀过规炮腹，必此铁可知也，若不计贵料，加工铸炮必可坚固。①

丁拱辰的叙述，或是凭感觉以为。具体如何，需要通过金相检测得出。今天对国内 130 余门西洋卡龙炮的炮身进行材质检测，所得多为展性铸铁、灰口铁等，火门为灰口铸铁组织，应不是偶然现象。文献记载和调研的卡龙舰炮的制作技术是建立在火炮材质优良性能基础上的，即采用钻孔机钻膛和镟刀加工火炮内腔，加工技术得以成功进行，正是由于展性铸铁的可切削性（见图 10）。

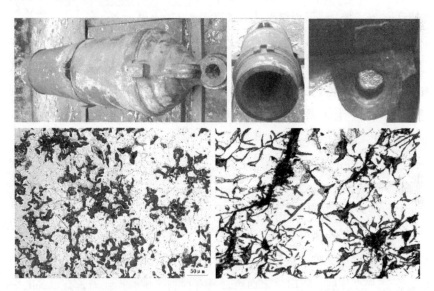

图 10　广西梧州博物馆展览的 19 世纪中叶英国造的 18 磅弹卡龙铁炮。炮长 94 厘米，口内径 13.5 厘米，口外径 17 厘米，底径 31.5 厘米，口至耳长 4 厘米，口至火门长 80 厘米。炮身金相组织为展性铸铁，火门的金相组织为灰口铸铁

资料来源：刘鸿亮、孙淑云《鸦片战争时期中英铁炮材质的比较研究》，《清华学报》（新竹）2008 年第 4 期。

从材质方面看，熟铁是碳含量小于 0.02% 的铁碳合金，生铁是含碳量

_____

① 丁拱辰：《演炮图说辑要》卷 2、3，第 6、12 页。

在 2.11%—6.69% 的铁碳合金。铁炮材质一般分白口铁、灰口铁、麻口铁和展性铸铁。白口铁的碳在铁中以渗碳体存在，断口呈白色。由于碳当量低，在共晶凝固时没有石墨析出，其凝固收缩值较大，铸件易产生缩孔、缩松等缺陷。白口铁性脆，在发射时易产生裂纹，反复使用会炸裂。灰口铁又称铸造生铁，其中的碳全部或大部分呈片状石墨形态，而断口呈灰暗色。由于石墨析出，引起体积膨胀，可使凝固收缩值减小。因而铸造铁炮时，炮身凝固收缩率小，使铁炮很规整。铸铁在切削加工时，石墨的润滑和断屑作用使灰铸铁有良好的切削加工性。灰铸铁的熔点比钢低，流动性好，凝固过程中析出了比容较大的石墨，降低了收缩率，故具有良好的铸造工艺性，能够铸造形状复杂的零件。① 麻口铁介于白口铁和灰口铁之间，断口呈灰白相间的麻点状，碳既以渗碳体形式存在，又以石墨状态存在。由于有渗碳体的存在，仍有硬脆性，但性能要优于白口铸铁。脱碳铸铁是白口铸铁铸件经脱碳退火处理，铸件表层已经脱碳并成为钢的组织，而心部仍为白口铸铁组织。铸铁脱碳钢是白口铸铁铸件在脱碳退火过程中，由于时间和温度控制适当，基本不析出石墨（如析出石墨则成为展性铸铁），而使生铁中多余的碳被氧化成气体脱掉，从而使铸件表面和心部都成为钢的组织。展性铸铁是由一定化学成分的白口铸铁经石墨化退火（或脱碳退火）而获得的具有团絮状石墨的铸铁。铸铁与灰口铁相比，具有更多的塑性、韧性和伸长率，以及较高的抗拉强度。其延伸性和韧性在各种铸铁中为最优。②

由铁炮金相检测可知，英军铁炮以灰口铁为主，其质量必然优于以白口铁为主的清军火炮（包括铁模炮）。白口铁是含碳硅较低的铁水，经浇注、凝固和冷却后，断口呈银白色，具有很高的抗磨损能力，有很高的硬度和脆性，既难以切削加工，也不能进行锻造。

（二）中西铸炮技术的差别

1. 至 19 世纪中叶清军占主流的铸炮方法是泥模铸炮法

火炮诞生于 13 世纪的中国，15 世纪末以前，中国官办的制炮技术

① 丁德全编《金属工艺学》，机械工业出版社 1998 年版，第 41、98 页。
② 北京科技大学冶金与材料史研究所编《铸铁中国》，冶金工业出版社 2011 年版，第 4、9 页。

一直领先于欧洲。明朝初年以后，中国实行了海禁。清朝沿袭明制，火器制造分中央和地方两种。至道光朝以后，清廷已不能左右火炮的生产，地方政府自行组织制炮。从 13 世纪至 19 世纪中叶，中国官办制炮法有熟铁锻造法（Forged Wrought-Iron Technique）、泥模铸炮法（Piece-Mould Technique）、复合金属法（Composite Metal Technique）、铁模铸炮法（Iron-Molding Technique）等，占压倒性优势的是泥模铸炮法。当时除广东省工匠泥模铸炮技术娴熟外，许多省份铸炮工匠对此技术，尤其是重炮铸造技术十分生疏。"中西间的大分流始于 16 世纪，重工业领域中的技术能力正是西方领先中国的优势所在。明代中国尚不具备西洋的机床技术，晚明以后，西洋起重机、重力锤、延压机、锉光技术、仪表和机床技术随着钟表与火炮技术等陆续引入。但未成功嫁接至中国技术传统中。因此，中国不仅缺乏工业革命所必需的关键技术，且缺乏发展相关技术的能力。"①即当时的中国尚未出现制造新式军械所需要的近代机器工业，传统的手工业无法担当此任。如炼铁时鼓风炉的运用，铸炮时造模、定模、锉膛工艺等都靠人力与畜力进行。至 19 世纪中叶，清朝仍用传统的泥模铸炮手工工艺制炮（铁模炮也不例外），加工采用铁帚、铁锤等工具，动力主要为人力或畜力，生产效率低，制作加工精度不高。这既使制炮成本较高，又影响铸炮质量，呈现出"炮身庞大与形制不一，炮体内外粗糙，口内径相对较小"的特征，火炮游隙值（指炮管壁与炮弹间的差值与炮弹直径之比）可大至 1/18。而龚振麟等发明的铁模铸炮技术近乎工业机器发展中的较高阶段，可惜由于经济和政治因素的限制，这些新因素没能继续发展。因此，其制作水平与西方相比还不是一个等量级。

至铁甲舰时代，随着近代自然科学的进步，世界上第二次工业革命的发生，发射爆炸弹型的前后装线膛巨炮成了火器时代的主流。此时的中国正处于洋务运动时期，作为一个发展中国家参与了世界上第三次军事技术革命，兴办洋务过程中各地兴建的许多兵工厂局的主要产品是仿制包括臼

---

① 彭南生、严鹏：《技术演化与中西"大分流"重工业角度的重新审视》，《中国经济史研究》2012 年第 3 期。

炮在内的枪炮弹药与战舰，其中铸铜铁炮及其弹药涉及的技术转移内容最丰富，问题最突出。1863 年，李鸿章建立苏州炮局，由受聘于该局的英人马格里出面买下"阿思本舰队"的部分机械设备，于 1864 年机器加手工造出 24 磅弹前装滑膛生铁炸炮（田鸡炮），由此揭开了中国近代生产火炮的历史。1868 年，江南制造总局开始采用欧洲砂型铸模与实心钻膛技术制造火炮。但当时区区 2000 余斤的铁模炮因威力有限，逐渐被各种前后装线膛巨炮以及各种轻型钢质山炮代替。江南制造总局后来仿制西洋前后装线膛炮，长期以英国前后装线膛阿摩士壮炮为蓝本。最终在 1905 年仿成德国克虏伯式 7.5 生后装线膛管退式山炮，这是近代中国制炮技术最高水平的体现。以江南制造总局为代表的洋务军工厂局所产武器大而全，但船炮数量不足和型制杂乱的问题一直难以解决，故借助了"仿制—贸易"的技术转移模式，尤其"炮用克虏伯"逐渐被国人被认为是国防自强的基石。

2.18 世纪中期以后法英等国铸炮的主流方法是砂型铸模与实心钻膛技术

欧洲国家自中世纪以后，有允许私人拥有、自由买卖、私人设厂生产和销售武器的传统。15 世纪中期以后，以英国为代表的西方制炮技术公私竞争与整合促进的色彩浓厚，英国火器制造实行的是政府采购和各私营铁器制造商自由竞争的制度。西方制炮技术每次创新皆有匠人独自发明的色彩，其出现的时机与作用的发挥往往有一个时间差。但市场化以后，对英国在 16—19 世纪称雄世界起了很重要的作用。至 15 世纪末，其制炮技术始优于中国。火炮加工在 16 世纪以后主要以手工方式进行，18 世纪 70 年代以后，欧洲火器生产逐渐过渡到机器大工业的生产方式。在此前后，许多制炮工具陆续发明。制炮法有熟铁（乃至钢）锻造法、15 世纪末至 18 世纪末的泥模铸炮法、复合金属制炮法、失蜡铸炮法等。铁炮材质主要为灰口铸铁和可锻铸铁等。由于机器施压可保证压力大，火炮成型后，抗侵蚀力也强，锈蚀相对不易。

由于泥芯烘干是一个难题，至 18 世纪西方铸炮技术出现了两项重大革新。"1715 年在里昂受雇于法国人的瑞士工程师兼铸炮匠让·马里茨（Johann Maritz，1680-1743）引进了新的造炮技术：先将火炮浇注成实心的，再用水平钻孔机钻出炮膛（其秘密在于整个火炮保持一个稳定的压力，使火炮利用自重绕钻刀旋转，齿轮逐渐向前推进，以不损坏炮膛的精确性）。1740 年该技术得以传播，膛床水平镟膛代替原先的垂直镟膛模式。到 18 世纪 50 年代，让·马里茨的儿子（1711—1790）进一步完善了钻空机。1755 年他成为所有铸工和锻工车间的监察主任，奉命在法国所有的皇家兵工厂安装他的钻空机。此铸炮方法在 1773 年以后被许多英国铸炮厂和欧洲大陆国家采用。"[1] 1774 年约翰·威尔金森在英国建起一架类似的机器，其大炮镗床提高了瓦特蒸汽机的效率，因其提高了活塞和汽缸之间的密合度。

实心钻膛造炮法比泥模造炮法的质量好。"钻出来的炮管里的炮弹和炮管结合紧密得多，可使火炮游隙值减少一半并提高射击精度。由于许多火炮能在同一砂型模子里铸造，不同的火炮可能在不同的模子里完成。它也意味着能同时开启钻床去修整炮膛，这有利于安置支撑火炮的两个炮耳的精确性。同时，所有这些变化排除了法国人瓦利叶（Valliere，1677-1759）火炮式的装饰，技术变迁已使个性化制造火炮技术变得毫无必要。"[2] "笔直和一致的炮膛有极大的优越性。炮膛始终准确一致，炮手们就无须掌握各门炮变幻莫测的特性，而且可以指望炮弹不断击中目标。炮膛中心定位准确，爆炸点四周的炮铜强度和厚度相同，大炮就更安全。更重要的是，大的炮膛意味着使用金属更少，也使火炮造得更轻和增加其机动性、更容易操纵，产生反冲力后恢复到射击位置也更快，而又不减少威力。而在以前，一般认为那是不安全的，因为铸模的差异造成各门大炮的内壁不规整，这就需要在炮弹和炮管之间留出充裕空间'游隙'以避免灾难性的阻塞。减少了游隙，用少量的火药即可更快地使炮弹加速，而以前则有更多的膨胀气体从炮弹四周逸出。这样，即使在炮筒缩短的情况下，减量的火药仍然可以做等量的功。况且火药减量又可令人安全地减少爆炸发生处——弹膛周围金属的厚度。"[3]

① K. Chase, *Firearms:A Global History to 1700*, Cambridge: Cambridge University Press, 2003, p.201.

② K. Alder, *Engineering the Revolution: Arms and Enlightenment in France, 1763-1815*, Princeton, N. J. : Princeton University Press, 1997, p.41.

③ 〔美〕麦克尼尔:《竞逐富强：西方军事的现代化历程》，倪大昕、杨润殷译，上海学林出版社 1996 年版，第 167—168 页。

"到 18 世纪末，英国卡龙公司在与一些火器制造商的竞争中处于劣势，迫使它想法补救。该公司的技术人员发现，用 1774 年英国铸炮匠威尔金森创制的改进型卧式镗孔机来钻炮筒和镟膛，可达到很高的精度，可以将制炮技术向前推进 10 年，瓦特的蒸汽机也更能在其中发挥作用。它们很快采用了此法造炮，在以后的市场竞争中处于优势位置。"[1] 在 18 世纪的最后十年，英国钻炮用的膛杆由水轮或马力驱动，改为蒸汽机驱动。英国海军用新造火炮在 1793 年已全部改用铁炮，实心钻膛，而商业用火炮为省费起见，仍在使用泥模铸炮技术。

18 世纪以前，在泥沙混合料中大量使用黏土，这降低了透气性，因此必须进行干燥和烘烤把极大部分水分去掉，很不方便。而砂模透气性好，可以克服泥模铸炮时蜂窝状孔穴的缺陷，且可以成批铸造和开启钻床修整炮膛。如果金属所浇入的介质含有水分，如黏土或湿砂，那么铸范的透气性必须很高，当灼热的金属与铸范一接触，生成的蒸汽就会影响金属，使之变成疏松状。若采用黏土低达 5%—10% 的天然砂，并把砂弄湿，就能使它具有足够的强度和透气性，可不费事地把铁水直接浇入湿砂范中，浇铸实心炮，然后用大功率的钻孔机钻出炮膛，疏松区可彻底排除。[2] 欧洲早在 1707 年就用之于铸造铁锅，1758 年铁器制造商 Isaac Wilkingson（1695—1784）申请了一项用砂型法铸造加农炮和气缸圆柱体之类的长管形器的专利，在 18 世纪的最后 15 年内，为了精简泥模铸炮冗长和复杂的过程，砂型铸炮技术得到运用。[3]

由此，到 18 世纪末，实心钻膛与砂型铸模技术成为西方占压倒性优势的铸炮法，所制炮身呈现出"轻型化、内外精致、炮壁较薄"的特点。加农炮的游隙值已降至 1 / 40。[4] 这样，一则节省铸炮原料，二则制炮效率提高，三则火炮质量和性能增强。

---

[1] R. Bryer, "Capitalist Accountability and the British Industrial Revolution: The Carron Company, 1759-circa.1850," *Accounting*, *Organizations and Society*, Vol.31, 2006, pp.687-734.

[2] R. F. Tylecote, *A History of Metallurgy*, London: Mid-country Press, 1976, pp.125-126.

[3] A. N. Kennard, *Gunfounding and Gunfounders:A Directory of Cannon Founders from Earliest Times to 1850*, Arms and Armour Press: London, 1986, p.159.

[4] 刘鸿亮:《两次鸦片战争前后清朝制炮技术研究》,《社会科学》2011 年第 7 期。

由上述可以看出，清军铁炮多采用泥范铸造技术，其缺点如下。一则效率低。范模只能一次使用，用后打碎，一般是一模一炮。二则泥范透气性差。铁炮由于体积庞大，铸型较厚，需要长时间烘干与烘透，否则在炽热的铁水浇注时，所含水分产生的水蒸气对泥芯与范面冲刷，烧损严重，致使铸件内外表面产生许多蜂窝、孔洞等缺陷。三则生铁浇注时铁液常激动炮芯，导致范芯移位，造成铸件不对中现象。四则炮弹也由泥范铸造，表面存在范线，不光滑。加工方面，中国手工生产方式对炮膛的镟铣技术动力不足，再加上以白口铸铁材质为主的铁炮膛得不到精加工，铸造时不对中和内膛砂眼、蜂窝的缺陷常不能消除，此必然影响其质量。如1840年4月4日《澳门月报》载，欧洲人就中国铁炮的品质评论道：

> 中国又铸有大炮，每一门可抵我等大炮四十八门。尚有许多大小不等炮火，惟中国只知铸成炮身，不知做炮膛，且炮身又多蜂眼，所以时常炸裂。[1]

西洋制炮，一则采用砂型铸炮技术，效率高。砂型可反复使用，同一模可多次制作砂型，可成批铸造同样的火炮，为机械加工带来便利。二则砂型透气性好，免除长时间烘烤砂型，并减少铸件疏松、气孔、砂眼等缺陷。三则铸实心炮，避免制型芯与固定型芯等工序。四则弹炮采用蜡模铸造，消除了范线，表面光滑。加工方面，西洋铁炮因其材质多是灰口铸铁，还有展性铸铁、低碳钢等，易于加工；加工动力方面，起初是用水力、马力，后改用蒸汽机驱动的钻孔机在镗床上对铁炮进行钻膛，此不仅可使清理型芯、加工内膛效率提高，还可精加工实心铸件，使炮膛光滑并成一直线，铁炮质量大大提高。《演炮图说辑要》中写道：

> 夷炮乃黑麻铁所铸，坚实兼柔性，制后用钢刀旋转，规制极圆；弹亦规铸浑圆，无一厘之偏倚，故能出入爽利；彼铸炮精细，腹中圆

---

① 魏源著，王继平整理《海国图志·夷情备采》，第13页。

正光滑，而用弹逐个用铜板规试，合式方敢用之。①

（三）19 世纪中期以后西方新创的几种铸炮法

1. 19 世纪四五十年代美英等国新创的巨型套筒炮技术

19 世纪中期欧洲又相继新创几种铸炮法，可造出几十吨重的巨炮，性能大为提高，成为主流的制炮方法。中国一吨重的铸铁模炮就性能而言，自是相形见绌。关于火炮重量，《钦定大清会典》中规定：轻炮 27—390 斤，重炮 560—7000 斤，巨炮为 7000 斤以上。②

至 19 世纪中叶，西方诸国在近代冶金学和物理学的基础上开始制造吨位更大的复合金属炮，与以往的熟铁锻造内管、泥模法铸造外管的技术不同。如“在 1856 年的美国，北军军官罗德曼（J. Rodman，1815-1871）在一个冷却水核心外铸造铁质加农炮。由于紧靠冷却水核心，融化的铁冷却得比分层铸造快，这扩大了收缩过程，使内部金属比外部更密实。这就使他的铁炮比那些用硬铁块或铜块铸后再钻孔的炮，或者在一个砂质核心外铸造空心管再经机器打磨平滑的炮要结实得多。运用该项技术，罗德曼发明了更好的铸造铁或铜炮的方法。”③罗德曼炮型像啤酒瓶，那是因为设计上需要，在压力最大的部位使用了最厚的金属。采用了中空的模芯，并在其中导入冷却水，再以流水进行冷却，这是一个使内膛先行硬化的方法，是早先套筒炮实验合乎逻辑的发展结果。外层金属冷却时向内缩拢，向已经硬化的内层继续加压，这样，发射药的爆炸力就为炮膛四周的整个厚金属层所吸收，而不是层层向外扩张。④“如此，可使炮管自内向外渐次凝固，所铸之炮因而更大（内径可超过 50 厘米），耐用程度更可达到先前的 5—10 倍，可有效击穿铁甲钢板，吨位可达五六十吨。随后一名美国海军少将按此原理设计了一种瓶子形的前膛装舰炮，炮尾管很粗，至炮口逐

---

① 丁拱辰撰《演炮图说辑要》卷 3，第 13 页。
② 《四库全书·钦定大清会典·军器》册 619 史部 377 卷 73，第 677 页。
③ L. Boyd, *The Field Artillery: History and Source Book*, Westport, Conn: Greenwood Press, 1994, p.29.
④ 〔美〕杜普伊：《武器和战争的演变》，王建华、谢储生、孙志成译，军事科学出版社 1985 年版，第 231 页。

渐形成锥形，被称为'达尔格仑'炮（Dahlgren gun，注：达尔格仑是美国海军少将，1809—1870年）。这种炮曾被美国海军采用，但后来又被套筒炮所取代。最先由美国所制造，这种炮的炮筒由两根或两根同轴管组成，外管趁灼热时套在内管上，冷却后就紧紧地箍住内管。后来英国又设计出了套筒管的改进型，使炮管能承受更大的射击压力。"①

由上述可以看出，至19世纪中期，早已进入工业社会的欧洲诸国的制炮法一直在大踏步前进，如复合金属炮制法不断更新，此与清朝复合金属炮单一制法相比，发展道路颇为不同。②

2.19世纪中期西方铸钢技术的发明以及19世纪四五十年代英德等国创制的前后装线膛巨炮

后装线膛炮的发明建立在冶金技术的改进以及铸钢发明的基础上。1856年英国人贝塞麦（Bessemer，1813-1898）发明了酸性炉衬的转炉炼钢法，能冶炼成硫磷含量在限度以下的优质钢材。贝氏钢是制造枪炮、铁甲舰和钢轨的极好钢材，首先由英国建造了钢壳商船，随后用于制造钢炮。1857年此法所获得的专利权打开了冶金新纪元，德国人西门子（Siemens，1823-1883）在伦敦成立分公司，设计出一种不同的但具有同样效果的方法。1865年法国冶金家马丁（Martin，1824-1915）发明了自炉外供应热量的平炉炼钢法。西门子后来与马丁联合起来，西门子－马丁炼钢法得到广泛采用，到19世纪末，此法比贝氏炼钢法应用还要普遍。1860年8月12日侵华英军在对中国大沽口新河炮台的战争中首先试用了钢质阿炮，使用者提出了有利的报告，但反对革新的偏见极大。因为阿炮最大的特征是尾栓和垂直锁栓分开，其闭锁装置不完善，以及造价很高。到1862年后，因为在战斗中多重膛线、铅涂弹和后装填设计的阿炮屡出问题，英国政府在1864年宣布停止制造阿炮。1865年，英国一个军械委员会建议回到前装炮，但这次的前装炮要装膛线。此外，火炮越来越多地被安装在铁制（后为钢制）炮架上，以增加抗震性和耐用性。到1870年，复线火炮在欧洲已得到广泛使用，但前膛炮仍受多国军队喜爱。导致前膛

---

① 丁朝弼编《世界近代海战史》，海洋出版社1994年版，第170页。
② 刘鸿亮：《英法联军侵华之役中西火炮技术研究》，科学出版社2015年版，第234页。

炮走向终结是炮弹重复装填的问题，这种错误在后膛炮上是不可能出现的。何况前装线膛的短炮管不适于 19 世纪 70 年代晚期投入使用的威力强大的缓燃火药。1886 年英国海军终于再次把大口径后装炮列为标配，它几乎是最后一个这样做的海军大国。

1847 年德国的工业和武器专家克虏伯（Krupp，1812-1887）铸造出世界上首门 3 磅弹前装线膛钢炮。他也试图与英国两家枪炮私营商竞争，1857 年试制了后装线膛火炮，技术上一举超越了阿摩士壮火炮，1858 年开始大规模生产钢炮。他的生意真正兴隆起来是在 1863 年以后，1864 年制造了全钢后装线膛炮，即闭锁性能较好的层成炮和装箍炮。1867 年后该炮被装备于陆海军中。约 1881 年后，铸钢和钢炮的使用得到普及。其楔形炮栓与闩体形成的闭锁方式完全突破了阿摩士壮螺栓式闭锁机构，是火炮设计技术的一大进步。

3. 1873 年西方诸国几乎同时发明铁模铸炮法

有史料说："龚振麟铁模铸炮的模具具有产生冷铸、增加硬度和耐磨的优点。为了避免铸件同铸模产生任何胶着的危险，通常要在铸模上敷上一层石墨或灯黑。然而这大概并非必不可少，只要铸模对金属铸件的容量比足够，就可避免铸模过度发热和损坏。这是战国时期冶金技术一项令人吃惊的高度发展。值得注意的是，这种技术在历史的另一阶段再次出现，后来于 1873 年三位发明家同时宣布他们取得的同种技术成就，拉夫罗夫（Lavrov）在圣彼得斯堡，乌哈蒂乌斯（Uchatius）在维也纳，罗塞特（Rosset）在都灵。当然，铸铁模或'贝壳模'（Coquilles）在欧洲从 1514 年以来就已用来铸铁炮弹，似乎是第戎的弗郎索瓦·日尔贝（Francois Gibert）引进的一种铸法。表层的迅速冷却使表皮成白质（碳化铁），使其变硬，增加其碎片杀伤效果。然而这比铸炮又是简单得多的事。"① 此法比中国龚振麟的铁模铸炮法晚了 32 年，应是因为他们在积极探索更加先进的制炮工艺，从而没有关注这个传统的制炮工艺的改进。

---

① 〔英〕李约瑟：《李约瑟中国科学技术史》第 5 卷第 7 分册《军事技术：火药的史诗》，第 351 页。

（四）中国铁模炮与西洋铁炮发射炮弹性能之比较

火炮的威力如何，最终通过实战才能看出。而在实战中的表现，炮弹杀伤力无疑是核心标准。火炮技术一般包括战斗要求、勤务要求和经济要求三个方面。其中，战斗要求是火炮技术要求的主要内容，火炮技术由材质、形制、种类、制作、炮弹、火药、机动性等要素综合决定。火炮技术不同，使其性能各异。火炮性能主要由炮弹的杀伤力、射速、射程、测准技术等构成。在此仅以炮弹为例予以说明。自金属管形火器出现以后至19世纪中期以前，中国和西方都发展并使用了三种炮弹，即球形实心弹、霰弹和空心爆炸弹。至鸦片战争时，霰弹和爆炸弹有一个共同的缺点，即大多使用短管火炮射，不能被用来打击远距离目标，再加上成本和技术上的安全性等因素，它们都不曾动摇球形实心弹在战场上的统治地位。

19世纪中期，中国的炮丸生产分中央和地方制造两种。中西炮弹尽管都以球形实心铅铁弹为主，但中国在生产中普遍存在加工粗糙、费工费时、质量粗劣的问题。如生铁铸成的炮弹分类少，技术关键之处改良缓慢。生铁弹子主要采用泥范技术铸造，常造成"弹不圆正，口不直顺"的后果。中国解决泥范铸弹致范线凸出的办法，一是用失蜡法替代之，二是采用人工磨光技术。因此，中国人在战场上使用的粗笨球形实心弹不一定代表其制弹技术的实际水平。从材质看，炮弹分石弹、铜弹、生铁弹、熟铁弹和铅包铁弹五种。中国多用铅弹或铜包铅弹，其用量远大于铁弹。从外形来看，分圆球形和长体形两种。从性能来看，分实心和空心爆炸弹两种。中国的炮体尽管庞大，发射的却是斤两偏小的球形实心铅铁弹，此与泥模铸炮法以及火炮材质多为白口铁有关，其在攻击西洋木质或铁壳战船时常有"碰回"之说。在此前后，中国人也仿制了西洋爆炸弹，不过由于药力有限和制造成本颇高，其使用比例不大，使用机会也不多。今在浙江镇海海防纪念馆展览的一门1841年造的铁模炮，铭文为：

平夷炮　身长五尺八寸　膛口四寸　分　道光二十一年九月　重一千六百斤　第十五号　平夷炮　受药八十四两　子一百六十八两　浙江省局造

　　从其弹药2∶1的比例而看，铁模炮肯定发射球形实心弹，因为若发射爆炸弹，则不需要这么大的药量。看来其对英军卡龙炮的仿制仅得其形，未得其实质。

　　按照常理，龚振林既然试制了车轮船、铁模炮等，理应被配置在车轮战船上，但在浙东战场未见有铁模炮卓越的战绩；车轮船随后参加了吴淞中英炮战，也未见有铁模炮好的些许表现。倒是清朝复合金属炮在此表现不俗。

　　"英军在这条江中作战期间，军队几乎俘获并毁坏了400门口径不同的大炮，许多黄铜大炮铸有铭文，来说明它们被期待的功绩，例如'驯服并征服蛮夷者'，一门口径最大的巨型炮名叫'蛮夷'。"[①]"吴淞镇上的炮台全线开炮，炮火很厉害，打得也甚准确，英军两条船舰都遭到炮击。"[②]"清军首先开火，始终打得很凶猛，英舰在指定地点停妥后始行回击；双方连续炮战达两个半小时。……英军自与清军作战以来，中国人的炮火以这次为最厉害。英军旗舰'康华里'号（HMS Cornwallis）被击中多次，后樯被击中3炮；五级战船'金发人/布朗底'号（Blonde）被击中14次，一海军中尉在甲板上被一颗炮弹击中而亡。木壳明轮'西索斯梯斯'号（Sesostris）被击中11次，其他舰只也被击中多次。在这样猛烈的炮火下，伤亡人数竟那么少，这是很不正常的。"[③]"英参战军官说，在此发现的清军双层金属炮，内部是用熟铁锻造成圆柱体，外层是用生铁浇注而成的。"[④]英军把清军的"各种贮存全部销毁，留下几尊铜炮，有一尊西班牙古炮，另一尊是300年以前的中国炮，两者形状奇特，后者像个小口瓶。……缴获大炮总共388尊，其中铜炮76尊。铜炮的名称有'平夷''惩寇'等，有一尊长达12英尺，名为'夷炮'"。[⑤]

　　西洋重炮也主要使用生铁球形实心铁弹。它们大规模采用了蜡模铸弹技术，炮弹浑圆如地球，腰间不起微线，有球形实心弹（又分圆弹、灼热

---

　　① 《宾汉英军在华作战记》（Ⅱ），第340页。
　　② 《复仇女神号轮船航行作战记》（Ⅱ），第352、358、361页。
　　③ 《1841—1842年英军从舟山到南京的远征》，第67页。
　　④ A. Cunynghame, *The Opium War: Being Recollections of Service in China*, Philadelphia：G.B.Zieber & Co., 1845, pp.64-78.
　　⑤ 〔美〕卫三畏：《中国总论》（下），上海古籍出版社2005年版，第537页。

圆弹两种）、链弹、霰弹（又分铁筒弹、菠萝弹、塔弹三种）、一次点燃就可发射出去的球形开花爆炸弹（又分炸弹、火弹两种）等类型。其60%的炮弹是球形实心弹，在陆战时常在千米以上的距离用"打水漂"的方法发射出去，其威力主要体现在破裂的弹片上。至于40%的其他炮弹，主要在近距离使用，种类有筒形霰弹、葡萄弹、爆炸弹和燃烧弹、榴霰弹等，使用方法怪异，以增强其破坏力，此就是西方"炮利"的秘密之所在。

　　鸦片战争时期的侵华英军知道清朝绿营水师之弱，预测其不会在海面进行西式的炮战，所遣船只的主要任务为对岸作战（如支持海军陆战队的行动），[①]水陆协同配合，迂回侧击，同时采用以吃水浅的炮艇绕过清方要塞，配合大型战船实施夹击等战法。但简陋的四轮炮架不能时刻精细调节火炮俯仰，在舷侧摇晃的炮位上根本没有射击精确度，所以改善这炮架的回旋俯仰性能就成了当时很重要的课题。特别是英国擅长的近战，倚重"卡龙炮"，此在几十米内发挥作用，而战舰全长也就是六七十米；也因为是这种近距离射击，这种炮又布置在露天甲板，所以抬头扫射敌舰甲板，低头还要照顾敌舰两到三层舷侧炮位。那么卡龙炮需要可以灵活俯仰回旋的炮架才能充分在近战中发挥指哪打哪、神挡杀神的恐怖战斗力。俯仰通过炮尾螺杆，看上去似乎比较缓慢，但是比撬杠抬起炮尾、塞入垫块需要的人少得多，而且操作者躲在炮后面更安全。这种螺杆的美中不足之处就是大炮后坐太猛，有时会振断螺杆，但总体上和过去塞垫块相比，是比较可靠、方便的办法。卡龙炮座和四轮炮架相比，最具飞跃性的就是可以回旋。

九　铁模炮在鸦片战争前后的御侮战争中未发生作用的原因探析

　　鸦片战争时期，清朝动员的兵员与备防物资数量庞大，沿海战区曾拥有旧式铁炮7100门上下，铜炮130门左右；新铸火炮不下4000门，含铜炮900门左右，其中主要战区广东、福建、浙江和江南四省新铸火炮2800余门。仅广东一省，自军兴以来，就铸炮1000余门，购买、捞获及仿制的夷

① 马幼垣：《靖海澄疆：中国近代海军史事新诠》，台北，联经出版事业有限责任公司2009年版，第16页。

炮不下 400 门，铜炮 10 余门。① "战争全过程，除英军俘获的 3114 门火炮外（含铜炮 235 门）。"② 1842 年黄恩彤撰《知止堂集》中对此有所记载：

> 兵无利器与徒手同，器不命中，与徒器同。自军兴以来，各省铸大炮不下二千门，虎门、厦门、定海、镇海之陷，宝山、镇江之陷，每省失炮约四百余，此皆重八千斤至一千斤，先后遗敌者，千五六百门。③

由此史料可见，清人对自己的损失有缩小之嫌。

龚振麟所创制的铁模炮，在技术效率和机动性方面确实有所提高，但其在鸦片战争前后的国内外战争中使用比例十分有限，故可以推断它在此时期的国内外战争中发挥作用有限。究其原因，与中国的封建制度、经济贫困以及整体的军事技术落后有关，而此又与诸多的社会因素制约紧密相连，即中西军队装备火炮的数量、性能，以及与之相关的炮弹、火药、炮台、战船等制造与使用技术诸多方面的差距。加上清军在军事战术、战法、军队编成、情报、训练以及兵员素质等方面逊色于英国侵略军，便造成双方战斗力的悬殊。

在此仅举一个国家生产力水平的体现——"情报"方面的例子做一说明："浙东战役中，英国军队通过秘购、分析《京报》以掌握清廷决策动态；借助传教士潜入内地搜集军事情报；收买汉奸窃取清军内部情报，从而全方位获取了清军的政治、军事情报。其情报内容从清军的战略意图到战术安排，从官员个人情况到官员间关系，从军用物资调配到武器储备和使用情况无所不至，对清军战备达到了若指掌的程度。在战略战术、武器装备、军队战斗力等方面，清军本已处于劣势，英军的情报活动更使之雪上加霜，最终导致三城反击战的彻底溃败。"④

---

① 张建雄、刘鸿亮：《鸦片战争中的中英船炮比较研究》，人民出版社 2011 年版，第 102 页。
② 《宾汉英军在华作战记》，第 444 页。
③ 《鸦片战争》第 5 卷，第 554 页。
④ 金源云、李国强：《英军在浙东战役时的情报活动探微》，《河北学刊》2016 年第 6 期。

　　表 3 为中英浙东之战始末，反映出中国人即使创新出铁模炮技术，也出现无力回天的御敌结果。

表 3　《剑桥中国晚清史》记载的浙东之战中英上下的战略战术及素质表现

道光帝的谋略	他断定英军目前已陷入陆上作战，而陆战正是中国所长，大批清军在浙江发动有组织的战斗也许能把他们一举消灭。由于许多官员向他隐瞒了失败的实情，因此他觉得挑选一个他能信任的指挥官是绝对必要的，最终选择了他的堂兄弟奕经为统帅。
奕经的素质	此人是一位卓越的书法家，善写文章，其军事经历主要限于主管御花园和猎苑，以及指挥北京的禁军。特长是善于制订计划和搞准备工作。属下的参谋班子兴致勃勃，在军营里举办了许多茶会、筵宴和诗社文会。胜利好象［像］是没有问题了。事实上，在军队实际进入战斗之前的一个月，奕经本人甚至举行过一次作文比赛，这使他忙了好几天以决定哪一篇即将来临的胜利的文告写得最好。他最后选定了一篇，其中虚构了交战情况和对每个带兵官怎样传令嘉奖。
清军官兵人数和素质	奕经刚到苏州，就把指挥的 1.2 万名正规军和 3.3 万名乡勇组织起来，预计进攻宁波、镇海、定海三城。由于他要依靠当地知名人士来获得地方上的情报，在大本营外设置一个木箱，鼓励绅士投进名刺，并献计献策。许多热情而无经验的青年士子同时值危机而辍学应征；每个官员都争先恐后要求有权使用亲随和享受其他官品津贴。因此，这种指挥系统是极不明确的，这特别是由于从几个省征调来的正规部队都拒绝接受其他带兵官命令的情况造成的。人们只看到军队打着鲜明的三角旗，穿着绣花战袍，手执金光闪耀的武器，而忽视了后面隐藏着的分裂情况。
清军战斗部署	"清军采用水陆并进的总战略，辅以潜入各城之中的内应，兵分三路。在具体战术上，使用火筏子攻击英国军舰，派出杀手暗杀英军将领，并发动民众，重金悬赏英军官兵的头颅。"*原来的战斗计划（包括某些新增援的兵力）是要求 3.6 万人打进宁波的西门和南门，1.5 万人夺取镇海，还有 1 万水兵乘战船和渔船渡海收复舟山。实际上，全部兵力的 60% 被派作总部的护卫，奕经就留下他自己属下的 3000 名后备军保卫他在绍兴的指挥部。其余的后备军处于宁波与镇海之间一座桥上，由奕经的参谋长掌握。这样，实际上真正用于进攻每个城市的人数约只 4000 人，且当时甚至没有一个人想去打头阵。
英军计划和人数	英人璞鼎查的计划是要求把战船开往长江而把中国切为两半，并在运河穿过长江之处封锁对京师的粮运。由于他的大部分兵力都被牵制在守卫已攻占的四个城市上，他就决定等到春末夏初从印度得到增援部队时再作计议。这给了清人发动春季反攻的时间。英军战船 9 艘、武装汽船 1 只、运兵船 1 只、运输船多只、陆军 2000 余人。后 1200 名向长溪岭、慈溪一带反攻。

续表

攻击英军的日子	奕经对开战的黄道吉日问题有些关心，但当他某日在杭州一座寺庙中求签抽到了一张虎形签时，这个问题便顺利地被解决了。攻击的时间应该是 1842 年 3 月 10 日凌晨 3—5 时，即壬寅年的寅月寅日寅时；且也碰巧是春天雨季最盛的时期。于是在战斗前夕，大多数部队拖着沉重艰难的步伐，受雨淋、越过泥泞的道路和沟渠而进入了阵地；又因道路泥泞，运粮困难，军队曾多日断粮，体力消耗殆尽。
中英军队的战斗过程	由于清军普遍胆怯，对宁波进行主攻的任务就落到 700 名四川兵身上。他们奉命直到最后一刻才开枪，以保证攻其无备，但是他们的带兵官刚学会讲一点官话，使他们以为他们根本不应带枪。因此，这些金川土著（穿虎衣带虎帽，拽虎尾，怀揣 5—6 元兵饷）只带着长刀溜溜达达地走进了英国工兵的布雷区和皇家爱尔兰兵的榴弹炮百码射程之内。当英军葡萄弹和铁筒弹连续施放 3 轮后，其他没有经验的清军被推向四川兵的后面，致使数千人拥挤在西门，死伤枕藉。与此同时，在镇海的奕经如果把他的后备军也投进去，甚至可以夺回这个城市。但是，参谋长躺在桥上的轿子中大吸鸦片，且正需他的兵力的时候，他已陷入一种麻醉状态。官兵刚听到炮声就逃跑了。这样只剩下攻舟山一路的水兵了，他们之中许多人生来就没有乘过海船。刚一离开港口，大部分人就晕船，而带兵官因害怕遇到英军，后来 20 多天里就在沿海来回行驶，定期呈交假战报。这样就结束了国人在这场战争中的最后进攻。

* 金源云、李国强：《英军在浙东战役时的情报活动探微》，《河北学刊》2016 年第 6 期。

资料来源：〔美〕费正清、刘广京编《剑桥中国晚清史》上卷，中国社会科学出版社 1983 年版，第197—200 页。

从 1841 年 10 月 18 日清廷命将出征，到 1842 年 3 月 10 日反攻开始，前后 143 天，调集五六省的万余兵力，选将上百名，“耗资 3000 万，换来的是不到 4 小时的骚扰战。清军阵亡约 2 千，英军阵亡仅 3 人，伤约 20人”。[①] 而龚振麟铁模炮在此没有发挥任何作用。

综上，至鸦片战争时期，以龚振麟为代表的中国人，统筹各种力量，发挥集体智慧，发明了不俗的铁模铸铜铁炮技术，使中国制炮技术向前推进了一步，这也是中国铸炮史和铸造史上的一个亮点。但龚振麟的个人力量毕竟有限，受中国封建制度大环境，国家综合实力薄弱，包括冶金与铸造技术在内的科技的整体落后，国民素质的亟待提高等因素的制约，该技术与同期的西方砂型铸炮与实心钻膛技术相比，还不是一个等量级，且随

[①] 〔英〕蓝诗玲：《鸦片战争》，刘悦斌译，新星出版社 2015 年版，第 280 页。

着西方后来制炮技术的屡次更新，其逐渐被遗忘在历史的长河中。因此，"透过各种偶然性来为自己开辟道路的必然性，归根到底仍然是经济的必然性。这里的'经济'，并非狭义上的'经济'，而是广义的，主要指国家政治制度是否昌明、综合国力是否强大、文化导向是否向上、国民素质是否健全等。毕竟，个人的品格和才能，只能改变当时事变的个别外貌，却不能改变当时事变的一般趋势，因为他们本身就是这种趋势的产物"。[①]不过，此在近代中国人救亡图存的历程中意义重大，正如晚清思想家严复在《原强续篇》中所言：

> 兵虽乌合，战则可以日精；将虽愚怯，战则日来智勇；器虽苦窳，战则日出坚良。……欲求人助者，必先自助。[②]

此可谓一语中的，精准指出作为落后但正义一方抵抗强敌侵略，创新军事技术的价值之所在，那就是"战则渐振，自立自强"，这也是拙文所揭示的亮点与希望之所在。

（刘鸿亮，河南科技大学教授、深圳大学海洋艺术研究中心及厦门胡里山炮台保护中心特约研究员；张媛媛，大连大学马克思主义学院讲师）

---

① 陈亚兰：《清代君主集权政治对科学技术的影响》，《自然辩证法通讯》1983 年第 3 期。
② 王栻编《严复集》，第 1 册，中华书局 1986 年版，第 39 页。

挺进师与闽浙赣边区游击战略的选择[*]

王才友

1934 年 6 月，为策应中央红军主力战略转移，中共中央和中革军委采纳共产国际建议，[①]先后组编北上抗日先遣队和挺进师深入闽浙赣边区。挺进师于 1935 年春由赣东北苏区经闽北入浙，又从浙西南到闽浙边，与闽东独立师共商成立闽浙边临时省委。在此基础上，挺进师建立了浙南游击根据地，坚持斗争长达三年之久，成为南方三年游击战争的重要组成部分。与其他大多数游击区"长期分散"、"独立支持"和"各自为战"不同的是，挺进师与闽东、闽北两大游击区的联动值得关注。

[*] 本文已刊《历史研究》2021 年第 1 期，承蒙匿名外审专家对本文提出诸多宝贵建议，在此谨致谢忱。

① 《共产国际执行委员会政治书记处政治委员会给埃韦特和中共中央的电报》（1934 年 6 月 16 日），中共中央党史研究室第一研究部译《联共（布）、共产国际与中国苏维埃运动（1931—1937）》第 14 册，中共党史出版社 2007 年版，第 143—145 页。

相较而言，学界对南方八省敌后游击区关注较晚。[①] 20 世纪七八十年代以来，学界逐渐跳出以政党为中心的研究理路，开始结合社会经济因素对中共革命进行溯源式研究。[②] 围绕挺进师与浙南游击区的开辟、挺进师与地方社会的结合，学界亦进行了持续探索，[③] 但对挺进师跨游击区联动，及其在长期失去与中共中央联系情况下的生存发展问题缺乏深入探析。本文拟在既有研究基础上，以挺进师建立浙南游击区及其与闽北、闽东两大游击区的联动为中心，讨论挺进师在闽浙赣边区游击革命的战略选择和发展历程。

一　重拾游击战：挺进师入浙前后的战略转型

1933 年 9 月，国民党采取堡垒战战术向中央苏区发动第五次"围剿"。由于王明"左"倾教条主义在中央占据统治地位，第五次反"围剿"节节失利。到 1934 年中，中共中央开始将撤离中央苏区、实施战略转移列入议事日程。6 月，为配合红军主力战略转移，中共中央和中革军委抽调红七军团改编成"中国工农红军北上抗日先遣队"（简称"抗日先遣队"），

---

① 井冈山革命根据地和中央苏区自 20 世纪 50 年代起即备受学界重视，南方各游击区的研究基本始于 90 年代前后。参见刘勉钰《中央苏区三年游击战争史》，江西人民出版社 1993 年版；阎景堂：《南方三年游击战争史》，解放军出版社 1997 年版；刘勉钰《江西三年游击战争史》，江西人民出版社 2009 年版；庄春贤：《赣粤边三年游击战争史》，中共党史出版社 2016 年版。

② 参见陈耀煌《从中央到地方：三十年来西方中共农村革命史研究述评》，《中央研究院近代史研究所集刊》（台北）第 68 期，2010 年。在南方三年游击战争研究方面，班国瑞（Gregor Benton）通过深描各游击区的发展历程，凸显了中共革命者点燃"山火"（Mountain Fires）的艰辛与不易（Gregor Benton, *Mountain Fires: The Red Army's Three-Year War in South China, 1934-1938*, Berkeley: University of California Press, 1992）。

③ 相关成果主要有吴克斌《关于浙南三年游击战争》，《近代史研究》1984 年第 4 期；缪慈潮：《中共闽浙边临时省委的建立及主要革命活动》，《党史资料与研究》1987 年第 3 期；陈史英：《红军挺进师怎样完成从正规战到游击战的战略转变的》，中共浙江省委党史研究室等编《纪念浙西南、浙南游击根据地创建 60 周年研讨会论文集》，中国档案出版社 1996 年版，第 99—104 页；陈治赵、刘建国：《红军挺进师和闽浙边临时省委在战略转变中的贡献》，《温州师范学院学报》1993 年第 2 期；张敏卿：《中国工农红军挺进师与浙南根据地的建立》，《中共党史研究》2005 年第 5 期；浙江新四军历史研究会编《红军挺进师与浙南游击区》，浙江人民出版社 2007 年版；黄昊辰：《宗族与秘密结社：地方视域下的中共浙南革命（1927—1937）》，硕士学位论文，杭州师范大学，2019 年。

在宣传中共抗日主张、推动抗日运动发展的同时，深入国民党核心统治区域，吸引和调动"围剿"中央苏区的敌人。①

　　红七军团系由赣东北革命根据地的红十军改编而来，人员主要来自赣东北及其附近的闽浙边区。中共中央派遣抗日先遣队深入这些地区，应考虑了红七军团人员的乡土渊源和地利优势。军团于 1934 年 7 月由瑞金出发，北上闽浙赣皖边地区，经数月转战，于 10 月下旬进入闽浙赣苏区。11 月初，在中共中央和主力红军已经长征的情况下，红七军团又奉命与红十军合编为红十军团，重组抗日先遣队，继续征战。1935 年 1 月，军团主力在怀玉山地区遭受严重损失后返回闽浙赣苏区。应该说，中共中央在民族矛盾逐渐上升为主要矛盾的情况下，适时提出北上抗日的口号是正确的，但在王明"左"倾路线的影响下，在先机已失的情况下派遣抗日先遣队深入国民党统治核心区，力图通过游击战争促动国民党作战部署的调整，缺乏达成战略目标的现实条件。② 不仅如此，抗日先遣队领导人乐少华和曾洪易等，未对闽浙赣边区实际情况予以充分考量并做出战略调整，如攻打福州时仍采取"猛打硬拼"的运动战法，致使红七军团损失惨重。

　　实际上，游击战可谓第五次反"围剿"失利困境下中共扭转败局的有效手段。中共在土地革命战争中对战争战略问题进行了长期探索，从井冈山时期毛泽东等人对游击战的初步运用，再到中央苏区时期对运动战与游击战结合运用的驾轻就熟，红军实现了战略战术的升级革新。随着第五次反"围剿"的失利，红军已失去大规模运动战的基础，重拾游击战是突破困境的可行选择。但是，中革军委仍期望以运动战牵制国民党军，并命部队北上浙西。浙江是国民党统治的核心区域，保安团实力强大、保甲制度严密，国民党当局在便捷的交通通信条件下多能掌握先遣队的行踪。③ 在经历浙西失利后，方志敏曾电请中央分局和中央苏区将闽浙赣省委迁至闽北，寻求将赣东北苏区变为游击区。但中共中央和中革军委仍命红十军团

① 《粟裕战争回忆录》，解放军出版社 1988 年版，第 111 页。
② 粟裕对受王明"左"倾路线影响的中共中央做出这一决策深为介怀，他认为，蒋介石绝不会因为中共提出北上抗日的口号和一支数千人的小部队出动就放松对中央苏区的"围剿"，这是"完全脱离实际的臆想"。详见《粟裕战争回忆录》，第 135 页。
③ 广西文史研究馆编《黄绍竑回忆录》，广西人民出版社 1991 年版，第 301—305 页。

以运动战应敌，使抗日先遣队在怀玉山遭受严重损失。①

抗日先遣队失败后，中央分局和中央军区于 1935 年 2 月再命抗日先遣队余部，与闽浙赣独立师第一团共计 538 人，组成中国工农红军挺进师（简称"挺进师"）继续战斗，由粟裕和刘英分别担任师长和政委。中央分局赋予挺进师的主要任务是进入浙江长期活动，发动游击战争和创立新的苏维埃根据地，同时打通闽东与闽北的联系，在革命工作和军事行动上与闽东、闽北形成有力配合，以策应主力红军的长征。②

挺进师成立后，粟裕和刘英分析了浙江的地理和社会环境，决定以仙霞岭为中心创建浙西南游击根据地。明清以来，大量闽赣移民迁入浙西南，其中又以客家人居多，他们往往聚族而居，在"山源深邃，林箐险密"之处蜂拥云集。③ 挺进师中包括刘英在内，有大量客家人，这为挺进师在浙西南山区开展群众工作、发展游击战争提供了有利条件。④ 基于此，挺进师制定了 2 月下旬由闽浙赣苏区经闽北进入浙江的计划。但是，3 月 1 日，挺进师在闽浙赣边界的江西铅山县突遭江西保安团伏击，电台在战斗中被毁，由此失去了同中共中央的联系。为加强党政军工作的统一领导，挺进师成立以刘英为书记的师政治委员会，开启了自我摸索的游击之路。

因存在此前中央指导的强大惯性，挺进师虽决定重拾游击战，却不可能立即放弃运动战。实践证明，运动战思维极不利于红军在闽浙边区立足。抗日先遣队即因坚持大兵团作战方式，"没有分散打游击的认识和决心"，故未能在浙江打开局面。⑤ 1935 年 3 月底，挺进师进入浙西南，辗转游击于闽浙边区庆元、景宁、松溪、政和、寿宁、泰顺一带。浙西南地

① 中共浙江省委党史研究室编《中共浙江党史》第 1 卷，中共党史出版社 2002 年版，第 278 页；《粟裕战争回忆录》，第 128—129 页。

② 刘英：《北上抗日与坚持浙闽边三年斗争的回忆（节录）》（1940 年夏），中共浙江省委党史研究室编《刘英纪念文集》，中共党史出版社 2002 年版，第 266 页。

③ 曹树基：《中国移民史》第 6 卷，福建人民出版社 1997 年版，第 282—292 页；余欣：《移民、市场与社会流动：清代人口增长的内在动力——以衢州为例》，硕士学位论文，华东师范大学，2016 年。

④ 此外，王维信、张云碧等指战员也是客家人。参见舒龙编《客家与中国苏维埃革命运动》，中央文献出版社 2004 年版，第 367、410、446 页。

⑤ 《粟裕战争回忆录》，第 145 页。

处闽浙赣三省边界、仙霞岭山脉中段，境内高山重叠、森林茂密、移民杂居，具有重要的战略地位。但是，挺进师并未立即从大兵团作战方式中抽离，也“没有发动全体指战员自动的参加群众工作”，导致“以连排分散行动时缺乏群众工作经验”，[①]面对大刀会等地方组织和反对革命的保甲长时，难以做到如臂之使指般开展根据地创建工作。

大刀会是一种带有浓厚封建迷信色彩的会道门组织，最早形成于豫皖苏三省交界处。民初以降，大刀会传入闽浙赣边区。国民革命兴起后，许多土匪武装蜂拥而起，攻城略地。为求自卫，名目各异的大刀会应运而生，浙西南的大刀会亦始于此。[②]大刀会以村落为单位，相信依靠扶乩降神、讲经念咒就能“刀枪不入”，其浓厚的迷信仪式、法术恰好契合闽浙赣山地民众“佞神尚巫”的传统，其可“以符箓为人治病”等又能满足日常需求，大刀会在闽浙赣边区以宗族为媒介迅速蔓延。有些地区的大刀会法师头目甚至担任保甲长，控制了基层政权。[③]

面对挺进师，国民党除调动闽浙两省保安团各千余人外，还唆使大刀会千余人对其攻击。各地豪绅利用保甲制度对民众进行欺骗、鼓动，称“红军都是红头发、红眼睛，见人就杀”，许多大刀会不明真相，选择与国民党军队合作。挺进师由此时常受到大刀会的袭击，以致部队无法立脚。[④]对此，师政委会决定从政治上瓦解大刀会和乡保甲长，但在实际执行过程中对他们持仇

---

① 刘英：《北上抗日与坚持浙闽边三年斗争的回忆（节录）》（1940年夏），《刘英纪念文集》，第274页。

② 详见《大刀会三次攻城纪实》，中国人民政治协商会议庆元县文史资料研究委员会、庆元县志编纂委员会编印《庆元纵横》第14期，1994年，第57页；《一个革命的幸存者——曾志回忆实录》（上），广东人民出版社1999年版，第162—163页；吴纯生：《柘洋1930——何金标土匪破城始末》，《柘荣史缀》，中国长安出版社2015年版，第3—21页；《范式人同志谈寿宁红带会与红十六连的战斗历程》（1959年1月23日），中共宁德市委党史研究室编《范式人纪念文集》，中共党史出版社2009年版，第416—417页。

③ 大刀会作战前一般要将朱砂、辰砂用黄酒或水送服，用以镇静和麻醉神经。详见余龙贵《敌强我弱恶战多》，中国人民解放军历史资料丛书编审委员会《南方三年游击战争·浙南游击区》，解放军出版社1993年版，第251页；英：《庆元的情形》，《浙江邮工》1934年第9期；《一个革命的幸存者——曾志回忆实录》（上），第163页；缪慈潮、顾铭编《范式人传》，中共党史出版社2002年版，第15—16页；季步元：《帮会及迷信调查报告》（1949年12月），龙泉县档案馆藏龙泉县人民政府档案，3/1/6。

④ 详见余龙贵《敌强我弱恶战多》，《南方三年游击战争·浙南游击区》，第205—251页。

视和"把个别当成整个的一律看待"的错误观点，最终"收效很差"。①

　　实际上，当时南方八省十数个游击区都面临由运动战向游击战转型
的问题。由于中央红军主力战略转移，留下坚持斗争的部分红军和游击队
力薄难支，多块苏区范围日益缩小，被迫转为游击区。各地党组织和红军
不得不转变斗争形式，以适应新的环境。对于这一战略转变，有的地区认
识早一些，转变相对较速，②如闽东和闽北的革命者较早将苏区转变为游击
区，保存了革命力量，并摸索出一套应对大刀会较有实效的斗争策略。③
早在 1933 年初，两地的革命领导者主张从内部分化大刀会，并组织"红
带会"进行针锋相对的斗争。1933 年 12 月，闽东特委成立"闽东红带总
队"，注重加强对"红带总队"的政治领导与思想教育，废除迷信战法，
统一学习红军的游击战术，并通过细致的群众工作孤立和瓦解敌对大刀
会。在作战上，闽东和闽北也迅速摸索出破敌之法，即根据地形和采用
冷热兵器相结合的打法，即选隘路或水田、池塘等地段与大刀会作战，
以阻滞其运动速度；作战以"龙笊"（长约一丈的竹叉）配备枪支歼灭其
头阵法兵，使"刀枪不入"的谣言被戳穿，进而击退大刀会的进攻。④到
1934 年 9 月，"红带会"基本遍布闽东各地，最多时会众达 10 万余人。⑤

---

① 刘英：《北上抗日与坚持浙闽边三年斗争的回忆（节录）》（1940 年夏），《刘英纪念文集》，第
　274—275 页。

② 阎景堂：《南方三年游击战争史》，第 8 页。

③ 闽东和闽北大刀会的规模比浙南大刀会规模大，对革命的破坏更为严重，与大刀会的斗争是两地
　开展游击面临的重要问题。详见中共福建省委党史研究室编《中共福建地方史》（上），中央文献
　出版社 1993 年版，第 559—607 页；范强：《政和大刀会势力的崛起蜕变与衰亡》，中国人民政
　治协商会议福建省政和县委员会文史资料工作组编印《政和县文史资料》第 2 辑，1982 年，第
　71 页；宣金堂：《收编大刀会》，中国人民解放军历史资料丛书审委员会编《南方三年游击战
　争·闽北游击区》，解放军出版社 1994 年版，第 241—242 页。

④ 如中共福安中心县委深入棚民大刀会，告诉棚民"红军与穷人是一家人"，并与他们约定互不侵
　犯和相互联防，有效地瓦解了地主大刀会武装。《叶飞回忆录》，解放军出版社 1988 年版，第
　44—46 页；缪慈潮、顾铭编《范式人传》，第 33 页。

⑤ "红带会"与大刀会的仪式和信仰大致相同，区别在于"红带会"无须法衣法帽，只要将一条 4
　寸宽、5 尺长的红带斜挎肩上至腋下表示革命即可。详见曹木旺《"红带会"的点滴情况》，中国
　人民政治协商会议福建省漳平县委员会文史组编印《漳平文史资料》第 5 辑，1984 年，第 80—
　81 页；中共寿宁县党史研究室编《寿宁地方革命史》，厦门大学出版社 1993 年版，第 11—14 页；
　《一个革命的幸存者——曾志回忆实录》（上），第 163—164 页；缪慈潮、顾铭编《范式人传》，
　第 16 页。

　　相较之下，挺进师孤军入浙，人生地疏、语言不通，入浙初期无根据地可资依凭，在艰苦的斗争环境下其战略转型更为艰辛，也相对迟缓。1935 年 4 月下旬，挺进师进入庆元斋郎，该地地处庆元、龙泉和景宁三县边界的高山上，乃棚民和菇民的聚居之地，甚至庆元许多地区的大刀会即由当地菇民宗族所组建。① 经过在此地一个多月的游击战和根据地创建工作，挺进师逐渐意识到战略转型的重要性，重拾中共在井冈山和中央苏区时期开展游击战争和做群众工作的经验，让干部战士到实际斗争中锻炼，纠正了一部分指战员"不愿意分开活动"的缺点，着手开展分散游击。在细致的群众工作下，挺进师掌握了当地群众情况和风土人情，熟悉了当地方言，并积累了分散游击的经验。对待大刀会，挺进师发展菇农吴显文为中共党员，并在吴的建议下用毛竹叉的战法将其击溃。② 同时，挺进师还广泛接触大刀会法兵及其家属，对其做反复的说服教育，以此孤立打击法师和幕后操纵者，使一些大刀会放弃与挺进师对抗。4 月 28 日，挺进师挫败国民党军的进攻，取得斋郎战役的胜利，杀伤敌军 300 余人，俘虏约 200 人。

　　通过战略转型，挺进师建立了浙西南游击根据地。斋郎战役以后，挺进师要求每个干部和战士都必须学习打游击和做群众工作，浙西南游击根据地的建设工作得以迅速展开。1935 年 5 月，挺进师在龙泉、遂昌和松阳三县交界山区得到拥有 5000 余会众的青帮领袖卢子敬和陈凤生的大力支持。③ 青帮会众帮助挺进师筹办粮食、送信和带路，成分好的还被吸收为贫农团成员、雇农工会和手工业工会会员。卢子敬还担任中共玉岩区委副书记兼松遂龙三县游击副总指挥，为浙西南游击根据地的建立和发展贡献

---

① 季步元：《农业特产调查报告》（1949 年 12 月），龙泉县档案馆藏龙泉县人民政府档案，3/1/6；黄昊辰：《宗族与秘密结社：地方视域下的中共浙南革命》，第 72—75 页。棚民系明清时期迁入浙南的闽赣移民，占各县总人口的比例不一，多者近五成，少者约二成。这些移民主要居于山区，他们在山地"搭棚开垦，种植包芦、靛青、番薯诸物"，形成"流民日聚，棚厂满山相望"的局面，故被当地民众称为棚民。在景宁、庆元和龙泉等地，部分棚民以"烧炭采菇"为生，被称为菇民。参见曹树基《中国移民史》第 6 卷，第 283、285 页。

② 程美兴：《在刘英，身边的日子里》，《刘英纪念文集》，第 19 页；余龙贵：《敌强我弱恶战多》，《南方三年游击战争·浙南游击区》，第 225 页。

③ 卢子敬和陈凤生所在之松阳县安岱后村和斗潭村，皆为清初移民村落。详见松阳县志编纂委员会编《松阳县志》，浙江人民出版社 1996 年版，第 88、92 页。

了力量。[①] 到 1935 年 8 月，挺进师已拥有人员近 1000 人，下辖 5 个纵队，连同地方工作人员共计 2000 余人，师部设在遂昌王村口。[②] 通过有力的武装斗争，截至是年 9 月，挺进师在江山、浦城、龙泉、遂昌和松阳之间建立起以仙霞岭为中心的方圆 100 余公里的浙西南游击根据地。在此基础上，挺进师还建立了龙浦县委等县区党政机关，包括 19 个乡苏维埃政府，157 个村苏维埃政府和分田委员会，"几乎一片火红"。挺进师初步完成中共中央赋予的任务，在浙江打开局面。[③]

挺进师的战略转型并非一蹴而就，而是在浙西南游击根据地建立后方得以彻底实现。由于肩负着调动和牵制大批国民党军、响应中央主力红军长征的重要任务，挺进师主力于 1935 年 5 月初迫近杭（州）江（山）铁路，辗转游击于金处地区，破坏国民党的交通运输线。这一行动既威胁金华和处州等中心城市，又掩护了挺进师第一、三纵队开辟浙西南游击根据地。同年 8 月，挺进师在浙西南游击根据地的依托下，又发起"八一大示威"，袭击了金处地区 19 个大小城镇，破坏了一些公路和电话线。这些行动扩大了红军的影响，但过早地暴露了挺进师的实力，进而遭到国民党投入正规军，对浙西南游击根据地残酷"清剿"。[④]

1935 年 9 月，国民党任命卫立煌和罗卓英为"闽浙赣皖边区清剿总指挥部"正副总指挥，对根据地展开"清剿"。虽然在"坚壁清野"和"避实就虚，避强打弱"作战方针的指导下，挺进师主力得以顺利突围，辗转于闽浙边，但"八一大示威"暴露出挺进师仍未完全摆脱运动战战术，反"清剿"斗争遭遇失利。浙西南特委书记黄富武及卢子敬、陈凤生在"搜剿"中被捕牺牲，[⑤] 浙西南游击根据地基本丧失。挺进师自此彻底打破运动

① 龙跃：《坚持浙南十四年》，浙江人民出版社 1987 年版，第 21 页。

② 遂昌山多地少，素有"九山半水半分田"之称，以王村口为代表的遂南山区乃福建汀洲移民的聚居区，居民以种植靛青、烧炭和种菇为业，王村口在明末甚至是靛青转运中心。参见曹树基《移民与古民居——浙江省遂昌县田野考察之一》，王兆成编《历史学家茶座》第 7 辑，山东人民出版社 2007 年版，第 75—87 页。

③ 《粟裕战争回忆录》，第 155—156 页；《红军挺进师与浙南游击区》，第 76 页。

④ 《中共浙江党史》第 1 卷，第 290 页。

⑤ 《国民党军浙南"清剿"指挥部工作概报》（1935 年 10 月）、《国民党军第十八军"清剿"浙南红军经过概要》（1935 年 11 月 30 日）、《南方三年游击战争·浙南游击区》，第 493、508—509 页。

战的迷思，更坚定地转向游击战，实现了挺进师后续生存发展的转折。①

完成战略转型的挺进师辗转游击于闽浙边，这为挺进师与闽东、闽北两大游击区的联动创造了条件，也为挺进师总结经验教训、开辟浙南游击根据地奠定了基础。然而，挺进师作为中央派出部队，负有特殊的战略任务，其所坚持的游击与闽东、闽北的游击存在差异。在此背景下，协作、联动与分歧几乎同时产生。

二　协作游击：挺进师与闽东、闽北游击区的联动及分歧

1935 年 9 月下旬，挺进师主力突围至闽浙边的景宁、庆元、泰顺、松溪、政和、建阳、寿宁和福安等地，这些地区与闽东、闽北两大游击区联系密切。不过，与浙西南游击根据地丧失形成鲜明对比的是，闽东苏区已较早完成战略转型，根据地不断扩大。至 1935 年 8 月，闽东独立师和游击队发展至六七百人；9 月底，游击战争区域已扩展至闽浙边界之泰顺、景宁、云和和庆元等县，共建立了福（安）寿（宁）、宁（德）屏（南）古（田）、霞（浦）鼎（福鼎）和鼎（福鼎）平（阳）四块比较巩固的游击根据地，各区还建立了完备的红军独立团，②这为挺进师与闽东独立师协作游击创造了条件。

10 月 5 日，挺进师主力在寿宁郑家坑与闽东独立师会师。鉴于两大游击区自与中共中央中断联系后即相互隔绝、各自为战，挺进师和闽东特委于 11 月 7 日召开联席会议，决议成立闽浙边临时省委，以实现闽浙赣边界革命的联动和统一。这标志着挺进师入浙游击进入新阶段。然而，在闽浙赣边区复杂的社会经济条件下，如何游击和联动，成为闽浙边临时省委面临的重大问题。

在闽浙边临时省委成立之前，挺进师和闽东特委曾希望将浙西南、闽

---

① 如陈毅所言，南方三年游击战争时期由过去大规模根据地、大规模政治对立转变到分散游击区、分散游击战争，是个"生死存亡的问题"，"转过来就能生存，不转过来就要灭亡"。参见刘树发、王小平编《陈毅口述自传》，大象出版社 2010 年版，第 90 页。

② 《闽东健儿征战录——陈挺、黄烽的回忆》，福建教育出版社 1992 年版，第 64、129 页；《叶飞回忆录》，第 71 页。

东和闽北三个游击区统一起来，故曾邀请闽北游击区领导人黄道参与成立闽浙赣边临时省委，以求三地的协作游击。① 然而，1935 年 8 月，国民党闽赣浙皖四省边区"清剿"总指挥卫立煌将总指挥部迁至浦城，闽北游击区面临相较浙南、闽东更为严峻的生存危机。为巩固闽北游击区，中共闽北分区委于同月召开黄龙岩会议，决定向闽东北、闽中和闽赣边界等外线开展游击，因此，闽北虽对打通三块游击区的联系表示赞同，但认为各游击区与中央联系全无，马上成立中共闽浙赣省委"条件尚不成熟"，决定暂不加入。② 因此，临时省委成立时只包括挺进师和闽东游击区。

　　值得注意的是，从决策角度而言，挺进师是中央军区和中央分局派出的部队，师政委会做出的决议，甚至一言一行皆代表中央意图。正因如此，临时省委的决策主要从挺进师出发。在人员构成上，挺进师的人员占据主导地位，刘英任省委书记，粟裕任组织部部长，闽东游击区领导人叶飞则任宣传部部长兼少共临时省委书记。对闽东游击区而言，自 1934 年 2 月中共福州省委组织遭敌人破坏后，他们不仅失去和省委的联系，也中断了同中共中央的联系，长期独立坚持斗争的局面使闽东党迫切需要得到上级党的领导，因此闽东党"非常欢迎挺进师的到来"，并主动提出接受领导。而从省委机构的职任安排上便可看出闽东党服从组织安排的自觉性。

　　闽东党服从组织建设的自觉性不仅表现在认识上，而且体现在行动上。早在 1934 年 8 月底抗日先遣队到达闽东时，叶飞和詹如柏即动员了1000 余名农民参加先遣队，并筹集 3 万现洋为先遣队补充军需，先遣队则留下 300 多条枪交给闽东党。再次会师和临时省委成立后，鉴于挺进师在浙西南的游击根据地基本丧失，闽东将鼎平中心区和鼎平独立团划给挺进师，挺进师拨给闽东独立师 1 挺重机枪、2 挺轻机枪及 1 万余元现款，这一良好互动为闽浙边的革命联动，尤其是浙南游击根据地的建立奠定了重要基础。③

---

① 刘英：《北上抗日与坚持浙闽边三年斗争的回忆》，《刘英纪念文集》，第 107 页。

② 《闽赣浙皖边区"清剿"总指挥部军事部署和战况（节录）》（1935 年 7 月—1935 年 12 月），《南方三年游击战争·闽北游击区》，第 445—454 页；《中共浙江党史》第 1 卷，第 294 页。

③ 《粟裕战争回忆录》，第 116 页；《叶飞回忆录》，第 54—55、71 页。

挺进师计划开辟的浙南游击根据地，位于瓯江下游以南，东濒东海，南接闽东，西临业已丧失的浙西南游击根据地。这些地区山岭连绵，尤其平阳、泰顺和瑞安西区一带，"群山环绕，道路险阻"，远离浙赣铁路线和沿海港口，国民党统治势力较为薄弱，[①] 有利于挺进师的活动。1935 年 11 月上旬，挺进师发兵浙南，攻下瑞安西区的珊溪镇，将临时省委机关设于瑞安、平阳和泰顺三县交界处，并以此为中心向东南和东北方向发展，接连攻克瑞平泰外围的诸多市镇和据点，[②] 浙南游击根据地由此建立。

在中共革命史上，对组织原则和组织自觉的强调是发挥革命力量不可或缺的因素，但又不是唯一因素，在敌后武装斗争环境中，存在诸多不确定因素，影响着中共党内组织原则的落实。[③] 闽浙赣边区的协作游击即是如此。如就组织原则而言，闽东和闽北游击区应服从挺进师领导，然而在各方远离中央领导近两年之久和对遵义会议决议精神一无所知的情况下，闽东和闽北游击区从自身实际出发，采取有限度的协作方式，对于加入闽浙边临时省委的游击区建设态度亦是如此。因此，从北上抗日先遣队进入闽浙赣边区开始，各方在如何协作游击这一问题上的路线分歧即已显现。

抗日先遣队和挺进师皆产生于中央意志，故刘英认为，其与任何地方苏区或游击区，包括赣东北、闽北和闽东的关系应是领导与被领导的纵向关系。因此，刘英在 1940 年的回忆和报告中重点述及抗日先遣队对闽东党的"领导"关系："由于先遣队本身存在着某些弱点与当时所处环境的关系，围攻福州的战斗经三昼夜之久，终于自动的退出战斗而回师闽东游击区域，整顿本身与加强闽东党及闽东独立师党政军的领导，特别是检讨了

---

① 《浙南临时革命委员会〈浙江红军工作报告〉——浙南临时革命委员会的组织状况及任务，筹建红军的经过和存在的困难》(1936 年 9 月 23 日)，浙江省档案馆编印《浙江革命历史文件汇集 (地县文件) (1931—1936 年)》，1989 年，第 70 页。

② 如云和之东坑、梅岐、沙湾、大顺、小顺，文成之南田、西坑、黄坦、大峃、玉壶、峃口，瑞安的营前、高楼、湖岭、马屿、陶山、平阳坑，泰顺的百丈口、左溪、泗溪、仕阳，平阳的水头街、山门、腾蛟，苍南的莒溪，福鼎的南溪等地。详见《粟裕战争回忆录》，第 163—164 页。

③ 应星、李夏：《中共早期地方领袖、组织形态与乡村社会：以曾天宇及其领导的江西万安暴动为中心》，《社会》2014 年第 5 期；刁含勇：《中国共产党民主集中制早期发展历程新探 (1922—1927)》，《中共党史研究》2017 年第 10 期。

闽东过去的工作与给予了今后工作的指示。"[1] "加强"、"领导"、"检讨"和
"指示",这些字眼表明抗日先遣队建立对闽东指导关系的意愿。在与闽东
独立师会师前,挺进师政委会决定,"在闽东党一再的要求我们派人前往
领导的情形下,刘、粟两同志应尽可能的协助闽东党检讨以往斗争,与切
实的布置今后工作",尤其对闽东独立师,"应以最大的力量派遣得力的军
政干部,在短期内把它健全与巩固,使之成为一支强有力的部队"。会师
后,联席会议又责成闽东特委迅速整理各地组织和独立师,加强各地党组
织和独立师的政治、教育、文化、娱乐、卫生和医务等工作。[2] 此外,挺
进师进入闽北时,亦与闽北分区委召开了联席会议,并对"闽北工作提出
意见",建议闽北游击区向西发展,迅速打通闽东和闽北游击区,以配合
挺进师入浙行动。

在根据地发展方向上,挺进师对闽东工作做出更为具体的部署。1936
年初,浙南游击根据地的泰顺、庆元、景宁、云和和瑞安西区已建立部分
党组织,并开展游击战,根据地群众基础也已逐渐树立。在此基础上,临
时省委要求闽东独立师应即刻"向西北发展","以资与浙西南和松(溪)
政(和)建(阳)屏(南)之游击区域打成一片",配合挺进师在浙南的
军事行动。虽然闽北游击区未加入临时省委,但闽北工作也应积极与浙西
南及闽东打通,"求得各方面更有力的配合"。同时,由于挺进师入浙牵制
了进攻闽北、闽东之敌,对闽浙赣皖四省边区斗争有极重要的意义。与此
相应,刘英希望闽东独立师跳出闽东,帮助恢复浙西南游击根据地。[3] 不
难看出,刘英和临时省委的这一规划,是要求闽东和闽北两大游击区以浙
南为中心在闽浙赣边区作大范围的游击,即实行"大游击"战略,这对闽
东和闽北而言确有现实困难,而这些现实困难又与闽浙边移民社会的特殊
性存在重要关联。

---

[1] 刘英:《北上抗日与坚持浙闽边三年斗争的回忆(节录)》(1940年夏),《刘英纪念文集》,第
247页。

[2] 刘英:《北上抗日与坚持浙闽边三年斗争的回忆(节录)》(1940年夏),《刘英纪念文集》,第
269—270、286—290页。

[3] 《叶飞回忆录》,第76页;《粟裕战争回忆录》,第164—170页;刘英:《北上抗日与坚持浙闽边
三年斗争的回忆(节录)》(1940年夏),《刘英纪念文集》,第291页。

闽浙边地区的地主大多集中于平地，山地皆为棚民。90％以上山地棚民同情游击队的活动，同情革命，尤其贫农"可以说百分之百是完全同情（革命）"，^①然而，同情革命与参加革命甚至脱离家乡闹革命有本质区别。闽赣移民自明清时期进入浙南后即逐渐扎根，尽管仍存在血脉与文化的联系，但浙西南对闽东农民而言无疑是有别于"本土"的"异乡"，中共要动员他们去这些地区开展革命并不容易。

首先，在革命的秘密环境下，地方党组织在动员农民参加游击队时，多"只能以村子或屋子为单位去起首"，在当地浓厚的宗族因素影响下，游击队很难"象党的组织一样严密"，因此游击队在县乡范围内的"小游击"相对容易，但如需动员队员跨县区革命则非常困难。^②实际上，这种家庭难抛的现象在中共各个时期的革命中并不鲜见，^③仅就闽浙赣边区革命而论，中共中央即曾严厉批评抗日先遣队中存在严重"不愿在白区行动"的不良现象和倾向。^④此外，挺进师组建过程中，被编入的闽浙赣独立师第一团100余人大多是赣东北人，他们在离开闽浙赣革命根据地后即"大都掉队跑回去了"。^⑤

其次，即便是在本游击区内，要使已经本土化的棚民放弃根据地依托，亦存在潜在危险。以闽东游击区为例，1935年1月，国民党在闽浙赣三省边境构筑封锁线，对赣东北、闽北和闽东地区分割"围剿"，其中，对闽东苏区的"围剿"就有四路。面对"围剿"，闽东特委召开紧急会议讨论对策。这次会议被认为是"闽东坚持三年游击战争的一次重要会议"，会上一种代表性意见就是詹如柏等地方干部主张"无论如何要保卫苏区"，"和苏区共存亡，与敌人决一死战"，这种"硬拼"的意见恰恰反映出当时游击区内大多数人不愿意跳出包围圈开展武装斗争的倾向。当然，"硬拼"

---

① 《中共闽浙［边］临时省委关于闽浙人民拥护红军情形的报告》（1937年10月13日），《刘英纪念文集》，第339页。

② 《中共闽浙边临时省委关于各种组织与工作大纲》（1936年4月），《刘英纪念文集》，第174页。

③ 参见黄道炫《逃跑与回流：苏区群众对中共施政方针的回应》，《社会科学研究》2005年第6期；齐小林：《当兵：华北根据地农民如何走向战场》，四川人民出版社2015年版。

④ 刘英：《北上抗日与坚持浙闽边三年斗争的回忆（节录）》（1940年夏），《刘英纪念文集》，第256页。

⑤ 《粟裕战争回忆录》，第147页；刘英：《北上抗日与坚持浙闽边三年斗争的回忆（节录）》（1940年夏），《刘英纪念文集》，第266页。

必将使独立师陷入"敌人包围圈内的保卫战",故得不到擅长游击战略的叶飞等人的支持。与之相对应的意见是,闽东独立师应迅速变苏区为游击区,脱离敌人的包围圈,转移到苏区外围继续游击战争,才能不被敌人消灭。[①]

但是,这并不意味着闽东游击区愿意支持和接受临时省委的"大游击"战略,即闽东独立师跳出闽东,靠近闽北,奔赴浙西南游击。闽东党组织认为,如果独立师离开闽东,闽东根据地就无法坚持,有垮台的危险。而闽东独立师是土生土长的游击队,"没有本事不要根据地或者远离根据地到白区横冲直闯",失去了根据地作为依托,就等同于失去开展游击战争的立脚点。实际上,闽东苏区与主力红军开辟苏区的最大不同之处,即是依靠土生土长的本地党组织和革命群众的英勇斗争开辟的。[②]从中不难看出闽东党在这一特殊时期只愿坚持在根据地范围内"小游击"。

1936 年,毛泽东在《中国革命战争的战略问题》中,对土地革命时期发挥重要作用的"大游击"和"小游击"有总结性论述。他认为,红军的游击性和流动性是依据根据地规模变化而变化,一般而言,在根据地初创时,如从井冈山革命根据地到 1930 年第一次反"围剿"前,红军处于幼年时代,其作战的游击性和流动性特征均较为明显;而随着红一方面军和中央革命根据地的建立,红军的"游击性和流动性就缩小了许多";随着中央革命根据地的进一步巩固和扩大,红军的战略战术发生转变,到了第四次、第五次反"围剿"时期,其流动性进一步降低,尤其是第五次反"围剿"开始后,"由于错误地否认小游击和小流动",过分强调大规模运动战,中央红军不得不接受长征这一"大游击大流动"。[③]毛泽东提出的"大游击"和"小游击"概念是对以中央苏区为代表的各革命根据地游击战略的经验总结,同样适用于分析挺进师与浙南游击战的具体实践。

诚然,毛泽东的游击战术离不开根据地的依托。井冈山革命根据地和

---

① 《叶飞回忆录》,第 59—61 页;《范式人同志谈寿宁红带会与红十六连的战斗历程》(1959 年 1 月 23 日),《范式人纪念文集》,第 420 页。
② 《叶飞回忆录》,第 72、90—91 页;叶飞:《忆三年游击战争中的粟裕同志》,《南方三年游击战争·浙南游击区》,第 170 页。
③ 《毛泽东选集》第 1 卷,人民出版社 1991 年版,第 231 页。

中央苏区时期,毛泽东常言,"人不能老走着、老站着,也得有坐下来的时候,坐下来就靠屁股,根据地就是人的屁股","叫花子打狗靠面墙"。①粟裕和刘英此前一直跟随朱毛主力红军参加革命,粟裕经历过南昌起义到井冈山会师过程中由正规战向游击战的战略转变,故二人深谙中央苏区时期总结出的"敌进我退、敌驻我扰、敌疲我打、敌退我追"游击战十六字诀。因此,挺进师对游击战的贯彻可能较其他游击区更为深入。也正因如此,挺进师经历战略转型后,部队在军事行动的指导方针上开始转变,"尽可能地利用原有的游击根据地或游击区作为依托,同当地党和游击武装密切配合",相继作跳跃式前进;②面对敌人"追剿",挺进师还在游击战争中"创造了许多新的战术",如"打回马枪"、"8字形"、"6字形"、"电光形"、"长蛇形"和"分进合宿"等。③

　　不过,熟谙游击战的挺进师领导人此时考虑的却不仅仅是游击战术,更是从挺进师担负的战略任务出发,考虑如何执行中共分局和中央军区所赋予的在浙江建立根据地、调动和牵制大批国民党军,进而策应中央主力红军战略转移的任务。也正因如此,挺进师领导人面对游击战略的选择问题,思考的角度与闽东、闽北根据地领导人存在差异。这就在一定程度上解释了为何置身游击战争中的各方,围绕建立游击区和开展游击战制定出立场不同的指导方针,由此产生"大游击"和"小游击"路线分歧,并引起各方争持。由此我们就能理解,1940年刘英在剖析抗日先遣队的失败原因时,主要强调军团首长没有深入白区工作的决心,以及曾洪易等人"逃跑主义"的错误,而并未对游击战略问题做深入省思。④在他看来,与游击战等问题相比,更大的问题是在挺进师入浙和失去上级党组织联系的情形下,一些干部士兵"犹豫动摇"、"对白区行动全无胜利信心"和"满脑

---

① 刘树发、王小平编《陈毅口述自传》,第82页;《粟裕战争回忆录》,第72页。

② 《粟裕战争回忆录》,第75—76、136—137页。

③ 刘英:《北上抗日与坚持浙闽边三年斗争的回忆(节录)》(1940年夏),《刘英纪念文集》,第281页。

④ 刘英分析:"假如当时能够坚决的执行中央及军委新的指示与命令,不但先遣队不致于在化婺德遭受空前未有的损失,而且定能胜利的完成中央及军委所给予北上抗日先遣队的任务。"详见《北上抗日与坚持浙闽边三年斗争的回忆(节录)》(1940年夏),《刘英纪念文集》,第260—262页。

子都是困难"的思想动向,这"违背党的正确指示",是"徘徊歧路之不
应有的行动"。①

三 小游击:"两广事变"后挺进师在闽浙边区的战略

1936 年 2 月,鉴于挺进师与闽东游击区之间围绕根据地发展问题协调
未果,闽东独立师一部到福建政和县洞宫山地区,与闽北独立师师长黄立
贵取得联系,并商定召开闽北和闽东游击区领导人联席会议。4 月,闽东
和闽北两大游击区召开为期三天的联席会议。会上,闽东游击区详述了其
与挺进师在游击战略上的不同意见,并再度建议成立闽浙赣临时省委,统
一领导闽北、闽东和浙南的斗争,由黄道任临时省委书记。闽北游击区认
为在远离中央领导的情况下,三个地区的统一领导有利于革命斗争,但鉴
于浙南和闽东的纷争,要建立统一领导,前提是闽浙临时省委对前一阶段
的工作做出总结,并要求挺进师摒弃"大游击"战略,这显然难以实现。
相较之下,闽北游击区更倾向由闽北与闽东建立闽赣临时省委,共同推进
其"小游击"战略。会议最终决定成立中共闽赣省委和省军区,由黄道任
省委书记兼省军区政委,叶飞任省军区司令员。②

细察之下,闽北游击区之所以再度婉拒成立闽浙赣临时省委,原因
大致有二:一是闽北游击区一直奉行"以苏区为依托,挺进敌后,开辟新
区,内线和外线相结合地开展游击战争"的战略思想,是"小游击"路线
的坚定支持者;③二是作为当时"党内有威望的老同志",④黄道对闽北游击
区和闽浙赣边区的革命都有全局性思考,其与 1935 年 9 月婉拒成立闽浙
赣省委一样,认为战略分歧之下匆匆成立闽浙赣省委反而不利于三方协作

---

① 刘英:《北上抗日与坚持浙闽边三年斗争的回忆(节录)》(1940 年夏),《刘英纪念文集》,第
273—274 页。
② 《中共浙江党史》第 1 卷,第 298 页;《叶飞回忆录》,第 73—74 页;陈群哲:《黄道传》,江西人
民出版社 1992 年版,第 162 页。
③ 《中共福建地方史》(上),第 597—602 页。
④ 粟裕和叶飞对黄道多次做出"老党员"、"有威望"和"高度革命责任心"的评价。详见《叶飞回
忆录》,第 75 页;《粟裕战争回忆录》,第 117、168 页。

游击。①

此后不久，闽东又就会议决议与浙南游击区召开了闽浙边临时省委会议。闽东方面向挺进师报告了闽东、闽北联席会议的情况，并汇报了闽北对于建立闽浙赣临时省委的意见。挺进师不同意联席会议关于“小游击”基础上协作游击的决议，并反对成立闽浙赣临时省委。会后，闽东宣布退出闽浙边临时省委，挺进师仍用闽浙边临时省委的名义开展斗争。进入 1936 年，由于“大游击”和“小游击”的战略争持未得到彻底解决，加之肃反扩大化的不利影响，闽浙赣边区游击战略的统合进程陷入迟滞。②

在内部意见迟迟难以统一的情形下，大小游击的战略争持在外力的作用下实现一定聚合。1936 年 6 月，陈济棠、李宗仁和白崇禧因不满蒋介石对日妥协、对内发动内战以及消灭异己的政策，发动“两广事变”。事变爆发后，蒋介石将罗卓英的第十八军从浙江调往湖南，浙江境内“围剿”敌情趋缓。然而，到同年底，随着西安事变的和平解决，蒋介石又对南方游击根据地重行“清剿”。为防止浙南和闽东、闽北游击区连成一片，蒋介石从湖南调第四路军进驻闽浙赣边区，设立了以刘建绪为主任的闽浙赣皖边区主任公署。刘建绪等在闽浙边布置了一道从庆元经寿宁至泰顺的封锁线，借助河流和山势修造了 100 多座碉堡，近的相隔一二里，远的二三里，以此围堵游击队。③在浙南，国民党在“政治为主，军事为从”的“清剿”方针下，大力推行保甲制度，组织壮丁队，以此“切实组训民众”。④尤其在挺进师活动频繁的崇山峻岭深处，国民党还推行移民并村政策，即

---

① 余伯流：《读懂黄道：高扬“道”的旗帜》，《江西社会科学》2010 年第 8 期；刘勉钰：《黄道在江西人民革命史上的地位》，《江西社会科学》2010 年第 8 期。

② 《叶飞回忆录》，第 75—76 页；《粟裕战争回忆录》，第 167 页；《战火中的青春——回忆战友王明星》，《闽东健儿征战录——陈挺、黄烽的回忆》，第 129—132 页；刘英：《北上抗日与坚持浙闽边三年斗争的回忆》（1940 年夏），中共温州市委党史研究室编《浙南革命历史档案资料汇编·抗日战争》（上），中共党史出版社 2007 年版，第 350、378 页。

③ 《闽东健儿征战录——陈挺、黄烽的回忆》，第 76—77 页。

④ 《闽浙赣皖主任公署关于〈闽浙赣皖边区绥靖计划〉》（1936 年 12 月）、《李觉关于完成“围剿”平阳境内红军挺进师刘英所部之部署给刘建绪的报告电》（1937 年 2 月 3 日），《南方三年游击战争·浙南游击区》，第 517、539 页。

把山头山尾棚民的房舍、草棚统统烧掉，①并将山上单门独户的山民赶进村，将三家五户的小村子并入大村，再在大村里设置据点，居民的油盐柴米按人头逐日配给，窝"匪"、藏"匪"、资"匪"和助"匪"者皆"杀无赦"，一家通"匪"，十家同罪。②

时局变幻给闽浙赣边三大游击区带来巨大冲击的同时，也促使各游击区停止争执，先后实行起"小游击"战略。闽北游击区在 1937 年春夏之交兵力损失近半，③闽东和闽北游击区回到"长期分散"、"独立支持"和"各自为战"的"小游击"局面。在此情况下，闽东和闽北的红军游击队采取避实就虚的战术，或分散游击，或跳出外线，择选时机打击国民党军。闽东、闽北虽已成立闽赣省委，但叶飞并未就任省军区司令员一职，两大游击区仍然各自从事本地区的游击战。不过，两大游击区之间的协同并未受到不利影响，两区联系紧密，配合协调，能够唇齿相依地互相支援。④

就挺进师内部而言，1936 年 3 月，粟裕率挺进师主力回到浙西南，恢复浙西南游击根据地，由此形成与刘英部各自独立发展但能够分工协同的有序格局，即刘英带少数短枪和省委机关组成"突击队"，在瑞平泰地区做群众工作，开展浙南游击根据地建设；粟裕则扮演"牵制队"的角色，率部在浙闽边进出，吸引和打击敌人，以掩护和保护省委和浙南游击根据地的安全。"牵制队"的任务虽然是在广泛区域内游击，但他们一方面策应了浙南游击根据地的建设，另一方面也在浙南游击根据地周围建立了一些小块的游击根据地和若干的游击基点。这些小块根据地和游击基点大多深处群峰守望、竹木葱茏的棚民山区。⑤1936 年 6 月至 12 月，刘英和粟裕就常率部分开活动，在事实上执行起"小游击"战略。1937 年以后，国民

---

① 张文碧：《革命的信念给了我们力量》、陈辉：《难忘的艰苦岁月》、舒雨旺：《坚持梅山游击战三百天》、王福英：《我跟刘英、粟裕当红军》，《南方三年游击战争·浙南游击区》，第 205、291、326、376 页。
② 《粟裕战争回忆录》，第 181—182 页。
③ 曾镜冰：《闽北的三年游击战争（节选）》，《南方三年游击战争·闽北游击区》，第 152 页。
④ 陈群哲：《黄道传》，第 161—164 页；黄知真：《黄道与三年游击战争》，《南方三年游击战争·闽北游击区》，第 861 页；《中共福建地方史》（下），第 812 页。
⑤ 《粟裕战争回忆录》，第 164、170—172 页。

党的严酷"围剿"更使得他们二人都在各自游击区域独立行动，即刘英在浙南地区坚持斗争，而粟裕则活动于浙赣铁路线南侧和浙西南地区，两支队伍虽独立活动，但遥相呼应，"小游击"特征进一步强化。在此背景下，浙南和浙西南两块游击根据地持续发展壮大。

就战略选择而言，"小游击"主要体现在挺进师采取了以隐蔽为主的斗争方略。1937 年上半年，刘建绪多次要求国民党军将挺进师主力逼至福鼎海滨"聚歼"。① 为应对国民党军的"大拉网"战术，挺进师确立了"隐蔽精干、保存力量同机动灵活、积极作战"有机结合的游击战略，将各作战单位分散到几十人、十几人甚至几个人，分散游击，与国民党军"分散对进，易地而战"。这一"小游击"战法的精髓即在于"隐蔽的斗争"，在于积蓄保持力量，熬时间坚持，着眼长久斗争，尽全力发展自己，争取一个更好的生存发展环境，为迎接抗日高潮的到来预做准备。② 三年间，挺进师差不多走遍了闽浙边大小山头，而且"很少走大路，多走羊肠小路"，有时根本不走陆路，"走山埂或水沟"，使敌人看不到我们的脚印，无法追踪。③

挺进师在寻求隐蔽发展的同时，也追求军事上的显性发展，更以扎根当地，实现全方位的政治、经济、社会发展，力求将中共的组织力量深植于民众之中，进而完成对地方社会的改造和动员为目标。④ 因此，在"小游击"战略下，挺进师对苏区时期激进的社会经济政策适时予以调整。⑤

---

① 《刘建绪关于压迫红军挺进师主力至福鼎东南海滨"聚歼"的电令》（1937 年 2 月 9 日）、《刘建绪关于"合剿"红军挺进师刘英所部的电令》（1937 年 2 月 15 日）、《国民党军第十八军军长罗卓英关于"围剿"红军挺进师刘英所部之情况给刘建绪的报告电》（1937 年 2 月 26 日），《南方三年游击战争·浙南游击区》，第 546、551、554—555 页。

② 实际上，这一"隐蔽发展"的方针在抗日战争时期也被各敌后根据地广泛适用，其对持久战的坚持与三年游击战争时期各游击区的坚持分散游击亦有异曲同工之妙。参见黄敬《对敌斗争报告》（1943 年 11 月），中共冀鲁豫边区党史工作组办公室、中共河南省委党史工作委员会编《中共冀鲁豫边区党史资料选编》第 2 辑《文献部分》（下），河南人民出版社 1988 年版，第 11—13 页。

③ 《粟裕战争回忆录》，第 189 页。

④ 黄道炫：《刀尖上的舞蹈：弱平衡下的根据地生存》，《抗日战争研究》2017 年第 3 期。

⑤ 在"左"倾冒险主义统治下，各大苏区在土地政策和工商业政策仍然执行"左"倾的一套，如划分阶级成分时把有些富裕中农也划成富农，分配土地时地主不分田，对富农不仅分坏田，而且征收过重的粮食税，最高达产量的 40%，同时对小工商业者也征税过重。萧克后来总结，"这是错误的"。详见《萧克回忆录》，人民文学出版社 2018 年版，第 198 页。

　　首先，改变了过去农会"打土豪"的做法和在某些地区认定"保甲长都是反革命"的一刀切政策。在浙南，挺进师开展持久细致的群众工作，挺进师政委会和政治部每人每日写 10 条标语，找 10 个民众谈话，以班排为单位随时随地举行群众大会；挺进师以宗族为媒介，从当地耆老和有威望的人士入手，有计划地布置和召开户长及乡里绅耆会议，争取其中的先进分子；①挺进师还派出干部从事救济灾民、难民、饥民与贫民的工作。在浙西南，挺进师建立了"白皮红心"的两面政权，在争取当地保甲长的基础上，惩办了一批经常作恶的保甲长，并将中共秘密党员派入地方做保甲长，为游击区的发展创造了有利条件。以宣（平）汤（溪）遂（昌）边区为例，1936 年底，挺进师先后派驻两支部队进入该地，经过新社会经济政策和细致的群众工作，不少保甲长替中共办事，区长、乡长明明知道挺进师动向也"往往保持中立"，不向国民党当局报告。②

　　其次，改变过去在"某些地区对新干部不信任"的问题。诚如叶飞所言，闽东游击区"不同于主力红军开辟的苏区"，"主要是依靠本地党组织和革命群众的英勇斗争"，是"土生土长的"，这正是南方三年游击战争时期大多数游击区的共同特点，③也是这些游击区秉持"小游击"战略之根本所系。而挺进师作为中央红军的派遣部队，入浙开辟新的游击区，原红七军团、红十军团的骨干损失大半。因此挺进师在战略转型和"小游击"战略确立过程中不断提出要"大胆与适时的创造大批当地干部"，特别是提拔"有威望的干部"，并对他们做到"大胆与信任"。在这一背景下，挺进师先后培养了郑海啸、郑丹甫、吴毓、黄明星和苏君忠等地方干部，这批地方干部既有浙西南、浙南和闽浙边的工农子弟，也包括温州和上海等城市的知识青年。可以说，这些地方干部既是挺进师战略转型的"革命新生代"，也是"小游击"战略能在浙南游击区确立的重要实施者，为挺进师

---

① 刘英：《北上抗日与坚持浙闽边三年斗争的回忆（节录）》（1940 年夏），《刘英纪念文集》，第 274—275 页。

② 《粟裕战争回忆录》，第 174—176 页。

③ 《三年来坚持的游击战争》（1937 年 12 月 7 日），《项英军事文选》，中共中央党校出版社 2003 年版，第 426—427 页。

进一步嵌入和扎根闽浙赣边区做出了重要贡献。①

　　再次，改革经济政策。一方面，挺进师支持根据地山区的竹木和山货出口，吸引平原城镇的殷实客商进山开展商贸活动，促进了山区的商品流通和经济发展，因而既得到棚民们的支持，也争取到一批资本家和工商业者，保证了部分军需用品的及时供应；另一方面，在民族矛盾日益加深的情势下，针对浙江商品经济比较发达、地主及工商业者较多的特点，挺进师吸取此前浙西南斗争的经验和教训，改变“打土豪、分田地”的政策，把“没收委员会”改为“征发委员会”，并根据部队的需要和地主家庭负担能力，征收“抗日捐”。② 由此，挺进师的“打土豪”政策经历了由对立到争取、由排斥到团结的转变，下力气吸引地主、工商业者、知识分子一道抗日。这些政策转变，首先在棚民山地展开，而后推广至平原和重要市镇，克服了“严重的赤白对立的现象”，在宣传、组织、教育与武装民众工作上均收到极好效果。③ 在策略调整之外，1936年底前后是挺进师成熟运用“小游击”战略作战的时期，也是挺进师到闽浙边行动以后“工作与斗争最顺利的时期”。④

　　此外，高度革命自觉和坚持组织原则是挺进师、各游击区和闽浙赣革命能够继续生存、发展和壮大的重要保证。在失去中共中央指导三年之久的情况下，挺进师及各游击区坚持进行游击战的探索实践，即使内部发生路线争执，依然在一定程度上进行配合和联动，并通过严格的组织建设强化部队凝聚力，为克服险恶形势增添革命信念。同时，在艰难的游击岁月中，各游击区想方设法求得与中央的联系，并通过各种社会关系，特别是通过青年知识分子，“搞来上海等地的进步刊物”，如邹韬奋主办的《大众生活》和《永生》，“从中体会党的方针、政策”，使游击区能在思想和政

---

① 刘英：《北上抗日与坚持浙闽边三年斗争的回忆（节录）》（1940年夏），《刘英纪念文集》，第275页；《粟裕战争回忆录》，第197页；龙跃：《坚持浙南十四年》，第42—43页。

② 《粟裕战争回忆录》，第172—174页。这一点与闽东在1935年初实行的“借款”办法颇有共通之处。闽东福安等地征收的标准是以其家庭财产总数的两三成比例征收现款。详见《闽东健儿征战录——陈挺、黄烽的回忆》，第78页；《叶飞回忆录》，第68—69页。

③ 刘英：《北上抗日与坚持浙闽边三年斗争的回忆（节录）》（1940年夏），《刘英纪念文集》，第274—275、305—307页。

④ 《粟裕战争回忆录》，第183页；刘英：《北上抗日与坚持浙闽边三年斗争的回忆（节录）》（1940年夏）《刘英纪念文集》，第296页；龙跃：《坚持浙南十四年》，第57页。

策的运用上得到启发。① 身处逆境，仍能保持极高的政治信仰和组织原则，这在南方三年游击战争时期是较为普遍的现象，项英曾经总结，"依靠有高度政治觉悟以及有经常政治工作的武装部队"是在极端困难与非常恶劣环境下取得胜利的重要保证。② 而这恰恰也是中国共产党最终能够取得革命成功的重要原因。

"小游击"战略推行后，挺进师在浙南和浙西南的发展局面逐步向好，游击队与当地民众建立起较为密切的关系。尤其在反"围剿"时，"有些村庄，好象是红军的家一样"，游击队"到达他们村里的时候，村民会好象接待自己人那样去接待"。一些迷路掉队的队员"可以走到任何的小村庄或单独的农家去"，伤病兵可以"爬到甚至请过路的人夹持到就近的农家，直到有游击队走他们那里过或从附近过的时候，他们就会引你归队去"。如果村民在保甲制度下实在不能收容伤病兵，他们也会把游击队员藏匿于亲友家中，或安排队员们躲进山民所种的苞萝棚里或明清时期遗留下来的废弃矿洞之中，为他们送吃送药。③ 这一情形为国民党当局所警惕，认为闽浙赣边区民众为中共所组织和训练，"宁愿匪杀，不愿兵扎"，④ 反映了民众对革命同情和支持，表明挺进师的革命策略发挥了实效。

也是在"小游击"战略下，浙南变成挺进师的大后方。刘建绪将挺进师"聚歼"于浙南海滨的计划非但没有实现，其"清剿"反会变成"追随于匪"的忧虑也成为现实。⑤ 从1935年10月至1937年8月温州国共谈判达成前，挺进师主力在闽浙边界往来游击，活动范围扩展至闽浙东部交界两侧，覆盖浙南、金衢盆地以及台州一部分地区在内的30余县。挺进师游击区的基本区域也由福鼎南区、鼎平两县交界，以及泰顺

① 《粟裕战争回忆录》，第192页；龙跃：《坚持浙南十四年》，第44—45页；《叶飞回忆录》，第81—82页。

② 《南方三年游击战争经验对当前抗战的教训》(1937年12月11日)，《项英军事文选》，第446—447页。

③ 《中共闽浙［边］临时省委关于闽浙人民拥护红军情形的报告》(1937年10月13日)，《刘英纪念文集》，第340—345页。

④ 《闽浙赣皖主任公署关于〈闽浙赣皖边区绥靖计划〉》(1936年12月)，《南方三年游击战争·浙南游击区》，第522页。

⑤ 《刘建绪关于压迫红军挺进师主力至福鼎东南海滨"聚歼"的电令》(1937年2月9日)，《南方三年游击战争·浙南游击区》，第546、551、554—555页。

东部和瑞平，发展到飞云江中游的南北两岸，呈不断扩大之势。[①] 在游击战争的配合下，地方党组织亦普遍建立，挺进师先后成立了浙西南特委、浙南特委、浙东南特委和台属工作委员会，党员数量发展至 4000 余人，最多时达到 5000 余人。[②] 挺进师或者在浙南“打击进犯的敌人，或者做稍长时间的休整”，如鱼得水，比初入浙时“自如多了”。其所扮演的战略支点角色，可谓“坚如磐石”。[③] 可以说，挺进师入浙改变了红十三军革命失败后浙南乃至闽浙赣边区革命顿挫的局面，积累了闽浙赣地区的抗日力量。

四　结语

南方三年游击战争是土地革命战争的重要组成部分，南方十数个游击区大多是在失去与中共中央联系的背景下，不断自主推进革命探索，摸索出适应本地区革命实际的战略策略，为坚持革命斗争、积蓄抗日力量奠定了基础。

在自主革命探索的过程中，各大游击区都经历了由运动战向游击战的战略转型。大多数游击区，如闽东和闽北是由老游击区或由苏区及其边缘游击区演变而来，故它们在根据地的依托下，因地制宜地依靠“小游击”战略率先完成了战略转型。相较之下，浙南游击区是中共中央派遣挺进师，深入国民党核心统治区域浙江新开辟的游击区，其战略转型的过程更为艰辛。因此，挺进师与闽浙赣边区的游击战争既是南方三年游击战争的缩影，也具有独特的发展轨迹。

一方面，挺进师孤军入闽浙赣边区，社会环境因素对战略转型的制约远比闽东和闽北游击区要大；另一方面，由于肩负策应中央主力红军战略转移的重任，挺进师不得不做出“大游击”的战略选择，进而与南方八省

---

① 龙跃：《回忆浙南游击根据地的斗争》，《南方三年游击战争·浙南游击区》，第 183 页。
② 《浙南游击区党组织系统表》(3)，《南方三年游击战争·浙南游击区》，第 451 页；刘英：《北上抗日与坚持浙闽边三年斗争的回忆（节录）》(1940 年夏)，《刘英纪念文集》，第 304 页。
③ 《粟裕战争回忆录》，第 177、191 页。

大多数游击区的"小游击"战略存在较大不同,三大游击区在协作游击的同时也产生争持。1936 年 9 月,随着"两广事变"结束,国民党加强了对闽浙赣边区的"围剿",这一革命形势的变化促使挺进师对浙南和浙西南游击区的社会经济政策及时做出调整,打通与民众的联系,并向"小游击"战略聚合。通过运用"小游击"战略,浙南、浙西南游击区在保持相对独立的同时进行协同联动,并与闽东、闽北游击区形成呼应,成功应对了国民党军队的残酷"围剿"。挺进师及闽浙赣边区对革命的探索实践与根据地的稳步发展,使闽浙赣地区成为中国革命在南方的重要支点。

本文对闽浙赣边区革命实践的考察,揭示出游击战领导者在失去中央指导的情势下,自主开展武装革命斗争的重要成效,但失去中共中央的指导并不代表脱离中共整体的革命方略,异常艰苦的斗争环境对南方八省各游击区的组织原则提出了更高的要求,而这些组织原则又与中共对组织纪律的强调和无数党员个体的革命自觉息息相关。[①] 无论是叶飞、黄道等地方革命者因地制宜地领导本地区的"小游击",还是挺进师对中央革命战略的强调,及其适时向"小游击"战略聚合,都是他们对中共整体革命战略在地方社会的自主实践,也是中共组织原则经由党员自觉在地方革命中高度凝聚的体现。对挺进师战略转型的分析,不仅有利于理解三年游击战争时期的战略实践,也是揭示中国革命成功经验的有效路径。

(王才友,杭州师范大学人文学院历史系教授)

---

① 西方学者以共产主义政党对革命"控制"和"制造"的"组织武器"(organization weapon)论来解释中共革命的成功 [见陈耀煌《政治、史学与史家:从〈汉学的阴影〉一文来看 1950—1980 年间美国中国共产主义革命史研究的转变》,《政大史粹》(台北) 第 4 期,2002 年],并不能全面客观地揭示中国革命的成功经验。

1940年毛泽东关于八路军南下华中给彭德怀的"微电"时间考

李雷波

1940年春，国民政府军事委员会制定《剿办淮河流域及陇海路东段以南附近地区非法活动之异党指导方案》，以"截断新四军与十八集团军南北连系"为目标，①拉开了华中军事"限共"的序幕。蒋介石同时要求顾祝同严令江北新四军移江南"服行作战任务"，以构成"违抗命令破坏抗战"之口实，发起政治攻势。②为打破国民党对华中新四军的军政二重攻势，中共中央开始具体推动八路军主力南下华中之战略行动。为此毛泽东先后多次致电

① 《军令部制定的〈剿办淮河流域及陇海路东段以南附近地区非法活动之异党指导方案〉》（1940年3月22日），中国抗日战争军事史料丛书编审委员会编《新四军参考资料》（5），解放军出版社2015年版，第53页。
② 《蒋介石关于督令新四军江北部队移至江南致顾祝同电》（1940年3月25日），《新四军参考资料》（5），第56页。

八路军副总指挥彭德怀，商讨南下方案。[①] 这些电文构成了中共推进"发展华中"战略的核心文献之一，为学界广泛征引。

不过，在这些电文中仍有一份签署"微酉"的指示（以下称"微电"）存在时间判定上的重大分歧。中央档案馆所编《中共中央文件选集》将之系于"1940 年 5 月 5 日"，[②] 中共中央文献研究室所编各类毛泽东文献（年谱、文集、军事文集等）却将之系于同年"4 月 5 日"。[③] 因两书具有的权威性，两种判定同时被各种论著援引，莫衷一是，在学界造成了一定的认知混乱。[④]

一般而言，中央档案馆所存由毛泽东起草的电文原稿，并无完整的时间标注，多以韵目代之。后来整理者不能完全依靠原稿字迹辨认，还需从其内容前后联系进行考订。这是各类史料丛书所谓"时间依内容判定"的缘由。如"微电"标注的"微酉"，对应每月 5 日下午 17—19 时。但若不熟悉相关内容，年月判定难免出现张冠李戴的情况。[⑤] 再据以建构相关史事，"郢书燕说"也就在所难免。为此，笔者不揣浅陋，试依据"微电"的史实结构，援引各种相关资料对其时间进行初步考订。[⑥] 不当之处，敬

---

① 关于此次八路军南下华中战略行动最新的研究，参见李雷波《一九四〇年八路军南下华中战略行动及其影响》，《中共党史研究》2021 年第 4 期。

② 《毛泽东、王稼祥对三四四旅与彭吴支队南下发展中原根据地的指示》（1940 年 5 月 5 日），中央档案馆《中共中央文件选集》第 12 册，中共中央党校出版社 1991 年版，第 386—387 页。

③ 中共中央文献研究室编《毛泽东年谱（1893—1949）》中卷，中央文献出版社 2013 年版，第 185—186 页；《发展华中根据地的部署》（1940 年 4 月 5 日），中共中央文献研究室编《毛泽东文集》第 2 卷，人民出版社 1993 年版，第 281—283 页；《发展和巩固华中根据地的部署及策略》（1940 年 4 月 5 日），本书编写组《毛泽东军事文集》第 2 卷，军事科学出版社、中央文献出版社 1993 年版，第 542—543 页；中国人民解放军军事科学院毛泽东思想研究所年谱组编《毛泽东军事年谱（1927—1958）》，广西人民出版社 1994 年版，第 309 页。

④ 有些论者在没有任何辨析的情况下，将此电同时系于"1940 年 4 月 5 日"和"5 月 5 日"。见中共中央文献研究室编《刘少奇年谱》第 1 卷，中央文献出版社 2018 年版，第 309、315 页。

⑤ 这种"失考"情况，在《朱德年谱（1886—1976）》"抗日战争"相关部分还不是个别现象。仅举一例，"4 月 13 日"毛泽东、朱德、王稼祥、叶剑英给贺龙等人的一份电文被同时系于 1940 年和 1941 年，但此电明确提及的"日苏条约"显然是 1941 年 4 月 13 日签订的《苏日中立条约》。见中共中央文献研究室编《朱德年谱（1886—1976）》（中），中央文献出版社 2006 年版，第 956—957、1052 页。

⑥ 新四军战史编审委员会编辑室编《新四军抗日战争战史资料选编》（整理本），共 47 册，1964 年 5 月编定，藏于原南京军区档案馆，典藏号：F2.1-49—F2.1-95。整理本按专题依次编定，分别为《南方红军游击队为实现新的战略转变而斗争》（1 册）、《新四军成立，挺进华中敌后抗战》（3 册）、《中原局进入华中敌后，贯彻执行中央发展华中方针》（3 册）、《第二次反共高潮和皖南事变》（1 册）、《新军部成立，保卫华中抗日根据地》（4 册）、《华中局第一次扩大会议，全面深入

请方家指正。

一　"微电"整理状况及其主要史实结构

"微电"是中央军委负责人毛泽东就八路军南下华中及其后续问题给彭德怀、黄克诚、陈光、罗荣桓、彭雪枫、刘少奇等六人的指示，其全部内容如下：

> 德怀、克诚、陈、罗、雪枫、胡服：
>
> 　　韩德勤进攻皖东，虽因失败退返淮河以北，李品仙受我李先念纵队五个团向大别山脉攻击之威胁而有停止进攻皖东之意。蒋介石亦有停止军事冲突与我谈判条件，欲把我八路军、新四军统统纳入黄河以北，划定黄河以北为我两军防区之企图。但第一，华北敌占领区日益扩大，我之斗争日益艰苦，不入华中不能生存。第二，在可能的全国性突变时，我军绝不能限死在黄河以北而不入中原，故华中为我最重要的生命线。第三，此次蒋令韩德勤、李品仙、李宗仁、卫立煌及所有鄂豫皖苏各军向我新四军进攻，衅自彼开。故我仍应乘此时机派必要军力南下。
>
> 　　黄率第三四四旅在现地休整，并与胡服、雪枫取得电台联络后，应遵朱、彭令开入淮河北岸，胡服已先至该地等候。该旅到达后，即听胡服意见部署兵力布置工作。彭吴支队亦听胡服、克诚意见，向苏北出动，从徐州附近逐步南进，先占盐城、宝应以北各县。三四四旅与彭吴支队南下口号，仍是救援新四军与配合友军抗日，如届时李品仙已撤退进攻皖东部队，并恢复驻立煌办事处，释放张夫人及一切被捕党员，退回军款，则我军暂时可不开入淮南。

根据地建设》（7 册）、《发展皖中根据地，坚持皖南游击战争》（1 册）、《创建浙东根据地，坚持浙闽游击战争》（2 册）、《坚持华中艰苦斗争，粉碎敌伪扫荡、清乡和反共军的东进计划》（9 册）、《恢复与扩大华中解放区，准备战略反攻》（7 册）、《整风运动》（2 册）、《华中军民举行战略反攻，为保卫抗战胜利果实而斗争》（1 册）、《政治工作》（3 册）、《敌伪顽情况汇集》（2 册）、《综合性总结报告》（1 册）。原文件大多无断句、无标点，本文所引标点为笔者所加。

第一步以盐城、宝应、蚌埠、蒙城为界。如韩、李来攻，则消灭之；如韩、李愿让该县以北为我防区，则暂时妥协之。如彭吴兵力不足，则三四四旅协助之。惟整个苏北、皖东、淮北为我必争之地。凡扬子江以北、淮南路以东、淮河以北、开封以东、陇海路以南、大海以西，统须在一年内造成民主的抗日根据地。责成三四四旅、彭吴支队、雪枫支队、罗戴支队、陈毅之叶飞部，配合地方党，负其全责。凡军事行动，统归朱、彭两总及胡服同志指挥之。一切具体部署、政治口号、政权建设、发展计划及统一战线方针，统由胡服负责，会商克诚、雪枫考虑决定，报告朱彭及中央军委。

该文后来被各书收录时定名不一。20世纪60年代初，原南京军区编研部门整理《新四军抗日战争战史资料选编》时收录该电，以内容摘要的方式将之标注为"华中是最重要的生命线，黄克诚部和彭吴支队应趁目前时机南下，配合华中各部建立抗日根据地"。[①]1989年，江苏省档案馆编《苏北抗日根据地》将此电公开，命名方式、时间判定与前完全相同，且标明"原件藏中央档案馆"。[②]此前一年，新四军文献编者在选录此电时将之定名为"毛泽东、王稼祥关于三四四旅与彭吴支队应继续南下致彭德怀等电"。[③]1991年，中央档案馆编《中共中央文件选集》则定名为"毛泽东、王稼祥对三四四旅与彭吴支队南下发展中原根据地的指示"。[④]其后，《毛泽东文集》将之名为"发展华中根据地的部署"，《毛泽东军事文集》定名为"发展和巩固华中根据地的部署及策略"，《八路军·文献》则定名为"毛泽

① 《毛王致彭黄陈罗彭胡》（1940年5月5日），新四军战史编审委员会编辑室编《中原局进入华中敌后，贯彻执行中央发展华中的方针》（整理本）第1册，1964年，第108页，原南京军区档案馆藏，F2.1/53。

② 《华中是最重要的生命线，黄克诚部和彭吴支队应趁目前时机南下，配合华中各部建立抗日根据地》（1940年5月5日），中共江苏省委党史工作委员会、江苏省档案馆编《苏北抗日根据地》，中共党史资料出版社1989年版，第34—35页。

③ 《毛泽东、王稼祥关于三四四旅与彭吴支队应继续南下致彭德怀等电》（1940年5月5日），中国人民解放军历史资料丛书编审委员会编《新四军·文献》（1），解放军出版社1988年版，第683—684页。

④ 《毛泽东、王稼祥对三四四旅与彭吴支队南下发展中原根据地的指示》（1940年5月5日），《中共中央文件选集》第12册，第386—387页。

东、王稼祥对第三四四旅与苏鲁豫支队南下发展中原根据地的指示"。①

　　定名之外，内容也有微小差异。在关于刘少奇到淮北等候的表述上，多数文本是"胡服已先至该地等候"，②而毛泽东文献编辑者则整理为"胡服先至该地等候"。③虽仅一字之差，意思却有重大变化。前者是完成时态，即刘少奇已经到淮北；后者则变成了将来时。除此之外，内容基本一致。

　　从内容结构上看，该电大体上说了四件可资参考的史事：

　　第一，"韩德勤进攻皖东，虽因失败退返淮河以北"，是为韩德勤败退淮北事；

　　第二，"李品仙受我李先念纵队五个团向大别山脉攻击之威胁而有停止进攻皖东之意"，是为李先念部五个团进攻大别山事；

　　第三，"黄率第三四四旅在现地休整，并与胡服、雪枫取得电台联络后，应遵朱、彭令开入淮河北岸"，是为第三四四旅南下行程事；

　　第四，"蒋介石亦有停止军事冲突与我谈判条件，欲把我八路军、新四军统统纳入黄河以北，划定黄河以北为我两军防区之企图"，是为国民党酝酿划界谈判以解决华中两党冲突事。

　　倘若将此四事逐一分析，梳理其时空结构，就不难对"微电"准确时间进行判定。以下分别考察四件史事的时间脉络，以确定其合理坐标。

二　韩德勤部败退淮北问题

　　韩部进攻皖东半塔集的历程大致为：1940 年 3 月 21 日，韩部乘新四军第五支队主力转到津浦路西支援定远反击战的时机，集中万余人，向五支驻地盱眙半塔集进攻。路东当时仅有五支后方机关、教导大队特务营及各团少量部队 2000 人，且半数为新编部队，缺乏战斗经验。次日，中原局电

---

①　中国人民解放军历史资料丛书编审委员会编《八路军·文献》，解放军出版社 1994 年版，第511—512 页。

②　《毛泽东、王稼祥对三四四旅与彭吴支队南下发展中原根据地的指示》（1940 年 5 月 5 日），《中共中央文件选集》第 12 册，第 386 页。

③　《发展华中根据地的部署》（1940 年 4 月 5 日），《毛泽东文集》第 2 卷，第 281 页；《发展和巩固华中根据地的部署及策略》（1940 年 4 月 5 日），《毛泽东军事文集》第 2 卷，第 542 页。

示五支留守部队，动员和组织一切力量坚持半塔，待路西主力挥戈东援。①

为解半塔之围，新四军江南指挥部命驻守江都吴家桥的挺进纵队叶飞部四个营，西渡运河，星夜驰援半塔。27 日，挺纵抵达竹镇马集附近，遭遇韩部主力独六旅，在激战中歼该旅一个营。②同日，罗炳辉率五支主力和苏皖支队折回路东。韩德勤见新四军回援已就位，遂撤半塔之围。29 日，张云逸指挥江北各部反击，韩部退守至三河南岸。③30 日，四支七团亦奉命开赴路东增援。④

刘少奇分析，韩部官兵都不愿打内战，受到坚强抵抗后，"愈攻愈使他丧失战斗意志"。⑤他于 3 月 29 日电告中央，"我们决心完满打击韩德勤部控制淮河一段，保持与淮北联络，并决消灭与驱逐韩部"，在作战部署上以五支全部加七团、叶飞部两个团及张爱萍部一个团，共七个团参战。⑥中央随即复电同意。⑦因占据有理有利态势，中原局已有在淮河两岸与韩部展开决战的意图。

随着路东战况的顺利展开，刘少奇率中原局和新四军江北指挥部离开定远藕塘，经滁县曲亭、盈福寺东进，4 月 5 日到达半塔集。⑧次日，刘电告中央："我和云逸率七团来路东，我在半塔，张、邓去前方。路东韩部自我攻后，我占竹镇、汉涧、新旧铺、西高庙、津里、涧溪等地，一部分消灭顽军。现顽军甚恐慌，向北撤退，似有缩短防线控制盱眙城至第家店、岗村等地待援模样。我现集中主力在古城以北、莲塘四十里桥一带，准备

---

① 《刘少奇年谱》第 1 卷，第 307 页。

② 《叶飞回忆录》（上），解放军出版社 2014 年版，第 107、108 页。

③ 《半塔守备战斗详报》（1940 年 3 月 21 日至 29 日），中国人民解放军历史资料丛书编审委员会编《新四军·文献》（2），解放军出版社 2015 年版，第 246 页。另按，"三河"是连接洪泽湖、宝应湖、高邮湖的一条河流，时为苏皖两省界河，三河以北属江苏，以南属安徽。见《张云逸传》，当代中国出版社 2012 年版，第 172 页注②。

④ 本书编委会编《新四军战史》，解放军出版社 2017 年版，第 85—86 页。

⑤ 《刘少奇关于粉碎韩德勤部进攻新四军的情况致中共中央书记处等电》（1940 年 4 月 10 日），《新四军·文献》（2），第 259 页。

⑥ 《胡服报中央书记处并项、彭》（1940 年 3 月 29 日），《中原局进入华中敌后，贯彻执行中央发展华中的方针》（整理本）第 1 册，第 225 页。

⑦ 《中央书记处致胡并项彭》（1940 年 4 月 1 日），《中原局进入华中敌后，贯彻执行中央发展华中的方针》（整理本）第 1 册，第 226 页。

⑧ 《刘少奇年谱》第 1 卷，第 308—309 页。

在明后日拟向北撤之顽军以坚决突击。如果弄的好，可消灭其一部并将顽军赶过淮河，不得手，即有形成对峙局面之可能。"①

　　显然，4月6日韩德勤部虽已北撤，但尚未退至"淮河北岸"，且有坚守盱眙待援之势。中原局的计划是7日、8日两日发起全线"突击"，唯胜负尚在未知之数。理想的情况是将其一举赶过淮河，但也不排除在盱眙一线形成对峙之可能。只是后来路东战况有些出人意料的顺利。

　　4月7日晚，新四军江北指挥部参谋长赖传珠得张云逸、邓子恢电，知"韩部已撤至淮河以北"，"皖东问题有暂告一段落的可能性"。②次日，中原局将此消息电告李先念等并报中央，谓"江苏进攻我军之顽军韩德勤部七个团已在盱眙天长一带被我击溃，残敌向淮河北岸宝应、淮安方向撤退，顽军死伤千余人，我参谋长、一团团副受轻伤，津浦路东军事可暂告一段落"。③10日，刘少奇始将半塔胜利消息报中央，说："韩德勤部在我全体官兵英勇反击之下，已全部退过淮河北岸，我已扼守淮河各要点。本地顽固派已大部退走。淮南运河以西、津浦路东之顽固派武装已不多，再加肃清，即冲开了建立民主根据地之大道。"④

　　据此，中共中央得知韩德勤部全数败退淮河以北至早须在4月10日以后，不可能在5日即未卜先知。通过前电，亦可知4月初刘少奇主要关注淮南津浦路东的战斗部署问题，还谈不到到淮北或皖东北问题。

三　李先念部五个团集中平汉路东问题

　　"微电"说，"李品仙受我李先念纵队五个团向大别山脉攻击之威胁而有停止进攻皖东之意"，同样为事实问题。按"李先念纵队"，由原新

① 《胡服报中央书记处、军委》（1940年4月6日），《中原局进入华中敌后，贯彻执行中央发展华中的方针》（整理本）第1册，第228页。

② 《赖传珠日记》，人民出版社1989年版，第209页。

③ 《胡张彭邓郑致李陈任陶并项彭并报中央》（1940年4月8日），《中原局进入华中敌后，贯彻执行中央发展华中的方针》（整理本）第1册，第229页。

④ 《胡服报中央书记处并致朱彭项彭李》（1940年4月10日），《中原局进入华中敌后，贯彻执行中央发展华中的方针》（整理本）第1册，第230页；《刘少奇关于粉碎韩德勤部进攻新四军情况致中共中央书记处等电》（1940年4月10日），《新四军·文献》（2），第259页。

四军豫鄂独立游击大队发展而来。该部 1939 年初组建游击大队，对外称
"豫鄂游击支队"，7 月中旬正式打出新四军名号，称"新四军豫鄂游击支
队"。① 1940 年初，该支队在京山八字门扩编为新四军豫鄂挺进纵队（简
称"挺纵"），下辖 5 个团队和 3 个总队，稍后收编郭仁泰部为第六团，主
力多在平汉路西。② 1940 年上半年，该部共有三次大规模越过平汉路东进
的行动。下面分别梳理。

　　1940 年 1 月 12 日，中原局与新四军江北指挥部认为，在日顽夹击的
情况下挺纵只能将鄂东作为发展方向，遂指示李先念："除以一部兵力坚持
鄂中外，主力应即东进，对程汝怀属下部队及鄂东各县武装，采取积极的
攻势，坚决消灭程汝怀力量。迅速发动与组织民众，创建鄂东抗日根据地。"③
随后，李先念率第一、第二、第三团队，由安陆赵家棚出发，跨越平汉路东
进，对小悟山国民党鄂东第十九游击纵队第三支队刘梅溪部展开作战，激战
两昼夜，歼其 700 人。此为挺纵主力第一次进入"路东"。④ 2 月初，刘梅溪
联合桂系军队向挺纵第二团队进攻，日军也自平汉路向小悟山行动。为避免
与桂军直接冲突，陷入日、顽夹击的困境，挺纵全部返回路西。⑤

　　2 月 10 日，中央军委发出关于八路军、新四军战略方针的指示，李先
念部的任务为"力争鄂中、鄂东，坚决建立政权，建立根据地，扩大军队
至三万以上，坚决消灭程汝怀部"。⑥ 为此，李先念再令第一、第二团队和
鄂东总队东进大小悟山地区，刘梅溪部不战而逃，全歼前来投奔刘的伪军
贺承慈部。因时值寒冬，大雪封山，东进部队再次返回路西。⑦ 此为该部
第二次东进。

_____

① 《李先念传》编写组、鄂豫边区革命史编辑部编《李先念年谱》第 1 卷，中央文献出版社 2011 年
　版，第 115、229 页。
② 鄂豫边区革命史编辑部编《新四军第五师抗日战争史稿》，湖北人民出版社 1989 年版，第 74、
　75 页。
③ 《李先念年谱》第 1 卷，1940 年 1 月 12 日，第 241 页。
④ 《新四军战史》，第 101 页。
⑤ 《新四军第五师抗日战争史稿》，第 79—80 页。
⑥ 《中共中央、中央军委关于目前形势和任务的指示》（1940 年 2 月 10 日），《建党以来重要文献选
　编（1921—1949）》第 17 册，第 128 页。
⑦ 本书编写组编《李先念传（1909—1949）》，中央文献出版社 2009 年版，第 340—341 页。

　　3月6日，中原局致电中央，通报李品仙决心以武力"解决"华中新四军："广西军与我四、五支队之冲突，将不可避免，我已决心迎击来皖东向我进攻之广西部队。"为此，李先念部"应即调两至三个团过路东，向大别山发展，建立路东根据地，扩大部队，打击程汝怀部及进攻我之一切部队"。① 挺纵立即抽调第一团队之第八、第九两个中队，及鄂东、信应地委各一个中队，组成鄂东独立团，受命东进黄冈。② 此外并无大规模东进部署。3月23日，刘少奇电告中央，挺纵有两个团在鄂东。③

　　4月7日，新四军参谋长周子昆给中央军委的报告显示，当时豫鄂挺进纵队各部的分布情况为："（一）信阳附近地方两个游击队，平汉路东一个大队，路西留一个团一个大队；（二）二团在八字门；（三）三团在应城西北之石版［板］河；（四）四团在应城南之陈家河；（五）五团在应城西北曹武街，胃南路（安陆）以北之赵家鹏、清龙驿、大山头三地各有一大队。"④ 据此，该部主力尚在平汉路西，路东仅有独立团以及若干地方武装，大体与刘少奇所报两个团相近。

　　为了改变这种局面，毛泽东于4月5日电告刘少奇："李先念在平汉路西部队中抽三个团过路东，加上原路东两个团在鄂东行动，打击程汝怀。在平汉路西新四军对友军取守势，有来攻者则还击之。过路东部队以吸引桂军不能向东攻新四军四、五支队，并打击程汝怀，开展大别山为目的。但对桂军不要采取攻势。"⑤ 显然，毛泽东此时只是提议抽调三个团过路东，与已有之两团共同向大别山行动，远非已成事实。此外还特别强调不对桂军采取攻势。

---

① 《刘少奇张云逸邓子恢关于李先念部过路东向大别山发展致中共中央书记处项英彭雪枫电》（1940年3月6日），中共湖北省委党史研究室、湖北省新四军研究会编《新四军第五师、鄂豫边区和八路军新四军中原军区历史资料丛书·电报类》（2），中央文献出版社2017年版，第198—199页。

② 《新四军第五师抗日战争史稿》，第80页；《漆先庭传》编写组编《漆先庭传》，中央文献出版社2012年版，第257页。

③ 《李先念年谱》第1卷，1940年2月23日，247页。

④ 《周子昆报叶滕军委并左》（1940年4月7日），《中原局进入华中敌后，贯彻执行中央发展华中的方针》（整理本）第1册，第99—100页。

⑤ 《毛泽东军事年谱（1927—1958）》，1940年4月5日，第308页。

"微电"说"李品仙受我李先念纵队五个团向大别山攻击之威胁,而有停止进攻皖东之意",既是完成时态,更与对桂军不取攻势的指示相矛盾。事实上,直到4月8日刘少奇才遵毛泽东电令李先念:"我在湖北之挺进纵队除已有三个团以上的兵力在平汉路东行动外,望即再从平汉路西部队抽调两个至三个团的兵力过平汉路东行动。在路西对友军采取守势,力求和缓,但对来攻者,则还击之。过路东部队以吸引桂军不能向东进攻我四、五支队,先打程汝怀及其他两面派顽固武装、开展大别山工作为目的。"①

为此,李先念率部第三次越平汉路东进。4月17日拂晓,挺纵第一、二、三团分南北两路向东出动,信应游击总队南下配合。当日夺取了小悟山、严家冲等重要据点。至18日下午,攻下了大悟山顽军的最后两个重要据点歪歪寨和望府山,并追击30公里,将刘梅溪等部2000余人击溃。②4月20日,刘少奇电告彭雪枫,李先念部五个团已过平汉路东,向大别山挺进。③

稍后挺纵对路东部队进行整编,信应游击总队编为第七团,"应抗"二支队的第二、三大队编为第八团。鄂东地委书记程坦率地委机关和一个大队由路西到达陂安南,该部编为独立团的第三大队。④所以,直至1940年4月底,挺纵在路东大别山一线的主要兵力才由第一、第二、第三团,加原在路东之新编第七、第八团和独立团,构成近六个团的规模。因而,毛泽东在微电所说"李先念纵队五个团向大别山攻击"的史实,只能在4月下旬以后才能出现。

至于说李品仙因受李先念部进攻威胁而有停止进攻皖东之意,其所指应为桂军第一七二师之调回鄂东。5月2日,刘少奇曾在致李先念及中央电中提及此事,略谓:"桂军第一七二师两个团已开回鄂东,有向你小悟山部队进攻之可能,望立即动员各部队及民众准备抵抗。"⑤实则,桂军主力第一七二师西调主要还是为了应对日军发起的枣宜会战。据李品仙回忆,

---

① 《李先念年谱》第1卷,1940年4月8日,第250页。
② 《新四军战史》,第101页。
③ 《李先念年谱》第1卷,1940年4月20日,第252页。
④ 《新四军第五师抗日战争史稿》,第80页。
⑤ 《李先念年谱》第1卷,1940年5月2日,第253页。

5 月上旬第一七二师由麻城经乘马岗向黄陂进攻日军，李本人也率集团军总部由立煌经麻城到乘马岗，设前进指挥所。[①]桂系主力于 5 月初西移参加枣宜会战，自然有可能对鄂东李先念部造成压迫，其对皖东新四军的威胁也随之减弱，"有停止进攻皖东之意"。

四　第三四四旅南下行程及路线问题

"微电"谓黄克诚率第三四四旅"在现地休整，并与胡服、雪枫取得电台联系后，应遵朱彭令开入淮河北岸，胡服已先至该地等候。该旅到达后，即听胡服意见部署兵力布置工作"。

"现地"为何处，电文并未明示。据《黄克诚年谱》，该旅自 1939 年 7 月移驻晋东南平顺县山区后，便以此为中心开展太南敌后抗日斗争。次年 2 月，为统一太行山南部和豫北地区的作战指挥，以该旅为基础，八路军第二纵队组建，下辖四个旅，由左权任司令员、黄克诚为政委。3 月初，该部配合第一二九师发动磁武涉林战役，并击退山西旧军孙楚部的进攻。[②]后为配合中共中央缓和华北摩擦斗争的策略，总部决定自太南大规模撤军。[③]

在此形势下，中央军委提出派该旅南下华中的建议。3 月 16 日，毛泽东电告彭德怀："目前斗争重心应移至淮河流域，因李品仙现正派队向胡服、雪枫两区压迫，蒋介石已注意该地，企图切断我与新四军联系。我军将来出路，实在中原，此时不争，将来更难了。故提议调三四四旅至陇海、淮河之间，协助彭雪枫创立根据地，并策应胡服，将来再调一部深入苏北，使八路军、新四军打成一片。"[④]3 月下旬，八路军总部决定将第三四四旅"调陇海路南增援华中"。29 日，中央军委正式确定"三四四旅

---

① 《李品仙回忆录》，台北，中外图书出版社 1975 年版，第 201 页。

② 黄克诚传编写组：《黄克诚年谱》，当代中国出版社 2018 年版，第 47、50、51—52 页。

③ 学界关于八路军太南撤军的讨论，参见杨奎松《阎锡山与共产党在山西农村的较力——侧重于抗战爆发前后双方在晋东南关系变动的考察》，《抗日战争研究》2015 年第 1 期；焦书文：《华北抗日斗争史上的重要一笔——太南撤军》，《党史文汇》2002 年第 5 期。

④ 《毛泽东关于目前斗争重心应移应至淮河流域致彭德怀电》（1940 年 3 月 16 日），《新四军·文献》（2），第 228—229 页。

应速开动，其电台即与胡服联络"。① 此电首次将八路军南下与刘少奇关联起来。

4月1日，军委定出八路军的三期南下计划，规定第三四四旅"须于两个月内到达淮河附近"，② 要求其"应于十天内休息整理完毕，迅速开动，其电台立即与胡服、雪枫两台联络"。③ 次日，毛泽东致电彭德怀，略谓："关于皖东、淮北、苏北，请照中央一日电布置。但不知除三四四旅外，能否调三、四万人南下，以便不但打退了皖东、淮北之进攻，并能一举占领扬州一带，直达长江与陈毅打成一片。这样局势就展开了。"④ 4月8日，彭德怀复电表示，援助华中之彭明治、吴法宪支队12000人随时可出动，"三四四旅等12000人12日向濮阳出动"，与杨得志部会合后，"随时可南调援助彭雪枫"。⑤ 据此，可知第三四四旅南下任务仅是到豫皖苏边"援助彭雪枫部"，而预定开拔时间为"4月12日"。

显然，中央有电令该旅与刘少奇进行电台联络，但直至此时尚未涉及与刘在淮北会合的问题。从行程上看，该旅尚未从太行山出发，所谓"现地休整"也莫名其妙。4月15日，中央正式明确八路军南进时间表，即第一一五师彭吴支队约1.2万人，"不日从鲁苏边出动，向苏北前进，估计约3星期内外可与刘少奇方面配合夹击韩德勤"，"左权、黄克诚率第一一五师第三四四旅共1.2万人，从太行山出动，不日到冀鲁豫边界，相机消灭石友三部"，随时可调陇海路南与彭雪枫配合作战。⑥ 此电正式对南下两路部队做了分工，一路为第三四四旅向彭雪枫部，一路为彭朱支队向苏北。

4月17日，中央电令黄克诚："（二纵）新二旅及三四四旅共一万二千

① 《军委关于目前华中军事策略给朱德等的指示》(1940年3月29日)，《建党以来重要文献选编（1921—1949）》第17册，第249—250页。

② 《中共中央、中央军委关于目前华北、华中军事方针给朱德等的指示》(1940年4月1日)，《新四军·文献》(2)，第253页。

③ 《毛泽东、王稼祥关于三四四旅等部迅速准备南下致朱德等电》(1940年4月1日)，《新四军·文献》(2)，第255页。

④ 《毛泽东军事年谱》，第308页。

⑤ 王焰编《彭德怀年谱》，人民出版社1998年版，第228页。按，年谱将"彭朱支队"误认为"彭雪枫、吴之圃"，将杨得志误认为"杨勇"。

⑥ 《毛王致胡项》(1940年4月15日)，《中原局进入华中敌后，贯彻执行中央发展华中的方针》(整理本)第1册，第102页。

人，由太行出发，在冀鲁豫边界设法消灭石友三部后，准备随时调往陇海路南，配合彭雪枫行动。"[①]因左权奉调回总部，东进由黄克诚具体负责。[②]三日后（20日），黄率第二纵队机关及第三四四旅从平顺、高平东开，越过平汉线，并于4月底到达濮阳。[③]4月25日，毛泽东致电彭德怀，指出"苏北、淮北、皖东是八路、新四两军最重要的生命线"，要求"彭吴支队速向苏北前进，三四四旅速向淮北前进"，"该两部现已进至何地，请查明见告"。[④]30日，朱彭接电后迅速传达，要求黄克诚部在与平汉路以东部队会合后，"争取在短期内继续南进增援新四军"。[⑤]5月5日，毛泽东告诉刘少奇，黄克诚部已到濮阳，"令其略加休整即南下"。[⑥]此处"略加休整"，与"微电"所谓"现地休整"相合。

通过上述梳理可以发现，若"微电"发于"4月5日"，"现地"就只能是山西平顺原驻地。但若在平顺休整，似不应说"现地"，而应为"驻地"。从山西平顺到淮河北岸并不近便，在当时至少要东下太行、越平汉路敌区，再南下越陇海线，似不应仅说"遵朱彭令开入淮河北岸"。此外，黄克诚部自太行东进有两大战略任务，首先是到冀鲁豫消灭石友三部，然后才是南下淮北与彭雪枫配合。"微电"显然略过了进入冀鲁豫边区的重要环节。

再者，4月初八路军第二纵司令员仍为左权，中央正式的表述不应忽略作为军事主官的"左权"，直谓"黄率三四四旅"，而应是左权、黄克诚并称。如前引4月15日毛致刘少奇电，就用"左权、黄克诚率第一一五师第三四四旅"的说法。"微电"既如此表述，只能说明左权已归总部。另外，5月10日八路军总部已决定黄克诚暂留冀鲁豫，第三四四旅由刘

① 《黄克诚自述》，人民出版社1994年版，第180页。

② 陈浩良编著《左权军事年谱和文摘》，军事科学出版社1988年版，第64页。

③ 黄克诚传编写组：《黄克诚年谱》，第47—52页。

④ 《毛泽东关于目前形势估计及对策给彭德怀的电报》（1940年4月25日），《建党以来重要文献选编（1921—1949）》第17册，第290—291页。

⑤ 《朱德年谱（1886—1976）》（中），第960页。

⑥ 《毛泽东、王稼祥关于三四四旅与彭吴支队的指挥关系致刘少奇电》（1940年5月5日），《新四军·文献》（2），第293页。

震率领南下，①所以"微电"又须发于此前。实际上，若将"微电"系于"1940 年 5 月 5 日"，所谓"现地"为河北濮阳，第三四四旅已转移到冀鲁豫边区，左权也已回总部，只要向南越过陇海线，即可到达淮河以北地区。所以上述诸多扞格违忤之处，皆可涣然冰释。

五　国民党酝酿以划区谈判解决两党冲突的时间线索

毛泽东在"微电"中说："蒋介石亦有停止军事冲突与我谈判条件，欲把我八路军、新四军统统纳入黄河以北、划黄河以北为我两军防区之企图。"如前所述，在皖东摩擦问题上，国民党方面的基本方案是把江北新四军南调，以隔断其与八路军的联系。毛泽东此处所提"划区"显然是一个新情况。

从当时的情况看，国民党解决华中两党摩擦问题的这一新思路，最先是由白崇禧提出的。1940 年 4 月 16 日，白氏上书蒋介石，谓：

> 此次对日抗战，盖为我中华民族争生存与自由之革命战争，吾人之最后胜利，不能不以全民族综合力量为基础，是以当抗战将起，吾党即开诚布公，许各党派以报国之路，而向与吾党为敌之共产党，亦本共赴国难之义，宣言接受本党及领袖之领导，放弃其政治成见，集中于三民主义旗帜之下，致力于抗战建国之大业。吾人胜利基础之奠定，未尝不有赖于斯。……窃意以为可于适当地带，划定十八集团军作战之区域，同时令新四军编入十八集团军战斗序列，一律集结于此区域之内，授以攻敌任务，指定攻击目标，如此既可限制其活动之范围，复可免除滋生事端之口实，若其不遵约束，抗命称兵，则彼罪恶既彰，自当绳之以法，而是非可大白于天下矣。不然则不徒授敌伪以造谣挑拨之资，且将影响及于抗战之前途，幸垂察之。
>
> 办法：（一）在漳河以北之地带，划定第十八集团军作战区域，

---

① 《朱德年谱（1886—1976）》（中），第 962 页。

并明白规定中共活动之范围，只限于此区域不得有所逾越。（二）将黄河以南之豫鲁皖鄂苏等省之新四军或与该军有关之游击军，一并集中于指定区域以内，彼此既有明确之界限，可免相互摩擦，减少祸端。（三）区域划定以后，即以该方面抗战之职责，由第十八集团军担负之，则责有专司，功过了然，而推诿谎报则无所施其伎矣。（四）严格限制其军队之人数与编制，不得擅缴民枪，滥事扩充，同时在本区域范围以外之共产党宣传及一切活动，亦当设法取缔，以免民心动摇。（五）十八集团军在指定作战区域内之行政官吏，由荐请中央委派。是否有当，敬候钧裁，谨呈委员长蒋。职白崇禧敬呈。①

这是通过正式途径上报的建议全部内容。不过，该建议的关键信息此前已私下与不少人有过沟通。据徐永昌日记载，白氏刚回重庆不久（3 月25 日）即与徐谈及划界事，"渠颇主驱新四军往河北，使与八路军合，以免其在江南、江北到处滋扰"。但徐颇不以为然。②

4 月初，东南亚华侨领袖陈嘉庚到访重庆时，亦曾闻白崇禧谈"中央政府与共产党摩擦严重一事"。白告诉陈："余平素对共产党无恶感，彼所行为是者，多表同情，故拟作中间人调解……兹思一调解办法，即划定界限，以彼此均属对外行动勿复相犯。拟将此事征求蒋委员长同意，是否能成，尚未敢知，舍此无他办法。"数日后，中共代表叶剑英、林伯渠、董必武到嘉陵会馆拜访陈嘉庚，陈以白所提"划界"事相询，叶等答："白君经有提出，我等万分赞成，第不知中央有无诚意，若我等绝对无问题，但求能一致对外，中央勿存消灭我等之意，白君能主持公道，则均可接受

---

① 《副参谋总长白崇禧上书蒋委员长请于漳河以北划定第十八集团军作战区域之建议》（1940 年 4 月16 日），秦孝仪编《中华民国重要史料初编——对日抗战时期》第 5 编《中共活动真相》（4），台北，中国国民党中央委员会党史委员会 1981 年版，第 224 页。

② 徐永昌当日写道："晤健生（昨日来），渠颇主驱新四军往河北，使与八路军合，以免其在江南、江北到处滋扰。据余经验，此种邪庚之众，在其势焰方张时，决不正规命令，更不受任何请求，如义和团或如蝗虫，必待其害够苍生后，则随时可以消灭。所以，今日颇难驱之使北，姑言之，以待事实证明，并不盼余言之验也。"《徐永昌日记》第 5 册，1940 年 3 月 25 日，台北"中央研究院"近代史研究所 1991 年版，第 301 页。

矣。"①叶剑英于辞别时，邀请陈数天后往中共办事处参加茶会。

　　从这段记载看，在白崇禧正式向蒋介石提议前至少通过陈嘉庚向中共驻渝代表透露过相关讯息。但在 4 月中旬以前，蒋介石对 "划界" 谈判的态度并不明确。叶剑英等虽知重庆方面有此议，但因国民党中央态度不明，似未将此事通报延安。25 日，中共驻渝办事处举行茶会欢迎陈嘉庚等，"陈答坚主国共要团结，并拟赴延安参观"。当天叶剑英等将接待情形报告给延安，也未说及 "划界" 谈判事。②

　　实则，当时国民党解决华中国共摩擦的基本方案仍是文武两手压迫江北新四军南调。4 月 13 日，徐永昌致电叶挺、项英，重申新四军必须南调，谓 "该军隶属第三战区战斗序列，应在江南京芜附近地区服行作战任务。任务既定，自宜切实履行，期收划一之效。不意贵军骚扰江北，曾经委座一再电令，将江北部队迅速开回江南，归还第三战区战斗序列在案"，"仍希遵照委座三月有令一游电，速将江北部队撤回江南"。③4 月 18 日，顾祝同在与新四军政治部主任袁国平谈判时，还是不断强调 "部队南调是委座的意见"，"再三" 要求 "四、五支队与管部、梅部逐渐南调"，"否则不能维持上级威信"。④

　　中共方面应对华中局势的基点也是反对江北部队南调。4 月 19 日，刘少奇致电中共中央，说 "江南与顾的谈判中心是江北部队南调，这是准备消灭我军之毒辣计划"，"我坚决不同意江北任何部队南调"。⑤次日，中央给项英、刘少奇的指示说，"蒋、顾阴谋是想把新四军江北、江南部队全部陷死在苏南敌后狭小区域，以求隔断八路军、新四军之联系，以求在适当时机消灭新四军"，并要求项 "在与顾谈判中，绝对不能答允四、五支队

①　陈嘉庚：《南侨回忆录》，上海三联书店 2014 年版，第 113、116 页。
②　《重庆办事处关于欢迎陈嘉庚等致中共中央书记处电》（1940 年 4 月 25 日），中国抗日战争军事史料丛书编审委员会编《八路军新四军驻各地办事机构》（1），解放军出版社 2015 年版，第 707 页。
③　《徐永昌迫令江北新四军开往江南企图一举歼灭电》（1940 年 4 月 13 日），中国第二历史档案馆编《中华民国档案资料汇编》第 5 辑第 2 编《政治》（2），江苏古籍出版社 1998 年版，第 302—303 页。
④　《项英报中央并叶叶博》（1940 年 4 月 18 日），《中原局进入华中敌后，贯彻执行中央发展华中的方针》（整理本）第 1 册，第 148 页。
⑤　《胡服致中央》（1940 年 4 月 19 日），《中原局进入华中敌后，贯彻执行中央发展华中的方针》（整理本）第 1 册，第 149 页。

和叶、张两团之南调。现在和将来，全部或一部均不能南调"。①4月22日，
为了减轻新四军军部与顾祝同谈判的压力，中央直接指示项英把问题推给
即将去重庆的周恩来，算是冻结了新四军江北部队南调的问题。②据此可
知，直到4月中下旬毛泽东仍不知重庆酝酿的"划界"事，至少不清楚蒋
对"划界"的真正态度。

白崇禧的正式建议提出后，颇受国民党军事高层的重视。4月18日上
午，蒋介石"与白崇禧谈话研究共党问题"，晚上又与何应钦、白崇禧谈
调整军事机构与战区划分问题。③蒋似乎倾向于接受国共"划界"的建议，
军令部随即受命研究具体方案。4月19日制订第一次方案，要点是"八路
军新四军应在'确定之战斗地区内作战'，其在第一、第五及鲁苏战区内
之部队限期撤出"。④

4月21日又重新拟订了四种方案上报。

第一案，"变更战斗序列，将该集团军编划为冀察战区，委朱德为冀
察战区总司令，彭德怀为副总司令。冀察战区南部之地境，改为齐河—馆
陶—邯郸各北端相连之线（线上属该集团军）"，所有八路军各部"均开入
冀察战区作战"。"新四军仍遵前令，开回江南京、芜附近地区作战，或均
开入冀察战区作战"，并认为"以后者更有利"。

第二案，"迁就事实，划数个作战区域。划分冀中、冀北、晋东南、晋
北、晋察冀、京芜六个作战区域"。具体办法：（1）该集团军均开入划分
六个区域内作战；（2）区域外仍由国军驻防。

第三案，与第二案旨趣相同，只是所划区域稍小。

第四案，"不变更战斗序列，明确律定第十八集团军及新四军之作战区
域"，"第十八集团军应在旧黄河—齐河县—邯郸（新律定）—长治—太谷—

---

① 《中央书记处致项胡》（1940年4月20日），《中原局进入华中敌后，贯彻执行中央发展华中的方
　　针》（整理本）第1册，第150页。
② 毛泽东说，"恩来同志数日后即去重庆直接谈判，你可电告国平不再继续，谈判推到恩来身上"。
　　《中央书记处致项英》（1940年4月22日），《中原局进入华中敌后，贯彻执行中央发展华中的方
　　针》（整理本）第1册，第156页。
③ 萧李居编辑《蒋中正事略稿本》（43），台北，"国史馆"2010年版，第407页。
④ 韩信夫、姜立夫编《中华民国史大事记》第9卷，中华书局2011年版，第6273—6274页。

介休（已经律定）各北端相连之线以北地区，服行作战任务。新四军应俟
第十八集团军已全数撤至该地境线以北地区后，亦开入该地区内，或仍遵
前令开回江南京芜附近地区，服行作战任务"。①

　　直至此时，国民党内对于是否变更第十八集团军战斗序列、如何划分
作战区域等问题仍在斟酌之中。②但作为一种新思路，不论哪种方案都需
要中共方面的回应，所以才有蒋介石力邀周恩来回渝之事。4 月 25 日，毛
泽东电告彭德怀，"恩来月初去渝推动时局，蒋邀周去颇迫切"，并谓"彼
方财政经济问题甚严重，军队战斗力大减，人民离心力日增，蒋的文章并
好做，周去将给以团结抗战之助力"。③显然，毛对于重庆正在酝酿的"划
界"问题还不太清楚，以为蒋邀周回渝目的是"给以团结抗战之助力"。

　　毛获知这一新情况应是通过稍后驻渝代表发回的电文。4 月 30 日，叶
剑英、博古致电中央，明确"重庆方面正候周来谈判，重新划分八路军、
新四军作战地区，何应钦、白崇禧提出在华北划一战线，以便八路军、新
四军集中作战的问题。因此对新四军集中苏北〔南〕问题，可以利用上述
谈判事件拖延"。④因在新思路之下，非但江北新四军无须南调，江南部队
将来还要分批北调，所以，"划界"谈判对于打破"蒋顾阴谋"将新四军限
制在江南狭小区域是有利的。于是，困扰多时的江北新四军南调问题被化
解掉，将来是否要按照国民党的要求将新四军全部移动到黄河以北，则是
另外的问题。

　　"微电"正是毛泽东在得知国民党内关于"划界"谈判新情况之后所
做出的全盘应对。他主张：第一，在八路军华北敌伪压迫下"不入华中不
能生存"；第二，"在可能的全国性突变时，我军决不能限死在黄河以北不

① 《军令部关于限制八路军新四军作战区域的签呈》(1940 年 4 月 21 日)，《八路军参考资料》(2)，第 200—202 页。
② 事实上，直至当年 5 月初，国民党内部似仍未最终确定界划基本方案，军令部在 5 月 2 日关于新四军作战任务的一份签呈中说："本部对第十八集团军及新四军之作战地境，前已签呈四案，尚未决定。"《国民党限制第十八集团军活动范围的文电》(1940 年 3 月、5 月)，中国第二历史档案馆藏国防部史政局战史编纂委员会档案，787/1853。
③ 《毛泽东关于目前形势估计及对策给彭德怀的电报》(1940 年 4 月 25 日)，《建党以来重要文献选编(1921—1949)》第 17 册，第 291 页。
④ 《叶博报中央》(1940 年 4 月 30 日)，《中原局进入华中敌后，贯彻执行中央发展华中的方针》(整理本)第 1 册，第 159 页。

入中原"，"我仍应乘此时机派必要兵力南下"。故结论是八路军主力南下不仅不能暂停，还应加速部署。叶博电谓，4月底重庆方面"正候周来谈判"，但毛泽东早在4月22日中就已透露周有"去重庆直接谈判"计划。故周应先于蒋介石邀请确定返渝行程，最初也非为"划界"问题而去。因此"微电"不可能发于4月初。

六　结语

胡适曾说，"发现一个字的古义，和发现一颗恒星，都是一大功绩"。[①]考订史料的准确形成时间，事虽不大，却也有不可忽视的学术意义。作为认识和重建历史的基础，史料的时间线是首先需要认真考虑的问题。尤其在涉及战争与军事的问题上，由于战场形势瞬息万变，史料的时间线就更须力求精准。否则，差之毫厘，便不免郢书燕说，距离事实真相愈远。

以"微电"为例，前后判定虽仅一个月的时间差，但在中央决策层面的意义有绝大不同。电中所说前三事，不论是韩德勤的败退淮北、李品仙的停攻皖东，还是重庆方面酝酿的划区谈判，都在指向一个基本事实——华中军事形势的缓和。但毛泽东的基本思路是即使华中形势好转，八路军也不能停止南下的脚步。因为除了华中地区的"小形势"外，还有全国的"大形势"。这个"大形势"就是：第一，"华北敌占领区日益扩大，我之斗争日益艰苦，不入华中不能生存"；第二，"在可能的全国性突变时"，即蒋介石投降日本联合"剿共"之时，"我军决不能限死黄河以北不入中原，故华中为我最重要的生命线"。

如将"微电"时间定在"1940年4月5日"进行解读，"大形势"或可说得通，但华中的"小形势"根本无法解释，因为当时华中局势正在危急时刻。再据之分析八路军主力南下决策背景意图，就只能选择性地忽略"微电"中强调的"小形势"，泛泛而谈李品仙、韩德勤对华中新四军进攻的历史背景。而若忽略自当年4月初到5月初华中"小形势"的转变，自

---

① 胡适：《论国故学（答毛子水）》（1919年8月16日），欧阳哲生编《胡适文集》（2），北京大学出版社2013年版，第296页。

然也不会重视毛泽东所讲的全国"大形势"。

但若将"微电"置于为"5月5日"进行理解，则毛所分析的"小形势"和"大形势"就会立即活泛起来，和同时期各种史事融合无间。因为4月初华中的"危急形势"已经转变为5月初相对缓和的"新形势"，不少人就会怀疑八路军主力南下是否还有必要。这样，"微电"自身的逻辑才能说得通。但毛泽东指出决定八路军南下的并非华中的"小形势"，而是全国的"大形势"。"小形势"虽好转，但只要"大形势"不变，南下战略就不能变。如果随着毛泽东的思路，将眼光放在这个全国"大形势"上，就可以注意到3月16日他在第一次提出八路军南下建议时，就对彭德怀提出"我军将来出路实在中原"这种"大形势"分析。[1]

至此也就可以看出，此次八路军主力南下的深层历史动因，并非国民党对皖东、淮北新四军进攻引发的华中危局，而是当事人更加强调的"华北斗争日益艰苦"、"不入华中不能生存"以及"华中为我最重要生命线"等"大形势"。华中摩擦加剧至多是个导火线，而"援助新四军"根本也只是"南下口号"。[2]若再推而论之，自阎锡山发动晋西事变而逐渐衍生的华北变局，以及河北、山西等地水灾造成的粮食紧缺，可能才是此次八路军主力南下的真正动因。

（李雷波，国防大学政治学院副教授）

---

[1] 《毛泽东关于目前斗争重心应移至淮河流域致彭德怀电》（1940年3月16日），《新四军·文献》（2），第228页。

[2] 《毛泽东、王稼祥对三四四旅与彭吴支队南下发展中原根据地的指示》（1940年5月5日），《中共中央文件选集》第12册，第387页。

国防地理视野中的抗战正面战场

袁成毅

国防地理主要研究国防活动与地理间的关系，研究对象包括国家地理位置的战略价值、国防地理形势、与周边国家关系、国防交通状况、海防和边防要地分布、军事基地和国防工业基地部署、国防资源分布和利用对军事行动的影响等。[①]地理与国防或军事间的关系，在中国古代就很受重视，《禹贡》《汉书·地理志》《通鉴地理通释》《天下郡国利病书》《读史方舆纪要》等著述都十分注重对地理与军事关系的探讨。

到了近代，国防地理形势随着国防形态的变化面临新的挑战。由于西方国家从海路伸向中国，清王朝一方面需在陆上保卫边疆安全，另一方面又需

---

① 郑文翰编《军事大辞典》，上海辞书出版社 1992 年版，第756 页。

防范来自海路的列强的入侵，国防的形态除了传统的"陆防"，又产生了"海防"。20 世纪初，随着飞机的发明及其在战争中的广泛使用，在陆防、海防之外，又有了新的国防领域——空防（防空）。除了国防形态的这些新变化，1927 年以后，国民政府奠都南京，中国政治中心发生了由北向南的转移，国内政治地理的格局也深刻影响着国防布局；同时，近代以来日本在不断侵略过程中形成的在华既有势力格局，更与中国国防地理形势紧密相关。

中国的抗日战争正是在上述国防形态和国防地理格局发生重大变化的背景下展开的。关于国防地理与中国抗战的关系，早在抗战期间就有学者和军政界人士做过较为深入的研讨，战后也有从不同角度开展的专门研究。[①] 本文在既有研究基础上，重点探讨全面抗战爆发前中国国防地理的整体形势及国民政府的防御布局，同时对全面抗战爆发后正面战场陆战、空战和海（江）作战中所呈现的地理格局分别加以讨论。

一 战前中国国防地理形势及国民政府防御布局

全面抗战爆发前，中国国防地理格局较民国以前主要有两个方面的变化：一是随着中国政治中心的南移，国防中心区事实上也转至东南沿海地区；二是日本在华经过多年的经略，逐渐构建起威胁中国国防利益的势力格局。国防地理形势的变局，直接影响着国民政府的防御布局。

（一）国防地理形势的变局

民国以前，中国政治中心和国防重心基本上都在北方。特别是元代以降，北京多数时间维持着国家政治中心的地位，而国防的重心主要是防范

---

① 代表性的论著主要有胡焕庸《国防地理》（国民政府军事委员会政治部 1938 年版）、《最新国防地理》（国防文化出版社 1942 年版），孙宕越、徐俊鸣《军事地理学》（中山文化教育馆 1939 年版），杨德安《中国国防地理》（大同日报社 1948 年版），经盛鸿《中国地理与抗日军事战略》[《南京师大学报》（社会科学版）1995 年第 2 期]，张岩松《战与线的争夺——从军事地理的角度看抗战第一年》（《军事文摘》2019 年第 15 期），赵学东《北中国军事地理要冲见证抗战辉煌——晋北要隘平型关》（《军事历史》2005 年第 7 期），等等。

来自西、北方向的陆路侵犯者。1840 年鸦片战争以后，虽然中国的海上门户被打开，但并未改变清政府以“京畿”为中心、以北方为重心的国防地理格局。1912 年中华民国临时政府成立后，短暂地将南京作为政治中心，不过很快由于孙中山对袁世凯的“让位”，国家政治中心回到北京。1926 年，国民党由广东发起了旨在推翻北洋政权的北伐，其间，在将国家新的政治中心置于武汉或南京的问题上虽有过短暂的争持，但在北伐尚未完成之际，国民党即于 4 月间发表《定都南京宣言》，称“南京地位在党务上、政治上、军事上、地理上均较武汉重要”。[①] 南京国民政府的建立，标志着南京取代北京，成为新的国家政治中心。

南京国民政府建立初期，国民党对全国的统治，表现出极大的不均衡性，其能够有效行使统治的地域“仅限于华中地区的几个省，或一些省的部分地区（最主要的是浙江、江苏、安徽、湖南、江西、湖北及福建诸省，但程度各不一样）”。[②] 在华北、华南、西南、西北各省区，国民政府虽有统治之名，实则由于地方割据势力过于强大，国民党政权的政策很难得到真正推行，这一客观现实也决定了国民党政权在对外防御的布局方面，很难根据国防的实际需要做到对全国的统筹规划。因此，将以首都南京为中心的东南地区视为国民政府的国防中心区，既是中国历史上“拱卫”京师这一传统国防观念的延续，也是国民党弱势执政的现实结果。

从中国面临的国防威胁来看，自 1840 年鸦片战争以后，虽然英、法、俄、德、美等国在中国均有相当深厚的利益基础或势力范围，但由于日本距离中国最近，国力远强于中国，更重要的是，明治维新以后，日本明确将对外侵略扩张的“大陆政策”奉为国策，因此，中国最大的国防威胁无疑来自日本。事实上，甲午战后，日本除了吞并中国周边的朝鲜和占有中国台湾，大体上又从中国的东北、华北、华中多个地理方向，逐步展开对华全面的战略包围或渗透。

---

① 《定都南京宣言》，中国第二历史档案馆编《中华民国史档案资料汇编》第 5 辑第 1 编《政治》（1），江苏古籍出版社 1994 年版，第 1 页。

② 〔美〕费正清编《剑桥中华民国史》第二部，章建刚等译，上海人民出版社 1992 年版，第 163—164 页。

在东北，日本在日俄战争中打败俄国，获得了在中国东北南部地区的特殊地位。此后，日本不断寻求进一步扩大在中国东北势力的机会。辛亥革命爆发之际，日本政要欲利用中国政局动荡的时机，求得"满蒙"问题的"彻底解决"。为了让新政权疏于对"满蒙"的统治，时任日本首相犬养毅力劝孙中山将新政府首都设于南京。[①] 1927 年南京国民政府建立初期，日本政要在同年 6—7 月召开的"东方会议"上再次明确了先取"满蒙"的国家战略。到 1931 年 9 月，日本关东军发动九一八事变，实现了占领中国"满蒙"的长期愿望。日本对中国东北地区的侵占，使清代以来形成的中国陆路国防地理格局发生了前所未有的变化，对国民政府来讲，失去东北，华北就失去了重要的战略屏障；对日本来讲，占有东北，就获得了继续向华北侵略的战略大后方。

在华北，北京和天津一向是中国北方最重要的战略要地，但 1901 年签订的《辛丑条约》规定，包括日本在内的外国军队可以在北京使馆区和天津到山海关铁路沿线若干处驻扎军队。日本因得地理上靠近中国的便利，于 1902 年便派出兵员组成"清国驻屯军"，后称天津驻屯军或华北驻屯军，长期盘踞长城以内平津一带，到全面抗战爆发之际，驻军人数已近万人。[②] 在河北，日本长期支持亲日地方政权，特别是 1933 年 5 月，迫使国民政府签订《塘沽协定》，将河北 20 余县划为"非武装地带"。在山东，第一次世界大战期间，日本借出兵山东对德军作战的机会，将军事、政治和经济势力扩及山东。1928 年日本海军还编成"第二遣外舰队"，长期以青岛为基地，活动于山东沿海。可以说，华北无论是陆上还是海上的门户均已向日本洞开。

在华东和华中，甲午战争后，日本迫使清政府开放重庆、沙市、苏州、杭州四个新的口岸，稍后将福建作为势力范围，这使日本在华的影响力进一步扩大到东南沿海地区和长江流域。而对于中国国防影响最大的是，根据 1903 年《中日通商行船续约》，日本可从中国沿海通商口岸向

---

① 俞辛焞：《辛亥革命时期中日外交史》，天津人民出版社 2000 年版，第 161 页。

② 中共中央党校中共党史资料室编《卢沟桥事变和平津抗战（资料选编）》，中共中央党校科研办公室 1986 年版，第 24 页。

内地以贸易为名航行，由此，长江航线向日本全面开放。[①]1926年，日本海军更是组建“第一遣外舰队”，活动于长江流域，舰船所驻，由上海向西，包括汉口、长沙、宜昌、重庆等。[②]1932年“一·二八”事变爆发后，日本海军组建第三舰队，专用于在上海地区的作战。《淞沪停战协定》签订后，日本海军第三舰队常驻中国，该舰队第十一战队主要在长江流域游弋，第十战队和第五水雷战队则频繁活动于中国沿海各省海域。[③]而在内陆武汉，1936年9月，日本以汉口发生排日事件为由，从上海调3000名陆战队队员驻扎。[④]这样，中国不但沿海直接处于日本海军的威胁之下，就连长江流域的防御也受到了影响。

日本在中国东北、华北、华中形成的既有势力格局，意味着日本若发动全面侵华战争，无论是由北向南，还是由东向西，或两个方向同时进击，均具备了相当有利的地理条件。除此之外，处于日本占领下的朝鲜和台湾又十分靠近中国大陆，中日一旦开战，日本还可迅速由这些地区集结和输送兵力。

作为国民政府最高军事领导人，蒋介石对日本在华形成的势力格局有较为清醒的认识。他在1934年的一次演讲中指出：“三天之内他（日本）就可以把我们中国所有沿海的地方都占领起来，无论那一个地方，西边不仅是到重庆，而且可以到成都；南边不仅是到广东，而且可以到梧州、邕宁。他的潜势力早已准备充足，而且他的兵舰早已遍布各地，不仅是沿江沿海的地方他随时可以占领，无论那一个地方都可占领。也不仅是东四省已正式被他占领，就是我们的华北，事实上也早已在他控制之下，凡我们华北所有的铁路线，和所有交通便利形势险要的地方，他都早有军事的布置，随时都可以占领的。比方讲：现在胶济路的情形，他虽然表面上没有派兵占领的，但是沿胶济路所有的日本工人、商人，全是他们的退伍军人；天津、汉口等重要商埠，以及察哈尔、张家口各处，所有的日本人，全是

① 日本防卫厅防卫研究所战史室：《日本海军在中国作战》，天津市政协编译委员会译，中华书局1991年版，第16页。
② 日本防卫厅防卫研究所战史室：《日本海军在中国作战》，第75页。
③ 史滇生编《中国海军史概要》，海潮出版社2006年版，第379页。
④ 日本防卫厅防卫研究所战史室：《日本海军在中国作战》，第20页。

他没有穿军服的官兵，所以依现在的情形来看，他只要发一个号令，真是只要三天之内，就完全可以把我们中国要害之区都占领下来，灭亡我们中国！"①蒋介石的说法虽然有夸张的成分，但也的确道出了日本对中国国防地理的渗透程度。

1935年8月，担任国民政府军事顾问的德国军官法肯豪森，针对中国的国防地理形势，提出了非常具体的国防建设主张。他向蒋介石建议：第一，以长江一线为未来抗日战场的主战场，自长江下游宁沪，中游南昌、武汉到上游四川，建立层层防御体系。第二，在中国沿海，一要封锁长江，二要警卫首都。他认为"长江封锁于中部防御至关重要，亦即为国防之最要点，防御务须向前推进。江防须封锁江阴，陆防须利用许多地险及天然便于防御之地形，推进至上海附近"。"南京为全国首都，必应固守，故极宜增筑东正面及东南正面之工事。次之为南昌、武昌，可作主要支撑点，宜用全力固守，以维持通广州之连络。"第三，将四川作为抗战大后方。他认为四川是"富庶而因地理关系特别安全之省份"，"实为造兵工业最良地方。由重庆经贵阳建筑同昆明之铁路，使能经滇越路得向外国联络，有重要意义"。②法肯豪森的建议显然被国民政府接受，1935年以后国民政府基于国防地理形势的防御布局，大体上按法肯豪森的建议展开。

（二）以南京为中心渐次展开的陆防布局

中国国防地理的态势，决定了日本将来可能对华发动战争的区域首先涉及华北、华东和华南地区。1935年，国民政府军方在制定《1936年度国防计划大纲》时，将全国划分为四类区域，第一类为"抗战区"，自北向南有察哈尔、绥远、河北、山西、河南、江苏、浙江、福建、广东；第二类为"警备区"，包括安徽、江西、湖南、广西等省；第三类为"绥靖区"，包括甘肃、陕西、四川、宁夏等省；第四类为"预备区"，包括不属

---

① 蒋介石：《抵御外侮与复兴民族》，秦孝仪编《先总统蒋公思想言论总集》卷12"演讲"，台北，中国国民党中央委员会党史委员会，1984，第309—310页。
② 《总顾问法肯豪森关于应付时局对策之建议》，《民国档案》1991年第2期。

于前三类的其他各省区。① 从这个区域的划分来看，"抗战区"主要集中在华北、华东、华南各省。

在华北、华东、华南之间，国民政府军方认为，日本作战的目标是破坏中国的经济、政治、文化中心区域和物资富裕的地区，因此，华东的京沪一带不论从何种角度都是其进攻的重点。1936 年，军方在作战预案中认为："中国经济中心区域，现在当在京沪，日本自一二八以后，即派有特别组织之海军陆战队（兵力在三千五百以上）驻守上海，战机一发，可控我脏腑。""中国政治及文化中心，仍在京沪两地，其次则为北平、天津。京沪两地已如上述之危迫，平津二地接近非战区域，汉奸反动势力潜伏，战机一动，立受扰乱。""苏浙两省，迫近海疆，敌舰随可侵入，福州、厦门与台湾接近，一旦有事，日军登陆占领，易如反掌。由上观之，京沪一带似为第一重点，平津两地，似为第二重点，浙闽二省，似为第三重点，倘被敌军占领，全局将不堪设想矣。"②

基于以上判断，国民政府开始了较大规模的国防工事建设。"国防工事构筑实施之程序，系以首都为中心，逐次向国境线推进，其构筑之方式，系首先完成各阵地之骨干，以后依经费状况，再行分别缓急，逐渐加强，最后乃将阵地整个编成之。"③ 第一期国防工程的地域分布依次是：江浙区、山东区、冀察区、晋绥区、河南区、广东区、福建区、广西区。④ 而实际上，国民政府的财力也根本无法做到如此大面积的国防工事建设，到 1937 年卢沟桥事变爆发前，第一期完成的国防工事主要集中在以南京为中心的江浙区，其中最重要的是上海到南京之间的淞沪阵地、吴福阵地（吴江至常熟福山镇）、锡澄阵地（无锡至江阴澄江镇），浙江境内的乍平嘉阵地（乍浦经平湖至嘉善）、乍澉浦阵地（乍浦至澉浦）、海盐至嘉兴阵地等。此外，在华北的晋绥区、山东区、河南区虽然也建有一些国防工事，但规模都比较小。

---

① 张宪文等：《中华民国史》第 2 卷，南京大学出版社 2005 年版，第 361—362 页。
② 中国第二历史档案馆：《国民政府筹备抗战档案史料一组》，《民国档案》1997 年第 2 期。
③ 何应钦：《对五届三中全会军事报告》，《何上将抗战时期军事报告》，"民国丛书"第二编第 32 辑，上海书店出版社 1990 年据 1948 年版影印，第 6 页。
④ 《对五届三中全会军事报告》，《何上将抗战时期军事报告》，第 7—15 页。

（三）以江、浙、赣、皖省境机场为基地的空防布局

1931 年，九一八事变爆发不久，日本关东军轰炸了锦州，这是日本对华实施的首次空袭。1932 年"一·二八"事变期间，日本海军航空队又轰炸了上海、杭州、苏州等地。此后，国民政府将对日防空列为重要国防内容。同年，国民政府军事委员会制定了《空军五年建设及防空计划》，将全国划分为 10 个空防区，兵力配置的重点是以南京为中心的苏、浙、皖区，以洛阳为中心的豫鲁区，以广州为中心的粤桂区。[①] 1933 年 7 月，国民政府军事委员会将全国划分为 5 大空军区，分别以南京、保定、西安、汉口、广州为根据地，其中洛阳为空军总根据地。[②] 事实上，国民政府要在全国大范围内全面展开防空布局基本是不可能的。因为到 1936 年，国民政府空军的飞机严重短缺，其航空委员会所辖航空队 14 个大队仅有各种战机 113 架，国民革命军第一集团军空军司令部 6 个航空队有飞机 70 架，中央航空学校有飞机 29 架，即使加上各地方航空队拥有的飞机，总量也仅 300 余架。[③] 1937 年虽有少量增加，而真正能用于实战的飞机不过 220余架。[④] 这一现实就决定了国民政府空防的布局必须根据敌情的研判做更为集中的配置。

1936 年 3 月，国民政府军事委员会对日军将来针对中国的轰炸意图，做了五个方面的判断：摧毁我国空军制空权；协助其陆军作战；阻止运输，妨碍国际补充线路；破坏我国军事、政治、经济及工业中心，予我军作战以根本打击；滥施轰炸引起恐怖，动摇我国国民战志，以遂其速战速决。[⑤]1937 年 3 月，国民政府军事委员会参谋本部对日军航空作战的战略意图进一步判断为"其使用对我侵略者，或先以主力轰炸我重要城市及我空军根据地并主要交通线及铁路之要点，而以其一部分协助其陆军作战"。[⑥]

---

① 《空军五年建设及防空计划》（1932 年），中国第二历史档案馆藏，787/16963。
② 《空军 1933—1936 年建设计划及防日计划》（1933 年），中国第二历史档案馆藏，787/16964。
③ 《空军各队现有飞机一览表》（1936 年），中国第二历史档案馆藏，787/16965。
④ 中国第二历史档案馆编《抗日战争正面战场》（下），凤凰出版社 2005 年版，第 2027 页。
⑤ 防空学校编印《防空设施及抗战经过概要》（1945 年），中国第二历史档案馆藏，787/17029。
⑥ 《民国二十六年度作战计划（甲）》，中国第二历史档案馆：《国民党政府 1937 年度国防作战计划（甲案）》，《民国档案》1987 年第 4 期。

　　根据上述研判,国民政府只能将以首都南京为中心的东南地区置于未来对日防空的重点区域,空军飞机集中部署于江、浙、赣、皖省境,将南昌、广德、句容、蚌埠、杭州、南京等各机场作为主要空军基地。到全面抗战爆发前,空军的具体分布是:(1)在江西南昌部署第一大队(轰炸机大队)、第八大队(轰炸机大队)、第四大队(驱逐机大队)、第五大队(驱逐机大队);(2)在安徽广德部署第二大队(轰炸机大队);(3)在江苏句容部署第三大队(驱逐机大队);(4)在南京部署第六大队(驱逐与轰炸混合大队);(5)在安徽蚌埠部署第九大队(攻击机大队);(6)在杭州部署中央航空学校暂编大队(驱逐与轰炸混合大队);此外,在西安部署有第七大队的四个中队,在湖北、四川、广东等省各部署有一个中队。[①]

(四)以长江航道为主的江海防布局

　　中国海岸线漫长,但海军力量十分薄弱,且又分为"中央系"(主要包括第一、第二舰队)、"东北系"(第三舰队)、"广东系"(广东江防司令部),三支海军力量分别活动于长江流域、青岛、广东沿海。在漫长的沿海线上,自南向北虽然也建有虎门、厦门、镇海等要塞,但无法起到真正的防御作用。1936年5月,国民政府德国军事顾问团提交了《长江江防建议书》,认为中国海军舰队在海上对于日本舰队毫无抵抗的机会,而长江较之海洋要浅狭得多,日本海军虽然强大,却因其舰身长、吨位大,无法在长江内完全发挥出战斗力。因此,建议中国海军改造装甲防空良好的小吨位浅水炮舰,装置大口径火炮,再以鱼雷快艇和江防要塞配合作战。[②]蒋介石对德国顾问的江防建议深表赞许,并指示军政部按照建议书中所列出的江防舰队建设规划向德国、英国购买鱼雷快艇。[③]不过到1937年2月国民党五届三中全会召开时,"海军方面,为经费所限制,未能作大量之建设"。[④]

---

① 高晓星、时平:《民国空军的航迹》,海潮出版社1992年版,第249—252页。

② 《德国顾问关于长江江防建议书》(1936年),中国第二历史档案馆藏,787/1978。

③ 马振犊:《抗战爆发前德国军火输华述评》,《民国档案》1996年第3期。

④ 何应钦:《对五届三中全会军事报告》,《何上将抗战期间军事报告》,第37—38页。

面对中日海军力量的严重失衡，1936 年国民政府军方对日本海军作战意图和作战地域做出的判断是：第一，"（日本）以海军封锁中国，使武器与各种需品不得输入，以断中国之外援及海上交通"；第二，"（日本）以航空母舰载运海军航空兵力，最先击破中国空军，以便得到制空权，然后轰炸中国市镇。倘海军航空兵力不足，则联合陆军所属之空军以攻击"；第三，"（日本）以一部海军在中国沿海各地施行威胁以牵制中国之陆上兵力，然后择安全地点使其陆军登岸。……日本必以海军联合当地驻军先行占领塘沽、青岛、浦东、上海、舟山岛、福州、厦门等处，故日本有安全之上陆地点"；第四，"（日本）以海军一部游击镇海、宁波（由海上可以炮击宁波）、象山、海门、温州以及福建沿岸，并相机派兵占领要点，以牵制中国兵力，或吸收当地物资"。①

1937 年 3 月，国民政府参谋本部在《民国二十六年度作战计划（甲）》中又得出了新的研判结论，认为日本在华的海军第三舰队有 23 艘舰艇，在台湾马公有 4 艘舰艇，"故将利用其海军之优势，行动完全自由，仅以一部协同空军掩护陆军之登陆，余或集中于长江协同陆军作战。或于开战初期，破坏我沿海要地，并袭用其不宣而战之故伎，以阻碍我长江交通"。②作为因应之策，国民政府军方决定"海军以全力于战争初期迅速集中于长江，协力陆空军扫荡敌舰"。③在乙案中进一步提出"海军应避免与敌海军在沿海各地决战，全部集中长江，协同陆军扫荡扑灭敌在长江内之舰队，尔后封锁长江口及各港湾，阻止敌舰之侵入"。④这表明，国民政府有限的海军力量一开始就没有计划与日本海军在中国沿海海域作战，只能将全部海军力量用于长江航线。

（五）以四川为战略大后方的布局

1932 年"一·二八"事变后，国内朝野对中日战争的不可避免以及这

① 中国第二历史档案馆：《国民政府筹备抗战档案史料一组》，《民国档案》1997 年第 2 期。
② 《民国二十六年度作战计划（甲）》，中国第二历史档案馆：《国民党政府 1937 年度国防作战计划（甲案）》，《民国档案》1987 年第 4 期。
③ 《民国二十六年度作战计划（甲）》，中国第二历史档案馆：《国民党政府 1937 年度国防作战计划（甲案）》，《民国档案》1987 年第 4 期。
④ 《民国二十六年度作战计划（乙）》，中国第二历史档案馆：《国民党政府 1937 年度国防作战计划（乙案）》，《民国档案》1988 年第 1 期。

场战争的持久性大体是有共识的。华北、华东、华南、华中随时都有遭到日军入侵的可能性，相对而言，西北和西南地区并不会立即陷入战争。毛泽东在 1936 年同美国记者斯诺的谈话中就指出，中国经济上的分散性导致国内不同地区间的部分隔绝，日本难以封锁西部地区。他说："从经济上说，中国当然不是统一的。但是中国经济的不平衡发展，在对经济高度集中的日本抗战的时候，也是有利的。譬如将上海跟中国其他部分隔绝，对于中国并不像将纽约跟美国其他部分隔绝这样的为害严重。而且，日本要使全中国陷于孤立是不可能的；日本从大陆的观点来看，仍是一个海国，它就不能封锁中国的西北、西南和西部。"①

　　国民政府一开始是将洛阳作为行都，将西安作为陪都，似有将西北作为战略大后方的初步考虑。但 1935 年春，蒋介石在"围剿"红军的过程中首次到了四川，并开始考虑将四川作为将来对日抗战的大后方。同年，德国军事顾问法肯豪森也向国民政府提出将四川作为中国抗战战略大后方的建议。蒋介石在 1937 年 11 月 19 日的国防最高会议上道出了将四川作为战略大后方的原因："自从二十四年开始将四川建设成后方根据地以后，就预先想定以四川作为国民政府的基础。日本如要以兵力进入四川来消灭国民政府，至少也要三年的时间，以如此久长的时间来用兵，这在敌人的内部是事实上所不许，他一定要失败的。我军节节抵抗，不惜牺牲，就希望吸引他的兵力到内地来，愈深入内地，就于我们抗战愈有利。"②此外，就地理区位而言，四川不仅北连陕西、甘肃、青海，南接云南、贵州，有广阔的战略纵深，还可通过云南连接印支半岛的英属缅甸、法属越南等，对获取国际援助也有地理上的便利。

　　总之，战前中国国防地理格局一方面是由中国本身的地理位置和条件决定的，另一方面也受制于近代以来日本在华势力不断扩展的客观现实。国民政府在陆防、空防、江海防做出的防御布局，深刻影响着全面抗战初期的作战走向，将四川作为战略大后方的布局，也为中国持久抗战以及争

---

① 〔美〕埃德加·斯诺：《西行漫记》，董乐山译，中国人民解放军战士出版社 1979 年版，第 81—87 页。

② 秦孝仪编《先总统蒋公思想言论总集》卷 14 "演讲"，第 655—656 页。

取国际援助提供了重要的地理条件。

二 围绕交通干线的陆军作战

作为发起战争的一方，日本陆军装备的现代化程度很高，这使其兵力和装备的运输对于现代交通的依赖性很强，因此，中国的铁路枢纽和围绕铁路干线的区域往往会成为其重点攻击目标；对正面战场的国民政府军而言，由于作战地域广阔，兵力的部署和军需保障，同样也有赖铁路干线。大体而言，中日开战初期的作战，主要集中于平汉线、平绥线、津浦线、沪杭线、京沪线等重要铁路干线，战争中后期的浙赣战役、豫湘桂战役分别集中于东西方向的浙赣线和南北方向的平汉线。此外，由于中国持久抗战有赖大量国际援助，中国西南地区连接印支半岛国家的重要国际交通线滇缅公路、桂越铁路线等也成为中日双方争夺的焦点，聚焦重要交通干线的作战构成了中日陆军作战的地理特点。

（一）围绕铁路枢纽和铁路主干线的作战

铁路干线和铁路网在近代以来的战争中具有十分重要的国防地理价值。早在19世纪30年代，德国经济学家弗里德里希·李斯特就认识到铁路的军事用途。此后，欧洲各国交战方充分利用铁路输送部队和战争物资，铁路开始成为交战双方争夺的重要军事目标。[①] 在中国，蒋百里于1924年与友人交谈时就称中日战争必不可免，并预测将来战争开始后，津浦、京汉两铁路必被日军占有。[②] 后来他又提出，日本在进攻中国时，必由东向西推进，中国军队的后方基地在自己作战部队的西部，中国应该重视东西向的交通线，他主张在津浦线、平汉线之间修建多条东西向国道。[③]

1932年以后，国民政府也认识到了交通线在未来对日战争中的重要作用。蒋介石曾指出："强国之国防重边疆，取攻势；弱国之国防重核心，取

---

① 童钟贤编《世界铁路之最》，中国铁道出版社1988年版，第58—59页。
② 刘仕平：《蒋百里军事思想研究》，国防大学出版社2005年版，第247页。
③ 刘仕平：《蒋百里军事思想研究》，第101页。

守势。”“战时以努力经营长江流域，掌握陇海铁路为第一要旨。”①1934年，国民政府德国军事总顾问塞克特向蒋介石提议：“发展具有战略性的交通系统，在日本入侵时，可以迅速地输送部队至危急地区，实为当前首要任务。”②正是主要出于国防目的，国民政府加速铁路建设，特别是从1936年至1937年全面抗战爆发，共建成铁路2030公里，是1927—1935年八年半时间年筑路速度的6.5倍。③重要铁路干线如粤汉、浙赣、陇海、同蒲等均在这一时期加速完成。此外，还新建了纯军事用途的苏嘉、京赣、黄埔等线，并在津浦、京沪、沪杭甬、浙赣、陇海、平汉、粤汉等重要铁路干线增设军用站台、军用岔道200公里。④

1936年以后，日本加速发动战争的步伐，同年8月，日本参谋本部制定了1937年对华作战计划。该计划明确规定了日本用兵的重点地区和兵力配置：华北方面用8个师团占领北平、天津附近要地以及青岛、济南、海州附近要地；华中方面用3个师团占领上海附近，用2个师团从杭州湾登陆，从太湖南面前进，两军策应向南京作战，以占领和确保上海、杭州、南京三角地带；华南方面用1个师团占领福州、厦门和汕头。⑤

1937年7月，正是驻扎于北平丰台的日本华北驻屯军挑起了卢沟桥事变，中日战争全面爆发。丰台是连接平汉、北宁铁路的交通枢纽，战略地位十分重要，日本华北驻屯军不顾《辛丑条约》有关外国在华驻军的限定，于1936年5月即开始在丰台建造兵营，蓄意挑动战争。卢沟桥事变爆发不久，日军向北平中国军队发动“总攻”，很快就占领了华北军事重地北平和天津。此后，日军充分利用了平绥、平汉、津浦三条铁路线，分路向华北各地扩大战事。

在平绥线方面，日军相继占领南口、张家口、归绥、包头。之后日

---

① 吴相湘：《中国对日总体战略及若干重要会战》，《传记文学》编《十四年：从1931到1945》，台北，台海出版社2016年版，第198页。

② 傅宝真：《抗战前在华之德国军事顾问与中德经济及军事合作之分析》，《近代中国》第45期，1985年，第123页。

③ 张嘉璈：《抗战前后中国铁路建设的奋斗》，台北，传记文学出版社1974年版，第93—94页。

④ 张嘉璈：《抗战前后中国铁路建设的奋斗》，第125页。

⑤ 日本防卫厅防卫研究所战史室编《中国事变陆军作战史》第一卷第一分册，田琪之译，中华书局1979年版，第91—93页。

军进犯山西，一路从大同沿同蒲线南下，该线日军在山西忻口与国民政府军展开激烈作战。同期，另一路日军沿着正太铁路线突破山西东部的要隘娘子关，由东向西威逼太原，在两路日军攻击下，太原失守。在津浦线方面，日军先占领了静海、独流镇、马厂、沧县等地，继则占领德县、济南。在平汉线方面，日军相继占领涿县、保定、石家庄。

在华东，1937 年 8 月，淞沪会战爆发。会战从 8 月中旬一直持续到 11 月中旬，其间国民政府投入了巨大的兵力，浙赣、沪杭甬、京沪、苏嘉和津浦铁路对维持中国军队上海作战发挥了重要作用。京沪杭铁路专门增开军用列车，在会战期间共开军列 1346 次，运兵 50 个师，辎重 5 万吨。[①]浙赣铁路除输送军用物资，还承担了沿海人员和物资的后撤任务，东南地区的人员和物资由此路疏运至西南后方达几百列车。[②]中国军队在上海的顽强抵抗迫使日本方面放弃了原定从山东半岛登陆的计划，[③]同时也不得不推迟原定对华南福州、厦门、汕头等地的军事行动。日军占领上海后，主力沿京杭公路、一部沿京沪铁路，以钳形的战略包围态势指向南京，12 月13 日，南京陷落。

到国民政府军从南京撤退为止，中国沦陷京奉铁路关内段 289 英里，平绥铁路干路支线 547 英里，津浦铁路济南以北及蚌埠以南 460 英里，胶济铁路干路支线 388 英里，平汉铁路黄河以北干路支线 488 英里，正太铁路 151 英里，同蒲铁路干路支线 702 英里，苏嘉铁路 454 英里，沪宁铁路干路支线 215 英里，上海松江段 18 英里，江南铁路南京当涂段 30 英里。[④]这些重要的铁路干线的占有，为日军下一步军事行动提供了极大的交通便利。

1937 年的战事分别在华北和华东两大地域展开，但日军并未能打通连接华北与华东的重要铁路干线——津浦线，1938 年的徐州会战便成为日军打通这条铁路干线的重要战役。徐州的战略地位在于它是中国南北重要干

---

① 《抗战与交通》第 6 期，1938 年 8 月 1 日。

② 张嘉璈：《抗战前后中国铁路建设的奋斗》，第 142—144 页。

③ 日本防卫厅防卫研究所战史室编《中国事变陆军作战史》第一卷第二分册，齐福霖译，中华书局1981 年版，第 11 页。

④ 张嘉璈：《中国铁道建设》，杨湘年译，商务印书馆 1946 年版，第 141—142 页。

线津浦线和东西主要干线陇海线的枢纽，日军若能打通津浦线，首先是可以连接南北两个战场。其次，由于陇海线是横贯中国东西的交通大动脉，从徐州再向西便是开封、郑州、洛阳、西安等城市，①占领徐州也可为日军沿陇海铁路线由东向西的下一步作战奠定基础。徐州会战从1938年春开始，国民政府军虽然取得了台儿庄战役的胜利，但就整个徐州会战而言，最后仍以5月19日放弃徐州而结束。徐州会战期间，日军为了切断徐州到郑州的交通，还发起了兰封（现兰考）会战，其目的是阻断中国军队向西面的退路，阻止第一战区军队增援徐州。日军在两次会战中的胜利使南北两个战场得以贯通。中国南北向主干线之一津浦路沦陷了济南蚌埠段及支线234英里，东西向主干线陇海路沦陷徐州砀山段60英里、道清路143英里。②日军占领徐州后即沿陇海路继续西进，国民政府最高军事当局决定炸黄河堤以阻挡日军西进，致使中牟以东陇海路全部丧失。

1938年武汉会战更是事关中国南北向铁路主干线的重要战役。武汉汇集中国南北重要交通线——平汉线和粤汉线。这条贯穿中国南北的铁路干线在全面抗战初期成为国民政府军运的重要干线。据统计，平汉线从1937年8月至1938年2月共发军车2826列，平均每日13列，共运输军需物资279195吨。③铁路干线对国民政府军在华北和华东的抵抗发挥了重要作用。到1938年10月武汉和广州沦陷之际，中国又沦陷陇海线中牟砀山段及徐州连云港段262英里，平汉路黄河以南段及支线342英里，粤汉路汉口株洲段、广州曲江段393英里等。④

全面抗战初期担任国民政府交通部部长的张嘉璈，针对武汉沦陷前中日军队围绕铁路干线展开的作战，有如下评论："抗战开始，敌人所争取者为铁路线，因在交通方面，可得运输给养补充之便利，在军事政治方面，即一线之得失，即有关领土之存亡。自卢沟桥事变起，至放弃武汉及南昌失陷，浙赣（线）拆轨为止，计一年九个余月，可称为铁路线争夺战时

---

① 1928年前陇海铁路由连云港通至河南灵宝，1930年至1932年8月灵宝至潼关段通车，1934年12月潼关至西安段通车，1936年底西安至宝鸡段通车。
② 张嘉璈：《中国铁道建设》，第145页。
③ 《抗战与交通》第4期，1938年5月1日。
④ 张嘉璈：《中国铁道建设》，第148—149页。

期。迫武汉放弃，则铁路已丧失十之八九，不特铁路运输已失其重要性，战略亦由铁路线争夺战转移而至于封锁战或游击战。吾国交通重心，由铁路而转移于公路水路。故论抗战期间之铁路，当以一年九个余月之期间为最重要。"[1] 美国学者萧邦齐也称全面抗战初期中日正面战场的作战为围绕铁路线的"交通战"。[2]

日军占领武汉后，虽然控制了中国南北和东西向的主要铁路干线，但其陆军如果继续向中国西部或西南、西北方向推进，明显存在兵力不济的问题，特别是西南地区崇山峻岭不利于日本机械化部队的展开；对日本海军来讲，海军舰队如果从武汉沿长江继续西上，同样有许多障碍。这样，日军在武汉以西的广大地区再开辟新的战场并不现实，因此，武汉基本上就成为日本对华地面作战中的一个地理标界。[3] 维持和巩固平汉线以东的占领区便成为抗战相持阶段日军的重要任务。

抗战相持阶段前期，正面战场日军发起战役的目的主要是巩固占领区，作战的地域主要集中于中国中部，如1939年春到1941年10月的随枣会战、第一次长沙会战、枣宜会战、豫南会战、上高会战、晋南会战、第二次长沙会战等。1941年12月日本发动太平洋战争后，日军在中国发起的战事多是服务其整个太平洋战争的格局，阻止国民政府军与英美盟军的配合。如1941年12月至次年1月的第三次长沙会战，日军主要是防止中国军队在广九路策应英军香港作战；1942年4—7月的浙赣会战是由于美军利用浙赣境内机场，对日本本土进行空袭，日军欲破坏美军这一战略的继续实施；1943年11月、12月的常德会战，是日军为了策应太平洋战场和印缅战场，牵制中国军队向云南、印度调动；1944年4—12月的豫湘桂战役（包括豫中会战、长衡会战、桂柳会战）则是日军为摧毁设于西南地区的美军空军基地、打通中国内部以及中国与越南等东南亚国家交通线的战役，在这次战役中，中国又沦陷铁路1771公里。到1945年抗战结束前，

---

① 张嘉璈：《中国铁道建设》，第135页。

② R. Keith Schoppa, *Revolution and Its Past*, Upper Pearson Education Inc. Saddle River, NJ07458, pp.259-290.

③ 〔日〕前田哲男：《从重庆通往伦敦、东京、广岛的道路：二战时期的战略大轰炸》，王希亮译，中华书局2007年版，第52—53页。

中国先后沦陷铁路线 12000 多公里，占关内铁路总里程的 92.1%。[①]

（二）围绕西南国际交通线的作战

抗战时期，中国国防力量整体较弱，寻求国际军事和经济援助对持久抗战至关重要。因此，从日本方面来说，破坏中国国际交通线是其作战的重要目标，中日双方围绕国际交通线展开的作战也成为正面战场陆战的重要内容。

由于全面抗战初期中国东南沿海地区的国际交通线基本被日军封锁，外国对华援助只能通过西北和西南的国际交通线。抗战前期对华援助的主要国家是苏联，苏联对华援助的国际交通线是由苏联经新疆到兰州、西安，再转各地，由于这条交通线地处中国西北，日军难以通过地面军事行动加以破坏；太平洋战争爆发后，中美结为盟国，随着美国租借物资援华，中国西南地区与印支半岛间的公路、铁路交通线成为运输美援物资的主要通道，它包括中国通往越南的滇越铁路、桂越公路以及中国通往缅甸的滇缅公路。这些国际交通线自然便成为中日交战的重要区域。

滇越铁路全长 854 公里，在越南境内自越北港口海防市，经河内到老街，在中国境内自河口等地直达昆明。全面抗战前期，美英等国以及华侨对祖国抗战的援助物资，多通过香港绕道越南海防，再沿滇越铁路运到昆明。据统计，该铁路线 1938 年货运量达 376628 吨，1939 年货运量 524326 吨，1940 年 6 月一个月运量为 15000 吨。[②]

桂越公路也是西南国际通道的主干，该线从广西南宁到镇南关（今友谊关）全长 274 公里，在南宁与湘桂公路连通，从越南云锦的物资可以通过桂越公路、湘桂公路转运至衡阳，再转运至内地各省。此外，广西还有龙州至镇南关、龙州至水口两条公路通往越南。

中国云南通往缅甸的滇缅公路更是抗战后期最重要的国际通道。该条公路线从缅甸腊戍经云南畹町、保山至下关，长 735 公里。在缅甸境内，腊戍有通往仰光的铁路，中国购买的军用品多由仰光运到腊戍，再经由滇

---

① 李占才编《中国铁路史（1876—1949）》，汕头大学出版社 1994 年版，第 266—272 页。
② 孙代兴、吴宝璋编《云南抗日战争史》，云南大学出版社 2015 年版，第 219 页。

缅公路运往国内。1938 年 12 月，从仰光转运第一批军用品沿滇缅公路到达昆明，1939 年前 11 个月滇缅公路共输入物资 27980 吨。

　　1939 年上半年，日军认为"中国虽已丧失华南沿海主要港口，但仍能自法属安南及缅甸方面获得补给，而广西公路成为中国之主要补给线"。[1]日本海军方面主张"直接切断沿南宁—龙州敌补给联络线路，并强化切断沿滇越铁路及滇缅公路敌补给联络线路"。[2] 1939 年 10 月，日军大本营下达关于南宁作战的《大陆命第 375 号》，日军于 11 月上旬集结于海南三亚，11 月中旬在钦州湾登陆，桂南会战由此爆发。日军侵占南宁和昆仑关之后，国民政府军对日军发起反攻，取得昆仑关大捷，造成日军在战略上的部分被动，但经此战役，中国通往越南的国际交通线被切断。

　　中越间的国际交通被切断后，滇缅公路就成为中国西南地区最主要的国际交通线，因此该线成为中日军队争夺的目标。此外，1941 年太平洋战争爆发后，缅甸的战略地位对于英美盟国也空前突出。缅甸控制着由马六甲海峡进入印度洋区域的要冲，同中国、印度、越南等在地理上互为战略屏障。对日本来说，占领缅甸即可切断滇缅公路，阻断国际物资援华，更进一步，还可为其"大东亚共荣圈"构建西部屏障。1942 年 1 月下旬，日本大本营对南方军司令官下达了进攻缅甸的指令，中国也决定派出远征军入缅甸作战，由于英国方面保卫缅甸决心不足，中英盟军作战失利。1943 年，中美英再度联合，主动发起反攻作战，直到 1945 年取得胜利。缅甸保卫战和反攻作战，有效保持了战争后期滇缅公路这一国际交通线的畅通，大量美国援华物资得以运入中国国内。

三　中日空军作战地理格局

　　中日战争全面爆发之前，日本完全掌握了在中国东北地区的制空权，

① 蒋纬国总编《国民革命战史》第三部《抗日御侮》第 7 卷，台北，黎明文化事业公司 1978 年版，第 9 页。
② 日本防卫厅战史室编《日本军国主义侵华资料长编》（上），天津市政协编译委员会译，四川人民出版社 1987 年版，第 499 页。

并获得了在华北航空作战的优越地位；全面抗战爆发初期，中日空战主要集中于京沪杭一带，此后转到以武汉为中心的华中地区；武汉、广州沦陷后，西南大后方成为日军空袭的主要目标。国民政府空军在抗战后期的反攻作战，则是从西南大后方开始，次及华中、华东。

（一）日军轻易获得东北、华北制空权

在张学良宣布“易帜”之前，东北军政当局就花巨资建立了东北航空队，航空队一度拥有飞机百余架。但 1931 年九一八事变发生的次日，机场和飞机即为日本关东军所掠。同年 10 月上旬，日本航空队开始袭击锦州，拉开了对华空战的序幕。此后，日本专门组建了“关东军飞行队”，到 1932 年时达到 9 个中队的规模，不但完全掌握了在中国东北地区的制空权，关东军航空队还在热河和长城沿线开始投入作战，直接威逼华北。到 1936 年底，关东军飞行集团已配备 200 余架飞机，自认为“如投入关内作战已属实力强大”。①

1937 年卢沟桥事变爆发后，日本军方将关东军飞行集团一部派往山海关、锦州、天津等地，②同时从国内再抽调航空队到华北，组建了临时航空兵团，该兵团在华作战的任务是“与地面作战的配合作为关键，对敌（国）航空兵力无须主动去攻击”。③日本军方认为“中国空军及海军于华北方面可能不会对我进行攻击，但亦应严加戒备”。④而事实也的确如此，就在日本陆军航空队密切配合地面部队作战的过程中，国民政府空军在华北却处于完全缺失的状态，因为开战之初国民政府将十分有限的空军力量主要部署于京沪杭一带，而由京沪杭北上参加华北作战也存在非常现实的技术障碍。蒋介石在 8 月 1 日的一次会议上非常直白地道出了其中的无奈：

　　我们在黄河以北既无坚固适用的飞机场，中央空军要想北上作

---

① 台北“国防部史政编译局”译印《关外陆军航空作战·陆军航空作战》第 1 卷，1988 年，第 217 页。

② 《关外陆军航空作战·陆军航空作战》第 1 卷，第 218—219 页。

③ 『支那事変概史——陸軍航空作戦の概要』、JACAR、C11110470300、1311 页。

④ 日本防卫厅防卫研究所战史室：《日本海军在中国的作战》，第 167 页。

战，也不是万全必胜之策。为什么缘故呢？因为我们的飞机只有六小时的油量，即从徐州郑州加油起飞到平津一带，亦有四小时的航程，来往已赶不及，如何还能作战？[①]

国民政府空军无法派飞机到华北参战的现实，使日本陆军航空队在华北前两个月的作战中"连敌机的影子都看不到"，[②]更加横行无忌，致使国民政府陆军的作战越来越困难。到 9 月中旬，国民政府空军才决定从华东一带抽出少量兵力，组成"北正面支队"参加华北作战，协助晋北、平汉线等方面的陆军。该支队投入作战后，被日本陆军航空队先后击落飞机 17 架。[③]可以说国民政府空军在山西配合地面作战的效果微乎其微。10 月中旬以后，随着日军地面作战的推进，日本陆军航空队将飞行基地前进至山西阳高、阳明堡以及河北石家庄等机场，直接协助太原方面的作战。太原沦陷后，日军将空袭范围扩大到洛阳、西安等地。而在河北的作战中，日本陆军航空队更是充分发挥了对地面作战的密切配合作用。12 月下旬，日军发起对山东济南的进攻，日本陆军航空队在其陆军黄河渡河作战中承担了侦察中国军队部署的任务，并在渡过黄河后轰炸撤退的中国军队，给中国军队造成重大损失。[④]

从 1937 年 7 月卢沟桥事变到 12 月底济南沦陷，5 个多月的时间里，在华北的日本陆军航空队除了在山西与国民政府空军有几次正面交锋外，在其他地方的作战未遇到任何阻力，日军掌握了在华北的绝对制空权。

（二）中日主要空战地域：江、浙、皖、赣、鄂

1932 年"一·二八"事变后，日本海军航空队即着手准备对华大规模航空作战。1937 年卢沟桥事变爆发之初，日本陆海两军的分工是：在华北地区的航空作战任务主要由陆军航空队担任，海军航空队协助其运输等；

---

① 秦孝仪编《先总统蒋公思想言论总集》卷 14 "演讲"，第 600—601 页。
② 『支那事変概史——陸軍航空作戦の概要』、JACAR、C11110470300。
③ 『支那事変概史——陸軍航空作戦の概要』、JACAR、C11110470300。
④ 『支那事変概史——陸軍航空作戦の概要』、JACAR、C11110470300。

海军航空队负责在华东、华南地区消灭中国空军力量。①

　　日本海军的航空兵力虽然主要分布在日本国内的军事基地，但卢沟桥事变后，其兵力开始向济州岛和台北的航空基地集结。至于其航空母舰，更是有随时侵入中国沿海作战的优势。由"龙骧"号和"凤翔"号航空母舰编组的第一航空战队，8月初先是在日本国内的佐世保进行作战准备，后被列入第三舰队司令官指挥。到淞沪会战爆发之际，日本海军第三舰队令其进到浙江舟山群岛北端的马鞍群岛方面。由"加贺"号航母编组的第二航空战队也受命进至马鞍群岛附近，位于浙江海面的马鞍群岛实际上成了日本海军出击的主要基地之一。此外，纳入第三舰队指挥的"神威"号军舰还以舟山群岛南端的韭山群岛为基地，不断派飞机侦察杭州笕桥、翁家埠、乔司、诸暨等机场，以及上海虹桥机场、吴淞炮台。②

　　1937年8月13日上海战事爆发之前，日本海军就明确了航空攻击的目标为南昌、南京、句容、蚌埠、广德、杭州等国民政府空军基地。中日在华东地区的空战始于1937年8月13日，当晚，日本海军第三舰队司令向航空部队下达了攻击杭州、广德、苏州、虹桥等机场的命令。③日军的作战意图是迅速消灭国民政府在这一带的空军，摧毁中国空军基地。8月16日前，中日空战主要围绕上述机场展开。8月17日，日本航空部队重点攻击国民政府在上海周围的后方基地，主要有蚌埠、诸暨、建德、吴兴、长兴等地机场。从8月18日到8月底，日本海军航空队在协助陆战的同时，进一步扩大了对中国空军基地的攻击范围，空袭的目标扩大到汉口、九江、南京、徐州。④中日空战形势到9月中旬以后发生了重大变化。日本地面部队在上海公大纱厂附近抢修了野战陆上机场，原来活动于华北的第二联合航空队进驻上海公大基地，9月19日到25日，日军重点实施了对南京的空袭。

　　面对日军不断强化的航空作战优势，国民政府空军在上海及附近地区

---

① 《中国事变陆军作战史》第一卷第一分册，第151—152页。
② 日本防卫厅防卫研究所战史室：《日本海军在中国作战》，第212页。
③ 日本防卫厅防卫研究所战史室：《日本海军在中国作战》，第215页。
④ 日本防卫厅防卫研究所战史室：《日本海军在中国作战》，第220—221页。

基本上难以在昼间活动，只得将应对战略改为夜间轰炸。在国民政府空军力量不断被削弱的过程中，日军则将战线扩大到华南，广州也成为重要的打击对象。

中国空军由于在前期的空战中消耗巨大，且无法得到补充，后续作战能力严重不足，到 10 月间，"完全处于被动地位"，[①] 11 月以后，中国空军仅余 31 架飞机，基本无法作战。中国空军的主要根据地被迫退至汉口、南昌、襄樊一带。而日军在占领南京后，其海军第二联合航空队和第一联合航空队相继到达南京，为其向内地的进攻提供了更为有利的地理条件。

日军掌握了华东一带的制空权后，将华中和华南作为下一步主要空战区域，特别是武汉成为其进攻的重点目标。武汉会战开始前，日军就多次派飞机进行袭击轰炸，中国空军虽然在前一阶段作战损失重大，但这一阶段由于得到苏联方面援助，在 1938 年上半年仍能够主动出击，轰炸了日军占领的一些要地，同时与日军展开空中作战。6、7 月间，中国空军的重点是配合武汉地区的地面作战，以期打破日军溯江而上西侵武汉的图谋，推迟其西进进程。到 1938 年 10 月下旬，随着广州、武汉的相继沦陷，中国空军因在前一阶段的作战中补充难以为继，飞机数量有较大的减少，此后中国空军再难以与日军展开正面交锋，空战越来越少。

（三）西南大后方：从遭遇强度空袭到反攻作战

1938 年 10 月日军占领武汉和广州后，制定了"压制敌人及攻击敌中枢战略"的航空作战计划，把空中进攻作战作为对华战争的重要指导方针，以重庆为中心的西南大后方因此成为日军下一步航空作战的重点地区。为实施这一作战方针，日本海军第一联合航空队、第二联合航空队，以及陆军航空兵团所属的第一、第三飞行团总计 200 余架飞机进驻武汉。[②]同时，陆军方面还整修了山西运城机场，日军在武汉和运城的航空基地此后成为其出击中国西南地区的基地。

武汉会战结束不久，日军航空进攻一度转到广西和广东地区。1939

---

① 何应钦：《对临时全国代表大会军事报告》，《何上将抗战时期军事报告》，第 99—100 页。
② 〔日〕前田哲男：《从重庆通往伦敦东京广的道路——二战时期的战略大轰炸》，第 58 页。

年 5 月以后，日军不断加大对西南和西北地区空袭的力度，重庆、成都、昆明、桂林、贵阳、西安、兰州、曲江等各城市普遍遭受日军的狂轰滥炸。

1939 年国民政府空军的主要根据地西移四川，其中，轰炸机队多调至成都、宜宾一带进行整训，驱逐机队分别驻守重庆、成都、兰州等地，在担任防空任务的同时实施训练。当年中国空军的飞机总数不到 100 架，经多次补充，年底也仅有 170 架。由于中国空军力量过于单薄，难以正面与日军对抗，在 1939 年内中国空军主要采取了偷袭日军航空基地的作战方式。[①]

1940 年，日本陆海军航空兵凭借空中绝对优势，持续实施政略轰炸，辅之以战略轰炸。1、2 月间，日本航空队一方面继续在桂南、粤北配合其陆军作战，另一方面将中国西南国际交通线——滇越铁路沿线列为重点轰炸目标。3、4 月间，日军又着重对东南地区的浙赣铁路交通线实施破坏。5—9 月，日本海军航空队以汉口为基地，协同陆军航空队对西南地区的重庆以及四川其他地区持续实施重点打击，在这场被日军称为"101 号作战"过程中，日军还将最新研制出的"零"式战斗机投入战场。1941 年，日本海军航空队为准备太平洋战争，不少撤回国内，陆军航空队成为空袭主力，其对华轰炸的目标仍侧重于政略轰炸，并实施了空前的"封锁轰炸""疲劳轰炸"，仅对重庆就前后使用飞机 3372 架次，轰炸 45 次。同年6 月 5 日的"疲劳轰炸"导致了重庆空前的大隧道惨案。8 月上旬，重庆更是遭受日机日夜不停的连续轰炸达一周之久。[②]

日军虽不断对西南大后方实施政略轰炸，但 1941 年中日空战的格局在发生微妙的变化。同年 7 月，由陈纳德组建的美国空军志愿队（"飞虎队"）从美国启程，先在缅甸集中训练，然后转入中国境内开始对日作战。"飞虎队"的出现使中国空军此前的窘境得到一定改变。而同一时期，日本正着力准备发动太平洋战争，必须从中国战场抽调相当的航空兵力。日

---

① 《中国空军抗战史》，《中国的空军》1946 年第 94 期，第 7 页。

② 秦孝仪编《中华民国重要史料初编——对日抗战时期》第二编《作战经过》（三），台北，中央文物供应社 1981 年版，第 125 页。

本大本营坦陈："由于日本驻华陆海军的减少，尤其是航空兵部队几乎全部转用而未能实施，对中国战场敌我航空战斗力的消长，今后不能不格外予以注意。"① 同年 12 月 8 日，日军偷袭珍珠港，挑起了太平洋战争，中国战场的空中压力得到较大缓解。

1942 年，日军继续从中国战场抽调航空兵力到太平洋战场，留在中国的航空部队大幅减少，这个格局客观上也为中国空军力量的进一步恢复提供了条件。当年，中美空军协同作战，长期被动的中国防空局面逐步开始扭转。1943 年，由于中国空军飞机补充较多，美国驻华第十四航空队的兵力也在逐渐增加，因此国民政府军的作战计划更为积极。同年 8 月，日本大本营制定《1943 年秋季以后的中国派遣军作战指导大纲》，对航空作战的要求是："粉碎在华美军特别是桂林地区的空军势力。随时攻击并遏制中美空军向桂林以东地区的扩展"，"对重庆进行短促的攻击"。② 但已经处于劣势的日本航空兵力根本无力实施这一作战目标，在同年的鄂西会战和常德会战中，中美空军联合出击，取得显著战绩。1944 年日军发动"一号作战"（豫湘桂战役），虽然国民政府军在地面作战中呈溃败状态，但就中日空战而言，中美空军一直掌握着制空权。时任日军第六方面军司令官冈村宁次也承认"目前制空权竟已全被敌人掌握，对敌机的猖獗活动几乎束手无策，我方空路交通处境极为艰难"。③ 到 1945 年春夏，中美空军不但在桂（林）柳（州）反攻作战中密切配合了地面部队，更为重要的是，中美空军以西南地区各地机场为基地，在年初连续三次打击日军设在武汉的航空基地，迫使其撤出华中。随后，中美空军进一步对日军设于运城、太原、青岛、上海、南京、徐州、杭州等地的空军基地进行轰炸。

就中日空战的地理格局而言，太平洋战争爆发后，中国向美军提供境内机场实施对日本本土的空袭，也是空战的重要组成部分。早在 1942

---

① 《日本军国主义侵华资料长编》（上），第 760 页。
② 《日本军国主义侵华资料长编》（下），第 67 页。
③ 〔日〕稻叶正夫编《冈村宁次回忆录》，天津市政协编译委员会译，中华书局 1981 年版，第 243 页。

年春，美军即开始利用靠近日本的浙赣境内机场，美军的作战步骤是先将航空母舰开到距日本海岸较近海域，然后从航空母舰上出动飞机轰炸日本城市，轰炸完成后飞机返回浙赣境内机场降落。1942 年 4 月，美军“大黄蜂”号航空母舰飞机从航母起飞后到达日本上空，对东京、名古屋以及神户等大城市进行轰炸，完成轰炸任务后，机组即返浙赣境内的衢州、玉山等机场。1943 年下半年，美国空军又决定将飞机由中国西南地区的机场前进至江西遂川，由此出击日本设于台湾的空军基地。11 月 25 日，美军出动约 30 架飞机，避开日本的雷达警戒，从遂川低空飞越台湾海峡，对新竹机场实施了空袭，此次作战共毁日机四五十架。[①] 这次空袭是美军从中国直接飞至日本“本土”的第一次空袭。太平洋战争后期，美军更是直接将中国西南地区的机场变成了空袭日本本土的基地。1944 年 4 月，美军第二十航空队的 B-29 轰炸机群开始部署于成都附近。6 月 15 日，美国空军从成都起飞约 20 架 B-29 飞机，飞向日本九州，重点打击日本的重要军事目标——八幡制铁所和长崎造船厂，由此揭开了美军对日本本土大规模空袭的序幕。到 1945 年 1 月上旬，美军前后出动了 10 次 40 架以上规模的机队，展开对日本本土的空袭。[②] 此后，随着美军在太平洋上作战的不断推进，驻中国的 B-29 飞机才逐步转移到马里亚纳基地。

四　正面战场海军作战地理格局

中国大陆海岸线 18400 公里，[③] 但历代统治者很少关注海洋，以致到了近代，漫长的海岸线随处都可能成为海洋强国入侵的登陆点。国内最大的内河——长江自西向东穿越中国腹地，流入太平洋，形成了中国江防连通海防的国防地理格局。美国海权论奠基人马汉早在 19 世纪 90 年代就指

---

① 〔美〕韦特:《台北中美空军比翼出击轰炸台湾记》，洪卜仁:《台湾光复前后（1943—1946）》，厦门大学出版社 2010 年版，第 31 页。

② 〔日〕服部卓四郎:《大东亚战争全史》，张玉祥等译，商务印书馆 1984 年版，第 1533 页。

③ 曾呈奎等编《中国海洋志》，大象出版社 2003 年版，第 12 页。

出长江在政治、经济和国防上的重要价值，他针对长江连接海洋的地理形势，指出"它有上千英里河段可供汽船航行，且将大海与其流域的心脏地带连接起来。中国由于拥有海岸也就使其他国家能够由海洋抵达中国"。"长江深入中国内地，而且很大的轮船从海上可直接沿长江的主要河段上溯而行。长江流域的广大地区也依靠长江与外界便捷来往。地理上，长江介于中国南北之间，从而对商品的分配和战争的进行都颇具影响。所以，一旦在长江流域建立起了势力，就在中国内地拥有了优势，并且能自由、稳定地通过长江沟通海洋；而在长江地区的商业优势又会加强其他方面的有利地位。这些合在一起，谁拥有了长江流域这个中华帝国的中心地带，谁就具有了可观的政治权威。""长江还为海上强国提供了进入内陆的漫长通道。战列舰可上溯至离海 230 英里的南京，而有战斗力的其他舰只则可到达还要远 400 英里的汉口，广泛用于美国内战的汽船更能驶至离入海口1000 英里的宜昌。"[①]

（一）自东向西的长江阻塞线

全面抗战爆发前，鉴于中日海军力量悬殊，国民政府也未做在海上与日军对战的准备，将重点放在了长江的江防上，其作战的经过大体印证了马汉对长江战略重要性的识见。

1937 年 8 月上旬，国民政府做出封锁长江的决定，首先是封锁江阴要塞一带最狭窄的长江江面，其战略意图是一方面防阻日军舰船西上进攻首都南京，另一方面将在长江中上游各口日本军舰与商船封闭于长江以内。但由于该计划情报泄露，原来在长江各口停泊的日本舰船很快得到撤离。8 月 11 日，国民政府海军部按照作战计划，将长江下游的灯塔、测量标杆等航路标志全部破除，并在长江江阴段沉船 35 艘，总计 63800 吨，后又沉拖船 8 艘、帆船 185 艘及石块 2354 吨，[②]从而形成了一道封锁长江入口的江阴要塞封锁线。8 月 13 日淞沪会战爆发后，为防止日军经由黄浦江深

---

① 〔美〕马汉：《海权论》，萧伟中、梅然译，中国言实出版社 1997 年版，第 224、277、278、235 页。

② 《陈绍宽陈述海军战绩》，《申报》1939 年 1 月 10 日，第 3 版。

入内地，国民政府海军部又将滞留上海的"晋安"号运输舰以及被征用的20艘商船沉于董家渡和十六铺等航道，形成了黄浦江堵塞线。

江阴要塞封锁线和黄浦江阻塞线的建成，的确使日本军舰暂时无法沿长江继续西上，因此，日本海军航空队只能重点袭击中国海军舰艇和江阴要塞。9月22日开始，日本海军不断加大对中国海军军舰的空袭力度，海军第一舰队的4艘主力舰以及前来支援的第二舰队5艘战舰相继被炸沉，中国海军主力舰艇损失殆尽。①10月中旬，江阴江面上的中国舰艇全部撤往江西。11月下旬，日军由陆上逼近江阴，江阴要塞腹背受敌。12月初，江阴要塞各炮台官兵和守备部队将工事破坏后撤往镇江。12月13日，日军攻占南京。江阴阻塞线虽然最后未能阻挡日军沿长江西上，但毕竟使日本海军滞留于此达四个月的时间，打乱了日本海军的预定作战计划，同时也为国民政府在长江中游的部署赢得了时间。②

国民政府海军在结束长江口战事后，沿长江西移，并将武汉作为在长江流域最重要的守卫目标。为了迟滞日军溯长江进攻武汉，国民政府军方先后在长江中游的马当、湖口、田家镇葛店区，利用拆卸下来的海军舰炮组成陆上炮队，建立起江防要塞，同时准备继续运用沉船阻塞线、水雷战、组织陆上海军炮队、出动鱼雷快艇等作战方式与来犯日军展开作战。

马当镇地处长江中游的江西彭泽县，长江马当段江面狭窄，水流湍急，地势险要。早在1933年国民政府在此设立了马当要塞，筑有江防工事。南京陷落后，国民政府军方为确保武汉的安全，成立了长江阻塞委员会，专门负责马当要塞阻塞工程的设计与施工。1937年12月，马当封锁工事完成。阻塞线建成之后，国民政府海军又在马当的下游江面敷设了三个水雷区。1938年6月初，日本大本营向海军下达"溯江作战"命令。6月中旬，日军"溯江部队"攻占安庆后，直指马当方向，国民政府海军方面根据其动向，又开始在马当江面布雷。③22日开始，日舰与马当要塞炮队展开作战，作战一直持续到6月26日马当炮台失陷。29日，日军"溯

---

① 秦孝仪编《中华民国重要史料初编——对日抗战时期》第二编《作战经过》（三），第33页。

② 陈诚：《八年抗战经过概要》，国防部史政局1946年版，第15页。

③ 《中国海军对日抗战经过概要》（1947年），《抗日战争正面战场》（下），第1833页。

江部队"对马当封锁线实施了爆破清除。

在马当上游的湖口阻塞线是继马当之后又一条重要的长江封锁线，该线始建于1938年初。由于这条阻塞线没有使用沉船阻塞的手段，而水雷封锁又不能过早，所以日军进犯前主要是就炮台加强建设。1938年6月17日，中国海军派舰艇开始在湖口布雷，至21日共布水雷900余枚，不久又加布了300余枚。7月4日，日军侵入湖口，炮台无力还击，很快沦陷。7月26日，日军"溯江部队"占领九江。

湖口阻塞线被日军突破后，其上游的田家镇阻塞线成为长江上的最后一道防线。田家镇要塞位于九江上游60公里处的长江北岸，地势险要。日军占领九江后即做进攻田家镇的准备。蒋介石也十分重视田家镇的战略价值，称"田家镇要塞乃我大别山脉及赣北主阵地之锁钥，五九战区会战之枢轴，亦武汉最后之屏障也"。[①] 为了加强要塞防御，不使日军从水上威胁陆上中国守军的背后，1938年6月29日，国民政府海军开始在田家镇南岸航道敷设水雷，在三个月间共布放水雷1500余枚，建成四道水雷封锁线。9月11日，田家镇要塞攻防战役打响，9月28日，炮队撤退。田家镇阵地放弃后，武汉正面的江岸防区仅余葛店一隅，国民政府海军在此也布有雷区。10月25日，中国守军放弃葛店，同日武汉沦陷。

中国海军沿长江一线构建层层阻塞线，一次次延迟了日军溯江而上的进度，特别是马当阻塞线作战效果十分突出。陈绍宽总结道："马当的阻塞，直把敌人军舰压迫在芜湖方面达半年之久，其间不知道给我们争取了多少有利时间来从事保卫大武汉的军事配备。到了二十七年六月，敌人运用陆军力量向马当采取迂回战略的时候，敌舰才勉强在其陆军护翼下，向我沿江正面海军要塞阵地活动，但没有法子突破，反给我们炮队击伤了几艘军舰。终要等待到它们的陆军施展出很大的兵力，把我们要塞包围，我们奉命放弃了之后，敌人的军舰才慢慢地扫着雷，一步一步挨进来，但我们消耗战和持久战的目的已经达到了。"[②]

---

① 刘松：《田家镇海军炮队作战回忆》，《海军抗战事迹汇编》，海军总司令部编译处1941年版，第257页。

② 高晓星编《陈绍宽文集》，海潮出版社1994年版，第244页。

到武汉沦陷之际，海军在长江舰船被毁，阻塞线完成阶段目标任务，此后海军的作战在内河水系只能采取水雷战，包括防御布雷战和游击布雷战。防御布雷战主要用于防范日本海军配合陆军沿长江而上进攻重庆的企图。此外，在日占区水域还设立了长江游击布雷区和珠江流域的粤桂游击布雷区，分别由长江游击布雷队和粤桂江防司令部负责。海军开展的水雷战在一定程度上打击了日本海军在中国内河的运输舰队及作战舰艇，也使日本陆军在长江沿岸的进攻常常因后勤运输上得不到海军有力保障而遭遇失败。①

（二）海防要塞的有限抵抗

全面抗战爆发初期，日本海军对中国沿海即采取了"切断海上交通"的封锁作战，日军对中国船舶的封锁手段主要有临时检查、捕拿和扣留，"在事变爆发时，当即封锁了中国公私所有的约 700 只船舶，使海外进口的武器、军需品等一时骤减，并使国民政府的财政亦陷于贫困。但我以为数有限的船艇实施这样大的作战，且敌人的退路很多，因此不能收到成果"。② 在此背景下，日军将占据和封锁中国沿海主要港口作为重要作战内容。

战前国民政府无力在沿海海岸线全面展开要塞建设，只设置了几个重点要塞，由北向南主要有镇海要塞、厦门要塞、虎门要塞。日军根据不同时期的作战目的，先后发起了对这些要塞的攻击，直到全部占领。

最先失守的是厦门要塞。全面抗战爆发初期，福建一度成为中国国际供应物资的重要集散地，国民政府海军部在厦门和闽江口建有要塞。1937年 10 月，日军占据了厦门海面的金门岛，以此为基地监视和警戒厦门，但"没有收到彻底封锁的效果"。③ 1938 年 5 月中旬，集结于金门的日军以军舰和战机掩护陆军，大举进攻厦门要塞，13 日厦门要塞失守。闽江口要塞虽也遭到日军攻击，但尚未放弃。1941 年 4 月，日军再次进攻闽江口

---

① 《海军战史续集》（1945 年），中国第二历史档案馆藏，787/ 16827。

② 日本防卫厅防卫研究所战史室：《日本海军在中国作战》，第 307 页。

③ 日本防卫厅防卫研究所战史室：《日本海军在中国作战》，第 308 页。

要塞，经过激战，要塞各炮台官兵和协防的海军陆战队因伤亡过大，撤离要塞。

虎门要塞是国民政府在华南建立的最为重要的海防要塞。1937 年 12 月下旬，日本海军就打算在大亚湾登陆，但由于当时在长江上发生了"帕纳"号事件，日本海军出于减轻国际社会压力的考虑，更重要的是要做进攻武汉的准备，将该计划推迟。[①] 尽管日本海军暂时没有发起大规模的登陆行动，但日舰屡次袭扰虎门要塞，遭到要塞炮台和广东舰队联合抗击。1938 年 10 月 21 日，中国军队弃守广州后，虎门要塞失去军事价值，22 日炮台守军弃守要塞。虎门要塞在全面抗战爆发后仍维持了长达一年多的时间，对保证广州国际贸易交通线的通畅发挥了一定作用。

镇海要塞在中国东部沿海的战略地位也极为重要，由镇海要塞防守的宁波港，在全面抗战爆发初期也是中外贸易的重要孔道，当然也因此成为日军重点觊觎的目标。1937 年 11 月，日本军舰开始炮轰镇海要塞，但未实施登陆。此后三年间，镇海要塞在日舰的不断轰击下始终保持着宁波航运的畅通。1940 年 7 月，日军大本营决定攻占镇海要塞。7 月中旬，先是日舰轮番向镇海各要塞炮台炮击，继则镇海口外的日本海军陆战队在猛烈炮火掩护下登陆，炮台守军及江南岸守军竭力抵抗，但终因力量薄弱，当天镇海沦陷。镇海沦陷后，国民政府军组织力量进行了反攻，并收复了镇海要塞。1941 年 4 月间，日军再次大规模进击镇海，镇海要塞守军未经交锋即行撤退，要塞炮台被日军占领。

到 1941 年 12 月太平洋战争爆发之前，国民政府在东部沿海的海防要塞尽失，国际援华通道只能依赖西南地区的滇越、滇缅等线路。

五 结语

时间与空间永远是历史研究中最重要的两个维度，抗日战争时期国民政府提出的"以空间换时间"就很恰当地诠释了这两个维度。战争中的空

---

① 日本防卫厅防卫研究所战史室：《日本海军在中国作战》，第 309—310 页。

间问题当可视为一个国防地理的问题，抗日战争爆发前的中国国防地理形势，既反映了中国国土本身的自然条件，也深受两个方面的影响：一是国民政府国防中心区的南移，二是日本在华形成的势力格局。战前国民政府的国防布局，无论在陆防、空防还是江海防方面，均受制于以上因素。就战争过程中呈现的地理格局而言，陆战区域主要围绕重要铁路干线和国际交通线展开；空战呈现中国空军由东向西失去制空权，再由西向东恢复制空权的过程；海军作战则主要以长江航道为中心，辅之以沿海要塞的作战。不同作战形态的地域分布，既是中日两国军队实力对比的产物，也是中国国防地理深刻影响的结果。

（袁成毅，杭州师范大学浙江省民国史研究中心主任，教授）

国民党军事当局在惠广战役前的战略因应

王英俊

1938 年 10 月 12 日至 21 日的惠广战役，是第四战区成立后规模最大的一次战役。10 月 12 日凌晨，日军突袭惠州大亚湾，而后迅速穿越国民党军防线，占领惠州、博罗，直逼广州。国民党军队在增城阻击日军，但未能奏效，广州东大门被日军攻占。10 月 21 日凌晨，日军几乎兵不血刃地占领了广州。此时，距 1937 年 9 月日军开始大规模空袭广东，过了一年多的时间。就在日军侵粤前夕，负责广东防务的广东绥靖主任兼第四路军总司令余汉谋还曾扬言："假定日军果来进犯，粤军必迎头予以痛击。"[1] 然而，令人大跌眼镜的是，短短十日，华南重镇广州就沦入敌手。学界围绕惠广战役失败

---

[1] 《余汉谋谈发扬广东精神》，《申报》（汉口）1938 年 7 月 27 日，第 1 版。

的原因、蒋介石对华南抗战的指导诸端开展了富有成效的实证研究和理论探讨。① 但关于惠广战役的来龙去脉依然有较大的探讨空间，如日军发动惠广战役的主要动因及外部因素为何，日本对惠广战役又是如何决策的？国民党军事当局② 对于日军的军事企图有过怎样的预判，采取了何种应对举措，最终取得了怎样的战略成效？笔者在充分利用海峡两岸新史料的基础上对上述问题做进一步的考察。

一 日军入侵广东的战前决策与战争准备

全面抗战爆发后，中日军队集中主力于华北、华东地区展开激战，而对于华南，鉴于广东特殊的地理位置，从 1937 年 9 月开始，日本海空军就不断地对广东各地展开轰炸，主要是攻击轰炸粤汉、广九铁路沿线要地，以及广东地区之军事设施和机场等目标。③ 与此同时，日军还从海上骚扰广东，1938 年 1、2 月间，日军相继占领位于珠江口附近的淇澳、荷包、三灶等岛屿，并在荷包、万山群岛设立空军机场，日舰还时常出没于汕头、大鹏湾、大铲湾等附近海域。④ 日军不断侵扰广东，体现出其对华南战略地位的重视，也与当时广东在全国抗战中的重要战略地位紧密相关。

1937 年 8 月 25 日，日本海军宣布发起"海上交通截断作战"，其主

---

① 惠广战役中的"惠"和"广"，分别指广东两个重要城市惠州和广州。关于惠广战役的相关研究，较具代表性的成果如下。左双文《蒋介石与华南抗战》（《近代史研究》2015 年第 6 期）指出，蒋介石对于日军大举侵粤，在判断与指导上存在明显失误，在对华南地区的人事安排和调整上也未能尽如人意，军政之间长期不能配合，致使华南抗战工作遭受一定损失。魏宏运《1938 年羊城遭燹的罪责教训》（《广东社会科学》2003 年第 3 期）在梳理广州沦陷经过及其后战局发展后指出，总想依靠外国的干涉来制止日军的进犯，那是一种愚蠢的幻想，弱国打败强国的一个重要法宝，就是动员群众参战，开展游击战。黄菊艳《抗日战争时期广州缘何迅速沦陷》（《红广角》2014 年第 10 期）从国民党广东当局内部矛盾重重、日本特务、汉奸活动频繁等方面探讨了广州迅速沦陷的原因。

② 本文所指的国民党军事当局，既指国民党军事高层，如国民政府军事委员会委员长蒋介石、国民政府军事委员会军令部长徐永昌等人，也包括第四战区副司令长官、广东绥靖主任兼第四路军总司令余汉谋等地方军事将领。

③ 王辅：《日本侵华战争》第 3 卷，辽宁人民出版社 2015 年版，第 754 页。

④ "国防部"史政编译局编《抗日战史·闽粤边区之作战》，台北，"国防部"史政编译局 1981 年版，第 9 页。

要内容是拦截、扣留各类中国船舶，企图切断中国抗战的国际补给线。此作战造成"中国拥有之公私船舶约七百艘遭受封锁之厄运"，故"海外输入（中国）之武器、军需品之数量锐减"。但鉴于数量有限之舰艇"要在绵延不断之外之中国沿海从事封锁作战难免会漏洞百出"，[①]日军决定除继续进行海上作战外，必须攻占中国沿海主要港口。为此，自 1937 年 10 月至 1938 年 6 月，日海军相继占领了青岛、连云港、厦门、南澳岛等沿海港口，广州成为华南地区仅存的可以获取国际援助的通道。淞沪会战后，取道香港经由广九铁路运输的外国援华物资源源不断地被送至前线，"其输入货量几达全国进货量之八成"，[②]成为支撑中国抗战的重要命脉。

有鉴于此，1937 年 11 月中旬，日本参谋本部战争指导科提出"为切断此一补给线，至少应在华南指导一作战，以配合南京之沦陷，使敌人屈服"，于是日军制定了以登陆平海半岛（今惠州稔平半岛）为目的的作战计划。日军计划以一个师团的兵力占领平海半岛获得机场后，再以海军航空队切断广九铁路、粤汉铁路及珠江的运输，并决定于 12 月中旬将作战部队（以第十一师团及重藤支队为基干）集中于台湾西南的枋寮附近训练。12 月 7 日，日军正式发布第五军作战序列及第四飞行团的编组命令，并拟于 25 日凌晨实施作战。然而，就在作战部队向台湾集结前夕，12 月 12 日，日军在芜湖与南京的长江江面，引发了牵涉英美两国的严重外交事件"巴纳号事件"。[③]为避免进一步刺激美英，1938 年 2 月 15 日，日军决定中止实施"平海作战"。[④]

"平海作战"计划虽胎死腹中，但随着战局的发展，1938 年 1 月下旬，日军参谋本部着手筹划了新的"广东作战"方案，明确提出 1939 年上半年以前发起"广东作战"，并以攻占广州、切断中国抗战的最后补给线为

---

① 日本防卫厅研修所战史室编《日军对华作战纪要丛书：海军作战》第 2 册《卢沟桥事变后之海军作战》，台北"国防部"史政编译局译印，1987 年，第 74 页。

② 《日军对华作战纪要丛书：海军作战》第 2 册《卢沟桥事变后之海军作战》，第 75—80 页。

③ 1937 年 12 月，围攻南京期间，日军飞机击伤了英国的军舰和商船，炸沉了载有美国外交人员的海军炮舰"巴纳"号以及美孚石油公司的三艘船只，造成三人死亡、十余人受伤。

④ 日本防卫厅研修所战史室编《日军对华作战纪要丛书：大本营陆军部》第 1 册《从日俄战争到卢沟桥事变》，台北"国防部"史政编译局译印，1989 年，第 765—767 页。

目标。① 不过，2 月 16 日，局势再次生变，当天大本营御前会议做出 8 月前不扩大在华战线的决定，"广东作战"再次被搁置。② 尽管"广东作战"受多种因素影响一再延宕，但攻占广东进而削弱南京国民政府获取外援的能力，一直是日军的目标。1938 年 5 月底，日军在发动武汉会战的同时，"广东作战"被再度提出，大本营陆军部决定先实施"汉口作战"，继而实施"广东作战"。③ 然而，至 7 月间，因用于登陆作战的舰艇问题已获圆满解决，大本营陆军部遂决定提前实施"广东作战"。7 月 31 日，由大本营陆军部制定的《以秋季作战为中心的战争指导大纲》明确提出，"广东作战"之目的在于截断国民政府的主要补给线及挫败英国的援华意愿。值得注意的是，作战命令中，要求第二十一军攻占广州后即采取紧缩持久的态势，换言之，日军的原始构想中就没有占领整个广东的规划。④

　　9 月 7 日，大本营御前会议正式决定实施"广东作战"，日军以第二十一军为主力，军司令官为台湾军司令古庄干郎中将，作战部队也陆续完成调驻，其中，第五师团自 8 月下旬至 9 月下旬陆续集结青岛，训练登陆、虎门要塞攻略等战斗技术；第十八师团于 7 月初移驻上海；第一〇四师团于 9 月上旬集结大连，进行登陆作战训练。这些兵员中虽很多只经过短期训练，但大都有实战经验，日军还用了近一个多月的时间做了周密的策划和充分的作战准备。作战方案不仅包括总体作战计划的拟订，还具体到兵力配置、通信联络、补给救护以及地理环境等，均做了周详的考虑和部署。⑤ 9 月 19 日，第二十一军的作战序列正式发布，是月底，第五师团由青岛、第十八师团由上海、第一〇四师团由大连出港，于 10 月 7 日前向位于澎湖群岛附近的马公港陆续集结（马公港是发起作战的集结地）。⑥至此，日军完成了进行"广东作战"的所有准备。

---

① 张传宇：《日军侵粤计划的演变及其实施研究》，《近代史研究》2017 年第 3 期。

② 《日军对华作战纪要丛书：初期陆军作战》第 1 册《从卢沟桥事变到南京战役》，第 690—691 页。

③ 《日军对华作战纪要丛书：初期陆军作战》第 2 册《华中华南作战及对华战略之转变》，第 131 页。

④ 《日军对华作战纪要丛书：初期陆军作战》第 2 册《华中华南作战及对华战略之转变》，第 167 页。

⑤ 桂林行营参谋处编《对倭作战资料》第 4 辑，中国社会科学院近代史研究所、中国人民抗日战争史学会编《抗日战争史料丛编》第 1 辑第 61 册，国家图书出版社 2014 年版，第 396—406 页。

⑥ 日本防卫厅研修所战史室编《日军对华作战纪要丛书：陆军航空作战》第 2 册《关内陆军航空作战》，台北"国防部"史政编译局译印，1988 年，第 765—767 页。

二　国民党军事高层对日军战略意图的判断

揆诸事实，日军在惠广战役之前的军事调动可谓异常密集。值得注意的是，对于日军的战略意图及紧锣密鼓的战争准备，国民党军事高层是如何逐步认知的，又对惠广战役前局势做出了怎样的战略判断？

全面抗战爆发初期，国民党军事高层普遍认为，日军无暇也无力在华南挑起争端。1937 年 8 月，由国民政府军事委员会颁布的国民党军战争指导方案及作战指导计划中指出，"国军以一部集中华北，重叠配备，多线设防……以主力集中华东，迅速扫荡浙沪敌海军根据地"，而对于华南，则研判"敌军以海空军扰乱，或在所难免。如用陆军实行真面目之作战，则无此能力"，故以"最小限兵力守备华南沿海各要地"。在此背景下，淞沪会战爆发后，蒋介石一再调粤军北上参战。8 月 27 日，粤军第六十六军军长叶肇率第一五九师、第一六〇师及彭林生教导旅赴上海。① 9 月 22 日，蒋电示余汉谋务于留粤各师中每师抽调老兵 1200 名，分批运沪，"一个月内，每星期运送三千名为要"。②

与此同时，在收到日军不断在广东沿海侵扰的情报后，蒋介石也给予了应有的重视。1937 年 8 月 15 日，蒋致电福建省主席陈仪、广东绥靖主任余汉谋："敌海军于此二三日内在福州、厦门、汕头、广州、琼州一带必有军事行动，希令各地当局加紧准备为要。"③ 10 月 1日，蒋收到情报称"敌机、敌舰连日窥伺粤海"，决"为严密防范计，自即日起封锁虎门"。④ 两日后，蒋再电示余："粤省防务重要，不能再抽两师，准予暂缓，待预备师编练就绪时再行抽调亦可。"⑤ 不过，鉴

---

① 《余汉谋致陈诚电》(1937 年 8 月 27 日)，台北"国史馆"藏"陈诚副总统文物"，008/010701/00081/055。
② 《蒋中正致余汉谋电》(1937 年 9 月 22 日)，台北"国史馆"藏"蒋中正总统文物"，002/020300/00009/109。
③ 《蒋中正致陈仪等电》(1937 年 8 月 15 日)，台北"国史馆"藏"蒋中正总统文物"，002/090105/00002/180。
④ 张世瑛编《蒋中正总统档案：事略稿本》第 40 册补编，台北，"国史馆"2016 年版，第 571 页。
⑤ 《蒋中正致余汉谋电》(1937 年 10 月 3 日)，台北"国史馆"藏"蒋中正总统文物"，002/010300/00006/007。

于此后日军并未展开更大规模袭扰，10 月 18 日，蒋电令余再派粤军一部北上参战。

淞沪会战结束后，对于日军之后的动向，12 月 15 日，国民政府军事委员会军令部部长徐永昌研判："一、南北会攻津浦线，此为敌最稳妥之进展。二、海陆先攻我九江南昌之线，此为敌最毒之攻战。盖既达南浔线，若国际无变动即可攻我粤汉，粤汉一下，西南即成死地，华北不战自屈，此为我最应注意者。"① 军委会为负责全国军事决策的最高机构，下属军令部则是掌理国防和作战指导的重要部门。可见，徐基本认定，日军在没有攻占武汉前，不会侵犯广东。此后战局的发展，也验证了徐之判断。在此背景下，12 月 20 日、31 日，军令部分别收到吴铁成、李宗仁关于日军即将大举侵粤的函电后，由于国内军事形势错综复杂，国民党统帅部所需应对的军务更是堆积如山，对于一直处于风云变幻的广东局势可能难以顾及，徐并未给予重视。②

迄 1938 年 3 月 9 日，蒋介石得报称日军将动员八个师在厦门登陆，进攻广东，预料"其主力不在沿海一路"，蒋即电令余汉谋做好应战准备："务希将潮汕、梅州各属通广州主公路之路基根本破坏，并须派定专员分路负责办理，务须彻底实施，必使敌之战车不能活动。"③ 一个星期后，军令部收到来自东京的情报："据闻东京外国观察家意见认为，日军攻至黄河为止且须退出华中，但日军人始终拟占领汉口，其海军则始终拟占领广东。"徐永昌判断："上述海陆军计划又始终为日王及外交界反对，反之，甚信海军有进攻福建之企图。"④ 可见，鉴于日军内部分歧严重，徐仍然断定日军会先占领福建，而不会进攻广东。

接到蒋介石关于广东防卫的指示后，广东当局便着手积极备战。第四路军总部和广东省政府已准备必要时迁往翁源，并在翁源构筑了防空地下

---

① 《徐永昌日记》第 4 册，台北，"中央研究院"近代史研究所 1991 年版，第 201 页。

② 12 月 20 日，徐在日记中记："吴铁成皓电，据港督通报敌将大举侵粤。"12 月 31 日，徐在日记中再记："李德邻转黄主席电，敌将攻两粤。"见《徐永昌日记》第 4 册，第 204、209 页，

③ 《蒋中正致余汉谋电》（1938 年 3 月 9 日），台北"国史馆"藏"蒋中正总统文物"，002/020300/00011/130。

④ 《徐永昌日记》第 4 册，第 245 页。

室备用。① 余汉谋也遵照蒋的战略，制定了一个第七号防御作战计划，在广州失陷前半年发至各军军部，各部大体上按照该计划执行，分别占据阵地，构筑工事。② 第四路军还成立了国防工程委员会，从香港采购了大量钢铁、水泥，分拨各阵地。但时隔不久，军事委员会又发来一次情报，说日军已改变战略，将原准备侵粤的部队调至长江地区作战。这样一来，广东军政当局就开始松懈下来。③ 此后，各项国防建设不受重视，缺乏时间规划，建设效率亦低下，如从淡水至澳头30多华里间的20多座堡垒工事，至9月才修成。④

1938年5月13日，日军攻占厦门。厦门沦陷后，华南局势陡然紧张。6月1日，余汉谋致电蒋介石："敌领中村得德大使陶德曼告以中日和平无望后，敌大本营遂于五月养日下总攻令趋武汉，以松井石根为南犯总司令，率海军第三舰队全部及陆战队任第一期进攻闽粤沿海各地，由台湾上海抽调六个师团及空军，为第二期进攻部队。"余的汇报引起了蒋之侍从室的重视，批复："拟交军令部，拟定南部作战计划。"⑤ 五天后，徐永昌也收到情报："据俄武官报告，日人即将攻我广州。"在此情势下，6月7日，蒋电示余汉谋："据报倭决增兵华南，由海丰惠来等处登陆，请注意。"⑥ 蒋问余，防守广东须增加多少兵力，并指示广东防务应以确保广九路与东江为计划之重心。⑦ 不过，蒋虽指示第四战区备战，但并未从其他战区抽调兵力，而负责制定作战计划的军令部亦未拟出详细具体的应对方案。

---

① 李洁之：《从余汉谋投蒋说到广州弃守》，中国人民政治协商会议全国委员会文史委员会编《粤桂黔滇抗战》，中国文史出版社1995年版，第13页。

② 卜汉池：《增城防御战的回忆》，广州市政治协商会议委员会文史资料委员会等编《广州抗战纪实》，广东人民出版社1995年版，第118—119页。

③ 李洁之：《从余汉谋投蒋说到广州弃守》，《粤桂黔滇抗战》，第14页。

④ 周良：《承建环市堡垒和从新翁公路的见闻》，广州市政治协商会议委员会文史委员会编《广州文史资料存稿选编》第8辑《经济》，中国文史出版社2008年版，第299页。

⑤ 《余汉谋致蒋中正电》（1938年6月1日），台北"国史馆"藏"蒋中正总统文物"，002/020300/00011/135。

⑥ 王正华编辑《蒋中正总统档案：事略稿本》第41册，台北，"国史馆"2016年版，第609页。

⑦ 《蒋中正条谕余汉谋》（1938年6月），台北"国史馆"藏"蒋中正总统文物"，002/020300/00011/136。

6 月 20 日，日军攻占汕头南澳岛，广东局势再度紧张起来。24 日，中日两军于武汉附近激战之际，蒋之德国军事顾问施太乃斯向蒋报告："（日）进攻广州之时间大约在八月至十月，其基于下列两种原因：（甲）日人相信日本进攻华南之时，英国不至干涉，将反而极力避免冲突；（乙）日人以为广州防御设备不充分。"① 事后看，这份情报可信度极高，然日军侵粤过程反反复复，广东当局也渐呈疲态，加上其后武汉会战如火如荼，此情报并未引起蒋的重视，蒋还一再从广东调兵北上参战，对日备战呈现鄂重粤轻的局面。②

7 月上旬，日军的侵粤意图已趋明朗，但徐永昌对日军进攻能力仍估计不足。8 月 14 日，在回答蒋介石对之后日军的动向如何之咨询时，徐坚持认为日军重点在进攻武汉："由敌乱攻晋南渡口（明明无渡河力量又无渡河部署而攻渡口）及扬言即攻闽粤判断，其着重在攻取武汉。"③ 徐显然对日军的实力和野心做了过于保守的估计，他将注意力集中于日军于武汉会战的判断固然不错，但轻忽了日军同时发起"广东作战"的可能。是时日军做出"广东作战"的决定已近半月，而徐对日军侵粤的战略意图仍未做出准确的判断。作为军令部部长，徐对敌情判断的偏差，必然影响蒋对战局发展的看法。

进入 10 月后，日军已在攻粤途中。10 月 2 日，蒋介石获悉日军正从上海、青岛等地南调攻粤，日军投入军舰 50 多艘，人数约 5 万人。这一情报显然是准确的。然而，蒋仍处之泰然："（日军）声张攻粤，无论其虚实如何，此时仅运五万兵力攻粤，毫不足动摇余之大计也。"④ 正是在这样的背景下，10 月 4 日，蒋电令余汉谋："务希加派一个师运汉增援，以为最后决胜之基础，无论如何必须照派，并望于本周内全部出发。"⑤ 次日，

① 《施太乃斯呈蒋中正》（1938 年 6 月 24 日），台北"国史馆"藏"蒋中正总统文物"，002/080200/00283/053。施太乃斯，原为德国纳粹党突击队（SA）指挥官，1933 年因参与反抗希特勒行动失败逃离德国，除了担任蒋介石的警卫顾问，还为国民政府从事情报工作。

② 左双文：《蒋介石与华南抗战》，《近代史研究》2015 年第 6 期。

③ 《徐永昌日记》第 4 册，第 359 页。

④ 萧李居编辑《蒋中正总统档案：事略稿本》第 42 册，台北，"国史馆"2016 年版，第 375 页。

⑤ 《蒋中正条谕余汉谋》（1938 年 6 月），台北"国史馆"藏"蒋中正总统文物"，002/010300/00017/003。

余致电蒋介石、军政部:"据法游轮今日由沪到港称,九月三十日由沪启航后,中途见日运舰三十八艘向台湾方向航去,并有兵舰护送。又今日据英方消息,谓该日舰所运之兵是来华南,现或赴台湾避风云。又沙面洋行接青岛讯,日运舰二十艘,所载南下之兵,多朝鲜及东北人等情。"军政部收电后,在拟办意见上竟然做出"保险敌不攻广东,而广东之兵应出全力参加武汉之作战"的批复。对此,蒋毫不客气地给予了严厉批评:"判断之词而用保险字样,其愚不可及也。"①

10月6日,余电蒋表示北上参战部队占粤军总人数"已逾一半",而后方各师"迭次抽调补充,每师由一营或至一团,虽陆续募捕足额,但新兵训练未久,论其素质,实只余十之三,作战力已非常薄弱,如再派一师增援,粤方更感空虚",请求予以免调。② 8日,吴铁城急电重庆:"据香港英军情报机关消息,敌拟派四师团一混成旅大举南犯,或在真日前后发动",③指出日军虽可能侵犯汕头,但主要战场仍在大鹏、虎门一带。收电后,军令部仍坚持认为:"敌最近将来绝无攻华南企图,万勿听信谣言。"④10日,日军侵粤已迫在眉睫,蒋仍电令余汉谋命其调出部队支援武汉会战:"无论如何,须加抽一师兵力向武汉增援,如能增此一师,即可确保武汉,否则武汉将失,则粤亦不能幸保。"⑤由于国民党最高军事高层对日军侵粤估计明显不足,这些极为重要的情报都被忽视,中方由此错过了最佳应对时间。

---

① 《余汉谋致蒋介石、军政部电》(1938年10月5日),中国第二历史档案馆藏国防部史政局及战史编撰委员会档案,七八七/8492。

② 《余汉谋致蒋中正电》(1938年10月6日),台北"国史馆"藏"蒋中正总统文物",002/080200/00503/105。

③ 《吴铁城致蒋介石》(1939年10月8日),中国第二历史档案馆藏国防部史政局及战史编撰委员会档案,转引自张宪文、李继峰等《中国抗日战争史》第2卷《全民族奋战:从卢沟桥事变到武汉沦陷(1937.7—1938.10)》,化学工业出版社2017年版,第297页。

④ 《军政部对吴铁城电报的批示》(1938年10月9日),中国第二历史档案馆藏国防部史政局及战史编撰委员会档案,转引自张宪文、李继峰等《中国抗日战争史》第2卷《全民族奋战:从卢沟桥事变到武汉沦陷(1937.7—1938.10)》,第297页。

⑤ 《蒋中正致余汉谋电令》(1938年10月10日),台北"国史馆"藏"蒋中正总统文物",002/010300/00017/008。

三　广东地方当局的应对举措

如上所述，国民党军事高层对惠广战役前局势的战略预判不尽相同。归结起来，军令部部长徐永昌认为武汉会战结束前日军无力南犯；蒋介石虽对日军侵粤保持高度警觉，也对广东防务做出指示，但对日军的战略意图并不明晰。在蒋看来，华南地区与英美利益密切相关，日军虽企图向华南进犯，但顾忌于英国利益，不敢过分威胁香港。因此，日军若进攻华南，其战略意图应是切断广九线深圳至石龙一段的陆上交通和宝安至太平的海上交通，其主力必使用在虎门要塞地带，而在大亚湾附近只是一种佯攻，"以牵制我兵力而已"。在日军兵力方面，蒋亦以为日方只有海军、空军和陆战队，兵力不会很多。据此，蒋的战略是以确保广九线为主旨。[①]在此背景下，作为广东最高军事长官的余汉谋也认为，日军若进攻广州，地点或在大亚湾，或在唐家湾，而进攻这两处的日军都要经过香港地区的公海，必然招致英国的强烈抗议，日军不敢妄为至此。[②]

蒋对日军战略意图的判断，不可避免地影响广东国民党军事当局的军队部署。全面抗战爆发后，1937 年 8 月，第四战区在制定作战计划时，就研判日海空军将要扰乱的地点有"甲：闽侯、番禺；乙：厦门、汕头、琼州岛；丙：虎门、粤汉铁路重要桥梁及其他"。广东军事当局基于确保广九、粤汉铁路的战略考虑，对国民党守军做了如下安排：李汉魂一五五师驻汕头，邓龙光一五六师、甘丽初九十三师控置于潮州、东莞附近；总预备队包括张瑞贵一五三师、巫剑雄一五四师、谭邃一五九师、叶肇一六〇师控置于乐昌、曲江、英德一带；曾友仁一五八师、莫希德一五一师控置于惠州、淡水、坪山附近。[③]可见，这样布防的意图在于用最低限度的兵力抵御敌军登陆，而以相当优势的兵力驻扎在粤汉铁路附近地区。

---

① 李洁之：《从余汉谋投蒋说到广州弃守》，《粤桂黔滇抗战》，第 15 页。

② 侯梅：《余汉谋在广州沦陷时的表现》，广州市政治协商会议委员会文史委员会编《广州文史资料存稿选编》第 5 辑《军政》，中国文史出版社 2008 年版，第 416—417 页。

③ 《第四战区作战指导计划大纲》（1937 年 8 月），中国第二历史档案馆藏国防部史政局及战史编撰委员会档案，七八七/2989。

淞沪战起，余汉谋奉蒋介石命令先后派巫剑雄第一五四师、叶肇第一六〇师、谭邃第一五九师、邓龙光第一五六师及彭林生的教导旅，共计5万余人参加淞沪会战和南京保卫战。[①]至1937年10月，广东留守部队合计兵力仅有6万人左右，却要固守长达300多公里的战线。[②]部队驻防也稍有变化，其中驻防惠州大亚湾附近的莫、曾二师，改由莫希德一个师负责守备，曾友仁师调驻广州、中顺、四邑一带。显而易见，抽调惠州海防前线的兵力，势必削减沿海防线的军事实力，使其战斗力大打折扣。

留粤部队捉襟见肘，10月11日，余致电蒋请求将驻防漳厦的黄涛第一五七师调防广州、虎门之间，但蒋认为"漳厦为粤东屏藩，敌如窥粤必先攻厦，故黄涛师切勿调粤"。[③]蒋之预判虽不差，但这无疑给广东军事当局更大的防守压力。12月，得知日军预谋在大亚湾登陆，广东当局顿时紧张，只能采取收缩布防态势以应对：张瑞贵一五三师驻虎门宝安，莫希德一五一师驻坪山、淡水，新建李振一八六师驻龙门，彭林生一八七师驻花县，[④]陈勉吾独二十旅驻佛山。李汉魂一五五师、曾友仁一五八师则在广州、增城间阵构筑地，"预定广惠间海岸守备被突破时，集结该阵地实行决战"。[⑤]

1938年5月，武汉会战起，李汉魂统率第一五五师、第一八七师北上增援，广东可战之兵力更形减少。与此同时，在收到蒋介石有关日军意图进攻广东的情报后，余汉谋对部队进行了重新部署，其中莫希德一五一师驻惠阳，下属温淑海旅分驻龙岗、深圳，何联芳旅分驻澳头、淡水、惠阳；张瑞贵一五三师驻宝安，下属陈耀枢旅分驻宝安、乌石岩、西乡，钟芳峻旅分驻沙井、新桥、楼村；曾友仁一五八师驻新塘、乌涌附近；王德

① 李洁之：《从余汉谋投蒋说到广州弃守》，《粤桂黔滇抗战》，第11页。
② 曾其清：《抗战中的惠广战役》，《粤桂黔滇抗战》，第15页。
③ 《第十二集团军余汉谋有关粤兵力部署敌情及敌机、舰活动文电》（1937年8—12月），中国第二历史档案馆藏国防部史政局及战史编撰委员会档案，七八七/8495。
④ 1937年10月，第四路军教导旅在广州改编为第一八七师，隶属第六十四军；同年11月，第四路军补充第一、第二、第三、第四团在广东惠州改编为一八六师，下辖二旅四团，隶属第六十三军。见李宝明《国民革命军陆军沿革史》，中华书局2018年版，第371—372页。
⑤ 《第十二集团军余汉谋有关闽粤兵力部署敌情及敌机、舰活动文电》（1937年8-12月），中国第二历史档案馆藏国防部史政局及战史编撰委员会档案，七八七/8495。

全第一五六师驻增城；李振一八六师驻从化；梁世骥一五四师驻花县；张简苏独立第九旅驻中山；陈勉吾独立第二十旅驻佛山。[①] 9月，王德全部奉调鄂南增援武汉会战，增城由李振部接防。23日，余令驻防琼崖的陈章一五二师（欠一旅及一团）调驻至粤北乐昌一带，构筑工事。[②] 10月初，余认为日军主力将在虎门登陆，又将温旅调至深圳附近驻防广九铁路，[③]大亚湾守备更为虚弱。其时舆论就指出："余氏防守广东最大之错误，在未防备大亚湾，致使广州市因军事必要不得不撤。"[④] 直至日军突破惠州博罗防线后，余才意识到"敌南侵目的在于占领广州，截断广九路尚属其次"，[⑤]可惜为时已晚。

纵观惠广战役前广东国民党守军的军事部署，相较于日军战前细致周密的准备，二者之间显然相去甚远。首先，战线甚广而兵力过于分散，顾此失彼，处处都未能集中优势兵力，对日军未形成重点防守，反易被敌军集中攻击一点而各个攻破。全面抗战爆发后，粤军虽不断外调支援其他战场，但"留粤各师旅及保安部队等殆不下十余万人"，尤以驻防在惠阳大亚湾一带的莫希德部，"皆粤中老兵，兵力不可谓不厚"。[⑥] 然而，"我四路军之守粤部队以海岸线之绵长，驻防过于分散。即守备惠阳沿海以迄平山亦仅一五一师之两旅，兵力至为薄弱，既不能集中节节固守，又以时间仓猝，未能预作道路之破坏，使敌之机械化部队如狂风怒涛长驱直进。而在增城方面之部队，既非精锐又不同建制，精神未能一致。此为我兵力部署之过失"。[⑦]

其次，兵力布置缺乏纵深。按照惠广战役前余汉谋的部署，驻防虎

① 李洁之：《从余汉谋投蒋说到广州弃守》，《粤桂黔滇抗战》，第14页；《毛庆祥呈蒋中正》（1938年11月9日），台北"国史馆"藏"蒋中正总统文物"，002/080200/00509/063。

② 《抗日战史・闽粤边区之作战》，第38页。

③ 曾其清：《抗战中的惠广战役》，《粤桂黔滇抗战》，第26页。

④ 《余氏自请处分》，《新闻报》1938年11月25日，第6版。

⑤ 《第四战区战报》（10月14日），中国第二历史档案馆藏国防部史政局及战史编撰委员会档案，七八七/8407。

⑥ 《军参院李为之摭陈惠广失陷之由及粤政得失所在书》（1938年11月23日），中国第二历史档案馆藏国防部史政局及战史编撰委员会档案，七八七/8418。

⑦ 《第七战区抗战纪实及附录》（1938年9月30日），台北"国史馆"藏，001/072470/00020/001。

门、宝安之间的是第一五三师，驻防深圳、龙岗至淡水沿海一带的是第一五一师，这两师的任务是防止日军登陆，倘若阻击未成，就退回增城西北地区为总预备队。[①]在广州的最后一道外围防线增城，只配置一八六一师防守，且该师为新成立之部队，缺乏训练，装备亦差，“重机枪甚少。”[②]从澳头、淡水、惠阳至博罗这样纵深的战线，实际上只有三个步兵团的兵力，在余看来，这样的布防“有利于节节抵抗，实际上适得其反，正给敌人以各个击破的大好机会”。[③]惠阳失陷后，中日两军在增城周围展开决战，余不得不四处调兵，但各部间距离亦远，难以相互支撑，其间钟芳峻旅、独立二十旅、一八六师和一五四师皆只能各自为战。事后第四战区对此也有检讨：“广增线阵地虽有纵深之构筑，而兵力不足配备，翼侧部队又为敌所牵制。故今后对敌作战，阵地构筑及兵力配备均应具有纵深并预作侧翼之掩护，庶不致因受威胁即整个战局遭受影响。”[④]

最后，未能预见日军主力在大亚湾登陆。在地理位置上，大亚湾位于广州东南面，水深可泊万吨巨舰，海面宽广，北临淡水、惠州，西接广九南段，“密迩省会，连贯广武”，[⑤]是扼守广州东南沿海之锁钥。大亚湾一旦失守，广州遂失海上屏障，岌岌可危。而负责守备惠阳、淡水、大亚湾地带的第一五一师只下辖两旅，在余看来，“该地防备巩固且有惠州之天险，不足为虑”。[⑥]反观日军战略处置，依“在适时、适地，集中可期必胜之兵力于决胜点”之原则而言，日军第二十一军鉴于中国空军侦察力极度劣势，而“其行动秘密，登陆点选择适当，在国军准备不充之大亚湾登陆，直扑广州，迫我第十二集团军迅速后撤，以此观之，日军对该方面之情况

① 卜汉池：《增城防御战的回忆》，《广州抗战纪实》，第118页。

② 《第十二集团军惠淡广增战斗详报及作战经过概况》（1938年10月至1939年10月），中国第二历史档案馆藏国防部史政局及战史编撰委员会档案，七八七/8542；李振：《第一八六师增城之役的追述》，《粤桂黔滇抗战》，第50页。

③ 李洁之：《从余汉谋投蒋说到广州弃守》，《粤桂黔滇抗战》，第16页。

④ 《第七战区抗战纪实及附录》（1938年9月30日），台北“国史馆”藏国民政府档案，001/072470/00020/001。

⑤ 《军参院李为之摭陈惠广失陷之由及粤政得失所在书》（1938年11月23日），中国第二历史档案馆藏国防部史政局及战史编撰委员会档案，七八七/8418。

⑥ 《毛庆祥呈蒋中正》（1938年1月8日），台北“国史馆”藏“蒋中正总统文物”，002/080200/00505/007。

判断，亦足称道”。①

四　结语

综上所述，日军发动惠广战役明显不同于既往，是经过精心谋划和悉心准备的。而国民党军事高层对惠广战役前局势的战略预判不尽相同，且无法准确洞悉日军的真实企图，甚至出现了严重误判。就在日军突袭大亚湾后，蒋对敌情的判断仍有严重失误：“料敌必在深圳与大鹏二湾之间，截断我广九铁路之交通，此为其惟一目的，亦为其目前最高企图，故我军不必到处设防，为其牵制。”②同时，蒋集中精力于武汉会战，对广东防务麻痹大意，致粤防卫力量受到严重削弱。事后蒋自承：“广州失陷，以粤省精良部队全调长江前方应战，故粤中空虚，敌军趁我不备，直窜广州，此为弟指导无方，顾虑不周之所致。顾此责任全在弟一人，而不在他人。”③所以，国民党军事高层在应对日军侵粤的举措上与日军的真实企图出现背离，以致收效甚微。此外，广东国民党军事当局在军事部署等举措上也存在不当之处，并未取得理想的战略成效。在某种程度可以说，国民党军事当局的决策失当或失误，为惠广战役的败局埋下了伏笔。

（王英俊，南方医科大学马克思主义学院讲师）

---

① 蒋纬国总编《国民革命战史》第三部《抗日御侮》（五），台北，黎明文化事业公司1978年版，第259页。
② 萧李居编辑《蒋中正总统档案：事略稿本》第42册，第427页。
③ 萧李居编辑《蒋中正总统档案：事略稿本》第42册，第464—465页。

困局与应对：全面抗战时期中国空军频发的飞行失事及其整治

梁善明

1937 年 10 月 18 日，中国空军第四大队飞行员龚业悌在日记中颇为沉痛地写道："大略估计，过去，在战场上，真确被敌人击下而阵亡的人和损失的飞机只占我们全部阵亡牺牲的人和损失飞机的三分之一，那三分之二的人员全是失事造成的，可以说简直是白白地牺牲了，几乎是全无价值。"[1] 无独有偶，曾任苏联驻华军事顾问的卡利亚金观察称："空难这个中国空军的通病在 1938 年下半年仍然频繁发生。年轻中国飞行员在任何情况下——起飞和着陆、高速和低速——都在'消灭'飞机。"[2]

---

[1] 龚业悌：《抗战飞行日记》，长江文艺出版社 2011 年版，第 201 页。

[2] 〔苏〕A. Я. 卡利亚金：《沿着陌生的道路：一位苏联驻中国军事顾问的笔记（1938—1939）》，赖铭传译，解放军出版社 2013 年版，第 84 页。

而在翻阅 1939 年下半年中国空军频发的飞行失事调查统计报告后，蒋介石也曾颇为恼火地批示道："如此损伤，几乎每日有一次以上之损失，若不积极改正，是诚为世界空军之笑柄。此完全由于纪律不严、教育不良，而各部份自上至下之各级主管不负责，不知发奋改过所致也。"[①] 可见，英勇的中国空军尽管一次次顽强地阻击了占据优势的日本空军的猛烈进攻，并取得不俗战绩，但也快速损失了储备有限的各类航空器材和飞行员，还暴露出国民政府军事当局编练空军过程中存在的诸多缺陷，飞行失事频发就是突出问题之一。

　　一般而言，飞行事故是指飞机从起飞至着陆全过程中发生的直接危及飞机和机上人员安全的事件。国际民用航空组织（International Civil Aviation Organization）将飞行事故分为失事和事故两类，其中飞行失事是指造成人员伤亡、飞机破坏或失踪（包括处于完全不能接近的地方）的事件；飞行事故则是指尚未达到失事的严重程度，但直接威胁飞机安全操作和使用的事件。[②] 而结合世界空军发展的基本史实和前述定义也可知，军事飞行失事通常是指军用飞机自开机起飞至着陆的全过程中发生机载人员伤亡、飞机损毁或失踪的事件。又据军事学者研究称，飞行事故发生率是飞行员素质、飞机可靠性、军事训练水平和飞行安全管理工作好坏的综合体现，也是衡量一支航空兵部队战斗力强弱的重要标准。而军事飞行失事发生率则直接关乎空军训练的实效，"如果一个部队经常摔飞机，那么它的战斗力就很成问题"。[③] 对于全面抗战时期中国空军飞行失事频发现象及其整治问题，当前学界关注颇为有限，而先行研究多偏重于对民国前期军事飞行失事和抗战胜利后民用航空空难的初步探究。[④]

---

① 《周至柔呈蒋中正二十八年七月份至十二月份飞行失事统计表》（1940 年 1 月 4 日），台北"国史馆"藏"蒋中正总统文物·特交档案"，002/080200/00526/015。

② 孙志敏等编《交通百科词典》，航空工业出版社 1993 年版，第 89 页。

③ 陆惠良：《军事飞行事故研究》，国防工业出版社 2003 年版，第 3、7 页。

④ 代表性论著有马毓福编著《中国军事航空（1908—1949）》，航空工业出版社 1994 年版；张姚俊：《1946：圣诞夜三架飞机在沪失事》，《世纪》2007 年第 2 期；张犇：《民国上海空难简史——以1945—1949 年为重点的考察》，上海书店出版社 2015 年版；等等。

目前学界对于中国空军抗战史的研讨已有较为深厚的学术积淀，①战时中国空军的教育训练即是重要议题之一，但既有研究多侧重于探讨战时中国空军的教育组织沿革、训练历程转变与中日战绩对比等，②而对战时中国空军战力提升所面临的主要困境与根本原因，及国民党政府航空委员会（以下简称"航委会"）的因应与实际作用尚缺乏深入系统的探讨。有鉴于此，本文从全面抗战时期中国空军飞行失事频发的现象及主要原因切入，分别从飞行失事调查与审查、飞行失事整治两个方面出发，探究国民政府军事当局应对飞行失事频发的系列措置与实效，以考察战时中国空军战斗力提升的艰难性与中国空军抗战的多种面相。

一　战时中国空军飞行失事的频发及主要原因

全面抗战前，中国空军飞行失事频发。如针对 1935 年 1—5 月国民党中央航空学校（以下简称"中央航校"）飞行失事频发的问题，蒋介石曾于当年 7 月 11 日密电该校校长周至柔称："航校廿四年一月至五月之四个月内，飞机失事达三十八次之多，其原因显（然）多（属）技术不良所致。又一月廿一日失事之弗力号教练机系驾驶员技术尚未成熟，即令单独飞行，致机毁人亡等情。以后希严加督率，勿令技术不良与未成熟之技术

---

① 代表性论著有吴信忠、宋兆山《论抗日战争中的中国空军》，《军事历史研究》1986 年第 1 期；林城西、许蓉生：《国民党空军抗战实录》，中国档案出版社 1994 年版；唐学峰：《中国空军抗战史》，四川大学出版社 2000 年版；陈应明、廖新华编著《浴血长空：中国空军抗日战史》，航空工业出版社 2006 年版；马毓福：《英雄的天空：中国空军抗战纪实》，蓝天出版社 2015 年版；等等。

② 代表性论著有季云飞《抗战时期蒋介石空军教育训练思想之探讨》，《军事历史研究》1995 年第 4 期；倪智：《中国空军在抗日战争中的经验教训及其启示》，《航空史研究》1997 年第 4 期；姚峻编《中国航空史》，大象出版社 1998 年版；古琳晖：《全面抗战时期中国空军建设述评》，《军事历史研究》2009 年第 2 期；渠长根：《国民党中央航空学校教育系统与管理体制述略》，《军事历史研究》2010 年第 1 期；朱力扬：《中国空军抗战记忆》，浙江大学出版社 2015 年版；王建明：《留学生与近代中国军事航空研究》，广西师范大学出版社 2016 年版；孙官生编著《威震敌胆的昆明航校》，云南教育出版社 2017 年版；高晓星、时平编著《民国空军的航迹》，海潮出版社 1992 年版；等等。

人员驾驶,致常失事。"① 又龚业悌于 1937 年 4 月 21 日记录称,当月中央航校第七期两个学生中级飞行毕业后,相约单独成队飞行,在钱塘江桥上空,因僚机飞行员不慎,其驾驶的飞机将领队飞机机尾打掉后,自己跳伞得救,而领队飞机则径直下坠,人机俱毁。同月还有"六二队轰炸组练习海洋飞行,一机由两学生驾驶失踪,驱逐组三机编队落地,两僚机互撞,机毁,人幸无恙,杨一楚系其中一个"。② 全面抗战爆发后,中国空军飞行失事频发的问题仍未有根本改观。如据时任航委会总政训处处长蒋坚忍于 1938 年 4 月 10 日报告称,中央航校当年 3 月份的飞行失事记录共达 43 次之多,"平均每二日失事三次,一日间最高失事记录,竟达四次"。③ 再据航委会飞行失事审查委员会(以下简称"飞行失审会")的调查数据显示,1939 年 1—6 月中国空军各战斗部队和军校的诸类飞行失事记录共计 189 次,逐月失事次数分别为 39 次、27 次、32 次、31 次、43 次和 17 次。④ 换言之,1939 年上半年中国空军平均每日约有 1 次飞行失事记录,可见战时中国空军飞行失事之频发程度。

为何战时中国空军飞行失事不断,其中主要缘由有哪些? 结合 1939—1942 年中国空军飞行失事原因的分类统计数据和相关史实,全面抗战时期中国空军飞行失事频发的主要原因可归结为五个方面(见表 1)。

表 1　1939—1942 年中国空军飞行失事原因所占比例

单位: %

年份	驾驶疏忽	操纵错误	经验不足	机件故障	其他人员疏忽	其他原因
1939	29.6	22.3	26.7	10.7	5.0	5.7
1940	29.1	24.9	14.4	11.9	10.9	8.8
1941	35.2	30.6	10.2	8.2	10.5	5.3

① 《周至柔电呈军事委员会委员长蒋中正为杭州航空学校飞行失事报告》(1935 年 7 月 13 日),台北"国史馆"藏国民政府档案,001/070000/00004/005。

② 龚业悌:《抗战飞行日记》,第 63 页。

③ 《蒋坚忍呈蒋中正昆明航校三月份飞行失事原因检讨并请撤换王星垣以整饬航校文电日报表》(1938 年 4 月 11 日),台北"国史馆"藏"蒋中正总统文物·特交档案",002/080200/00496/064。

④ 参见《周至柔呈蒋中正二十八年一月至六月份飞行失事统计表》(1939 年 11 月 2 日),台北"国史馆"藏"蒋中正总统文物·特交档案",002/080200/00526/016。

年份	驾驶疏忽	操纵错误	经验不足	机件故障	其他人员疏忽	其他原因
1942	31.5	19.2	18.7	14.8	8.9	6.9

资料来源：据《二十八年至三十一年四年来飞行失事重要统计图》，航空委员会飞行失事审查委员会，1943 年 2 月，第 6 页"图五：最近四年本会飞行失事原因百分比"整理。

第一，训练不力，纪律不严。由表 1 可知，1939—1942 年，驾驶疏忽、操纵错误与经验不足所导致的中国空军飞行失事占比颇高，三类原因合计各年分别占 78.6%、68.4%、76% 和 69.4%。可见，战时中国空军飞行失事频发的主要原因是训练不力与纪律不严。时人的观察也给予了印证。淞沪会战前夕，中国空军顾问陈纳德曾赴南昌检查一个轰炸机中队，其事后回忆称："我从来没有看见过如此缺乏热情和斗志的飞行员……最后，蒋委员长亲自下令，要求轰炸机飞行员必须练习飞行，'不得有误！'命令是毛邦初将军传达的。慑于该道命令，中队长才不得已起飞，绕着机场飞了几圈，就返回来请求着陆。当降落至跑道上空的时候，他关掉油门，故意朝一边倾斜滑行，以至于把这架重型轰炸机撞在了地面上。螺旋桨弯了，机翼也扭曲了，整架飞机断成了两截，两个发动机全从固定处掉了下来，滚到了草坪上。"而幸免于难的这位中队长还振振有词地报告称："这就是练习的结果。"[1]曾就学于国民党空军军士学校（以下简称"空军士校"）的一位老兵回忆称，当时的年轻教官大多自命不凡，训练多凭个人喜好，心情大好时，就会枉顾纪律，擅作超低空飞行，而"这种飞行不仅是恶作剧，也是在玩命。那时川西平原上因此失事丧生的不在少数"。[2]

---

[1]　对于陈纳德的这段回忆，朱力扬曾提出不同见解，其分析认为，不能仅以陈纳德个人有限的观察和某一飞行失事个案为依据，就完全否定中国空军的战前训练成绩和全面抗战时期的卓越战绩。对此，笔者也较为赞同。但就军事飞行训练而言，飞行员不仅需要一定训练量的积累，还必须具备良好的临战心态和严格的纪律约束，朱著所述"其中一架僚机因为求好心切"发生飞行失事，也从一个侧面印证全面抗战前夕中国空军确实存在训练不力和纪律不严等问题，朱著也坦陈："战前，中国飞行员的训练确实存在一些问题。"参见〔美〕陈纳德《我在中国那些年——陈纳德回忆录》，李平译，中国工人出版社 2012 年版，第 98—99 页；朱力扬：《中国空军抗战记忆》，第 36—37 页。

[2]　山来：《往事如烟——国民党空军军士学校生活点滴（上）》，《龙门阵》1991 年第 1 期。

第二，器械匮乏，故障频发。近代中国始终无法建立独立完备的航空工业体系，各类航空器械大多仰赖自国外进口，[1]这不仅导致全面抗战时期中国空军训练时常面临缺乏飞机的困境，[2]而且机件缺陷与故障所引发的飞行失事现象屡见不鲜。由表1可知，1939—1942年飞行失事的诸类原因中，机件故障之占比达8.4%—14.8%，不容轻忽。又时任航委会主任钱大钧于1938年5月26日报告称，该会引进的德制恒学耳飞机发动机时生故障，导致空军部队一再失事，经修理厂检修与核查后，"可断该发动机在运华以前，曾经用过相当时间"，显系旧机翻修而来。[3]再据蒋介石于1941年4月24日发给周至柔的电文可知，航委会某机械士检查发现苏制驱逐机的油箱内有裂痕一道，"细如发丝，长约十公分，虽不渗漏，却可发挥瓦斯，在地面无大影响，惟一经起飞过久，难免引起燃烧"。而该机装置的机枪也时生故障，存在不小安全隐患。[4]在检讨战时中国空军缺点时，周至柔也曾叹息当时中国航空工业尚不能独立，"即使有少许航空制造设备，因国内无重工业，亦不能发挥航空制造之能力，甚至不能维持，又是影响其他一切建设与训练"。[5]

第三，空军体系不健全，配套设施不完备。由表1可知，在这四年中，虽然其他人员疏忽和其他原因是多种因素的简单归类，两类原因占比也不甚高，分别在5%—10.9%和5.3%—8.8%，但空勤、地勤等各类人员的培训不力与配套设施建设的滞后等所导致的战时中国空军飞行失事也不在少数。如蒋坚忍于1937年12月26日报告称："根据此次抗战经验，我机我人毁于被敌机击落者，约占百分之二十，毁于地面站场设备不良，与技术

---

① 《第一届第四次国民参政会报告书》(1939年9月3日)，中国第二历史档案馆编《抗日战争正面战场》(下)，凤凰出版社2005年版，第1919页。

② 如周至柔报告称："查官士两校缺乏教练机，以致学生飞行钟点不足，成绩愈下。"《周至柔呈蒋中正请饬孔祥熙照原案购足教练机数或暂缓停办官士两校之一》(1939年11月15日)，台北"国史馆"藏"蒋中正总统文物·特交档案"，002/080200/00517/241。

③ 《钱大钧电蒋中正检查德国恒学耳飞机经过情形等文电日报表》(1938年5月26日)，台北"国史馆"藏"蒋中正总统文物·特交档案"，002/080200/00497/096。

④ 《蒋中正电周至柔查在苏俄洽购驱逐机发现油箱有细裂痕恐生危险即饬属研究办法具报结果》(1941年4月24日)，台北"国史馆"藏"蒋中正总统文物·特交文电"，002/090106/00015/055。

⑤ 《周至柔撰空军总检讨第二编缺点改正全文》(1940年3月)，台北"国史馆"藏"蒋中正总统文物·特交档案"，002/080103/00052/006。

错误者，约占百分之八十，可见地面站场设备关系空军战斗之重要。"①卡利亚金也曾指出，战时"中国空地勤人员缺乏训练、没有后备部队和修理基地则是雪上加霜"。例如，"机场网不发达和各机场没有做好战斗准备，迫使我（苏联援华）志愿飞行员经常冒巨大危险：战斗出动和转场的活动半径都到了极限——由兰州直到南京、汉口和南昌。由于没有备用机场，现有机场又没有必要设备，飞机的机动性受到极大限制，飞行员处境很困难"。②

　　第四，教育理念频繁变更，速成训练诱生安全隐患。由表1可见，驾驶疏忽、操纵错误、经验不足与其他人员疏忽等四项皆为人为原因，1939—1942年这些人为原因的合计分别高达83.6%、79.3%、86.5%和78.3%，可见人为因素实为1939—1942年中国空军飞行失事的主导原因，而这类原因的深层根源就是国民党空军教育训练模式的频繁变换。20世纪30年代的国民党空军教育训练不仅基本照搬外国模式，蒋介石还要求同时聘请多国空军顾问，由此造成空军编练指导思想紊乱的负面影响。对此，周至柔在1939年8月1日空军第一次教育会议上指出："中国的空军教育最初是采取美国式，以前的中央航空学校大体上即是依照美国制度，由美国顾问团筹划施行的，过后改用意大利式，最近又拟采用俄国式，政策似乎始终没有确定。"③同时，过分强调速成训练，也使全面抗战时期中国空军的飞行训练安全蒙上了一层阴霾。如为快速培养空军飞行员，航委会曾于1938年10月电令将空军士校的12个月学制缩短一半，许多课程因此被删去，教学时间也大大缩减，④不仅教学质量难以保证，也为战时中国空军飞行训练埋下安全隐患。

　　第五，恶劣自然环境制约，生理极限影响。除前述原因外，恶劣的

---

① 《蒋坚忍电蒋中正补充飞行员与创办飞机制造厂等扩充空军意见书等文电日报表》（1937年12月26日），台北"国史馆"藏"蒋中正总统文物·特交档案"，002/080200/00487/044。
② 〔苏〕А.Я.卡利亚金：《沿着陌生的道路：一位苏联驻中国军事顾问的笔记（1938—1939）》，第79、81页。
③ 《周至柔呈蒋中正空军教育之本质与我人今后之要求》（1939年8月26日），台北"国史馆"藏"蒋中正总统文物·特交档案"，002/080102/00112/006。
④ 马毓福编著《中国军事航空（1908—1949）》，第448页。

自然环境也是不可忽视的制约因素。据国民党空军军官学校（以下简称"空军官校"）1938 年 5 月 27 日报告，受昆明风向时常变化与海拔较高等自然因素影响，飞机性能无法正常发挥，该校也因此偶发一些飞行失事事件。[①] 又因战斗任务繁重和后备飞行人员不足，战时中国空军飞行员时常处于超时工作状态，驾驶疏忽和操纵错误的频发也就在所难免。龚业悌对此也曾抱怨称，苏联援华志愿飞行员工作 5 个月后即可得到休息，而连续飞行 11 个月的中国空军飞行员，却从未得到好好休养。[②]1938 年 3 月 3 日，英国驻华大使馆空军武官艾德根也向钱大钧表达了类似担忧："闻贵国各队队员有自作战以来未尝休息者，此于精神上损失殊大。"[③]

需要指出的是，战时中国空军飞行失事频发的诱因复杂多样，如具体至某一飞行失事事件时，则多表现为诸种因素的综合影响。如对于 1938 年 3 月 16 日 T83B1602 号重轰炸机由兰州东飞失事一案，航委会曾评析指出："该机失事主因虽为水箱漏水，惟驾驶者未能慎妥应变，亦为一大副因。该机离兰（州）二百公里发现水箱漏水，其时距平凉飞行场仅五十公里，驾驶者不继续东飞，降落平凉，仍复远道折回，经一百八十公里长途而失事，此为其处置失当者一。当返回途中，未将漏水之发动机电门关闭，以致水箱漏尽，发动机之温度升高，滑油溶化透出，流入右翼中而起火，漏水后不关电门，此为失当者二。"[④] 可见，如探究战时中国空军某一飞行失事事件的发生原因，还需要具体情况具体分析。

二　战时中国空军的飞行失事调查与审查

为探究中国空军飞行失事的事发原因，明确事故责任，并预防类似失

---

① 参见《钱大钧电蒋中正当电复周至柔慎重监督风向之变换惟飞行失事惩处办法可否取消次数规定而视情节轻重处罚文电日报表》（1938 年 5 月 27 日），台北"国史馆"藏"蒋中正总统文物·特交档案"，002/080200/00497/101。

② 龚业悌：《抗战飞行日记》，第 319 页。

③ 《英国驻华大使馆空军武官艾德根在成都重庆参观日记，周至柔与英空军武官谈话纪录》（1938 年 3 月），台北"国史馆"藏"蒋中正总统文物·特交档案"，002/080102/00088/008。

④ 参见《钱大钧呈蒋中正重轰炸机由兰州东飞失事调查报告文电日报表》（1938 年 4 月 13 日），台北"国史馆"藏"蒋中正总统文物·特交档案"，002/080200/00496/080。

事事件再现，航委会在全面抗战前曾设置相关飞行失事调查和审查组织，创制了一套军事飞行失事调查与审查制度，并伴随战时中国空军战斗形势的演变与日常教育训练的需要，逐渐加以调整与改进。

全面抗战前，为调查中国空军飞行失事事件频发的始末与真相，审查失事事件的性质与各方责任，制定应对措置并做出善后处理意见，继而研究避免失事方法，1933 年 9 月 15 日，时任中央航校政治训练处处长蒋坚忍向蒋介石提议组织一种审查委员会，借以"郑重查明其失事原因，并评定其责任，以促中外人员重视公物，与自身责任"。蒋氏于次日即批示同意，并要求徐培根、毛邦初等空军要员着手办理，①创设飞行失审会乃由构想转变为定议。全面抗战爆发后，相关军事飞行失审组织又得到不断调整。

首先，就飞行失审会的服务宗旨而言，检讨飞行失事原因、确定涉事责任和研究避免失事办法是该会的三项基本职能。其次，飞行失审会的内部组织相对简单，并无常设专员，虽明定主任委员 1 人、委员 12 人，但各委员皆从航委会的各相关部门中指派兼任。1939 年 11 月，该会改设首席委员，并由航委会首席参事兼任，委员人数也调整为 8—10 人，其中除专任委员 2 人（一为空军军官，一为机械军佐）外，其余委员均由航委会主任从相关科处主管中指派兼任。再次，飞行失审会的业务范围主要包括编列议事日程、分析失事原因、审核失事案件要点、统计各部队学校失事次数和各项损失、审核失事报告编写的规范性，并登记和编印各种失事案之补救办法等，其后又增加核查以往经办案件一项。②同时，航委会要求所属航空学校、部队、空军总站等各单位遇有飞行失事案件发生时，均须组织召集飞行失事审查会议，该会议主席由事发地所属空军总站长担任，其余与会人员由事发地区之空军最高机关的各主管长官担任，如该主管长

① 《蒋坚忍电蒋中正报告汤璞逊驾机坠毁及各机意外情形并提议凡遇飞机失事应组审委会究明原因与责任以促重视公物与自身职责》（1933 年 9 月 15—16 日），台北"国史馆"藏"蒋中正总统文物·特交档案"，002/080200/00122/032。
② 参见《航空委员会飞行失事审查委员会规则》，航空委员会编印《空军法规汇编》第一编第一册《军务》，1939 年，第 65—67 页；《修正航空委员会飞行失事审查委员会组织规程》，航空委员会编印《空军法规汇编》第二编第一册《军务》（上），1940 年，第 9—12 页。

官因公缺席，由代理者担任。①

　　既有相对完整的军事飞行失事调查和审查机构的存在，并伴随战时需要而不断调整，那么战时中国空军的飞行失事调查与审查制度又是如何具体运行呢？总体而言，这套制度是由飞行失事审查会议、飞行失审会和航委会等三级组织分工协作展开的。在运作流程方面，一般应于飞行失事发生后一小时内，由事发地所属降落场站区之站场长分别向该失事飞机所直属单位的飞行失事审查会议主席及航委员会报告。接到失事报告后，该会议主席须一面选派专员赶赴事发地进行调查取证，一面组织人员就事发单位反馈情报进行讨论，同时须于事发后七日内填写飞行失事审查会议报告书，并将商议的初步结果和相关证据汇报飞行失审会。在接到下级飞行失事审查会议的汇报材料后，飞行失审会即以这些材料和相关机关的审查研究结果为依据开会讨论，必要时还须再遣派专员前往实地核查。在审定事发原因、各类损失和事故责任等各要点后，飞行失审会还须提供处理办法和改进意见，并详细记录，报请航委会主任核定后，即由航委会所属各主管处科分别办理。②

　　至于飞行失事报告办法，通常而言，如为失事飞机损坏率在5%以上之案件，应于事发后二十四小时内将失事情形电报航委会，并于三日内召开飞行失事审查会议，以明定事故责任，及填具失事报告书呈报航委会；如为失事飞机损坏率在5%以下之案件，则无须召开飞行失事审查会议，由主管长官酌定惩戒即可，并免报航委会（违犯飞行规则或撞击失事者例外）；如有轻伤幸存者，除将失事情形电报航委会外，还应待当事人伤愈后召开飞行失事审查会议，并向航委会填报失事报告书，但幸存者如为重伤或飞机被毁，则须以最快速方法查报。而对于失事责任人员的处置，除学生军士之禁足、禁闭、劳役、降期与开革可先予执行外，其余人员皆依照《陆海空军惩罚法》规定办理。③并须结合《空军抚恤暂行条例》《空军

---

① 《航空委员会附属机关飞行失事审查会议规则》，《空军法规汇编》第一编第一册《军务》，第69—70页。
② 参见《航空委员会飞行失事审查委员会规则》《航空委员会附属机关飞行失事审查会议规则》，《空军法规汇编》第一编第一册《军务》，第65—67、69—87页。
③ 《空军各机关飞行失事报告办法》，《空军法规汇编》第一编第一册《军务》，第95页。

伤员抚慰办法》《空军埋葬费给与规则》等则例，① 办理伤亡人员的相关善后事宜。

需要指出的是，在处理战时中国空军的具体飞行失事案件时，这套军事飞行失事调查与审查制度有时相对突出对事发原因和事故责任的评判。如航委会于 1938 年 6 月 13 日呈报的一件涉外飞机被击中迫降失事案的审查记录显示，经飞行失审会连续六次会议审核后才形成定议，即明确事发原因系俄籍飞行员犹士德轻忽职守，飞机起飞太迟，以致酿成飞机失事，应负全责，交由苏方议处。而"机械员赵广林缺乏经验，顾虑不周，拟记大过一次，并降一级。机械士李凤臣、刘敬、常荣卿各记过一次，以示惩警。蔡昫联保主任对于飞机防护不利，拟请军事委员会转行湖北省政府予以申斥。在押待质兵役乡民业经询明，并无责任，拟准取保开释"。善后办法则依据相关规定办理，并报军委会核定。②

然因战事频繁、人事变动与工作疏忽等，战时中国空军的这套飞行失事调查和审查制度的实际运作仍存在一些问题和不足之处。如周至柔于 1939 年 11 月 2 日报告称，"各失事机关因人事变更，或人员受伤，或事实尚待调查"，飞行失审会不时出现飞行失事审查报告书尚未填报，失事案件并未审查，及作战部分不及审查等情况。③ 又因部分审查人员大多仅凭下级单位报告进行评判，较少亲赴事发地切实复查，既往飞行失事审查案件时常出现情况失实的现象。对此，蒋介石于 1941 年 2 月 6 日提出要求，凡遇有飞行失事，应由审查人员亲赴当地调查与切实研究，并将调查结果与预防办法通令各部队和学校切实遵照，不允类似情事再次出现。④ 但该会的改进成效相对有限，如蒋

---

① 参见《空军抚恤暂行条例》《空军伤员抚慰办法》，航空委员会编印《空军法规汇编》第一编第二册《人事》，1939 年，第 403—478、489—491 页；《空军埋葬费给与规则》，航空委员会编印《空军法规汇编》第一编第四册《补录》，1939 年，第 235—237 页。

② 参见《钱大钧电蒋中正航委会飞行失事审查委员会审查容克机被击落焚毁案与郭家彦驾机着火触山失事案之决议文电日报表》（1938 年 6 月 13 日），台北"国史馆"藏"蒋中正总统文物·特交档案"，002/080200/00498/114。

③ 参见《周至柔呈蒋中正二十八年一月至六月份飞行失事统计表》（1939 年 11 月 2 日），台北"国史馆"藏"蒋中正总统文物·特交档案"，002/080200/00526/016。

④ 蔡盛琦编辑《蒋中正总统档案：事略稿本》第 45 册，台北，"国史馆" 2010 年版，第 445 页。

氏曾于 1941 年 10 月 3 日致电周至柔与毛邦初称："飞机失事审查委员会工作近数月来毫无成绩，对于每次失事案件皆未能详究其真实之原因于材料，以及指示其改进之方法，是以飞机失事层出不穷，应对该会负责人员严予告诫，饬其切实改进。"① 时至 1945 年 4 月 12 日，蒋氏又在第六次空军干部会议上慨叹，飞行失审会的当前各项工作仍与其预期相去甚远。②

三　战时中国空军频发飞行失事的整治及成效

　　为整治飞行失事频发这一战时中国空军的顽疾，针对该类问题的复杂诱因，并结合前述军事飞行失事调查和审查制度，航委会和部分中国空军人员探索了不少治理方案，并逐步付诸实践。而在治理战时中国空军飞行失事频发的各类方案中，以时任航委会主任周至柔于 1940 年 6 月 13 日向蒋介石呈报的《飞行失事改进办法》（以下简称《办法》）③ 较具代表性。因此，结合《办法》及其他治理建言，可将航委会整治战时中国空军飞行失事频发问题的主要措置归纳为五个方面。

　　其一，以实战为基准，改用美式训练模式。周至柔认为战时中国空军教育训练应以实战为基准，即以飞行员能战斗并取胜作为评判教育成功的重要标准。④ 因此，周氏也较为重视在实战中有针对性地解决造成飞行失事的技术性问题。如对于多发的飞机降落失事，鉴于以往"用重三点着陆小马力飞机甚好，但大马力飞机稍一不慎，即易失事"，《办法》提出，"以后改用轻三点着陆，并侧重起落训练"，并要求增加飞行员在机械方面的

---

① 《蒋中正令周至柔毛邦初改进飞机失事审查委员会工作并呈报告》（1941 年 10 月 3 日），台北"国史馆"藏"蒋中正总统文物·特交文卷"，002/070200/00011/103。
② 王正华编辑《蒋中正总统档案：事略稿本》第 60 册，台北，"国史馆" 2011 年版，第 281 页。
③ 蒋介石在审阅 1939 年度飞行失事审查统计案后，批示航委会"着积极改正详报"，该《办法》即据此要求制定而来。详见《周至柔呈蒋中正针对飞行失事原因拟具改进方案通令所属切实改善等文电日报表》（1940 年 6 月 13 日），台北"国史馆"藏"蒋中正总统文物·特交档案"，002/080200/00525/087。
④ 《周至柔呈蒋中正空军教育之本质与我人今后之要求》（1939 年 8 月 26 日），台北"国史馆"藏"蒋中正总统文物·特交档案"，002/080102/00112/006。

练习时间，以熟悉飞机的结构与性能，一旦出现故障，自己也可随时检查，及时排除飞行安全隐患。①同时，为充分利用美国国会于 1941 年 3 月 11 日通过的租借法案来扩充中国空军规模，提高飞行员训练实效，降低飞行失事发生率，航委会决定全面采用美式空军训练范式。如针对以往空军官校学员训练时长不一的情况，该校即采纳陈纳德建议，将各级飞行教育训练时间定为初级 60 小时、中级 70 小时、高级 80 小时，共计 210 小时。②在此基础上，空军官校的教育训练也基本仿照美军范式。其后经中美双方多次磋商，该校又分批选派学员转赴印度和美国进行整训。③时至 1945 年秋，中国空军先后共派遣 2722 人赴美受训，其中 803 人受训结束后回国参战。④但在实际执行过程中，仍然存在因恐惧被美国式甄别考试淘汰而引发的蒙自中级班十期生"拒考"事件，⑤及部分国外受训中国空军人员纪律不严与因袭旧习等问题。⑥

其二，明定奖惩机制，加强纪律监督。针对中国空军以往训练不力和纪律松懈等问题，《办法》除要求飞行人员遵照飞行规则，不做规定以外的课目动作和服从上级命令等外，还引入奖惩机制，如订定《空军各校学员生飞行失事惩罚规则》《空军空中勤务奖惩规则》等则例，⑦以引起各级空军人员的警惕和重视。为突出遵守空军纪律的重要性，蒋介石一方面利用多种场合要求各级空军人员严守纪律，如其在 1941 年 5 月 5 日第三届空军干部会议上讲话指出："贯彻纪律，赏罚分明，负责尽职，实事求是，以

① 《周至柔呈蒋中正针对飞行失事原因拟具改进方案通令所属切实改善等文电日报表》（1940 年 6 月 13 日），台北"国史馆"藏"蒋中正总统文物·特交档案"，002/080200/00525/087。
② 《周至柔呈蒋中正据陈纳德对于官校教育教练器材机场等意见之报告叙申意见等文电日报表》（1940 年 6 月 3 日），台北"国史馆"藏"蒋中正总统文物·特交档案"，002/080200/00525/104。
③ 参见孙官生编著《威震敌胆的昆明航校》，第 56、83—84 页。
④ 马毓福编著《中国军事航空（1908—1949）》，第 108 页。
⑤ 《周至柔等电蒋中正蒙自中级班十期生拒绝美员甄别违犯纪律自应严惩至管教无方自其及各级负责人员应如何议处另电航会请示等文电日报表等二则》（1939 年 3 月 3 日），台北"国史馆"藏"蒋中正总统文物·特交档案"，002/080200/00514/127。
⑥ 《蒋中正电周至柔拟定实施办法改正国内外受训之空军人员之惰性积习使其知耻自强》（1944 年 4 月 19 日），台北"国史馆"藏"蒋中正总统文物·特交文电"，002/090106/00016/486。
⑦ 《周至柔呈蒋中正针对飞行失事原因拟具改进方案通令所属切实改善等文电日报表》（1940 年 6 月 13 日），台北"国史馆"藏"蒋中正总统文物·特交档案"，002/080200/00525/087。

达成建设空军之使命。"① 又于 1942 年 6 月 20 日视察成都空军参谋学校时强调："建军首重精神，精神之表现在于纪律，大家要服从命令，严守纪律，达到协同一致之目的。"② 另一方面，在空军纪律的贯彻执行层面，蒋介石不仅要求航委会尽快与外籍空军顾问研究拟订有关空军战斗纪律、战术战斗准备命令下达法、战斗教育以及业务教育等方面的条例与方案，③ 还特别规定空军政工人员须切实监督飞行员的纪律遵守情况。如在处理空军第五大队各处失事案件时，蒋氏于 1941 年 6 月 14 日批示称："凡空军队员有不遵法令与违犯纪律者，政工人员有权干涉制止，惟处罚则应与部队长协商处理。"④

其三，兼顾外购与自制，竭力弥补器械缺口。为保证中国空军的持久抗战，国民党政府不得不屡屡向苏、美等国洽购和请求援助各类航空器材，以蒋介石多次向美国交涉拨助 500 架飞机一事较为典型。⑤ 同时，为挖掘战时中国空军的设备修造潜力，航委会一方面对原有附属厂站和机械人员进行适当调整，⑥ 并要求机械人员养成自觉爱惜机械的习惯。⑦《办法》也要求："以后新修妥之飞机，应将各部分详细检查，原使用之飞机每次飞行完毕，应小检查一次，每星期应大检查一次，每着陆或起机时，有特别状况，即临时拖行检查，如飞机确是老旧，除随时注意检查外，只作起落之用，不得做特技动作。"⑧ 另一方面整理报废飞机，拆解和留存有用机

---

① 叶惠芬编辑《蒋中正总统档案：事略稿本》第 46 册，台北"国史馆"2010 年版，第 208 页。
② 周美华编辑《蒋中正总统档案：事略稿本》第 50 册，台北"国史馆"2011 年版，第 17 页。
③《蒋中正电周至柔毛邦初与俄顾问研拟空军战斗纪律准备命令等条例》（1941 年 3 月 28 日），台北"国史馆"藏"蒋中正总统文物·特交文卷"，002/070200/00009/085。
④《蒋中正电令周至柔惩处失事空军各级政工人员并拟定其权责法规呈核》（1941 年 6 月 14 日），台北"国史馆"藏"蒋中正总统文物·筹笔"，002/010300/00044/027。
⑤ 参阅《周至柔等呈蒋中正关于五百架飞机及中国战区空军配置计划》（1942 年 7 月 31 日），台北"国史馆"藏"蒋中正总统文物·特交档案"，002/080103/00061/005；《蒋介石日记》（手稿），1942 年 7 月 29 日、8 月 6 日，美国斯坦福大学胡佛研究院档案馆藏。
⑥《航空委员会电蒋中正各修理工厂改善办法文电日报表》（1938 年 6 月 30 日），台北"国史馆"藏"蒋中正总统文物·特交档案"，002/080200/00497/244。
⑦《蒋中正令周至柔等令各厂站主官纠正并养成人员爱护机械》（1941 年 10 月 3 日），台北"国史馆"藏"蒋中正总统文物·特交文卷"，002/070200/00011/105。
⑧《周至柔呈蒋中正针对飞行失事原因拟具改进方案通令所属切实改善等文电日报表》（1940 年 6 月 13 日），台北"国史馆"藏"蒋中正总统文物·特交档案"，002/080200/00525/087。

件，①并着手拟定激励航空科学研究的奖励办法。②1943 年 3 月，周至柔又
提议引入商业竞争机制，将制造工业与修理工作分开，使制造工业逐渐趋
向商业化，修理工业则转变为军事机械勤务，并开始谋划中国航空工业生
产由依靠进口到逐步替代，进而独立生产的实施策略与步骤。③这些举措
的陆续推行，不仅在一定程度上弥补了战时中国空军装备供应不足的部分
缺口，也为逐渐减少因机械故障而发生的飞行事故创造了有利前提。如周
氏曾于 1940 年 6 月 2 日报告称，航委会所属第六修理厂自行研制成功可
加装于苏制 E-15 式战斗机的外挂油箱，该类战机的续航能力因此得以稳
步提升。④又据周氏电报称，1940 年上半年航委会附属各厂所修理各类飞
机合计已达 548 架次。⑤

　　其四，努力适应复杂自然环境，重视人身健康与安全。为适应大后方
相对恶劣的自然环境，除组织编订《航空气象学教程》《航空气象学讲义》
等航空气象教材，⑥及注意规避恶劣天气和崎岖地形等险恶自然条件外，国
民政府还于 1941 年 10 月成立中央气象局，以加强对西部各地区的气象测
候工作，为战时中国空军的训练和战斗提供更为翔实的气象参考信息。⑦
鉴于飞行员培养不易，航委会特意于 1938 年 7 月 12 日做出决议，一旦飞
行员负伤或遭遇危险，可自行弃机，以保全生命。⑧而对于战时中国飞行

---

① 《钱大钧呈蒋中正汇报战时损坏不堪修理飞机一批计四十一架检呈附表请准报废等文电日
报表等二则》（1939 年 3 月 11 日），台北“国史馆”藏“蒋中正总统文物·特交档案”，
002/080200/00514/165。

② 《蒋中正令周至柔拟具提倡奖进航空科学研究与发明办法》（1941 年 5 月 5 日），台北“国史馆”
藏“蒋中正总统文物·特交文卷”，002/070200/00010/037。

③ 《周至柔撰空军总检讨第二编缺点改正全文》（1940 年 3 月），台北“国史馆”藏“蒋中正总统文
物·特交档案”，002/080103/00052/006。

④ 《周至柔等呈蒋中正饬第六修理厂自行研究制造 E-15 式机加装油箱情形等文电日报表等二则》
（1940 年 6 月 2 日），台北“国史馆”藏“蒋中正总统文物·特交档案”，002/080200/00525/107。

⑤ 《本会各厂所修理飞机成绩比较表》《周至柔呈蒋中正汇报各厂所六月份修机成绩检同六月份修
机预计与实际数量比较表二十九年一至六月份各厂修机成绩比较表请核示等文电日报表》（1940
年 7 月 30 日），台北“国史馆”藏“蒋中正总统文物·特交档案”，002/080200/00525/160。

⑥ 《航空气象学教程》，航空委员会，1940 年 9 月；《航空气象学讲义》，空军军士学校，1941 年 1 月。

⑦ 《中央气象局概况　黄厦千谈今后计划》，《中央日报》（贵阳）1942 年 2 月 14 日，第 3 版。

⑧ 《毛庆祥呈蒋中正航空委员会允许飞行师负伤或遭遇危险时弃机身保性命及日调查第三国在华密
输毒物情形等敌方情报日报表等五则》（1938 年 7 月 22 日），台北“国史馆”藏“蒋中正总统文
物·特交档案”，002/080200/00508/020。

员的生活待遇与生理健康问题，除要求飞行人员的饮食起居皆实行集团生活，并规定相关费用应由政府供给外，①《办法》还提出一些颇具针对性的解决方案。如飞行人员的耐高度存在客观上的个体差异，而过去无此项测验与训练之器械，导致偶发高空昏厥失事现象。对此，《办法》特别提出，由航医训练班设计自制一座人工低压室（即以人工使变为高空之气候），以检查每个飞行人员之耐高度，并借此在地面上训练，以养成高空飞行之习惯。计划该室于 1940 年底制成，次年初即可开始检查与训练。②

其五，加快完善配套设施，逐步健全空军体系。为健全战时中国空军体系，航委会一方面尽力设法配齐各机场最低限度之设备及相应空勤和地勤人员，③并积极筹款改建、扩建和新建大后方各省市飞机场站；④另一方面要求以新组织及已采用的战略战术主义为典范令之基本，尽快建立健全中国式的典范令，以确立中国空军教育训练体系建设的范本。⑤同时，航委会还要求所属各单位适时改进自身工作，进而提高战时空军的训练实效。如周至柔曾于 1944 年 5 月 10 日向蒋介石提交《国内各部队学校等研究改良办法大纲》，其规定要点如下：（1）各学校、各制造厂于编制内或编制外组织研究或设计委员会，专负责依照各国空军进步情形，按我国特殊情况，进行本身业务之改良、研究与设计；（2）各路区司令应不时分类召集所属各单位主管举行有关战术、技术、训练之检讨会议，并将会议检讨得失与决议案内应兴应革各点报会；（3）各路区应于每年终就各专科分业（如通信、机械、气象、驱逐、轰炸等）拟具有关战术、技术、训练等之应兴应革各点建议书，及各学校、各制造厂每年终应预定次年之应兴应革计划

---

① 《蒋中正令周至柔毛邦初详报飞行员照决议实行集团生活等情形》（1941 年 5 月 8 日），台北“国史馆”藏“蒋中正总统文物·特交文卷”，002/070200/00010/038。

② 《周至柔呈蒋中正针对飞行失事原因拟具改进方案通令所属切实改善等文电日报表》（1940 年 6 月 13 日），台北“国史馆”藏“蒋中正总统文物·特交档案”，002/080200/00525/087。

③ 《蒋坚忍电蒋中正补充飞行员与创办飞机制造厂等扩充空军意见书等文电日报表》（1937 年 12 月 26 日），台北“国史馆”藏“蒋中正总统文物·特交档案”，002/080200/00487/044。

④ 《钱大钧呈蒋中正请准增款俾利扩修川滇黔等省机场及跑道文电日报表》（1938 年 4 月 2 日），台北“国史馆”藏“蒋中正总统文物·特交档案”，002/080200/00496/008。

⑤ 《周至柔撰空军总检讨第二编缺点改正全文》（1940 年 3 月），台北“国史馆”藏“蒋中正总统文物·特交档案”，002/080103/00052/006。

方案报会。^①此外，蒋氏还特意强调战时中国空军建设"要发扬独立的志气"，"虽然我们现在一切空勤、地勤、机械、技术都很幼稚，都要向人家学习，但我们决不能因此而丧失我们独立自主的精神，一定要想种种办法使我们空军的机械、技术能够尽速的独立起来，不再受人家的支配"。^②

　　在上述一系列措置下，战时中国空军飞行失事整治的实际效果如何？以下结合表2与表3中关于1939—1942年中国空军飞行失事次数、机载人员伤亡数与飞机损毁数等调查统计数据加以考察。^③

表2　1939—1942年中国空军飞行失事次数比较

年份	部队	学校	总计
1939	157	161	318
1940	135	150	285
1941	217	87	304
1942	127	66	193

资料来源：据《二十八年至三十一年四年来飞行失事重要统计图》，第4页"图二：最近四年本会部队学校飞行失事次数比较"整理而成。

表3　1939—1942年中国空军飞行失事损失情况调查统计

年份	机载人员伤亡数（人）				飞机损毁数（架）		
	死亡	重伤	轻伤	总计	损伤	毁废	总计
1939	59	29	70	158	258	87	345
1940	53	31	70	154	212	81	293
1941	57	45	68	170	248	70	318
1942	83	16	66	165	135	85	220

资料来源：据《二十八年至三十一年四年来飞行失事重要统计图》，第5页"图三：最近四年本会飞行失事伤亡人数比较（包括驾驶员及同乘）"、第8页"图六：最近四年本会飞行失事损毁飞机架数比较"整理而成。

---

①　叶惠芬编辑《蒋中正总统档案：事略稿本》第57册，台北，"国史馆"2011年版，第53—55页。
②　王正华编辑《蒋中正总统档案：事略稿本》第60册，台北，"国史馆"2011年版，第286—287页。
③　1938年以前中国空军飞行失事的相关案卷于航委会迁至成都时在桂林被毁，故无从查考。参见《二十八年至三十一年四年来飞行失事重要统计图》，航空委员会飞行失事审查委员会，1943年2月，第1页。

　　一般而言，考察全面抗战时期中国空军飞行失事频发整治的实效，首先须关注战时中国空军飞行失事频次的变化。由表 2 可见，无论部队还是学校的单项值，抑或两者的总计值，1939—1942 年中国空军飞行失事次数大体皆呈波动下降趋势，尤以 1942 年皆降至最低值，分别为 127 次、66 次和 193 次。又据飞行失审会核算，1940—1942 年中国空军飞行失事率（每飞行 1000 小时失事之次数）分别为 1.8（每飞行 500 小时失事 1 次）、4.32（每飞行 231 小时失事 1 次）和 2.88（每飞行 347 小时失事 1 次）。①可见，战时中国空军飞行失事频发的整治已初见成效，失事次数逐渐减少，飞行失事率也渐有降低。

　　其次，探究全面抗战时期中国空军飞行失事频发整治的实效，还须关注机载人员伤亡人数与飞机损毁架次的变化情形。由表 3 可知，总体而言，航委会整治战时中国空军飞行失事频发在减少各类损失方面也取得一定成绩，但实际效果颇有反复和起伏。如就机载人员伤亡数而言，1939—1942 年中国空军历年死亡人数和伤亡总人数均呈波动增长趋向，然重伤人数和轻伤人数呈现波动下降趋势，以 1942 年重伤人数降幅较为显著，相较于 1941 年，降幅高约 64.4%。再从 1939—1942 年历年中国空军飞机损毁数情况来看，无论损毁架数，抑或损毁总计数，都呈现波动减少的趋向，其中以 1942 年飞机损伤架数降幅较为明显，相较于 1941 年，降幅约为 45.6%。但颇为遗憾的是，毁废飞机架数出现先降再升的起伏演变情势。

　　再次，结合表 4 和表 5 中关于全面抗战时期日本航空兵在华被击落与击毁飞机架次，以及日本航空兵在华被俘或击毙及行踪不明人数的调查统计数据，可进一步说明国民政府军事当局整治战时中国空军飞行失事频发与提升战时中国空军战力的实际效果。

---

　　① 《二十八年至三十一年四年来飞行失事重要统计图》，第 1、3 页 “图一：最近三年本会飞行失事率及死难率之比较”。

表4 1937年8月至1945年7月日本航空兵在华被击落与击毁飞机架次调查

单位：架

时间	1937年8—12月	1938年	1939年	1940年	1941年	1942年	1943年	1944年	1945年1—7月	合计
被我盟空军击落者	91	130	33	16	5	118	149	254	12	808
被我盟空军击毁者	43	136	71	14		38	53	169	1	545

原注：1.原表之数字均有可靠之证件为据；2.敌机之损失，如于原表制成后续有，查明证实者，于次月调制时改正；3.因苏联援华空军志愿队于1937年12月参与中国抗战，故该年12月以前之日机损失均为中国空军独立击落或击毁。

资料来源：据《抗日战争正面战场》（下），第2022—2023页"敌机在我境内损失总计一览表"整理而成。

表5 1937年8月至1945年7月日本航空兵在华被俘或击毙及行踪不明人数调查

单位：人

时间	1937年8—12月	1938年	1939年	1940年	1941年	1942年	1943年	1944年	1945年1—7月	合计
被俘	22	19	5	10	4	13	7	48	33	161
击毙	339	383	295	158	165	387	313	410	61	2511
逃走	15	17	8	16	10	8	3	15		92
总计	376	419	308	184	179	428	323	474	94	2764

原注：1.调查证实者合计。2.以机种之损失数目推测之当有。3.上表判断日本航空兵之伤亡总数，系依据下列数字推算（1937年8月至1945年7月，共计2764名）：（1）重轰炸机每机7人；（2）驱逐机每机1人；（3）轻轰炸机、侦察机、水上机、攻击机，每机2人，九九双轻轰炸机4人；（4）运输机及机种不明机（根据其被毁状况判断之，以双座以上之飞机为多），每机平均3人。

资料来源：航空委员会参谋处第二科编制《敌空军在我境内被俘或击毙及行踪不明统计一览表》，《抗日战争正面战场》（下），第2021页。

结合表4、表5及相关史实可知，总体而言，因全面抗战时期敌我空战总体实力的差异变化，并伴随中国战局和太平洋战场形势的发展，以及苏、美两国先后参与中国空军抗战，无论日机在华被击落与击毁架次，还是在华被俘或击毙及行踪不明的日本航空兵人数，大体皆呈先增后降再升的曲折演变态势。其中，1941年无疑是中国战场空军战绩的重要分界线。因1941年4月13日《苏日中立条约》的签订和同年6月22日苏德战争的爆发，苏联开始全力转向对德军事对垒，于是逐渐减少对华军事援助，苏联援华空军志愿航空队也分批撤回。而美国志愿援华航空队虽于 1941 年 8 月 1 日正式成立，但迟至该年 12 月下旬才开始参与缅北和滇西等地的对日作战。① 因此，中国空军再度于 1941 年陷入各类航空器材和飞行员紧缺的艰窘境地。而性能优于苏制 E-15、E-16 战斗机的日本零式战机于 1940 年投入中国战场实战应用并逐步取得一定效果，以同年 9 月 13 日璧山空战中中国空军的惨重损失较为典型。战后调查显示，此役中国空军参战的 34 架飞机总计被击落 13 架、击伤 11 架，飞行员战死 10 人、受伤 9 人。而日本航空兵参加此役共有 2 架侦察机、27 架轰炸机、9 架九七式驱逐机、18 架零式驱逐机，这些飞机基本无损伤。因此，中国空军在 1940—1941 年的对日作战中被迫采取守势，并进入了一段"飞机躲警报"的艰难岁月。② 由表 4 和表 5 也可知，中国空军和援华的苏、美空军的对日作战战绩也于 1941 年降至战时的最低值，如该年日本航空兵在华被击落的飞机仅有 5 架，日本航空兵在华被俘或击毙及行踪不明人数总数也降至 179 人，而这也解释了表 2 和表 3 中为何会出现中国空军飞行失事次数和失事损失有所反弹的反常情况。

　　1941 年 12 月太平洋战争爆发后，美国对华军事援助力度增强，乃至直接参与中国的对日空战，中国战场的盟国空军实力得以不断提升。如为扭转因中国空军战力提升迟缓而呈现的对日空战颓势，中美两国政府经过多轮磋商，决议于 1942 年 7 月将美国志愿援华航空队改编为美国陆军第十航空队第二十三大队，次年 3 月又改编为美国陆军第十四航空队，1943 年 10 月再编组中美空军混合大队，并由陈纳德以中国空军参谋长身份负责中国空军的指挥作战。③ 至此，中国战场的对日空战逐渐转变为由美籍军官主导下的中美联合作战。又因日本偷袭珍珠港后大批航空兵转向太平洋战场，相对减少了对华空袭威胁，④ 而在美国的援助下，中国空军自 1941 年起分批转赴印度和美国整

---

① 空军司令部情报署编印《空军抗日战史》第 6 册，1947 年，第 7—8 页。
② 朱力扬：《中国空军抗战记忆》，第 240—242、249 页。
③ 参见《空军美志愿队成立及改组经过》（1941 年 8 月至 1945 年 7 月），《蒋中正电宋子文如果美国愿与中国合作则将派陈纳德与中国要员飞美国接洽》，台北"国史馆"藏"蒋中正总统文物·革命文献"，002/020300/00025/001。
④ 唐学峰：《中国空军抗日战史》，四川大学出版社 2000 年版，第 227 页。

训，①战斗力得以逐步回升，中美联合对日空战于1944年基本夺回了中国战场的制空权，②对日战绩也跃升至战时的最高值。如由表4与表5可知，1944年日本航空兵在华被击落和击毁的飞机总数即增至423架，该年日本航空兵在华被俘或击毙及行踪不明的总人数也增至474人，这也解释了表2与表3中1942年中国空军飞行失事次数和失事损失为何会再现下降趋向。

四　结语

空军作为一种兼具高技术和高风险的特殊军种，飞行失事风险几乎等同于作战风险，在战斗力生成上面临的问题尤其复杂、特殊和困难。因此，除战绩和战损等方面，飞行失事发生率无疑是衡量空军战力的主要指标之一。

全面抗战时期中国空军各类飞行失事事件频发，其具体诱因纷繁复杂，根本原因是国民党空军编练指导思想混乱与训练成效不彰。为整治战时中国空军飞行失事频发的问题，航委会逐步改进飞行失事调查与审查制度，采取在实战中解决飞行失事问题的方针和改用美式训练模式，明定奖惩机制与加强纪律监督，设法增加各类航空器材的外购数量和提升自我修造能力，努力适应复杂自然环境和重视飞行员人身健康安全，加快完善配套设施和健全空军体系等措施。这些措置的陆续推行，确曾使战时中国空军的飞行失事次数、机载人员伤亡人数与飞机损毁架次等项指标大体皆呈现波动下降趋向，整治飞行失事频发成效初步显现。但受敌我空战总体实力变化和远东太平洋战场形势演变的牵引，并受飞行失事调查和审查制度执行不力，及部分空军人员纪律不严和因袭旧习等弊病的掣肘，整治战时中国空军飞行失事频发的历程相对曲折，治理的实效时有起伏，乃至在一定程度上影响了全面抗战时期中国空军总体战力的稳步提升。

（梁善明，广西民族大学民族学与社会学学院讲师）

---

① 参见姚峻编《中国航空史》，第108页。
② 朱力扬：《中国空军抗战记忆》，第285页。

1940年宁波鼠疫"敌机散毒"考

周东华

最近几年，有关公共卫生与传染病防疫问题，成为各界关注的热点。从事疾病史、卫生史和防疫史研究的史学工作者，从历史角度，尤其是近代中国历史中观察传染病防治的经验教训。有一位历史学者就抗战时期鼠疫及其防治史发表访谈，宣称"侵华日军的鼠疫战是建构的，并不是历史的真实"。在他看来，"民国时期的老百姓会作假，卫生防疫人员会作假，政府部门会作假，日本军医会作假，作战参谋也会作假"，"我们的学者只将对他们有利的材料拿出来说事，证明日军有罪，以至于此事变成定论"。他认为是"战时的民族主义与战后的民族主义，共同造成了这一结果"，称目前他正在研究浙江衢州、金华、宁波，还有湖南常德的侵华日军鼠疫战,"推翻定论,就是我现在的工作"。^①该学者"推翻定论"的专题论文尚未见到,但其在访谈中就抗日战争时期日军鼠疫战提到的"中日亲历者的史料造假""学者只将对他们有利的材料拿出来说事""侵华日军鼠疫战不是历史的真实""中国持续的民族主义'建构'根源"四点,足以引起研究者的重视与反思。

与该学者认定侵华日军的鼠疫战,尤其是 1940 年浙江鄞县^②、衢县和金华三地鼠疫战是"建构"的不同,从 1943 年金宝善刊文论及 1940 年浙江细菌战,到 1985 年徐绍全发表《日本侵略者在浙江的细菌战述略》一文,再到 2019 年浙江省委党史和文献研究室、浙江省档案馆合编出版《日军侵浙细菌战档案资料汇编》(第 7—10 册),近藤昭二和王选主编出版《日本生物武器作战调查资料》(全 6 册),中日学者一致将 1940 年浙江鼠疫肇因归于石井四郎及 731 部队的侵华日军细菌战。^③

1940 年鄞县、衢县、金华三地的鼠疫和 1942 年浙赣战役期间金华、

---

① 曹树基:《瘟疫与防疫,在历史与现实之间的魔幻交替》,《新京报》2020 年 2 月 19 日,https://baijiahao.baidu.com/s?id=1658950259045715363&wfr=spider&for=pc,2020 年 2 月 23 日访问。

② 抗日战争时期(1931—1945 年),无"宁波"建置,时称"鄞县"。1940 年鄞县鼠疫,指 1940年发生在今宁波市中心开明街一带的鼠疫。本文"鄞县"与"宁波"并用,实指同一地域。另,文中"衢州"与"衢县"的使用亦相同。特此说明,并感谢匿名评审专家提醒此点。

③ P. Z. King, "Bacterial Warfare," *The Chinese Medical Journal*, Vol.61, No.3, July-September, 1943, pp. 259-263; 徐绍全:《日本侵略者在浙江的细菌战述略》,《宁波师院学报》(社会科学版)1985 年第 3期; 吉见义明·伊香俊哉「日本軍の細菌戦」戦争責任資料センター『季刊・戦争責任研究』第 2期、1993 年冬季号; 森正孝·糟川良谷編『中国侵略と七三一部隊の細菌戦』明石書店、1995 年;〔日〕森正孝:《日军细菌攻击的初步展开》,《浙江学刊》1997 年第 4 期; 朱雪芬:《日军在宁波实施细菌战及其原因简析》,《宁波高等专科学校学报》2000 年第 1 期; 包晓峰:《日军对浙江实施细菌战的罪行综述》,《党史研究与教学》2005 年第 4 期; 魏巍:《1940 年日军对宁波细菌战的几点研究》,《中共宁波市党校学报》2005 年第 4 期; 韩雯:《保存在国外档案馆的有关浙江细菌战的几则史料》,《浙江档案》2005 年第 9 期; 朱清如:《侵华日军衢州、宁波细菌战致死居民人数考》,《军事历史研究》2015 年第 1 期; 赵晓红:《1940 年代浙江鼠疫流行与政府应对》,《浙江档案》2015 年第 5 期; 韩李敏:《档案是历史的真实记录——谈〈日军侵浙细菌战档案资料汇编〉编纂的几点体会》,《浙江档案》2017 年第 7 期; 汪鹤飞:《侵华日军实施宁波细菌战的史料实证研究》,《宁波广播电视大学学报》2017 年第 4 期; 日本軍による細菌戦の歴史事実を明らかにする会編著『細菌戦が中国人民にもたらしたもの : 1940 年の寧波』明石書店、1998 年; 中共浙江省委党史研究室编《日军在浙江细菌战专题研究》,浙江人民出版社 2015 年版; 竹内康人『日本陸軍のアジア空襲 : 爆撃·毒ガス·ペスト』社会評論社、2016 年; 中共浙江省委党史和文献研究室、浙江省档案馆编《日军侵浙细菌战档案资料汇编》(1—10 册),浙江人民出版社 2015—2019 年版; 近藤昭二、王选编《日本生物武器作战调查资料》(全 6 册),社会科学文献出版社 2019 年版。

丽水、衢县地区的鼠疫，究竟是肇因于自然疫源地还是侵华日军细菌战？是亲历者的史料造假还是研究者的误读？是史学工作者的史实"重构"还是民族主义的历史"建构"？回答这些问题的起点是"史料"。

有关1940年浙江鼠疫的基础史料，日方主要有两类：第一类是日军细菌战部队未销毁的资料，其中最重要者是金子顺一的研究报告和井本熊男的工作日志；第二类是战后伯力审判等日军战俘的口供或回忆证词。中方主要有三类：第一类是中国各级政府档案，核心史料是容启荣浙江鼠疫调查材料和浙江省各级政府的往来公文、电报等；第二类是报刊史料，尤其是1940年浙江鄞县、衢县等地出版的报纸；第三类是亲历者的回忆、口述文字。鉴于已有研究尚未系统、综合、对比运用这些基础史料，本文将系统梳理、对比鉴别、综合运用上述史料，以1940年鄞县鼠疫战为例，破解侵华日军细菌战的真相。

一　寻找"白色烟雾"：鄞县报刊中的"敌机散毒"

1949年伯力城审判日军战犯柄泽十三夫的起诉书记载："1940年9月，石井将军带了部队内其他一部分军官到汉口去，同年12月返回了本部队。据那些随同石井将军到过汉口的军官转回来时说，使用染有鼠疫跳蚤一举，业已奏效。散布跳蚤的结果引起了鼠疫流行症。参加过那次远征队的野崎少佐曾拿出一份中国报纸给我看，报纸上有篇论文指出说，宁波一带发生了鼠疫。"[①]当检察官问："这报纸上记载有什么消息呢？"柄泽回答："据我记得，这报纸上写过，在宁波一带发生此次瘟疫之前，有数架日本飞机在上空飞过时掷下过某种东西。"检察官追问："你亲自看见过这段新闻么？"柄泽回答："是的，我亲自看见过。"[②]

根据柄泽十三夫的供词，石井四郎率731部队于1940年9—12月在

---

① 《起诉书·在对华战争中使用细菌武器》，《前日本陆军军人因准备和使用细菌武器被控案审判材料》，莫斯科，外国文书籍出版局1950年版，第24—25页。该书同时出版俄文版和中文版，本文使用的是中文版，下文不再一一注明。

② 《被告柄泽受审经过》（1949年12月26日早庭审讯），《前日本陆军军人因准备和使用细菌武器被控案审判材料》，第280—281页。

鄞县发动过细菌战实战试验,其中鼠疫战"奏效",其实战效果为鄞县当地报纸所证实。这就提醒我们,在探究 1940 年鄞县鼠疫发生原因时,可追溯当时该地出版的报纸。《时事公报》和《宁波民国日报》是当时鄞县发行量最大的两份报纸,学者们在整理、探究宁波史时,所利用的报刊也主要是这两份报纸。具体到 1940 年鄞县鼠疫,学者们梳理和利用的主要是 1940 年 10 月 22 日至 29 日的《时事公报》,这对弄清楚 1940 年 9—12 月日军的空袭及细菌战,是远远不够的。实际上,仅 1940 年 10 月这一个月,《时事公报》刊登了日机侵扰鄞县 10 天、至少 27 次的消息,具体如下。1940 年 9 月 30 日 7 点 45 分临山上空发现敌机一架,本埠发出防空警报。"该机过百宜、绍兴,向西北出海而没。"[①] 10 月 3 日"本埠昨发警报 6 次,敌机在沿海一带窥察,并在本埠上空散发荒谬传单"。[②] 10 月 5 日日机 4 次侵扰鄞县。[③] 10 月 6 日 4 架日机 3 次侵袭鄞县地区。[④] 10 月 8 日日机 4 架 4 次侵扰鄞县,投弹 9 枚,炸死 2 人,伤 5 人。[⑤] 10 月 11 日一架日机过甬。10 月 17 日日机 5 次侵扰鄞县。[⑥] 10 月 25 日晨 7 点 8 分敌机在曹娥投弹 2 枚后,向西北逸去。[⑦] 10 月 27 日敌机 3 次从鄞县上空掠过。10 月 31 日,日机又 2 次飞过鄞县城区。[⑧] 从 10 月份日机空袭鄞县主城区情况看,主要有两类,即实弹空袭和散发传单,并无"敌机散毒"字样的新闻报道。

进入 11 月后,鄞县当地报纸开始刊登鄞县鼠疫消息。11 月 2 日《时事公报》称,鄞县城关镇开明街于 10 月 30 日"发现流行急性疾病,蔓延甚烈",三日内不治身死者已达 10 人以上,其病状"恶寒、发高烧,旋即不省人事,临死有腹泻"。[⑨] 鄞县卫生院收到报告后,"将细菌作初步研究

① 《敌机一架昨晨过绍》,《时事公报》1940 年 10 月 1 日,第 2 版。
② 《甬六次警报敌机投荒谬传单》,《时事公报》1940 年 10 月 4 日,第 2 版。
③ 《敌机四架袭奉化》,《时事公报》1940 年 10 月 6 日,第 2 版。
④ 《敌机四架昨袭宁海溪口两地》,《时事公报》1940 年 10 月 7 日,第 2 版。
⑤ 《敌机昨袭慈溪》,《时事公报》1940 年 10 月 9 日,第 2 版。
⑥ 《敌机昨袭五夫》,《时事公报》1940 年 10 月 18 日,第 2 版。
⑦ 《敌机一架昨袭曹娥》,《时事公报》1940 年 10 月 27 日,第 2 版。
⑧ 《昨晨敌机一架飞甬投荒谬传单》,《时事公报》1940 年 10 月 28 日,第 2 版;《敌机昨日两度过甬》,《时事公报》1940 年 11 月 1 日,第 2 版。
⑨ 《市区发现传染病,卫生院设法防治》,《时事公报》1940 年 11 月 2 日,第 2 版。

后，觉与鼠疫相似"。[1] 华美医院院长丁立诚认为"尚未能断定其为真实鼠疫"。[2] 11 月 4 日，经过鄞县政府卫生指导室、鄞县卫生院、鄞各公私立医院救治检验，"已可断定其为鼠疫"。[3] 华美医院"经过解剖与细菌检查，已可确定此次所流行之疫症确系鼠疫"。[4] 在确认开明街染疫病情为鼠疫后，鄞县各级政府开始了鼠疫防治战。县长俞济民发布《鄞县县政府布告》第291 号，称"我们宁波不幸发生鼠疫巨祸"，必须"严厉封锁"，为此"布告全县民众一体遵照"，"不论亲友一律拒绝收容"；[5] 设立隔离区和隔离医院，在报刊宣传鼠疫防治条例等。鄞县的鼠疫防治战积极有效，鼠疫蔓延很快得到有效控制。

从《时事公报》刊登的新闻来看，11 月 29 日才出现第一则"敌机散毒"报道，是关于日机在金华投毒的消息，"敌机袭侵金华，除投毒外，并投放革兰氏阴性杆菌，图加害我无辜民众"。[6] 同日有关鄞县鼠疫防治的新闻有相当篇幅，但丝毫没有谈及鄞县波鼠疫病源系日机空投所致。12 月3 日刊登的报道称本省鄞县、衢县先后发生鼠疫，"疫菌传系敌机投下。证之近来敌机屡次在金华散布白黄色粉粒，不为无因。敌人居心险恶，放毒事属可能"。[7] 按照"敌机……散布白黄色粉粒"或"敌机投下"的字样判断，1940 年 12 月前的鄞县报纸都没有刊登"敌机散毒"新闻。这样的判断是否准确呢？

从既有研究看，学者大都未能逐日阅读 1940 年 10 月 1 日至 11 月 30日鄞县当地的《时事公报》和《宁波民国日报》等报纸，有可能遗漏了"敌机散毒"的新闻报道。实际上，在 1940 年 10 月 5 日日机第四次侵袭鄞县时，《时事公报》和《宁波民国日报》都有关于"敌机散毒"的报道，只是当时没有用"敌机散毒"字样。《时事公报》称："第四次警报，15 时

---

① 鄞县卫生院：《谈鼠疫》，《时事公报》1940 年 11 月 3 日，第 1 版。
② 《医师谈话》，《时事公报》1940 年 11 月 4 日，第 1 版。
③ 《东后街之传染病断系鼠疫，疫区已加封锁》，《时事公报》1940 年 11 月 4 日，第 1 版。
④ 鄞县卫生院：《对于鼠疫之防治措置》，《时事公报》1940 年 11 月 5 日，第 1 版。
⑤ 《鄞县县政府布告》第 291 号，《时事公报》1940 年 11 月 5 日，第 1 版。
⑥ 《敌机袭金华散发毒菌》，《时事公报》1940 年 11 月 29 日，第 2 版。
⑦ 《敌机投放毒药与鄞衢两地鼠疫不为无因》，《时事公报》1940 年 12 月 3 日，第 1 版。

12 分，余姚庵东闻有机声，本埠当发空袭紧急警报。旋在临山发现敌机二架，经余姚、慈溪，窜入本埠上空盘旋，先散放（白）色烟雾，继即散发红绿纸荒谬传单，后来折回慈溪、余姚、临山。"①《宁波民国日报》称："下午三时十二分，余姚庵东由南至北闻敌机声，本埠再发第四次空袭紧急警报，旋在临山上空发现敌机二架，经余姚、慈溪侵入甬空盘旋，散发荒谬传单，但多落在乡间偏僻地点，当时机后有白烟二道缭绕，历久始消逝。"②两份报纸的新闻报道大同小异，都记录了两架日军飞机盘旋于鄞县上空，散发荒谬传单，施放白色烟雾，许久才散去。这两股"烟雾"是什么？按照日俘西俊英的说法，1940 年鄞县鼠疫战中，日军撒下的是"一股带有鼠疫跳蚤的烟气"，并不是掺杂鼠疫跳蚤的小麦或粟米。

　　日俘西俊英 1949 年 12 月 26 日晚庭审记录显示，当法官让他交代在731 部队内"亲自看见过一些什么有关于在中国内地进行远征的情形"时，西俊英答他"看见过一部说明第 731 部队所派远征队于 1940 年间在华中一带动作情形的纪实影片"。这部"纪实影片"最先映演的是"装有染上鼠疫跳蚤的器皿怎样安置到机身下面去"，然后映演"撒放器怎样安置到飞机翅膀上去"，并有"一段解释说明这一器皿内盛有鼠疫细菌"。四五个人坐上飞机后"就飞到了敌军上空"，镜头中出现"飞机动作，中国军队移动及中国村庄情景"，接着"就出现有一股烟气脱离飞机翅膀向下坠去"，随后有一段解释，"说明这股烟气乃是撒放到敌军头上的鼠疫跳蚤"，然后飞机飞回机场，银幕上出现"作战完毕"字样。飞机降落后，有消毒人员来对飞机消毒。石井四郎和碇常重下机后，影片出现"战果"二字，"映出一份中文报纸以及从这份中文报纸上译成日文的一段消息"，解释文上说"在宁波一带忽然间发生了强烈的鼠疫流行病"。影片最后一组镜头是"中国卫生队身穿白大衫在发生鼠疫的地区消毒情形"。③西俊英的供词提供了日军 1940 年鄞县鼠疫战两个最重要但一直为人忽视的细节。第

---

①《敌机四架袭奉化》，《时事公报》1940 年 10 月 6 日，第 2 版。

②《敌机昨结约袭击奉化，侵入本埠散发荒谬传单》，《宁波民国日报》1940 年 10 月 6 日，第 2 版。

③《被告西俊英受审经过》（1949 年 12 月 25 日晚庭审讯），《前日本陆军军人因准备和使用细菌武器被控案审判材料》，第 264 页。

一，石井四郎如何从飞机上将鼠疫跳蚤投掷到鄞县：装有鼠疫跳蚤的器皿被安装到撒放器上，飞到鄞县上空后，“一股烟气脱离飞机翅膀向下坠去”，这股“烟气”中有鼠疫跳蚤。第二，鄞县中文报纸上刊登的是鄞县一带忽然间出现强烈鼠疫流行病，中国卫生队正在防疫的消息。这与前文所引1940年10月底至11月底《时事公报》和《宁波民国日报》所刊登的鄞县鼠疫及防治新闻内容高度一致。日军用飞机直接投掷鼠疫跳蚤，而非投掷掺杂鼠疫跳蚤的小麦或粟米。这就能解释为何1940年10月1日至11月15日《时事公报》刊载的日机空袭报道和鼠疫报道中，丝毫没有关于日机投掷小麦或粟米的内容。

　　10月5日《时事公报》和《宁波民国日报》的新闻报道，与西俊英伯力供词提供的石井四郎飞机投掷鼠疫跳蚤细节“一股烟气”十分吻合，证明日军对鄞县的鼠疫战发生在10月5日，日军1940年鄞县鼠疫战的主要方式是“敌机散毒”。日军1940年鄞县鼠疫战采取的是最直接的高空撒放鼠疫跳蚤方式，“效果”不佳，直到10月29日才出现第一例鼠疫病患，中间隔了24天，而非现在定论的2天。这一时间间隔，与衢州日机播撒含有鼠疫跳蚤的麦子到第一例鼠疫病发的30天时间比较接近。因为鄞县鼠疫战是一次实战试验，石井四郎和日军高度保密，中国方面无从知道10月5日飘旋在鄞县城区上空久久不散“一股烟气”就是石井四郎投下的带有鼠疫跳蚤的毒气。那么，日军这一次实战试验为何采取这样一种实效不佳的“敌机散毒”方式呢？

二　拙劣的实战试验：日方史料中的“雨下法”撒毒

　　柄泽十三夫在1949年12月6日受审时供述有关石井四郎1940年在华中地区进行细菌战的三条重要信息。其一，1940年下半年柄泽的组员为石井四郎的远征队准备了“70公斤伤寒菌和50公斤霍乱菌”以及“染上鼠疫的跳蚤”；其二，石井四郎远征队的作战对象是华中地区，目的是“在具体战斗环境下进行探求大量散播细菌方法的实验”；其三，石井四郎此次“实验”产生效果的是“鼠疫跳蚤”，“石井将军远征队在1940年间使用鼠疫跳蚤，结果在散播此种跳蚤的地区内引起了鼠疫"。[1] 12 月 16 日，滨海军区军事检查官、上校法官毕列左夫斯基的起诉书援引柄泽十三夫的口供，进一步补充了有关"鼠疫跳蚤"的细节："我从第二部人员方面听到，第二部内为石井将军远征队培养了 5 公斤染有鼠疫的跳蚤，以便用去散布鼠疫。"[2] 也就是说，1940 年 731 部队第二部一共生产了 5 公斤染有鼠疫的跳蚤，供石井四郎远征队使用。

柄泽十三夫的两份口供没有说明石井四郎远征队究竟到华中哪些地区进行了细菌战。西俊英供称，"我还知道日军两次实际使用第 731 部队内所造细菌武器的事实"，其中第二次是"1940 年 5 月至 7 月间，由石井中将率领的第 731 部队远征队在华中宁波一带使用过鼠疫菌去攻击中国军队，方法是用飞机散播鼠疫跳蚤"。西俊英说他的信息来源是"训练部保险柜内发现的文件"，"文件上载明远征敢死队员担负有使用致命细菌的任务"。[3] 西俊英的口供明确石井四郎 1940 年在华中地区的"宁波一带"实施了鼠疫战。

结合柄泽和西俊英的口供，1940 年石井四郎对宁波实施了细菌战：采用飞机空中投下伤寒菌弹、霍乱菌弹和鼠疫跳蚤。那么，为什么鄞县只发生了鼠疫？在伯力审判中，日军细菌战战俘的口供，提供了石井四郎与日军 1940 年细菌战的诸多细节。

第一，飞机投掷和地面散布是日军实施细菌战的两种基本方式。伯力审判中，接任梅津美治郎担任关东军总司令的山田乙三在 1949 年 11 月 15 日的审讯中供称，他于 1944 年 8 月视察 731 部队，时任 731 部队长北野少将向他汇报，731 部队的"宗旨和任务"有两个，即"第一，是经管关东军内的防疫和给水事宜，第二，是研究各种与准备细菌战手段有关的问题"。在解释使用细菌武器的"手段和方法"时，北野称："在必须使用细

---

① 《被告柄泽十三夫受审记录》(1949 年 12 月 6 日)，《前日本陆军军人因准备和使用细菌武器被控案审判材料》，第 69—70 页。

② 《起诉书·在对华战争中使用细菌武器》，《前日本陆军军人因准备和使用细菌武器被控案审判材料》，第 24—25 页。

③ 《被告西俊英受审记录》(1949 年 12 月 6 日)，《前日本陆军军人因准备和使用细菌武器被控案审判材料》，第 66 页。

菌来进行军事破坏时，是采在地面上散布的方法；而在广泛使用细菌武器时，则用飞机来投掷。"① 在 11 月 17 日的审讯中，法官问"请你说说，究竟研究出了使用细菌武器的哪些方法呢？答：据我所记得的，使用细菌武器的基本方法和最有效方法，原是从飞机上散布以及在地面上直接施放细菌。从飞机上散布时，是把细菌装在一种特制炸弹内，或者由飞机上的一种特别装置散播下来。直接在地面上施放时，用细菌去传染蓄水池、牧场和牲畜"。②

第二，石井四郎"秘密中的秘密"。前日军关东军军医务处长梶塚隆二于 12 月 27 日早庭审讯时，"问：石井四郎什么时候对你说过该部队'秘密中的秘密'呢？答：我记得是在 1941 年初。问：第 731 部队长石井大佐对你谈论的该部队'秘密中的秘密'究竟是什么呢？答：'秘密中的秘密'，就是在准备细菌战方面进行研究及他种工作，以及这种工作的结果和用活人进行的实验。……问：石井曾认为何种传染病媒介物是最适合将来细菌战目的的呢？答：他在当时就已认为鼠疫跳蚤最为适合"。③ "问：你曾知道使用细菌武器对付中国人的事实么？答：我是在 1944 年初从北野少将口中知道这点的。问：北野对你说过什么，以及当时有谁在场？答：他是在关东军司令部里，即在我的办公室里说及此事的。当时没有任何其他人在场。他当时对我说，石井部队内派出了由几个人组成的远征队，该远征队带着必需数量的器材到上海以南地区去动作，从空中撒放了鼠疫跳蚤。同时他还说这次实验所得的结果是很不错的。问：可见，北野将军当时向你报告了实际使用那些曾由石井初次通知你说是最有效细菌武器的鼠疫跳蚤，这是对的吧？答：是的，对。"④ 从梶塚隆二的供词可知，石井四郎的"秘密"是细菌战实验及实战试验；其"秘密中的秘密"是"最有

---

① 《山田乙三受审记录摘录》（1949 年 11 月 5 日），《前日本陆军军人因准备和使用细菌武器被控案审判材料》，第 92—93 页。

② 《山田乙三受审记录摘录》（1949 年 11 月 17 日），《前日本陆军军人因准备和使用细菌武器被控案审判材料》，第 96—97 页。

③ 《被告梶塚继续受审经过》（1949 年 12 月 27 日早庭审讯），《前日本陆军军人因准备和使用细菌武器被控案审判材料》，第 313—314 页。

④ 《被告梶塚继续受审经过》（1949 年 12 月 27 日早庭审讯），《前日本陆军军人因准备和使用细菌武器被控案审判材料》，第 315 页。

效细菌武器是鼠疫跳蚤"和人体实验。因此，无论是日军大本营还是关东军，都批准石井四郎进行鼠疫战的实验和实战试验。

第三，鼠疫跳蚤"雨下法"是"行之有效"的细菌战方式。梶塚隆二于 1949 年 10 月 23 日受审时供称石井四郎于 1941 年 2 月在长春的办公室内亲自向他汇报"将细菌直接装在飞机弹内投撒的方法是很少有成效的"，因为强大的空气阻力以及温度过高，像赤痢菌、伤寒菌、副伤寒菌、霍乱菌和鼠疫菌"这类不大坚韧的细菌，几乎是百分之百的死去"。一种"效力更大得多的细菌投掷法""是不把细菌'赤裸裸的'投掷下去，而是把它同媒介物一块，即同虫类，特别是同跳蚤一块投掷下去"。对此，石井四郎的依据是"跳蚤是最富有生命力的虫子，把跳蚤染上鼠疫后，就从飞机上投掷下去，而寄存在跳蚤体内的鼠疫菌，便能顺利地同跳蚤一起落到地面上"。对于鼠疫跳蚤的实战效果，石井说"对这个问题的研究工作尚未结束"。[①] 梶塚隆二的口供清楚表明，石井四郎在 1941 年 2 月已清楚知道飞机投掷"鼠疫跳蚤"的效力远超飞机投掷细菌弹，且已经开展了实战"研究工作"。

石井四郎曾担任"荣"字 1644 部队长，接替者是曾在石井部队中服务的大田大佐，小野寺中佐则担任该部队总务部长。1940 年 12 月至 1943 年 2 月担任驻广州"波"字第 8604 部队长的佐藤接任"荣"字 1644 部队长。他在审讯中供称："我曾亲自听到太〔大〕田大佐及小野寺中佐说，1940 年在宁波一带，1941 年在常德一带，1942 年在浙赣动作时，均使用过细菌武器。并且当时所使用的，都是从飞机上撒放的鼠疫跳蚤。"[②] 10 月 25 日晚川岛清受审记录显示，法官问"打算用什么方法把鼠疫跳蚤当做细菌武器来使用呢？答：在我服务期间被认为最有效方法的是从飞机上撒放跳蚤。问：在到中国远征时也是从飞机上撒放跳蚤的么？答：是的，确实是这样。问：这是些染有鼠疫的跳蚤么？答：是的。当时利用鼠疫跳蚤在

---

① 《梶塚隆二受审记录摘录》（1949 年 10 月 23 日），《前日本陆军军人因准备和使用细菌武器被控案审判材料》，第 104—105 页。

② 《被告佐藤受审经过》（1949 年 12 月 27 日早庭审讯），《前日本陆军军人因准备和使用细菌武器被控案审判材料》，第 326 页。

改进型细菌攻击的目的，是要引起鼠疫流行病"。①

第四，推广"雨下法"，实施鼠疫战。1940年石井四郎在浙江的细菌战，导致鄞县、衢县和金华三地的鼠疫流行。石井四郎以此为"战功"游说日军参谋本部，在日军侵略战争中加大使用细菌战，尤其是鼠疫战。川岛清在受审时说："我记得，1941年6月，当石井将军从东京转回来后，他把本部队各部部长召集到自己办公室内开会，当时他通知我们说，他向日军参谋本部报告过，说第731部队已研究好了用染有鼠疫跳蚤作为细菌武器的方法，说这方面所达到的成绩可以大规模地使用去达到战争目的。石井告诉我们说，参谋本部对本部队工作成果极为称赞，并指示我们要特别注意于改进并继续研究细菌作战武器。"②山田乙三也供称："根据石井关于使用特种细菌弹的报告所作出的决定，是我的前任梅津将军采取的。我在查阅了石井的报告后，也认可了这种使用法……我个人认为使用鼠疫跳蚤一法效力极大，所以就认准了北野地报告以及他提议的细菌武器使用法。"③也就是说，自1940年浙江鼠疫战获得效果后，在石井四郎的鼓吹下，日军已将鼠疫战作为对华细菌战的重要方式。

伯力城受审的日军战俘口供确定1940年鄞县鼠疫战是日军在华中地区首战，采用飞机上撒放鼠疫跳蚤的方式，即"雨下法"。但正如柄泽十三户供称的："因为这次实验是在敌军领土内进行的，所以实验结果未能确切查明。"④日军口供对这场"首战"的时间和具体"效力"等，未有说明。近几年日本学者发现的《井本日志》和金子顺一的研究报告，为揭开1940年日军鄞县鼠疫战提供了可能。

据《井本日志》记载，9月10日，奈良部队的大田中佐、增田大尉联络，确定"10/9搜索，宁波和衢县作为目标是否适当。"9月18日他再

---

① 《被告川岛受审经过》（1949年12月25日晚庭审讯），《前日本陆军军人因准备和使用细菌武器被控案审判材料》，第264页。
② 《川岛清受审记录摘录》（1949年10月23日），《前日本陆军军人因准备和使用细菌武器被控案审判材料》，第119页。
③ 《山田乙三受审记录摘录》（1949年12月1日），《前日本陆军军人因准备和使用细菌武器被控案审判材料》，第101—102页。
④ 《被告柄泽受审经过》（1949年12月26日早庭审讯），《前日本陆军军人因准备和使用细菌武器被控案审判材料》，第280—281页。

次与奈良部队联络，明确"目标可设为宁波（附近村庄，每平方公里1.5公斤）"及"据山本参谋：1.将稀释弹药大范围投掷，或将大浓度弹药较少次数投掷的两种做法；2.为决定使用雨下法，而使用降落伞一事"等事项。① 由此可知，至少到1940年9月18日，日军确定鄞县为细菌战施行区域，采取方法为飞机"雨下法"，将稀释的细菌弹大范围投掷。

10月7日《井本日志》记录："一、听取奈良部队的状况（山本参谋、福生大佐、大田中佐、金子大尉、增田大尉）：1.运输，迄今为止共6回（其中船运2回）。空运当日达到，船运约需6日，以后使用空运为宜；2.迄今为止攻击6次（依表作了说明），跳蚤1克约1700口；3.期待效果的判定，密探；4.气象测定于杭州将之移至现场，不可使用降落伞（仅指宁波，或为对宁波使用跳蚤）。"② 这又表明到10月7日，日机对"预定目标"一共实施6次"雨下法"攻击，其中针对鄞县特别说明采用了"鼠疫跳蚤"。《井本日志》关于10月7日前对鄞县采取鼠疫战的记录，与前文所述《时事公报》和《宁波民国日报》记载10月5日鄞县城区上空两架日机撒下"白色烟雾"的新闻报道，不仅内容吻合，时间也一致。中日文资料相互印证，可证明"敌机散毒"确有其事。

10月8日，井本熊男接到调令，离开南京，于第二日回到东京，在参谋本部第二课任职。11月25日，日军参谋总长杉山元向"中国派遣军"总司令西尾寿造和关东军司令梅津美治郎下达大陆指令第781号："一、中国派遣军总司令命令，根据大陆指令690号目前正在进行的特殊的毒气弹实验于11月末结束；二、实验结束后所有的人员器材需尽快返回原来所属处；三、特别需要严重地注意保守机密。"③ 从10月8日井本熊男离开南京到11月30日细菌战结束，日军在浙江哪些地方以什么方式实施了细菌战，由于日军对相关档案资料的销毁，目前无法确认。但金子顺一研究报

---

① 吉见義明・伊香俊哉「日本軍の細菌戦」戦争責任資料センター『季刊・戦争責任研究』第2期、1993年冬季号、10—11頁。中译文见李海军等编译《侵华日军细菌战重要外文资料译介》，中国社会科学出版社2018年版，第8—9页。
② 吉见義明・伊香俊哉「日本軍の細菌戦」戦争責任資料センター『季刊・戦争責任研究』第2期、1993年冬季号、第11頁。中译文见李海军等编译《侵华日军细菌战重要外文资料译介》，第9页。
③ 李海军等编译《侵华日军细菌战重要外文资料译介》，第11页。

告的发现，至少证实 1940 年 10 月 27 日日军对鄞县再次实施了鼠疫战。

日本细菌战研究者奈须重雄在日本国立国会图书馆找到的《金子顺一论文集》，是金子顺一于 1940 年 6 月至 1944 年 7 月在陆军军医学校防疫研究室写成的系列研究论文 8 篇。其中第三篇《PX 效果测算法》（陆军军医学校防疫研究报告·第 1 部第 60 号）收录的日军以往 PX 试验效果略算表，证实日军于 1940 年 10 月 27 日在宁波用飞机“雨下”2 公斤染有鼠疫跳蚤的异物，测算出一次感染致死 104 人，二次感染致死 1450 人。[①]

从《时事公报》和《宁波民国日报》的记载看，10 月 27 日，日机三次侵扰鄞县城区，第一次空袭发生于早晨 6 点 47 分，“敌机侵入本埠上空盘旋，并投下荒谬传单”，转向慈溪。[②] 据《宁波民国日报》消息，“首次敌机一架，侵入甬空盘旋，散发荒谬漫画传单”。[③] 根据 10 月 5 日“敌机散毒”新闻，日机使用“雨下法”时，也曾“散发荒谬传单”，因此可以设想，10 月 27 日“敌机散毒”采取的是同样方法，即将鼠疫跳蚤混在可高空抛下且能达到地面的物品中掷下。另外需要提醒的是，10 月 27 日这次“敌机散毒”，选择的时间是早晨 6 点 47 分，按照幸存者钱贵法回忆“那天是阴天”，[④] 6 点 47 分天蒙蒙亮，日机即便撒下“烟雾”，也未能如 10 月 5 日 15 点 12 分这样看得清楚。换句话说，日本再次对鄞县施行“雨下法”投掷鼠疫跳蚤是完全可能的。

参加过 1940 年“宁波作战”的原 731 细菌部队航空班成员松本正一在 2000 年向东京地方法院递交的证词中称，“1940 年夏秋，我奉命在杭州实施了 3 个月的细菌战”，其中“1940 年秋，增田驾驶单发九七式轻型轰炸机，卫生兵今村为投弹手同机，将感染鼠疫的跳蚤放在两个箱子里，箱子被设置在飞机的机翼下。攻击的地区是衢县，称‘衢州作战’”；此后，“增田、平泽、佐伯又驾驶单发九七式轻型轰炸机出动，细菌攻击的目标

---

① 〔日〕金子顺一：《PX 效果略算法》（1943 年 12 月 14 日），〔日〕近藤昭二、王选编《日本生物武器作战调查资料》第 2 册，第 478 页。

② 《昨晨敌机一架飞甬投掷荒谬传单》，《时事公报》1940 年 10 月 28 日，第 2 版。

③ 《敌机昨三掠甬空投大批荒谬传单》，《宁波民国日报》1940 年 10 月 28 日，第 1 版。

④ 《钱贵法谈话摘录》，黄可泰等编《宁波鼠疫史实——侵华日军细菌战罪证》，中国文联出版公司1999 年版，附件三，第 82 页。

是衢州、宁波、杭州，称'宁波作战'。基于前次的失败，放跳蚤的箱子缩小，改成流线型，把五层左右的箱子平摞起来，里面装有跳蚤，投下时用电磁铁控制箱子的前后门，打开后，风力就把跳蚤吹落。箱子放在飞机的机翼下"。[①] 从松本正一的证词看，1940 年 731 部队先在衢县、后在鄞县实施了鼠疫战。由于技术不成熟，"衢州作战"时一个箱子打开，一个箱子未能打开，只能中途扔掉。"宁波作战"时采用的是改进的箱子。在作战时间和方式上，与《井本日志》和金子顺一的记录一致，与西俊英看到的宣传片一致，更与《时事公报》等新闻报道的内容一致。

实战试验效果方面，石井四郎本人也承认采取"雨下法"直接从空中掷下细菌弹的"效力"不佳，除鼠疫跳蚤外，其他的霍乱菌等基本无效。因此，10 月 5 日"敌机散毒"有可能并未产生实际"效力"，鄞县也就没有发生鼠疫流行。而 10 月 27 日的"敌机散毒"，产生了"效力"。从一次感染致死人数看，金子顺一的研究结论"104 人"（截至 12 月 8 日），与《时事公报》统计的 93 人（截至 11 月 28 日）相差不大，与国民政府卫生部门的调查结果"97 人致死"比较接近。金子顺一的研究报告，证实了井本熊男 10 月 8 日离开南京时与增田等人的共同看法："C（霍乱）不行了，P（鼠疫）也许可以成功。"

1940 年 10 月日军在宁波至少进行两次鼠疫战实战试验，虽然拙劣，但确实达到了石井四郎的作战目的。石井四郎也从中证实鼠疫跳蚤的实战"效力"，并以此次鄞县实战试验为例，拍摄了一部向日军大本营和参谋本部邀功的"宣传片"。

三　从"有疑"到"确系"：国民政府对"敌机散毒"的调查

1940 年 12 月 3 日《前线日报》刊登了一则新闻：10 月 22 日，敌机□□鄞县，当投下黄色颗粒之物，有弹性，当时不为人所注意。至 27 日，鄞县发现鼠疫，蔓延甚速。11 月初旬，敌机袭衢县时，在县西北之口地，

---

① 《原 731 部队航空班飞行员松本正一的证词》，王希亮、周丽艳编译《侵华日军 731 部队细菌战资料选编》，社会科学文献出版社 2015 年版，第 394—395 页。

投下同样之颗粒物，当经辗转呈送上级机关化验，彼在颗粒上发现已死之跳蚤，但不能证实其即为鼠疫杆菌，但引起卫生当局之密切注意。11 月 27 日，敌机于袭金华时，又在口地投下类似颗粒，即由警察检查送交浙江民众医院，经专家刘经邦（军政部第二防疫大队队长）、柯主光（闽省派赴浙省防鼠疫专员）、陈万里（浙卫生处处长）鉴定，确为鼠疫杆菌。敌机散放鼠疫杆菌，毒害我后方军民，完全证实矣。[①] 这则新闻报道很有意思，揭开了 1940 年 12 月后浙江省官方对鄞县鼠疫肇因的认定模式。第一，10 月 22 日鄞县上空敌机撒下"黄色颗粒之物"，但"不为人所注意"，这是媒体第一次关于鄞县"敌机散毒"的报道；第二，11 月初当衢县发现敌机投下"同样之颗粒物"，"在颗粒上发现已死之跳蚤"，但"不能证实其即为鼠疫杆菌"；第三，11 月 27 日敌机在金华又被投下"类似颗粒"，经化验确为"鼠疫杆菌"后，敌机在鄞县、衢县和金华三地"散放鼠疫杆菌"，"至此完全证实"。换句话说，从 10 月底敌机在鄞县投下"黄色颗粒"，不被注意，到 11 月初衢县再次被敌机投下"同样颗粒"，但不能证实，再到 11 月底金华又被投下"类似颗粒"，终于"完全证实"，这一认知逻辑演变过程，实际上是"敌机散毒"的反向论证，即金华确认—衢县确认—鄞县确认。这种认定路径，在浙江省卫生处处长陈万里那里，有更为清晰的表述。

　　12 月 10 日，陈万里称："鄞县自 11 月 10 日后，已无新病例发现，前后共死 67 人，缘自发病前一星期，敌机曾在疫区上空掷下小麦 2 升左右，是否与疫病有关，未能断定。"[②] 日机散播"白色烟雾"中含有鼠疫跳蚤事，陈万里在鄞县调查未有所见，但是他于 1940 年 11 月 27 日到衢县视察该县鼠疫防治时路经金华，亲眼"见敌机一架散布白色物品，且有白雾一缕随之。当请许县长搜集备检，并电呈在案"；11 月 29 日在衢县接到驻方岩省卫生处电话，"悉 28 日金华空袭时，又有敌机两架在南门外散布白烟，并有鱼子状颗粒落下"，经省卫生处卫生试验所技正吴昌丰亲赴金华检查，"确系鼠疫杆菌"。陈万里由此得出结论："依一般判断，28 日敌机掷

---

① 《防疫专家谈各地发生鼠疫确系敌机散放》，《前线日报》1940 年 12 月 3 日，第 4 版。

② 《本年浙闽两省鼠疫情形》（1940 年 12 月 10 日止），浙江省档案馆藏，L029-006-844。

下物品中混有鼠疫杆菌，已无疑异。是则敌人采用不顾人道之细菌战……明确之证例。"在此基础上，陈万里又推论鄞县和衢县两地鼠疫肇因："该两县鼠疫之所以发生，似与敌机散布是项物质有极大之关联，且证以最近敌机在金华掷下鼠疫杆菌之举动，又可得一敌机施行细菌战之证明。"[①] 陈万里、刘经邦和柯主光三人于 12 月初在给浙江省主席黄绍竑的报告中强调鄞县鼠疫系因"敌机散毒"的认定逻辑，将"敌机散毒"聚焦于日机散下的"白色烟雾"和"黄色颗粒"以及承载两者的媒介物。由是，如何预防"敌机散毒"，注意收集、销毁敌机撒下异物，包括小麦、粟米和传单等，成为 1940 年 12 月初浙江省政府及浙江省所在的第三战区的重要工作。12 月 4 日，浙江省政府奉第三战区司令长官顾祝同电，称"甬、衢先后发生鼠疫，据报病菌由敌机传播，虽未经切实证明，但事有可能。嗣后遇有敌机散布传单或任何物品，应立即焚毁，以资防范"。[②] 12 月 5 日浙江省政府发出通知，称"自鄞衢两县先后发生鼠疫后，金华复于敌机掷下物品中，检出鼠疫杆菌。省府对此非常重视，除督饬卫生处以全力扑灭外，并特由省库拨款 3 万元，交该处当防疫经费"。[③]

随后，顾祝同和黄绍竑将浙江预防"敌机散毒"事项向蒋介石做了汇报，以待中央指示。但中央政府并未做出积极回应。直到 12 月 10 日军事委员会桂林办公厅主任李济以"敌机散毒"事电呈蒋介石，请求行政院各部协商、统筹全国预防办法，蒋介石才开始重视，命令行政院、卫生署会商，并在其日记中记录注意"倭寇施用毒瓦斯与其飞机散播病菌之宣传计划之准备"事。[④]

卫生署署长金宝善随即邀请卫生署、军医署以及曾在中国东北协助防治鼠疫多年、经验丰富的国联防疫专家伯力士（Dr. Robert Pollitzer）等会

---

① 《陈万里、刘经邦、柯主光给浙江省政府主席黄绍竑的报告》（1940 年 12 月），中央档案馆、中国第二历史档案馆、吉林省社会科学院合编《日本帝国主义侵华档案资料选编》第 5 册《细菌战与毒气战》，中华书局 2020 年版，第 195 页。
② 《浙江省政府关于遇有敌机散布传单或任何物品应立即焚毁以资防范的密电》（1940 年 12 月 4 日），遂昌县档案馆藏民国档案，2/3/4。
③ 《浙省严防鼠疫订颁紧急处置办法》，《时事公报》1940 年 12 月 5 日，第 2 版。
④ 《蒋介石日记》（手稿本），1940 年 12 月 30 日，美国斯坦福大学胡佛研究院藏，下同。

商浙江鼠疫处置办法。在会上，伯力士对"此次浙省敌机散播含鼠疫杆菌颗粒之点"表示怀疑。他说，第一，"仅从显微镜检查发现之"，"自未便即可认为绝对真确"；第二，"鼠疫杆菌，除于鼠疫患者痰液一类之粘液物内能生活若干时间外，其他外界均不适于其生存"；第三，肺鼠疫症"大多为由有鼠疫性肺炎病人之咳嗽直接传播所致"，"但若仿效此种传播方法，而以飞机散播染有鼠疫杆菌之颗粒，而冀以能收到成功，不能不尚有所疑"。对此，卫生署认为"深有见地"，①并于12月17日电告浙江省卫生处，拟派卫生署防疫处处长容启荣、祝专员和叶墨博士"赴浙调查疫情"。②

　　容启荣等人于1940年12月下旬出发前往浙江。1941年1月13日中午抵达衢州，会同当地防疫人员稍事调查后，离开衢州，于当天晚上到达金华，与浙江省卫生处处长陈万里等会合。第二天上午在中国旅行社大礼堂举行会谈，由陈万里"报告浙省疫情及敌机在衢金鄞各地投撒异物之经过"等，并到民众医院复查该院保存的"11月28日敌机散布之颗粒"，由叶墨、吴昌丰、柯主光三人"施行动物试验，并将颗粒制成标本"，下午则会同各人至城外疫区实地调查。1月16日，容启荣等在陈万里、刘经邦、吴昌丰、卫生署十七队队长叶树棠和鄞县卫生院院长张方庆等陪同下赶赴鄞县，但因"公路破坏"，到溪口后"改雇人力车至江口搭脚划船"，于17日下午到达鄞县，18日实地调查了华美医院、鄞县中心医院和已焚毁的开明街东大路疫区，并听取报告。18日下午应鄞县县长俞济民之约，会同陈、刘、张院长及华美医院院长丁立成等到县府会谈，"由俞县长等报告该县防治鼠疫之经过，述及二十九年十月廿七日敌机袭鄞时，曾在该区散下小麦等物。二十九日发现鼠疫后，查阅疫区，则见有数处该麦业已发芽，因此疑此鼠疫或与敌机散布小麦有关"。③1月19日，容启荣等在安平旅馆邀集各负责人谈话，20日离开鄞县，21日抵达方岩，22日赴金华，

①《卫生署关于敌机袭浙散布颗粒状物检验为鼠疫杆菌致行政院秘书处公函》（1940年12月16日），浙江省档案馆藏，L029/006/844。

②《卫生署关于派容启荣等来浙调查疫情的电》（1940年12月27日），浙江省档案馆藏，L036/000/061。

③《据本署防疫处处长容启荣等报告在浙考察研究鼠疫情各节呈请鉴核由》（1941年2月22日），浙江省档案馆藏，L029/006/844。

23 日到衢县，听取衢县鼠疫报告，24 日赴上饶向顾祝同汇报调查经过及结果，提出二条调查结论。其中第三条称："至于鄞衢两地之流行原因是否与敌机散布麦蚤等异物有关，因当时检查程序未能完备，不能确证其带有鼠疫杆菌，而职等因证物不足，无从彻底复查。又以两地鼠疫病例传染情形记录欠详，更无从推测其来源。至两地报告因病例发现前并无大量死鼠发现，即以此说明与敌机之关系，似嫌不足。"①这就表明，容启荣和叶墨等人并不同意鄞县县长俞济民等谈及 10 月 27 日敌机撒下小麦等物与 10 月 29 日鄞县发生鼠疫之间存在因果关系，其调查结果与伯力士的判断基本一致，鄞县鼠疫系"敌机散毒"引发的因果关系，"似嫌不足"。

容启荣的浙江之行虽然否定了陈万里等提出的鄞县鼠疫"敌机散毒"说，但对陈万里等来说，他们仍然确信 1940 年浙江鄞县、衢县和金华三地的鼠疫系"敌机散毒"所致。实际上，在容启荣等来浙江调查前，陈万里、刘经邦、柯主光、郑介安和吴昌丰五人于 1940 年 12 月 31 日联署《吾人对于敌机在金华空掷物品检验结果的说明》，称"敌人的手段是卑劣的"。"敌人是先使老鼠人工感染得病，然后搜集在它身上所预先配置好的跳蚤！现在是已经含有鼠疫杆菌的蚤和着五谷之类，一起掷下。如此就可说明鄞衢两县鼠疫的来源，是由于敌人从天空中掷下含有鼠疫杆菌的人鼠共同蚤来传布鼠疫，是毫无疑义的了。"②该说明称鄞县"于第一例病人发病前 7 天"，"曾有敌机散播小麦甚多"，但"鄞县没有发现跳蚤"，陈万里等给出的解释是，"跳蚤活的，掷下来后，它会跳走了，不能找到"。③这里有两个问题尤其需要弄清楚。第一，"第一例病人发病前 7 天"具体指哪一天？按照陈万里等人的说明，第一例病人发病于 10 月 29 日，那么"前 7 天"为 10 月 22 日。而前文已经论及，《时事公报》和《宁波民国日报》均未刊登 10 月 22 日敌机空袭鄞县城区的新闻，证明 10 月 22 日这个时间

① 《据本署防疫处处长容启荣等报告在浙考察研究鼠疫情各节呈请鉴核由》（1941 年 2 月 22 日），浙江省档案馆藏，L029/006/844。
② 《吾人对于敌机在金华空掷物品检验结果的说明》（1940 年 12 月 31 日），遂昌县档案馆藏民国档案，2/3/4。
③ 《吾人对于敌机在金华空掷物品检验结果的说明》（1940 年 12 月 31 日），遂昌县档案馆藏民国档案，2/3/4。

有误。实际上，《时事公报》报道第一例鼠疫病人的时间是 11 月 2 日，其"前 7 天"是 10 月 27 日，符合前文"敌机散毒"新闻和金子顺一研究报告中所指对鄞县施行细菌战的时间。第二，如果敌机投下含有鼠疫跳蚤的小麦甚多，为何不见跳蚤？按照宁波人"喝天水"习惯，[①]开明街一带住户家家都准备有水缸储水，如果有跳蚤落下，必然如同衢州一样，"因为一部分跳蚤掷到金鱼缸内，淹死了，所以就为居民所发现"。10 月 27 日鄞县有"敌机散毒"，但"没有发现跳蚤"，如何解释？实际上，陈万里等在说明开篇就讲 1940 年 11 月"廿七廿八两日敌机空袭金华，均有白色烟雾状的东西从敌机散布空中。28 日更在溪下街溪滩上空，白色的烟雾，经过三四小时不散"。[②]这一状况，与前文所引《时事公报》和《宁波民国日报》刊登 10 月 5 日鄞县城区"敌机散毒"时"白色烟雾"许久未散的报道完全一致，与石井四郎拍摄的细菌战宣传片也完全一致。换句话说，日机在鄞县、衢县和金华三地采取同样的"雨下法"散播鼠疫跳蚤，其媒介物，在宁波是"荒谬传单"，在衢县和金华是小麦、粟米等。

陈万里等五人的说明再次将 1940 年鄞衢金鼠疫的出现归因于"敌机散毒"，在当时也引起一些人的质疑。陈方之在《西南医学杂志》发表的论文即是一例。他说："陈君万里等说明书中所主张，都是推断臆度之辞。他们说金华敌机投菌，而金华并未发生。他们说鄞衢之疫，是敌机投下来的，而鄞衢又并未拾到疑似的疫菌。"他认为："倭寇的狠毒，诚然能无恶不作。然而我们要证明他的这一类作恶，应该有切确的科学根据才好。"[③]有意思的是，当时提供"科学根据"证明陈万里等人说明结论的，恰恰是 1940 年 12 月对鄞县"敌机散毒"持否定态度的伯力士和 1941 年初赴浙江调研的容启荣以及下令的卫生署署长金宝善。

1942 年，湖南常德暴发鼠疫，行政院卫生署派防疫外籍专员伯力士博士、军政部战时卫生人员训练所检验学组主任兼总工红十字会总会救护

---

① 范思政记录《采访钟辉记录》(1965 年 4 月 28 日)，黄可泰等编《宁波鼠疫史实——侵华日军细菌战罪证》，第 84 页。

② 《吾人对于敌机在金华空掷物品检验结果的说明》(1940 年 12 月 31 日)，遂昌县档案馆藏民国档案，2/3/4。

③ 陈方之：《闽浙鼠疫的展望》，《西南医学杂志》第 1 卷第 3 期，1941 年，第 3—6 页。

总队部医防指导员陈文贵等前往常德调查。他们与常德广德医院院长柏南（Dr. Barman）在调查报告中称："根据多方研究及调查结果证明，此次常德发生鼠疫确系由敌机散播鼠疫杆菌或染疫之跳蚤传染所致。"[1]表明伯力士承认"敌机散毒"真实可信，也就否认了他关于 1940 年鄞县、衢县鼠疫"敌机不能散毒"的观点。

同样，赴常德调研鼠疫及防治的容启荣在其报告中也承认了"敌机散毒"事。他说："查暴敌施用细菌兵器，数年来迭据各方报告已有相当证据。二十九年冬浙江鄞衢两县突然发生鼠疫，启荣奉命前往调查及协助防治。据当时调查所知，两地发病前曾有敌机投掷谷麦等物，其情形与常德如同一辙。同年敌机又于金华散播黄色小颗粒甚多，经检验发现含有无数类似鼠疫杆菌，幸未有鼠疫发生。由此观之，常德鼠疫实系暴敌所散播，更无疑义矣。"[2]容启荣得出"敌机散毒"有两方面的依据，一是伯力士等人的实地调查，二是援引 1940 年冬鄞、衢两县鼠疫肇因。这也表明，在1941 年调查中称鄞县、衢县两地鼠疫肇始于"敌机散毒"的结论"似嫌不足"的容启荣，也改变观点，认定鄞县鼠疫"确系""敌机散毒"所致。

与容启荣调查结论一致，《常德鼠疫调查报告书》裁定"鼠疫传染来源系敌机于 11 月 4 日晨掷下之鼠疫传染物内有鼠疫传染性之蚤"。[3]这亦表明，在常德鼠疫肇因调查中，"敌机散毒"成为定论。由此，1940 年浙江鄞县、衢县和金华三地的鼠疫，确如陈万里等调查研究结论，系日军散播鼠疫杆菌及染疫跳蚤导致，即为"敌机散毒"所致。

1940 年 10—11 月鄞县鼠疫发生时，浙江省卫生处陈万里和从事浙江鼠疫防治的刘经邦等人，并不认为该鼠疫系"敌机散毒"所致。等到 1941年 11 月底金华发生鼠疫前有"敌机散毒"事，他们才想起 1940 年 11 月衢州鼠疫暴发前的 10 月初亦有"敌机散毒"，而鄞县鼠疫暴发前夕也有"敌机散毒"。于是乎，陈万里等才一致认定鄞县、衢县和金华三地鼠疫肇

① 《浙江省卫生处关于湖南常德鼠疫确系敌机播菌所致饬一体防范准备的电》（1942 年 2 月 4 日），宁波市档案馆藏，J005/001/209。
② 容启荣：《防治湘西鼠疫经过报告书》，《细菌战与毒气战》，第 225 页。
③ 《常德鼠疫调查报告书》（1941 年 12 月 12 日），《细菌战与毒气战》，第 235 页。

因于"敌机散毒"。国民政府卫生署方面，先是国联防疫专家伯力士在金宝善召集的浙江鼠疫协商会上怀疑"敌机散毒"引发鼠疫的观点，为金宝善接纳，并派防疫处处长容启荣等于1941年1月抵浙调查。容启荣在调查后支持伯力士的判断，认为鄞县和衢县两地鼠疫肇因于"敌机散毒"缺乏科学证据。待1942年11月湖南常德鼠疫暴发，伯力士亲自赴常德调查，终于承认常德鼠疫系"敌机散毒"所致。容启荣的调查也持这一观点。金宝善也随之改变旧见，肯定"敌机散毒"说。1940年底到1942年底约两年时间中，浙江省卫生防疫部门和国民政府卫生署对"敌机散毒"说从怀疑、否定到肯定的观点转变，实际上是中国政府对日军细菌战认知变化的缩影，从"不知日军的行动意图"到"鉴于浙江之经验"，[①] 对揭发"敌机散毒"真相，预防"敌机散毒"，起了积极作用，也再次证明1940年浙江鄞县、衢县和金华以及1941年湖南常德是侵华日军细菌战，并不是什么民族主义驱使下的史学工作者"建构"出来的。

四　结语：无可辩驳的侵华日军细菌战史料与史实

本文用1940年《时事公报》《宁波民国日报》刊载的新闻报道、日军战俘伯力城审讯记录，以及前述两者和《井本日志》、金子顺一论文集的互证，国民政府卫生部门"敌机散毒"调查结论的演变等，证实"敌机散毒"是无可辩驳的史实。在论证过程中，本文不厌其烦地大段引用这些"史料"，展示"敌机散毒"在抗战时期卫生防疫人员、政府部门、日本军医和作战参谋、日军决策层和细菌战执行者中的具体表现，证明他们都没有作假，史学研究者也不是"只将对他们有利的材料拿出来说事"。所谓抗战时期和当下史学工作者基于民族主义"建构"了侵华日军细菌战的说法，既不尊重历史本身，也是对史学界长期研究侵华日军细菌战同道的不尊重，更是对遭受侵华日军细菌战同胞及其后人的侮辱与伤害。

1949年12月29日，苏联医学科学院大学士茹科夫-费勒什尼科夫

---

① 容启荣：《防治湘西鼠疫经过报告书》，《细菌战与毒气战》，第223页。

等六位医学生物学家组成的法庭医学检验委员会，在研究了军事法庭审讯山田乙三、梶塚隆二、高桥隆笃、川岛清、佐藤俊二、柄泽十三夫、西俊英、尾上正男、平樱全作等日军战俘准备和使用细菌武器被控犯刑事罪一案的所有材料后得出结论，其中有关 1940 年鄞县"敌机散毒"的时间、方式、过程和造成恶果的文字，本文将引以作为结尾：

> 第一个问题：日本关东军第 731 部队和第 100 部队及日本驻华远征军"荣"字第 1644 部队所进行的实验与生产工作究竟是为了什么目的？回答：第 731 部队，第 100 部队以及第 1644 部队内所进行的实验与生产，按其专门性质和特别内容说来，乃是为要探究和制造细菌武器以及研究使用此种武器的方法。……1940 年间，由石井四郎亲身率领了第 731 部队内一个装备有大量伤寒菌、霍乱菌及大量鼠疫跳蚤的战斗远征队到中国宁波一带去。由于用飞机散布法使用染有鼠疫的跳蚤的结果，在宁波一带发生过鼠疫流行症。该远征队在组织上和行动上的技术特征，就决定了当时受到普遍传染者的广阔范围。若估计到战时条件及与此有关的民众迁徙情形，就必得承认说，该远征队底［的］活动特别是在散布鼠疫方面不仅对于中国宁波城内的居民，而且对于宁波附近许多区域的居民都是极端危险的。[①]

历史不容篡改，不容戏说，更不容胡说。历史的真相存在于时间长河中，发现真相的路径永远只有一条，那就是实事求是，据之以史料，有一分史料说一分话。

（周东华，杭州师范大学浙江省民国史研究中心暨历史系教授）

---

① 《检验委员会结论》，《前日本陆军军人因准备和使用细菌武器被控案审判材料》，第 436—437 页。

全面抗战时期国民党军连队政工的组织运作与实际效果

郭　洋

国民党军队政治工作史研究，是国民党政治史、军事史研究领域的重要内容，已经诞生了不少杰作。既有研究对国民革命时期以党代表制度为核心的国民党军政工着墨较多，给予了较高评价。[①]

---

① 相关研究有蒋建农《大革命时期的国民革命军总政治部》，《史学集刊》1988 年第 3 期；苏国霞：《国民革命军政治工作制度初探》，《军事历史研究》1989 年第 1 期；崔利民：《中国军队党代表制的历史演变及其作用》，《军事历史》2001 年第 1 期；傅光中：《论国民革命军的党代表制度》，《中华民国史新论·政治、中外关系、人物卷》，三联书店 2003 年版；杨利文：《北伐前后国民革命军的党代表制度》，《民国档案》2007 年第 1 期；李翔：《革命的播种者：黄埔军校的政工群体（1924—1925）》，广东人民出版社 2016 年版；吕芳上：《近代中国制度的移植与异化——以 1920 年代国民革命军政工制度为例的讨论》，《民国史论》（上），台北，台湾商务印书馆 2013 年版，第 31—102 页；陈佑慎：《持驳壳枪的传教者——邓演达与国民革命军政工制度》，台北，时英出版社 2009 年版；等等。

江沛、孙扬等人对全面抗战前国民党军队①政工的制度演变进行了梳理和分析。②王奇生揭示了全面抗战时期国军政工存在的内在弊端。③李翔对战后国军政工体制变迁进行了研究。④美国学者韩廉（Joseph Heinlein）从整体上揭示了国军政工的发展脉络。⑤日本学者篠田裕介注意到战时国军政工在宣传战上对宣传单的运用。⑥整体检视之后，笔者认为既有研究仍存在以下不足。其一，对国军政工核心史料之挖掘与使用不够，无论是中国第二历史档案馆所藏的军事委员会政治部档案，还是台北"国史馆"、国民党党史馆等机构典藏的相关档案，利用度还不高。其二，偏重于制度沿革梳理与分析，对于国军政治工作贯彻层面的研究还比较薄弱。全面抗战时期的国军政工，在制度设计、人员配置、实际运作等方面，堪称国民党在大陆时期军队政工发展的最高峰。然而战时国军政工究竟如何运作，尤其是基层军队政工的情况，学界尚不清楚，相关史实仍呈模糊状态。笔者以为，自下而上的分析视角有利于深化学界对国军政工的认识。有鉴于此，本文选取全面抗战时期国军的连队政工为研究对象，尝试从微观视角观察战时国军政工。

一　军事委员会政治部主导下的连队政工再生

国民党的军队政治工作，理念与制度均取经自苏联。列宁强调："没有政

---

① 为行文方便，以下简称"国军"。

② 江沛：《中国国民党早期军队政工制度的演变》，《安徽史学》2008 年第 4 期；孙扬：《国民党军队政工沿革的制度建构考察（1927—1937）》，《民国研究》2011 年第 1 期。

③ 王奇生总体上考察了全面抗战时期国民党军队的政治与党务工作，其结论是：在"武主文从"的大背景下，全面抗战时期国军的政治工作与党务工作，其现实成效与预定目标存在较大差距。政工成为军队的附庸，而党务成为政工的附庸，最终形成了党不如政、政不如军的局面。见王奇生《"武主文从"背景下的多重变奏：战时国民党军队的政工与党务》，《抗日战争研究》2007 年第 4 期。

④ 李翔：《国民党军队政治工作转向因素试析（1945—1946）》，《民国档案》2011 年第 4 期；《最后的挽歌：国民党军队覆灭之际之政治工作（1948—1949）》，《江海学刊》2014 年第 4 期。

⑤ Joseph Heinlein, *Political Warfare: The Chinese Nationalist Model*, The American University, Ph.D., 1974.

⑥ 篠田裕介「軍事委員会政治部第三庁の対日伝単について」『立命館大学国際平和ミュージアム紀要』第 18 号、2017 年。

治委员，我们就没有红军。"①列宁所创造的军队政工制度，是党军理念具体实践的重要载体，以红军政治委员制度为核心。军中的政治委员是苏维埃政权的直接代表，直接领导着各部队的政治工作机构，包括党支部。在苏军政工组织体系中，连队政治工作的负责人被称作政治指导员（политрук）。

　　随着1924年黄埔军校的诞生，党代表②制度与政治部确立，国民党的军队政治工作制度由此发端。在党代表制度时期，从军到连一级的部队均设有党代表。连队党代表的出现，标志着国军连队政治工作的肇建。随着国共合作破裂，党代表制度随着"清党"运动而寿终正寝，此后国民党方面先后以国民政府训练总监部政治训练处、国民政府军事委员会政治训练处全盘指挥军队政工事宜。在这一时期，国军的政治工作勉强延伸到师一级单位，师以下各级军事单位的政治工作几乎属于空白，仅有很少的团级单位配属政工人员。③1928—1932年，国民党的军事力量处于急剧整合变动状态，军队政治工作混乱无序，停滞不前。直到1932年初蒋介石重掌最高军事权力，军队政工才逐渐恢复，此后有大约5年时间的常态化发展。至1937年初，国民党军队中已经组建了366个政工单位，全体工作人员达到3421人。④

　　全面抗战爆发后，蒋介石深感军队政治工作在抗日中具有重要意义，因此在军事体制改革中，于军事委员会下设立政治部，以陈诚为部长。新出现的国民政府军事委员会政治部，继承了战前军委会政训处的遗产，职权扩大，工作任务与内容均有较大改变。军委会政治部初期分甲、乙、丙三级进行编制。甲级单位分为甲一级至甲三级，分别对应行营和战区、集团军、军。甲一级与甲二级单位设政治部主任、副主任各一人，主任秘书一人，督察员若干；甲三级单位只设主任。乙级单位对应师，丙级单位对

---

① 《在全俄农村干部第二次会议上的演说》（1920年6月10日），《列宁全集》第39卷，人民出版社1986年版，第140页。

② 需要说明的是，在俄语中并无专门词语对应中文的"党代表"一词，表达相同意思的俄文是комиссар，应翻译为"政治委员"。"党代表"概念应属于一种意译，但并不准确。中共显然意识到这一问题，并于六大之后将红军中的党代表逐渐统一称为政治委员。

③ 截止到1933年，国军仅有51个步兵师设立了政治训练处。"国军政工史编纂委员会"编《国军政工史稿》（上），台北，"国防部总政治部"1960年版，第568页。

④ 《国军政工史稿》（上），第658页。

应团。[①] 至 1939 年初，作为军队常设机构的政治部只设到师级（独立旅），团及以下的营、连等只有政治指导员。[②] 经过一年多的发展，国军政工队伍总人数增加到 19900 人。[③] 此一阶段中，一些连队开始有了政治指导员，这标志着党代表时代结束后国军连队政工的再生。

从 1938 年初至 1939 年初，在陈诚领导下，军委会政治部初步创建了一个垂直领导的组织体系。在这个组织体系中，基层军队政工得到一定程度的重视，连队政工在后党代表时代得以重振。与同时期的中共军队不同，国军政工体系中，战区、军、师等单位的政工领导人是政治部主任，而不是政治委员。团、营、连的政工长官均被称为政治指导员，而中共军队方面只有连队才有政治指导员。从连队党代表到连队政治指导员，全面抗战爆发后国军连队政工在政工体系中得以再生。连队指导员群体是战时国军政工队伍的最主要组成部分，是军队政治工作贯彻层面的终端。连队政工直接面对普通士兵，其运作良否关系到军队政治工作的实际效果，重要性不言而喻。从战前与战时的贯通视域看，1938 年开始新生的国军连队政工，实际上是先天不足，其后天发展实态如何，充满未知。

二　政治训练：连队政工的核心内容

连队是一支军队中极其重要的战术单位，连队建设之优劣关系着整支部队的战斗力。国民党对于连队政工的积极作用也有所认知。陈诚曾说："桂南作战中，凡是有连队指导员的部队，作战的成绩都比较好，可见政治训练必须积极实施，今后无论平时战时都应加强对官兵的政治训练工作。"[④] 对军人进行政治训练，是战时国军连队政治指导员日常工作的核心

---

① 《军事委员会政治部所属部队政训单位组织规程》，中国第二历史档案馆藏军事委员会政治部档案，772/3。

② 《军事委员会政治部所属师政治部组织规程草案》，中国第二历史档案馆藏军事委员会政治部档案，772/10。

③ 《军事委员会政治部提交国民参政会第四次大会之报告》，中国第二历史档案馆藏军事委员会政治部档案，772/1415。

④ 陈诚：《桂南作战中政训工作之检讨与改进》（1940 年 2 月 27 日），台北"国史馆"藏"陈副总统文物"，008/010102/00013/007。

内容，所有具体工作都要围绕这一核心而展开。陆颂闻曾在全面抗战时期担任国民党军某部连队指导员，据他回忆："连指导员的主要任务和职责是训练士兵服从军队，一方面暗中监督连长、连级干部。指导员主要是以三民主义教党的性质，上课训练，训练士兵。指导员在作战时负责督战、鼓动士气，鼓励士气是主要的。过去部队里有不好的事情，指导员要及时发现、及时纠正，稳定军心。指导员就是这样子，教士兵识字，教士兵文化，这些是主要的。"①

对军人进行政治训练，可以起到巩固战斗力、提升抗战士气的积极作用。所谓士气即精神力量，是军队战斗力的组成部分之一，对于以弱敌强的中华民族而言至关重要。军事作战中，精神士气往往能够起到意想不到的作用。古今中外的军事学家对于军队精神士气的重要性均有所强调。孙武曰："故三军可夺气，将军可夺心。是故朝气锐，昼气惰，暮气归。故善用兵者，避其锐气，击其惰归，此治气者也。"②克劳塞维茨认为："精神要素贯穿在整个战争领域，它们同推动和支配整个物质力量的意志紧密结合在一起，融合成一体，因为意志本身也是一种精神要素。"③在中日两国综合国力悬殊的现实下，精神力量的重要性自不待言。蒋介石说："打仗时决定胜败的有两个东西：一个就是精神，一个就是物质……虽然这两项东西都非常重要，但是就此二者比较，精神比较物质更为紧要，更为获得最后胜利必要的条件。"④

国军指导员对士兵进行政治训练的一般方式主要有政治讲堂、集体训话、个别谈话、小组会议、识字教育等。军委会政治部为指导员开展政治训练工作颁布了许多纲领性文献，如总理遗教系列——《三民主义》《孙文

---

① 陆颂闻口述记录，2018年8月17日，访问地点：上海市宝山区大唐花园12号，访问人：叶铭、谢吟龙、来碧荣、乐凡、虞洋，文稿整理人：乐凡。转引自叶铭《抗日战争中国军人的战场体验——老战士口述中的战争记忆》，南京师范大学博士后研究工作报告，2019年9月，第146—147页。感谢南京理工大学叶铭教授对本文写作提供的帮助。
② 曹操等注，郭化若译《十一家注孙子》，中华书局1962年版，第120—121页。
③ [德]克劳塞维茨：《战争论》（上），中国人民解放军军事科学院译，商务印书馆1982年版，第187页。
④ 蒋介石：《军人精神教育之精义（一）》，中国文化大学中华学术院"先总统蒋公全集编纂委员会"编《先总统蒋公全集》第2册，台北，中国文化大学出版部1984年版，第766页。

学说》《实业计划》《民权初步》《军人精神教育》《建国大纲》《五权宪法》《大同篇》等；领袖言行系列——《第二期抗战》《黄埔训练集》《峨眉训练集》《抗战以来领袖的宣示与讲词》《新生活运动纲要》《委员长论抗战必胜训词》等；唤醒民族主义系列——《伪满的真相》《十年来朝鲜的反日运动》《日寇暴行实录》《我怎样做了日本的间谍》《民族之血》等。[①]此外，军委会政治部定期刊行的《扫荡报》和《军事与政治月刊》也是重要的政治训练参考文本。受战时交通不便影响，许多来自大后方的政训教材无法及时足量运抵各战区，[②]因此一些指导员开展政训工作依赖的文本更多是本战区发行的报刊。据统计，截至1939年11月，上至战区政治部，下至军、师政治部，创办了名称各异的报纸或者周刊、月刊等，总计达186种。[③]这些军队报刊，大多是油印，铅印的很少，甚至有的为石印。到了1945年，军队报纸、期刊的总数量较巅峰期有所下降，总共还剩下146种。[④]

　　由于政训文本不能足额供应，再加上士兵识字率较低，口头政训扮演了重要角色。连队指导员往往利用部队空暇时间，对连队士兵进行讲话式政治教育，核心的原则是让士兵了解抗战，了解国民党与国民政府，还要了解日本。口头讲话与教材学习并重的政治训练方式，在中共军队中也比较常见。中共军队中政工干部会组织战士们定期上政治课，接受政治教育。政治课有精神讲话、识字教育、集体读报等内容。在战争年代，给战士们上好政治教育课其实并不容易，连队政治指导员的水平就显得十分关键。上级的政策与指示，派发下来的各种教材、文件，都需要借指导员传达给战士。国共两党军队均普遍存在识字率低的现象，这更加凸显了政治指导员的重要性。有的指导员就工作不易感慨道："自己急于谋求工作的

---

① 《军事委员会政治部丛书编辑计划草案》，中国第二历史档案馆藏军事委员会政治部档案，772/980。

② 由全面抗战时期每个月的发行数量汇总所取的平均数计算，战时军队政工系统每个月发行各类报纸近49万份，其中《扫荡报》15万份，《阵中日报》8万份，《党军新报》1.2万份，《阵中简报》7.15万份，其他军报6.7万份。军事委员会政治部秘书处编印《抗战八年的军队政工（初稿）》，1946年，第68页。

③ 第三厅第一科编《各级政治部出版物一览》（1939年11月），中国第二历史档案馆藏军事委员会政治部档案，772/758。

④ 《1941—1945年军报增减概况统计表》，《抗战八年的军队政工（初稿）》，第69页。

进展，而苦无得心应手之作法，随时觉得能力太弱，学问太低，经验太不够也。"①

国军连队政治训练工作，在前线与后方、不同的战区，以及中央军与地方军之间存在差异。前线战地生活紧张，政治训练工作缺乏稳定的环境，政治课的课时也得不到保障。有的战区司令长官对军队政工无感，对政治训练的重要性认识不够，如冀察战区和苏鲁战区的政训工作就甚为薄弱。阎锡山的第二战区政训自成一体，几乎全用自己的人马。军委会政治部系统根本无法进入阎锡山的部队，至于其政训实况如何，中央也不甚了解。在政训工作具体推进环节，上政治课容易出现流于形式的现象，甚至有时连政工人员的党小组会议都"半死不活"。在第五战区政治部工作的王贻荪在日记中写道：

> 下午是恢复了的本部第一次的小组讨论会，题为"如何发扬革命精神"，本小组的同志，发言颇少，大多以无准备、没有经验、不会讲话，要求主席允准放弃发言权，这是好严重呀，发言是党员的权利和义务，竟在政工领导机关服务的本党同志们还没有运利［用］基本权利与义务之能力。②

战时国军政治训练的诉求是多元的，首先是提高一般士兵的政治常识与文化素养，一支识字率低的军队，其战斗力是不难想象的。其次，国民党要在数百万军队中塑造对国民党与中华民国的认同，尤其是想要士兵信仰三民主义，信仰"领袖"。战时在军校受教的黄仁宇回忆说："我们称蒋委员长为校长，提及校长时说者和听者都立正致敬，倒也不是矫揉造作。一方面出于英雄崇拜，一方面也因为有了黄埔及中央军校等名目。"③国民党重视军队政治训练工作最根本的目的还是坚持抗战。在器不如人、技不如人且短期内无法克服的情况下，以政治训练提振士气、凝聚精神力量、提

---

① 民国历史文化学社编《王贻荪战时日记》，1941年，香港，开源书局2020年版，第47页。
② 民国历史文化学社编《王贻荪战时日记》，1941年，第158页。
③ 黄仁宇：《地北天南叙古今》，三联书店2001年版，第65页。

升军人政治、文化素养，既是坚持抗日的需要，也是完成"建国"的必备步骤。

三 连队政工指导员始终匮乏

连队是军队的"神经末梢"，其地位犹如党务系统中的党支部，是与士兵直接打交道的单位。连队政治工作是军队政治工作的基础。在周恩来看来，"要使政治工作的基础打在最下层，打在连队，就要使连队中组织工作能够健全，运用活泼，这是组织工作首先应该考虑的"。[1] 以周恩来提出的要求看，国军在这方面的工作显然是不足的。关于连队与连队指导员的地位、重要性，战时国军一位指导员这样写道：

> 连是部队的一个战斗小单位，连指导员是全部政治的负责人，关于党的政治教育，社会活动，民运等工作都有连指导员去教导和施展。所以一个连指导员要具备丰富的学识和工作技能，他的日常生活，要跟士兵一致，在战场上也要与士兵共进退。因此，做一个健全连指，不是一般人想象的那样容易的。连指的业务既然是这样繁重，而具备的条件是那么艰难，所以连指导员在整个政工系统上形成了基层干部的地位。关于整个政工视野前途的荣衰，全系在这群连指导员的身上，所以连指的工作是非常伟大的，这话并不是虚位的浮夸。[2]

连队建设的优劣，直接关系着军队的根基。若连队出现系统性问题，可能会出现自下而上的弊端传导效应，后果不难想见。战时国民党军队政治工作系统内的人才匮乏，主要体现在连队政工方面。从1938年开始，军委会政治部决定分期增设连队指导员，以军校毕业生或者优秀连附、排

---

① 周恩来：《党在新四军中的政治工作》（1939年3月），《周恩来军事文选》第2卷，人民出版社1997年版，第186页。
② 王鑫珊：《连指导员的领导者》，第五战区政治部《战地》第21、22期，1942年6月19日。

长选充之。1939 年初，军委会政治部召开南岳政工会议，总结过去一年的
工作。会议期间，后方勤务部、中央军校、各行营、各战区政治部正副主
任向会议提交了 145 件提案，^①许多提案指出了政工人员尤其是基层部队
政工人员匮乏问题。会后军委会政治部决定从 1939 年开始设立团政治指
导员室，充实基层政工机构，增加基层部队政治指导员的选派与训练。此
外，军委会政治部还计划在三年内训练 5 万名合格的政工人员，^②其训练
机关以各战时工作干部训练团为主，但这个计划到战争结束也未能实行。
1941 年开始，军委会政治部又倾向于充实连队政工，加强指导员队伍建
设，但效果始终不佳。连队指导员群体自始至终处于不敷所用的状态，直
到抗战结束。

　　南岳政工会议结束后，陈诚决定暂缓大规模增设各部队之连队指导
员，所有原派之连指导员一律改为团指导员助理干事，集中于团指导员
室工作，机动地派赴各连工作。这样一来，连队政工还是处于虚悬状
态，至于连内之政工服务，因缺少负责人，事实上仅存名义而已。陈诚
此举的理由是："南岳会议决定整编部队均规定派连指导员，但实际上
干训团学生经验不够，单独工作不能收效，且指导员不免与连长计较地
位与待遇，遂决定暂不设连指导员，可将连指导员改为集中团指导员
室，改为团政工队。"^③陈诚推出的改革举措于现状无益。南岳政工会议
召开后的当年末，第一战区政治部主任袁守谦报告说："第一战区所辖
单位之政工人员共计 3429 人，实际仅 2229 人，相差三分之一。现在
最感到缺乏者即为各级基层干部。"^④以陈诚为代表的军委会政治部领导
层，虽认识到充实基层部队政治工作的重要性，但是具体方法实未能切
中要害。

---

① 军事委员会政治部秘书处编印《政工会议总述》，台北中国国民党文化传播委员会党史馆藏，一
　般 537/11。
② 《南岳政工会议决议案》，台北"国史馆"藏"陈诚副总统文物"，008/010705/00001/001。
③ 《陈诚电贺衷寒关于连指导员集中团部使用一事》（1939 年 4 月 9 日），台北"国史馆"藏"陈诚
　副总统文物"，008/010202/00039/004。
④ 《袁守谦在军委会政治部江北政工会议上的报告》（1939 年 12 月），中国第二历史档案馆藏军事
　委员会政治部档案，772/450。

　　1940 年 8 月，陈诚去职，继任者为张治中。次年，张治中主持召开全国政工会议，开始了新一轮国军政工改革。张治中决定纠正陈诚之前的举措，改为普遍设立连队指导员。1938 年以来基层连队政治指导员的配备不足问题有所改善。1941 年 5 月，张治中在全国政工会议上说："我们现在需要 1600 多个团指导员，但是现在只有 900 多个；我们需要 2 万左右连指导员，但是现在缺少 5000 个左右。"① 经过一年的调整，到 1942 年初，连指导员仍不能完全补齐。在新改革中，允许连指导员调升为连长或副连长，再加上一些指导员阵亡或者负伤，② 使指导员补充问题更加严峻。连队指导员之补充人员主要来自军委会战时工作干部训练团以及各战区自办的政工人员训练班，但输送数量远不能满足军队需求。随着战干团运作出现危机并于 1941 年解散，③ 中央军校及其各分校又无法向政工系统输送足够多的毕业生，连队指导员的补充渠道更无从拓展。④

　　一些部队的连队政工人员短缺问题十分严重，如第一一四师的政工人员总数仅为 24 人，需要配置在师、团、连三级，相当数量的连队没有指导员。⑤ 1943 年 5 月，第一〇四师政治部辖 3 个团 22 个步兵连的指导员中，负伤住院 3 位，撤职处分 1 位，调走 8 位，实际在岗的指导员只有 10 位。⑥ 一些部队因现有连指导员不敷用，只能采取兼任指导员的办法，即一个指

---

① 张治中：《三十年度全国政工会议闭幕训词》，军事委员会政治部编印《张部长训词：政工改制的利益与期望》，1941 年，第 32 页。
② 豫湘桂会战中，仅 1944 年 6 月至 9 月，第九战区各级政工人员共 19 人负伤，其中 13 人为连指导员；共 14 人阵亡，全部为连指导员。《第九战区政治部此次会战各单位呈报负伤人员姓名表》（1944 年 9 月），中国第二历史档案馆藏军事委员会政治部档案，772/1985。
③ 相关研究见刘东庆《流亡青年与军队政工：战时工作干部训练团的曲折历程（1938—1941）》，《民国档案》2019 年第 3 期。
④ 据陈诚所述，"为适应抗战需要，政工开展，干部缺乏，而下级尤甚。原有干部仅三千余人，现在需要，约在三万以上。军校学生，大多愿意带兵，少有愿意任政治工作者。干训团毕业生两万余人，现任下级政工干部者，约占半数。较之实际需要，相差甚远"。《陈诚呈复蒋中正痛斥政治部人事倾轧纠纷特甚请另予委用》（1940 年 3 月 29 日），台北"国史馆"藏"陈诚副总统文物"，008/010101/00002/005。
⑤ 《第一一四师政治部工作人员编配名册》，中国第二历史档案馆藏军事委员会政治部档案，772/4620。
⑥ 《第一〇四师政治部连指导员配备名册》，中国第二历史档案馆藏军事委员会政治部档案，72/4372。

导员负责两个连队（参见表2）。从表1可见，某团不但指导员数量不足，且在现有7名连指导员中，只有2人为专任指导员。

表1　1942年陆军第十八师第五十二团连指导员及兼办情形

姓名	原属连队	兼办连队
吴国夫	第一连	机一连
乔文明	第七连	机三连
郑兆麟	第八连	无
王克醒	第四连	机二连
林清华	第六连	第五连
魏骞鲁	第三连	第二连
张震声	第九连	无

资料来源：中国第二历史档案馆藏军事委员会政治部档案，772/2807。

表2　1942年6月第六战区政治部所辖各师政治部连指导员及兼办情形

部别	第十八师	第一〇三师	第一三二师	第一一六师	第三十四师	第十一师	第一三九师	第一四九师	第六师	第三十八师	第一八〇师
实有连指人数	24	20	18	15	18	21	16	18	25	17	21
兼办连指人数	12	16	19	15	18	15	16	16	11	17	17

资料来源：中国第二历史档案馆藏军事委员会政治部档案，772/2807。

由表2可见，第六战区纳入统计的11个步兵师，实有连指导员213人，其中172人为兼任，兼任率高达81%。同一年第八战区所属各部共有连队1282个，以每连配属一位指导员来算，应该有1282名指导员。然而第八战区实有连指导员仅585人，这意味着1942年时第八战区约57%的连队没有指导员。[①] 从以上数据来看，国军连队指导员匮乏现象可以说极为严重。

战时国军连队指导员之匮乏，产生的负面影响实难估量。普通士兵对国民党、对国家、对抗战的理解与认识不是自发形成的，需要具体的组织与人来形塑。连指导员就扮演着类似传教者的角色。在传播链条中，有制造信息者，有接收信息者，但若缺少中间媒介，传播效果必然不理想。

若与同时期中共军队中连队指导员的角色及作用相较，国民党军队连队指导员匮乏带来的恶果更加凸显。中国共产党自全面抗战之初，便注意到许多部队存在干部匮乏的问题，一些将领直白地说："有的连队因为没有指导员，政治工作及带事务性的工作，只有让文书来进行。"[②] 因此中共及时调整干部政策，想尽办法吸收优秀的知识青年加入抗日干部队伍。抗日军政大学及其各分校，为八路军、新四军输送了大批知识分子干部。这些新来的知识分子干部即"三八干部"绝大部分去做了军队政治工作，尤其是宣传教育工作。粟裕回忆说："我们把大部分知识青年派到部队去当政治指导员、营教导员，有的先当一段文化教员再当政工干部，使他们在基层、战火中锻炼并发挥他们的聪明才智。据 1941 年 10 月统计，营以下干部中百分之六十、连队指导员百分之七十（以后占到百分之八九十），都是青年知识分子。部队注入了新的血液，政治工作生动活泼，朝气蓬勃，成为第一师的一个特色。"[③] 类似的现象在国民党军队那里很难看到。对于国民党吸收青年知识分子不力的情况，陈诚这样写道："当此本党必须与共党争取青年之时，共党千方百计唯恐青年之不骈。而本党则如此千方百计唯恐青年之来归。"[④] 此外，中共军队还注意精兵简政，充实基层军事、政治干部。如新四军第一师政治部便在 1942 年开始进行人员调整，精简师

---

① 《第八战区政治部所属各部连指导员数量统计表》（1942 年 1 月 31 日），中国第二历史档案馆藏军事委员会政治部档案，772/2953。

② 马苏政：《粟裕同志在江南指挥部》，新四军暨华中抗日根据地研究会编《铁流——老战士回忆在新四军的日子里》，解放军出版社 1999 年版，第 39 页。

③ 《粟裕战争回忆录》，解放军出版社 1988 年版，第 251 页。

④ 《陈诚呈复蒋中正痛陈政治部人事倾轧纠纷特甚请另予委用》（1940 年 3 月 29 日），台北"国史馆"藏"陈诚副总统文物"，008/010101/00002/005。

政治部，将政工人力资源多输送至基层部队，尤其是连队。钟期光回忆说："那时我们就认识到，一切工作的实施对象都在连队，提倡政治机关面向连队，不断提高工作效率，并且从师机关带头做起。最精干时，师部机关从师长、政委以下只有 26 人，其中我们政治部刚好一个班的人数，把精简下来的人充实到团、营和连队中去，层层下放，加强连队领导力量。"①比较而言，国军政工人事改革中精简机构、充实基层的举措，实际效果有限。

　　无论从哪方面来看，战时军队政治工作都有巨大的价值，因此输送优秀人才进入这个领域是极为必要的。早在 1938 年 1 月，即将担任军委会政治部副部长的周恩来便公开强调，必须集中全国优秀的政治工作人才，必须不断地培养全国前进的青年干部，分到全国军队的政治工作的组织中去，才能保障政治工作的完成。②然而，国民党始终未能在这方面工作上有所突破。人才匮乏问题特别是连队指导员短缺，严重阻碍了国民党战时军队政治工作的良性发展。

　　上强下弱可以说是战时国军政工队伍建设中伴随始终的症结。直至战争结束，连队指导员匮乏问题还是未能圆满解决。可以说国军连队政工于1938 年再生后所遭遇的人手不足困境几乎伴随始终。

四　连长和指导员的棘手关系

　　此处所指的军政关系并非一般意义上的军事与政治的关系，而是指具体的军事长官与政工干部间的关系。国军军事指挥官与政工干部不和的现象，在全面抗战前便已存在。中国古代的军队中常设有"监军"，由于国民党军政工群体的特殊角色与职能，常被一般军官视为"监军"。早在北伐战争时期，一些军事指挥官便嘲讽政工干部是"卖狗皮膏药的"。在全

---

① 钟期光：《一切为了保证战争的胜利——新四军第一师政治工作回顾》，中共江苏省委党史工作委员会、江苏省档案局编《江苏党史资料》1986 年第 2 辑，第 24 页。
② 周恩来：《抗战军队的政治工作》(1938 年 1 月 10 日)，《周恩来选集》上卷，人民出版社 1980 年版，第 99 页。

面抗战爆发前的十年间，国军政工体系支离破碎，导致军队政工干部的地位每况愈下。全面抗战爆发后，政工体系重振并得到蒋介石的高度重视，但这并不能短期内解决历史旧疾。陈诚晚年回忆道："抗战时期政工人员认真做一点事，便会制造摩擦；一点事也不做，又会形同赘疣。真是左右为难，进退失据。"①

军政关系良否，直接影响到军队政治工作的实际效果。曾任国民党军队政工少将的彭家贤如此总结："政治工作在部队开展得如何，一看部队首长对政治工作是否重视，二看政工主官同部队首长相处关系如何，三看政工人员本身素质如何。"②1940年，时任军委会政治部副部长的梁寒操，对于军政关系的两难做了如下表述：

> 我们的立场，本来有两种方式：第一种是站在党代表的地位，对部队采取监督指导的态度，但目前这个方式是行不通的；第二种是绝对秉承部队长官之命，办理部队政训，也因为政工另有系统，人事经理都独立的原故，不能实行。③

陈诚对于军政不和的情况也十分清楚："在此次宜昌会战中，最基本的主要缺点仍不外是政工人员与部队将领的不能切实合作，随时随地和部队长官发生摩擦，不是批评这个便是攻击那个。"④来自基层连队指导员的声音，更加直接、微观揭示了国军中军政不和现象的危害。一位在连队指导员这样总结：

> 就与部队主官的关系而言，迁就的方式容易变成附庸而不知自反，对立的态度也往往形成深刻的破裂而无法工作。笔者认为能否取

① 《陈诚回忆录——建设台湾》，东方出版社2011年版，第170页。
② 彭家贤：《国民党军队政治工作》，全国政协文史资料委员会编《文史资料存稿选编·国民党军事机构》（下），中国文史出版社2002年版，第86页。
③ 梁寒操：《南岳政工会议的检讨与分析》，《建军半月刊》第14期，1941年4月。
④ 陈诚：《部队主官及政工人员对于政治工作应有之认识》（1940年8月2日），台北"国史馆"藏"陈诚副总统文物"，008/010302/00028/017。

得部队长官的信仰，完全视工作的表现，假如工作做好了，自然取得
对象的好感。①

　　某指导员说："许多基层政工干部常不满于部队的连排长，这原因是
由于不能认清权责，或者误认自己的工作是监军的性质，遇事对连排长采
取管理和干涉的态度，或竟不知道该做些什么，尝尝无故的和连排长对
立。"②言外之意，连队指导员应该绝对服从连长或排长的指挥，这样自然
不存在对立问题了。这样的态度，实际上走向了另一种极端——向不受约
束的军事权力屈服。

　　担任新兵连指导员的王贻荪，在日记中写道："部队长官都是老粗，存
心歧视政工人员，那更是天知道的混蛋，我真为之不平不已。"③军政人员
互相歧视，时间越久，矛盾激化便有可能发生极端事件。政工人员纠正军
风纪，对于部队是好事，但对于被纠正者而言可能就是坏事。有政工情报
显示：某部连指导员干涉中下级官佐的烟赌行为，使彼等对政治部更加仇
视。④1940年，第一四六师第四三八团中尉指导员黎中岳在由第六连调
任第二连路上被杀。后经团指导员调查，"黎因年幼性直与该连官兵不大
情融，对该连内务颇多指责，并曾与连长胡章礼有明显纠纷。该师整编之
后，连长被编为师部附员，胡即疑为黎暗中所为，对黎亦增仇视，后秘密
煽动一部士兵乘机暗杀黎中岳"。⑤如此极端案件，是国军基层军政关系恶
化的深刻写照。

　　连长与连指导员不能有效合作开展工作，甚至出现激烈矛盾，根本
原因在于国军政工的制度建构与政工人员实际所从事工作之间存在巨大冲
突。蒋介石、何应钦、陈诚、徐永昌等中枢人物都认可军事一元化领导，

---

① 胡光华：《我的政工经验》，第五战区政治部《战地》第21、22期，1942年6月19日。
② 公驭：《指导员如何推进工作》，第七战区政治部《工作导报》第6期，1940年9月1日。
③ 民国历史文化学社编印《王贻荪日记》，1941年，第102页。
④ 《第一〇三师政治部人事纠纷事件报告书》（1939年7月），中国第二历史档案馆藏军事委员会政
　治部档案，772/4367。
⑤ 《第三战区政治部呈报军委会政治部中尉连指黎中岳被杀案详情》（1940年4月4日），中国第二
　历史档案馆藏军事委员会政治部档案，772/4670。

对中共建构的党委集中领导下军事首长和政治委员分工合作的模式不感兴趣。在制度设计中，军委会政治部拥有相对独立的垂直组织体系，但实际上各级政治部也接受同级司令机关的领导。政工人员一方面从事具体的政治工作，另一方面还承担着监督军事长官、纠正军风纪、搜集情报以及调查所部实情等工作，如此就不免引发军事长官之猜忌甚至排斥。如何妥善完成本职工作，还能在部队中安稳生存，考验着每一位政工人员。许多政工人员实际上像参谋人员一样完全听命于军事首长。因为国军中相当多政工人员没有军事经验，甚至没有军校经历，被行伍出身或军校出身的带兵长官蔑视在所难免。为了完成工作在军队中生存下去，政工人员只能"委曲求全"。

五　结语

国民党通过战时军队政工体系，通过以政治训练为核心的相关工作，试图打造一支抗日党军。就积极效果而言，国民党与三民主义在军队中的影响力的确有所增强，蒋介石的领袖形象得以深化。但若与同时期中共类似的工作比较视之，便会发现其实国军政工的整体表现不尽如人意，甚至可以说糟糕。从连队政工发展历程看，国军经验欠缺，因此在战时连队政工建设环节呈现出一边摸索、一边改革的状态。在 1938 年至 1940 年，国军对连队指导员队伍建设未予足够重视，指导员与连队脱离，发挥不出应有的作用。张治中执掌军委会政治部后，自 1941 年开始国军连队政工才渐有起色，越来越多的连队有了专职指导员开展政治工作。从整体而言，国民党在基层军队政工建设环节起步过晚，表现不佳。

就战时国军连队政工来说，指导员人员匮乏与军政关系紧张这两大弊端始终存在。国民党军队中长期存在轻视政工的现象，军校系统也不能给政工系统提供足够帮助。政工系统没有专门的人才养成学校，无处寻觅政工人员，只能勉强维持现状。蒋介石先后选用陈诚、张治中主持军队政工，显示出他对这一工作的重视。但蒋介石无法解决国民党军队的系统性症结，无法改变"重军事、轻政工"的既有观念。连队政工的低效，折射出全面抗战时期国民党军队政工整体上的失败。自党代表制度终结后，国民党对苏俄式军队政工的运用便出现“异化”。以蒋介石为代表的军事集团权力膨胀不受约束，与国民党训政体制出现内在冲突。党军仅在理念上尚有一些痕迹，已经无法从制度上进行全面贯彻。全面抗战时期国民党军队连队政工遭遇的困境，显示出国民党的党军建设在基层部队遭遇巨大挫折。虚弱的国民党已经无力秉承孙中山遗愿建设党军，而实际上党军已经异化为“蒋军”，成为蒋介石巩固个人权力的工具与依托。抗战结束后，国民党实施宪政，在军事理念上标榜“军队国家化”，渐从党军转向国家军队。1949 年的历史变局证明，蒋介石及其军事集团开展的军队建设历程，既没有建成党军，也没有建成国家军队。在现代中国形塑过程中，军队成为一些人追求、巩固权力的工具，这是国民党政权军事现代化的最大悲剧。

（郭洋，南京理工大学马克思主义学院暨中国工业文化

研究中心讲师）

业务纽带：浅析全面抗战时期国民党军队的联络参谋与参谋视察制度[*]

叶　铭

关于联络参谋，有文章提到国民党对八路军、新四军指定联络员"监视其整个活动"，徐永昌说"为求与十八集团军、新四军密切联系起见，照各军前例，派联络参谋若干员前往联络考察，该参谋等应适时呈出报告，以便指导、考核、纠正"。① 王庭岳指出，"国民党联络参谋的正当工作，是加强国民政府军事委员会与敌后的八路军联络；了解八路军在前方的抗战情况和作战经验，以及时上报军令部；同时如实反映八路军的人员编制、武器弹药消耗等，以便军事委员会发放军饷和作军事接济"，"但事实上这些联络参谋都是由特务头子康泽所精

　＊　本文为国家社科基金后期资助项目"建立参谋系统：抗战时期军令部研究（1938—1945）"（项目号：18FZS005）阶段性成果。
　①　刘晓滇、刘小清：《皖南事变前的国民党驻新四军联络参谋》，《党史博采》（纪实）2008年第9期。

心挑选，并由其直接指挥，担负有特别的任务”。① 由此看来，联络参谋似乎类似过去的监军，专事监督、情报工作，事实是这样吗？本文拟利用相关部门所藏档案，对全面抗战时期联络参谋以及参谋视察进行考察，分析其在军令部建立的参谋系统中发挥的纽带作用。②

一　全面抗战时期国民党军参谋业务之痼疾

全面抗战时期，国民党军在参谋业务方面存在机构组织不健全、联络不畅、情报不准、计划不周且执行不力等问题。全面抗战爆发后，国民党军组织机构处于变动调整期，1938 年 1 月，军事委员会改组，其军事指挥机构方最终定型，业务亦渐次稳定。参谋组织不健全，人员业务不熟练。蒋介石以国外军队参谋人员作比，指出中国军队参谋人员“幕僚不健全，一般对于幕僚人员不重视，以致司令部的事务，不能上轨道，一切大小事情，都是由主管长官亲自负责处理”。“我们此次抗战失利，各部队主管长官，固然不能辞其责，但是推本溯源，还是各级司令部的参谋人员，要负重大的责任。尤其参谋长，平时对于所属处长科长参谋等人员，不加训练，一切业务，任令废弛，毫无准备，到了战时，什么事情都没有把握，以致遭受许多不必要的牺牲和挫失！”③ 有报告称：“最高指挥部与高级指挥部（如集团军总部及军部等）参谋处人员，注重室内作业，鲜与前线部队联络，命令计划多由参谋长及高级指挥官策划，甚至参谋处长亦少参预军以下之谍报网，无系统的配备，送达最高指挥部之情报记载多无秩序。”④

情报业务方面，情报不确实，分析不透彻，特别是参谋在战况报告中存在不实的毛病。蒋介石认为，“现在各部队最大的恶习，就是情报不确，

---

① 王庭岳：《国民党的特使——联络参谋在延安》，《文史杂志》1990 年第 5 期。

② 由于资料限制，本文主要探讨军令部派驻国民党军各部队的联络参谋，不涉及派驻八路军、新四军联络参谋情况。军令部与下属各部门参谋业务发挥纽带作用的还有参谋长会议，笔者拟作另文分析。

③ 《部队长官与参谋人员的责任和修养》（1938 年 1 月 27 日），秦孝仪编《先总统蒋公思想言论总集》第 15 卷，台北，中央文物供应社 1966 年版，第 77—78 页。

④ 《程槐视察鲁南战区报告概略》（1938 年 8 月），中国第二历史档案馆编《中华民国史档案资料汇编》第 5 辑第 2 编《军事》（2），江苏古籍出版社 1998 年版，第 644 页。

计划不周，文饰战况，虚报胜仗"，"我们过去失败的最大原因，就是侦探无能，情报不确，甚至没有材料，敌情无从判断。……敌情不明，糊涂应战，每战失败，这真是我们参谋人员莫大的耻辱！"[①] "对于敌情，不仅谍报不完备，侦探不健全，就是我们已经与敌人接触，甚至战斗了几天，连对面敌人部队的番号都不知道，这真是我们各级官长最大的耻辱！"[②]

作战命令方面，存在执行不力、监督不到位的情况。有抱怨"各级指挥官发布命令，多是随便；传达命令，亦多不负责任；照例主官下令交参谋，参谋交传令兵，传令兵送出，就算完事，究竟命令是否按时送达，下达以后，是否执行，执行能否彻底，一概不管！"[③] 也有埋怨"对于命令仍未能一致贯彻实施。各部队多未能彻底的尽到职责，达成任务。其原因，就在于命令下达之后，上官不曾切实去设法监督执行，部下亦就不能彻底作到，甚至因循敷衍，推诿延误，这不仅是我们官长的耻辱，而且是我们军队失败的致命伤"。[④] 上述问题导致"不免发生种种弊病，这是我军一个最大的缺点，亦是一切失败最大的原因！"[⑤]

战场通信联络方面，则存在通信不畅、联络不及时等问题。蒋介石指出，给各级指挥官打电话往往无人接话，认为这种弊病，以后应绝对禁止，一个指挥部如要迁移，事先要做到的第一件事，就是要将通信联络的方法准备好，然后才移动。还规定各高级司令部每天早晨、中午和晚上都要通话一次，报告各部所得情况和一切应行联络的事项，提出高级司令部亦应多派人员常到所属各下级指挥部联络监视，由上官派员调查视察，并切实监督实施。至于通信器材不够，将来甚或极感缺乏，要研究出种种替

---

① 《部队长官与参谋人员的责任和修养》（1938年1月27日），秦孝仪编《先总统蒋公思想言论总集》第15卷，第97、84页。

② 《第一次南岳军事会议训词（一）》（1938年11月26日），秦孝仪编《先总统蒋公思想言论总集》第15卷，第508页。

③ 《部队长官与参谋人员的责任和修养》（1938年1月27日），秦孝仪编《先总统蒋公思想言论总集》第15卷，第95页。

④ 《第一次南岳军事会议训词（一）》（1938年11月26日），秦孝仪编《先总统蒋公思想言论总集》第15卷，第507页。

⑤ 《参谋长会议训词（二）》（1940年3月7日），秦孝仪编《先总统蒋公思想言论总集》第17卷，第126页。

代的工具和方法，使通信联络能照常维持，而不虞其断绝。①国民党军交通通信不及敌人。就一般物质器材来说，国民党军当然要差些，但这些还在其次，最重要的一点，就是交通通信人员的技术和办事精神不及敌人。②

上述问题，在整个抗战期间没有得到彻底的解决，可以称之为国民党军的"痼疾"。蒋介石曾提出一些解决方案，他认为命令下达后之监督最为重要，同时指出报告要实在。③他还要求各部队"对于敌我一切情况，无论报告通报，必求确实，情报确实，然后计划才能周密；计划周密，战事才有把握！"④蒋介石认为通信联络之迅速确实，关系作战之成败最为重大。⑤在司令部参谋机构以及业务方面，他认为"各级司令部……先应该作到的一件事，即参谋地位必须提高，并注意其工作的效能……关于工作分配除例行参谋业务外，以派赴前方考察交通、通讯、敌情等最为重要……主官更要每周、每月，循名责实，考其成绩"。⑥因此，他要求各部队长官"限期赶造战斗详报，如期呈核……凡各级司令部阵中日记和各官兵个人的战斗日记，都要尽量搜集作为重要的材料"。⑦

二　联络参谋与参谋视察的任务和要求

为解决上述问题，军令部认为"参谋人员必须……向军令部呈出各种规定表册。参谋长为各级司令部之幕僚长，得指挥各该司令部所属各处服

---

① 《第一次南岳军事会议训词（二）》（1938 年 11 月 26 日），秦孝仪编《先总统蒋公思想言论总集》第 15 卷，第 518 页。

② 《第一次南岳军事会议训词（三）》（1938 年 11 月 27 日），秦孝仪编《先总统蒋公思想言论总集》第 15 卷，第 535 页。

③ 《南岳军事会议手订各项要则及第一期抗战之总评》（1938 年 1 月 28 日），秦孝仪编《先总统蒋公思想言论总集》第 15 卷，第 554、561 页。

④ 《部队长官与参谋人员的责任和修养》（1938 年 1 月 27 日），秦孝仪编《先总统蒋公思想言论总集》第 15 卷，第 97—98 页。

⑤ 《南岳军事会议手订各项要则及第一期抗战之总评》（1938 年 1 月 28 日），秦孝仪编《先总统蒋公思想言论总集》第 15 卷，第 569 页。

⑥ 《柳州军事会议训词（二）》（1940 年 2 月 15 日），秦孝仪编《先总统蒋公思想言论总集》第 17 卷，第 80 页。

⑦ 《第一次南岳军事会议训词（二）》（1938 年 11 月 26 日），秦孝仪编《先总统蒋公思想言论总集》第 15 卷，第 520 页。

行一切业务。各级参谋处对业务分配应明确规定，俾工作协调以高度发挥幕僚机能"。[①] 因此，军令部依托参谋系统建构一套双向运行体系。一方面，军令部在战区以及各部队派驻联络参谋[②] 以了解实际情况，搜集情报，监督作战命令与计划的执行情况，并提出对各部队的奖惩意见初步方案，撰写工作日记；另一方面，军令部派出参谋人员去各战区进行视察，考察联络参谋上报情况以及各部队参谋业务实际执行状况，以收考核业务之功效。

联络参谋以及情报联络参谋在国民党军中早已有之，国民党的特务领导人戴笠 1928 年"以联络参谋的名义，奉命主持总司令部联络组正式从事情报工作"。[③] 蒋介石曾说："总司令派联络参谋的意义，就是要明了各部队作战的情况，随时有正确的报告，做总司令的耳目，免得各部队随便谎报、欺骗高级指挥部，这是联络参谋第一要紧的职务。"[④] 全面抗战爆发后，1937 年 9 月，蒋介石要求"督促各联络参谋与各部迅速具报前方状况"。[⑤] 1938 年，军委会改组，军令部开始承担战时作战指导职能，负责委派联络参谋。

军令部"为求作战指导适切，及沟通最高统帅部与各部队之意志"，[⑥] 向各部队派遣联络参谋。联络参谋由高级参谋 1 员，参谋（上中少校级别）1—2 员，书记兼译电上（中）尉 1 员，卫士、公役各 1 员组成。[⑦] 这些联络参谋的任务为"适时传达最高统帅部之意旨，及全般战况；随时将前方战况，及各部队现状，报告军令部；对军令部及所在部队长，贡献作战上

---

① 《建立参谋系统之重要性及本部统制参谋之意义》（1942 年），中国第二历史档案馆藏军令部档案，七六九 /2220。
② 所谓联络参谋，是以军委会名义派出的联络督战（督察）参谋、军委会派出的联络参谋以及情报联络参谋等参谋名义的统称。
③ 王蒲臣：《一代奇人戴笠将军》，台北，东大图书股份有限公司 2003 年版，第 16 页。
④ 《联络参谋的责任和意义》（1932 年 7 月 9 日），秦孝仪编《先总统蒋公思想言论总集》第 10 卷，第 628 页。
⑤ 《蒋介石致刘建绪电》（1937 年 9 月 2 日），台北"国史馆"藏，002/090106/00012/017。
⑥ 《军令部联络参谋派遣规则》（1938 年 7 月），中国第二历史档案馆藏军令部档案，七六九 /2441。
⑦ 《军事委员会派遣联络参谋督察简则》（1941 年 4 月），中国第二历史档案馆藏军令部档案，七六九 /2441。

之意见；军令部临时指派之特殊任务"。① 联络参谋须定时向军令部报告：
（1）各部队敌情、战况，每日用电报或长途电话报告一次为常例，重要时随时报告；（2）各该司令部之作战计划、指挥官之决心处置，及下达命令之要旨；（3）对上级机关命令是否确实奉行，及不能完全奉行上级命令之理由；（4）战斗经过；（5）该部队战斗员额数、素质，人事是否团结，经理内容，官兵精神及损耗补充诸情形；（6）械弹器材骡马装具损耗及补充状况；（7）工事构筑程度；（8）战地补给及卫生勤务状况；（9）驻在地及作战地之地形，与交通通信之现状；（10）军纪风纪；（11）每一战斗后所得之经验与教训；（12）对该部队作战之意见。②

　　联络参谋需要撰写工作日记，日记内容包括："1. 状况判断，决心处置及其理由，但要求联络参谋本人在记载中勿加意见；2. 各级指挥官或指挥官幕僚间意见上是否有重要差异及各友军间联络是否确实；3. 作战经过；4. 任务达成之程度，计划与实施之适否，如有差异，其原因何在；5. 重要之命令训练通报及报告；6. 于作战有关之各个人功绩及过失。"为防止联络参谋与所在部队产生瓜葛，军令部对联络参谋提出具体要求："1. 各部队长、参谋长及各级参谋应予联络参谋以便利，时时使明了一般状况；2. 各部队开军事会议或幕僚会议时，联络参谋得列席旁听，必要时并得将最高统帅部之企图说明，一面将会议情形报告军令部；3. 联络参谋到达部队后，宜常川在其参谋处办公，一切膳宿由所在部队代办，其费用由该员自行支给之，但联络参谋如为二员应以一员任视察；4. 联络参谋对所在部队纪律上之法令与规定，须切实遵守。"并禁止联络参谋"擅离职守；与驻在部队发生经济关系；兼任部队职务；报告迟延及泄漏秘密；干涉部队长及各级幕僚职务内之事"。③ 军令部部长徐永昌对联络参谋训话时提出一些要求和注意事项，与上述要求相似。④

---

① 《军令部联络参谋派遣规则》（1938 年 7 月），中国第二历史档案馆藏军令部档案，七六九 /2441；《罗奇呈蒋介石电》（1938 年 9 月 29 日），台北"国史馆"藏，02/080200/00503/067。
② 《军令部联络参谋派遣规则》（1938 年 7 月），中国第二历史档案馆藏军令部档案，七六九 /2441。
③ 《军令部联络参谋派遣规则》（1938 年 7 月），中国第二历史档案馆藏军令部档案，七六九 /2441。
④ 《徐永昌日记》（手稿影印本）第 6 册，1941 年 5 月 2 日，台北，"中央研究院"近代史研究所1991 年版。

　　除了派出一般性质的联络参谋，1939 年，为"监督冬季攻势，督察各部作战实况，监察命令实行并为沟通最高统帅部与各部意志以及作战指导适切"，① 军令部在主攻部队各师，派遣联络督战参谋 1 员，以委员长侍从参谋名义派出，② 这些联络参谋直隶于蒋介石，并受军令部与所隶行营之指导，督察各部对上级命令是否贯彻，对上级报告是否确实，他们有督战任务，传达最高统帅部意旨，沟通军令部与行营及部队意图。每日至少一次，情况紧急时不限次数报告敌情、研究作战计划、监督计划实施、报告作战经过、评定作战优劣。所有参战部队报告均要呈送联络督战参谋审阅，并与各师参谋长共同起居生活，参加会议。③ 徐永昌对联络参谋提出的要求来自上述规则。④ 军令部向各战区派出联络督察参谋，以"明了各战区战绩真伪暨作战人员研训班成绩，与防御工事构筑并适时任重要方面之督战任务，与调查各部作战准备之实况"。其任务是"督察各部队作战实况，监督命令实行，沟通本会与战区意志，以期作战指挥之适切，并须考核与统计战区战绩，以为本会评定赏罚之准据"。判别战绩依据为："出击队编组训练情形；分区游击各区每月出击次数，并依战区之每月统计，至下级抽查证实之，或随时接获下级对战区之报告，往下级查证之；各部队对战区，及战区对本会所报战绩真伪，从其下级考察证实之；考察各战役功过人员，就下级对战区及战区对本会呈报从下级考察之；关于战区综合战绩重要会战或战斗之战绩随时具报并现地考察。"考察依据为："对于敌人阵地设施，交通地形兵力配备之搜索侦察，及预定尔后之攻击法；依照上项之想定攻击法之演练；部队整训及后方勤务准备情形；部队人员马匹武器弹药器材车辆卫生经理之实际状况；我新式防御筑城之构筑。"⑤

---

① 《军事委员会联络督战参谋服务守则》（1939 年 9 月），《徐永昌呈蒋介石文电》，台北"国史馆"藏，002/080200/00517/230。

② 《联络督战参谋训练派遣办法》（1939 年 9 月），《徐永昌呈蒋介石文电》，台北"国史馆"藏，002/080200/00517/230。

③ 《军事委员会联络督战参谋服务守则》（1939 年 9 月），《徐永昌呈蒋介石文电》，台北"国史馆"藏，002/080200/00517/230。

④ 《徐永昌日记》（手稿影印本）第 5 册，1939 年 10 月 29 日。

⑤ 《军事委员会派遣联络参谋督察简则》（1941 年 4 月），中国第二历史档案馆藏军令部档案，七六九/2441。

军令部要求联络参谋"与各该战区长官部及集团军总部各级主官及幕僚密切连络，俾得相互了解，用收通力合作之效，如因公务需要，得随时商请各该区长官暨各级指挥官协助"，通过"赴集团军及其以下单位考察并推动之"。督战方式包括："检阅各级司令部下达命令，考察其实施命令使用兵力作战努力之程度，及其指挥与战斗之优劣，暨其战绩具报；检阅各部呈出报告是否与其战斗实况相符；部队主官对作战之决心及处置，是否确遵上级机关之命令施行，并其施行之效果；部队作战经过及其经验教训；不能达成任务之原因，及各部队之困难情形，亦应随时具报提出意见。"督战报告"如用书面报告呈出者，密封交快邮递送，其有时间性者，应以当地有线电信为主，并利用驻在部队无线电辅助之，其用电话报告者，以请本会军令部第一厅厅长转报为原则，倘案件特关重要，亦得径向军令部部次长报告之"，便于及时了解战况。同时要求"与驻在部队不得发生经济关系，并禁止接受招待；关于重要报告，不得迟延失时；不得泄漏机密"。① 联络督察参谋基本任务和考核方法与联络督战参谋大同小异，应是名异实同。

军令部对各级参谋机构参谋业务进行考核的方式是参谋视察，各级参谋机构在"取得业务连系；沟通学术思想；贯彻法令精神；明了人事动态"方面与军令部加强联络，其方法就是"军令部随时对部队参谋举行视察"。② 参谋视察程序包括："1. 档案检阅：包括命令执行情况，各种教令、参考丛书的有无等。2. 业务报告：参谋长、参谋处长先口头报告，之后呈上笔记。3. 各别谈话。4. 笔试测验。5. 座谈会：主官、参谋长及参谋处长对于参谋人事教育业务等设施之意见，及有关抗战建军之意见转报本部。"③ 其主要任务为："1. 考查各级参谋人员对历次军事会议，委座、总长、部长训示各点及本部承办，颁发之各种命令教令法令研究之心得与奉行之

---

① 《军事委员会派遣联络参谋督察简则》(1941 年 4 月)，中国第二历史档案馆藏军令部档案，七六九 /2441。

② 《说明部队参谋与军令部切取连系之重要及方法》(1942 年)，中国第二历史档案馆藏军令部档案，七六九 /2220。

③ 《军令部第三次视察参谋第一组总报告书》(1943 年 9 月)，中国第二历史档案馆藏军令部档案，七六九 /2219。

程度；2. 考查各部队最近参加作战所得之经验与教训；3. 各部参谋人事教育业务之考查与指导；4. 说明本部统制参谋之意义及建立参谋系统之重要性；5. 征询各部主官及参谋人员对参谋人事业务教育及攸关抗战建军之意见具申；6. 对各部中下级参谋人员予以机会教育。"对象为"各特种及加强军、师及其直属上级集团军总部为主，其邻接部队及兵种机构亦视察之"。[①] 意义是："1. 就抗战言，在调整幕僚机构以健全此军队之神经中枢而扩大战果。2. 就统帅部言，在改进幕僚业务俾指挥机能达到敏活确切境地。3. 就参谋本身言，在施以缜密考核俾素质及地位同时为之提高。"[②]

　　除上述各种联络参谋外，还有情报联络参谋。1939 年军令部部务会报规定"情报联络参谋不必固定在战区，应随时派向发生战事之前线"。[③] 但由于资料缺乏，对其设置目的以及具体任务并不明确。总体而言，军令部派出的联络参谋起到搜集情报、沟通以及监督作用，负责向军令部以及军事委员会呈报各部队实际状况。军令部进行的参谋视察，则是对下属各战区各部队参谋业务进行检查考核。两者结合，形成维持军令部建立的参谋系统运转的纽带。

三　联络参谋之运作与效果

　　从制度建设效果而言，一方面，联络参谋是维系军令部与其各级参谋机构和人员的纽带，军令部可以通过这条纽带与各级参谋机构进行沟通，获得讯息，随时了解各参谋机构与人员的动态，了解其业务状况，力求获取的讯息真实有效，是军令部及时掌握各战区、各部队参谋业务开展与作战情况的重要保证；另一方面，通过参谋视察，军令部对各级参谋机构进行业务指导和考核，从而在参谋业务方面树立权威。

　　1938 年确立派遣联络参谋制度后，军令部随即向各部队派出联络参

---

① 《军令部第三次视察部队参谋计划及实施办法》(1942 年)，中国第二历史档案馆藏军令部档案，七六九 /2220。
② 《军令部举行参谋视察之意义及目的》(1942 年)，中国第二历史档案馆藏军令部档案，七六九 /2220。
③ 《徐永昌日记》(手稿影印本) 第 5 册，1939 年 8 月 22 日。

谋，1939 年则派出督战参谋。实际运作中，蒋介石要求派往部队的联络参谋必须用函件或电报将每日战况报告一次，如果无法用电报，亦须每日写信呈报。① 他十分注重联络参谋人才培养，将之与政治军事完备程度相提并论，并要林蔚从侍从室挑选 10 人充实联络参谋队伍以便管理与驾驭。② 反攻南宁作战时，蒋介石要求徐永昌各师皆须派督战参谋，要求督战参谋必须与所属各师前线作战部队共同行动。③ 徐永昌日记中亦有类似记载。④ 以 1941 年为例，各战区和重要单位均派遣了（情报）联络参谋（见表 1、表 2）。

表 1　1941 年各战区情报联络参谋

单位	第一战区	第三战区	第五战区	第六战区	第七战区	第八战区	第八战区副长官部	伊盟
姓名	刘定权	谢振	潘祖信	刘培初	陶村英	周国良	常荫森	陈镇波

资料来源：中国第二历史档案馆藏军令部档案，七八七/2530。

表 2　1941 年各战区联络参谋

单位	第一战区	第二战区	第三战区	第五战区	第六战区	第七战区	第八战区	第九战区
姓名	杨凤麟	丛兆麟	徐仙来	杨泽民	夏嘉富（后王绍唐）	蓝文蔚（后刘运韬）	钟诚（后王烈）	张元祜

资料来源：中国第二历史档案馆藏军令部档案，七八七/2530。

根据联络参谋工作日记，军令部可以了解所在部队日常情况、参谋业务开展情况、联络参谋自身状况及所驻战区每月作战概况等。以驻第三战区联络参谋工作日记为例，其日记每周有一表格，表格中包含天气、发文、收文以及工作纪要等项目。徐仙来在 1941 年 7 月第一周的联络参谋工作日记中记录，他与陈世珪根据蒋介石及徐永昌命令来到第三战区，第

① 《蒋介石致徐永昌电》（1938 年 8 月 19 日），台北"国史馆"藏，002/010300/00015/066。
② 《蒋介石致林蔚电》（1938 年 8 月 23 日），台北"国史馆"藏，002/010300/00015/071。
③ 《蒋介石致徐永昌电》（1939 年 12 月 3 日），台北"国史馆"藏，002/020300/00012/098。
④ 《徐永昌日记》（手稿影印本）第 5 册，1940 年 3 月 15 日。

一周拜会第三战区长官、安排住处，随即参加南平部队检讨会议，与部队主官、参谋长会晤，并与第三战区参谋处、军需处通电话。第二周参加第三战区会报，认识第三战区各部队、各部门主官，并与第三战区参谋长商议参加会报办法。其后查看出击部队战绩表，查询部队训练及干训团情况，并去参谋处召集全处人员谈话。第三周写报告，并参加幕僚会议，面见第三战区参谋长讨论补给问题，要求部队在 20 日前完成补给，但根据实际情况认为该月底前才有可能完成补给。为了解更多情况，决定次日去兵站总监部。第四周第一天视察第三战区兵站总监部交通、经理两处，并打电话给参谋处处长岳星龄要求他发出提前完成补给措施命令，了解第三战区后勤情况。这周还参加军事会议并向军令部报告会议情况及结果。调查第三战区七月份战绩表。[①] 上述工作日记中不但记载了规定要求的内容，也记录联络参谋的任务与工作流程。

联络参谋侧重于将日常敌情我情上报军令部。如武汉会战时，"据连［联］络参谋某报告，敌人上午十时已抵广济"，[②] 10 月，驻第一战区联络参谋辛惠东发电称："我部运输之第一列车第一一六团在确山车站被敌机 37 架轮流轰炸，死伤官兵 50 余员名，骡马 60 余匹，迫击炮 5 门炸毁，风衣弹药亦被炸毁。三十二师师部在信阳南亦被敌机轰炸，计死伤官兵 10 余员名。"[③] 军令部据此可以及时应对，做出相应的准备。联络参谋报告"沙洋一带王集团军配兵不多，且无斗志。急电五战区或增或换，速筹办法。又王卓凡参谋报告王集团人事、经理、教育以及作战经过等情形颇详，惟对沙洋一带兵力不似马言之薄"。[④] 军令部据此了解前线各部队实况，并能够在兵力调配方面做出较为正确的选择。联络参谋也有涉及军纪的报告。如 1940 年徐永昌日记记载："午前见督战参谋齐懋等，据谓广西绥署腐化使部队无法进步（如团营长代理几年

① 《第三战区所属各部队战绩汇报表、统计表及联络参谋工作日记》（1941 年 7—11 月）（中国第二历史档案馆藏军令部档案，七八七/12010）内容包括第三战区 7 月战斗次数、时间、地点、参战部队、伤亡情况、弹药消耗情况以及歼敌数字。

② 《徐永昌日记》（手稿影印本）第 4 册，1938 年 9 月 7 日。

③ 《孙桐萱致蒋介石电》（1938 年 10 月 14 日），台北"国史馆"藏，002/090200/00041/258。

④ 《徐永昌日记》（手稿影印本）第 5 册，1939 年 2 月 23 日。

不委实，师长无些微用人权），比较一七五师最好。”① 又如 1943 年 4 月 “长沙涂联络参谋电，军队无纪律，一般皆努力于贩卖，毫无斗志之类风仍在蔓延中”。②

联络参谋报告另一重要内容是情报与战况。此类情报真假相杂，以驻第三战区联络参谋余宪文系列报告为例，1940 年 1 月 7 日，他发电报告称厦门日军可能进攻闽南诏安与东山，并称驻芜湖日军有 1400 人、伪军 400 人，电报中还报告了芜湖日军详细驻地。8 日称无锡日军十七师团一个连队将从上海转赴粤北作战，溧水日军多为新兵以及金坛有 400 多东北伪军开到。1940 年 1 月 13 日上报汪精卫与日本签订协定，内容包括承认伪满，“中日满”签订“反共协定”，日军在华北及内蒙古驻兵，中日共同“开发”中国资源，日本向伪政权保证两年后撤军，但如果中国方面继续抵抗则日本保有继续驻兵权利。③ 这与目前公布的汪精卫与日方密谈后达成的协议高度相似。再以鄂西会战为例，情报联络参谋工作优点在于：报告不失时机；报告确实，不追随部队夸报敌情；报告件数亦符规定。缺点为：判断敌情尚欠正确；未能于战斗进行中报告各部队情报工作之得失。军令部提出改进意见为：加强情报联络参谋组，每组应增加中（少）校参谋 1 员、传达兵 1 名。④

联络参谋主要以电报汇报的方式进行督战。1940 年 1 月底，日军进攻浙江萧山。余宪文报告萧山周边各地方部队运动情况，包括第一区总队迫近萧山；第五区总队进至萧山南，第一支队在阎家堰，第二支队进抵衙前。三日后，他继续报告第七、第八支队等在萧山周边布防情况。2 月 18 日，他在报告中指出，萧山左翼日军一部在富春江口之陈杨沙登陆，另一部从湘湖东岸登陆，国民党军第一九〇师在抵抗中伤亡 50 多人；萧山右翼，日军在衙前附近登陆，并前进至尧山，地方保安部队指挥部已经撤到

① 《徐永昌日记》（手稿影印本）第 5 册，1940 年 4 月 12 日。
② 《徐永昌日记》（手稿影印本）第 7 册，1943 年 4 月 12 日。
③ 《三战区高级联络参谋余宪文等在上饶军事电报》（1940 年），中国第二历史档案馆藏军令部档案，七八七 /4224。
④ 《军令部第二厅鄂西湘西战役情报工作检讨报告》（1943 年 6 月），中国第二历史档案馆藏军令部档案，七六九 /2183。

绍兴。① 再以豫南会战为例，驻六十八军联络参谋李诚一 1941 年 1 月 20 日发电称，泌阳附近日军增加到 6000 人，判断日军将对泌阳进行"扫荡"，指出其拟在邓庄铺以东地区做大歼灭战。22 日，他发电给第五战区，认为六十八军周边无友邻部队，建议派兵支援。25 日，他报告称六十八军坚守原来阵地，日军正面突破与迂回攻击均未奏效。27 日报告日军将由任店、云岗、吴城兵分三路包围六十八军。次日李诚一称他严令各部死守战略支撑要点，并以机动兵力出击得手。2 月 1 日，报告战况之后，李诚一建议由于日军已经疲惫，可严饬各部共同迅速进击。② 联络参谋在会战或战斗后，对所在部队的表现进行评判，拟定奖惩意见。如上述豫南会战结束后，2 月 17 日李诚一报告中称，会战中，一一九师及一四三师所部与军部身陷重围，形成混战，刘（汝明）军长与李诚一自己在山上指挥一昼夜，粒米未进，最终击溃日军，打破其围歼六十八军以及进攻南阳、襄樊的企图，该次会战是"抗战三年以来最苦亦最满意者"。战果方面，除三十六师外，一一九与一四三师仅伤亡千余人，日军伤亡当三倍于我，其中遗尸67 具。③ 又如，第三次长沙会战结束后，驻第九战区联络参谋拟定的检讨意见表认为，此次会战国民党军损失 29849 人，其中阵亡 3394 人。意见表对参战各部表现进行评判，并提出处理意见。④

四　参谋视察之运作与效果

军令部派出的各种联络参谋一般能够按照规则要求，向军令部提供第一手资料。对此，军令部不但要求驻各战区联络参谋进行考察，也相应

---

① 《三战区高级联络参谋余宪文等在上饶军事电报》（1940 年），中国第二历史档案馆藏军令部档案，七八七 /4224。

② 《第五战区六十八军联络参谋李诚一等有关豫南战况及湖北日伪军动态文电》（1941 年），中国第二历史档案馆藏军令部档案，七八七 /4535。

③ 《第五战区六十八军联络参谋李诚一等有关豫南战况及湖北日伪军动态文电》（1941 年），中国第二历史档案馆藏军令部档案，七八七 /4535；另参见《刘汝明回忆录》，中华书局 2014 年版，第232 页。

④ 《第三次长沙会战人员伤亡失踪统计数暨第二次比照检讨意见表》（1942 年 2 月），中国第二历史档案馆藏军令部档案，七八七 /2530。

进行所谓参谋视察，以判定联络参谋实际工作成效。徐永昌在军令部部务会报中强调："视察参谋之任务，其主要在考察各级参谋之行能，系重在对人。"①

　　以第九战区为例，军联络督察参谋张元祜在电报中称："为求考核前次上高会战及最近鄂南作战部队战绩及一般真实情况，拟派邹参谋祖汉、陆参谋楠森至罗王两集团军以下各单位视察并调查长修路兵要地理。"②复以第三次参谋视察为例，"第一组视察西北各战区部队；第二组视察长江流域各战区部队；第三组视察三、九两战区各部队；第四组视察四、七两战区及昆明行营各部队"，③视察范围涵盖各行营、各战区及所属各部队各级参谋机构。视察结束后组长撰写报告书，内容有：对蒋介石训示研究心得；困难情形；改进意见；被视察之人数及素质；举行座谈会情形；意见（包含业务及情报部分）。④通过参谋视察，军令部完成考核参谋业务与人事的任务。

　　参谋视察发现问题，找出原因并提出解决方案，是建设参谋系统的成效。如第二次参谋视察报告指出："各部队业务分配不切实……有不予分配实际业务者。""各部队多数主官……已知参谋之重要，逐渐信任。惟参谋人材物色匪易，尤以低级参谋求得适当者更属寥寥。……参谋长或处长虽系陆大毕业，因其主官认识不确，其业务表现亦未能完全。若主官再固步自封，根本不知重视参谋业务，虽有人材亦难为用，求其业务之进步则更艰难。"提出"多受参补教育，实亦提高参谋素质，补救目前参谋人才缺乏之要道。是乃本部亟应统筹施教之急务者也……终以积重难返，实际上多尚未能使参谋人员发挥绝大权能。如关于作战命令，应由参谋长副署，而第二十七集团军总部尚未施行……储备参谋各部亦多借口遴选困难，尚

① 《军令部第二十一次部务会报纪录》（1943 年 3 月 16 日），中国第二历史档案馆藏军令部档案，七六九 /2258。
② 《张元祜致罗卓英、王瓒绪电》（1939 年），中国第二历史档案馆藏军令部档案，七八七 /2530。
③ 《军令部第三次视察部队参谋计划及实施办法》（1942 年），中国第二历史档案馆藏军令部档案，七六九 /2220。
④ 《军令部第三次视察参谋第一组总报告书》（1943 年 9 月），中国第二历史档案馆藏军令部档案，七六九 /2219。

成悬案。其按照规定人数慎重遴选者固属寥寥，就拟有施教计划轮调见学者，更未多观，凡此均为未能充分了解幕僚重要之明征"。① 各级参谋人事多有未呈报，或未呈报军令部；各级参谋处业务之分配，特别是师参谋室业务最少，不适当；各军师未照规定指定储备参谋，或未呈报军令部核备，此外还有各级参谋教育未能切实实施。解决方案为：有关参谋人事问题军令部找军政部铨叙厅会商统一办法；师参谋室业务问题，则明令规定师参谋室各级参谋之职掌，有可能则增加一名参谋主任；兵站机关参谋人事层转机构过多，因此对参谋人事要求其直接呈军令部办理。② 作战命令参谋长副署一事，集团军以上多未奉行，军令部请蒋介石严予纠正。③

在参谋机构方面，第二次、第三次参谋视察都对师参谋处编制提出问题并研究改良意见。"以目下实际情形论，师参谋处人员似嫌不敷分配，但有无扩大必要，似应加以探讨，对厉行遴选储备参谋办法亦应再申前令。"④ "师参谋室综合业务（即旧制参谋主任业务）似应由参谋长或能力较强之中（上）校作战参谋兼任之，但中（上）校参谋应以作战教育为主要业务，而以上尉参谋一员辅佐之。其余人事业务由少校参谋执掌，后勤业务由另一上尉参谋执掌。至本部所派之战时增设谍参二员主官情报业务，在未派谍参之各部队得以辅佐作战教育之上尉参谋执掌情报业务。"⑤ 由此可见，参谋视察报告为参谋机构的改进提供了第一手资料。

参谋业务方面，参谋视察主要集中在情报、作战业务以及呈报文件规范方面。第二次参谋视察对情报业务划分提出问题并指出解决途径，"对情报谍报业务之区分及其所包细目之名称内容若何种别有几，似应迅速予以

---

① 《第二次视察部队参谋第三组报告书》（1940年），中国第二历史档案馆藏军令部档案，七六九/2218。

② 《军令部第三次视察参谋第一组总报告书》（1943年9月），中国第二历史档案馆藏军令部档案，七六九/2219。

③ 《第二次视察部队参谋第三组报告书》（1940年），中国第二历史档案馆藏军令部档案，七六九/2218。

④ 《第二次视察部队参谋各组报告书摘要》（1940年），中国第二历史档案馆藏军令部档案，七六九/2218。

⑤ 《第三次视察部队参谋第一组报告书》（1943年），中国第二历史档案馆藏军令部档案，七六九/2222。

明确划一之规定"。① 第三次参谋视察提出的改进意见为：师以上各单位发给敌情汇编，作为今后正确判断敌情之依据；谍报人员训练班注意计划草拟与技术实施之训练；明确各级谍报队之搜索范围；各部队由优秀官兵调充谍报员为原则；明确团谍报班之活动经费明令规定在师谍报费内开支；知照各军师军令部所发每日战况之无线电呼号，使各部队能明了国内外情势，同时增进与军令部关系。② 通过参谋视察，军令部及各级参谋机构情报业务已有长足进步，其报告着重指出情报搜集、分析以及经费等具体业务中存在的问题，而不局限于情报业务概念方面。

作战业务方面，参谋视察发现"各部队对诸般计划多未能及时策定，其已策定者内容亦多与实况不符，形成作战指挥与计划分离之现象"，不过具体解决意见只是"似应饬陆大及参补班注意"。③ 由于各部队在参谋业务方面旧习不改，参谋视察报告提出应制定法规规范此项业务，即"参谋业务为作战业务，使国军一切合于作战要求，但旧习未改，认为参谋业务不外公文图表之拟制……以致参谋业务不能应用于作战，参谋只在室内做伏案工作。参谋业务之范围应以司令部业务之范围为范围，现仍系以分在参谋处承办之事为范围"，因此"拟请确订并宣示野战参谋业务之性质、范围与实施之法则"。④ 第三次参谋视察在参谋业务方面仍然提出九大问题，与之前很多问题大同小异。⑤ 不过相比第二次各部队不甚明了参谋业务的情况，此次视察指出各级参谋机构经过军令部迭次强调，开始了解业务范围，参谋业务运作开始步入正轨。这说明如若没有参谋视察，军令部难以全面了解战时国民党军参谋业务开展的实况，也无从提出改进方案。

尽管在参谋业务方面各部队均有所进步，但受战时环境等诸多因素

① 《第二次视察部队参谋各组报告书摘要》(1940年)，中国第二历史档案馆藏军令部档案，七六九/2218。
② 《军令部第三次视察参谋第一组总报告书》(1943年)，中国第二历史档案馆藏军令部档案，七六九/2219。
③ 《第二次视察部队参谋各组报告书摘要》(1940年)，中国第二历史档案馆藏军令部档案，七六九/2218。
④ 《第三次视察部队参谋第一、二、四组意见报告书》(1943年)，中国第二历史档案馆藏军令部档案，七六九/2183。
⑤ 《军令部第三次视察参谋第一组总报告书》(1943年)，中国第二历史档案馆藏军令部档案，七六九/2219。

影响，实际效果仍不尽如人意，特别是在参谋业务规范性方面存在相当不足。丁治磐日记中记载部队需要呈报军令部诸多材料，①这些材料是军令部通过参谋系统加强对各部队参谋业务监管的方式，也是军令部自身发挥作用的根本。然而通过参谋视察，军令部指出，尽管要求各部队提供的文件有范围、格式规范，但各部队对相应规范均无明确认识；各级参谋人员甚至对计划立案尚不熟悉，参谋教育尚未普及；各种报告格式并不一致，上报时间也不一样。②这直接影响军令部参谋业务的运作执行。如果不解决这类问题，军令部将无法获取准确讯息，从而使参谋业务缺乏保障。

通过比较各部队参谋机构的优劣点，参谋视察指出各部队的成绩与缺点，为此后合理分配部队任务做参考。第三次参谋视察指出，"第十一集团军总部，五二军及七一军各部，参谋颇多优秀，且甚整齐。第一、第九两集团军次之。以新二八师及第二分监部为最劣"，③"各部队之参谋业务及其人员之考绩……据视察所得，以全第九战区而言，其参谋人员之健全及其业务著有成效者以第十九集团军总司令部为最佳，第三十集团军次之，再次者为第二十七集团军"。④报告对集团军与各军大致优缺点也有涉及。⑤总体来说，国民党军嫡系部队参谋业务相对比较突出，作战中也承担较重的任务。

战区范围组织的参谋视察，主要考核军级以下单位。以第三战区为例，参谋视察报告认为七十军的优点在于业务分配适当，有条理有计划；作战指导腹案计划周密，尤合统帅部要求。劣点则有监察命令未能彻底贯施，对反攻准备尚欠研究具体实施办法。一〇〇军的优点在于参谋业务已入正轨，对监督命令及教育实施能不时派员督促。劣点主要在于情报经费

---

① 《丁治磐日记》（手稿本），1939 年 11 月 13 日，台北，"中央研究院"近代史研究所 1995 年版。

② 《军令部第三次视察参谋第一组总报告书》（1943 年），中国第二历史档案馆藏军令部档案，七六九 /2219。

③ 《军令部第三次参谋视察第四组报告书》（1943 年），中国第二历史档案馆藏军令部档案，七六九 /2220。

④ 《第三次视察部队参谋第一组报告书》（1943 年），中国第二历史档案馆藏军令部档案，七六九 /2222。

⑤ 《军令部第三次参谋视察各单位优劣对照表》（1942 年 10 月），中国第二历史档案馆藏军令部档案，七六九 /2219。

开支未尽适当，参谋调职未能遵令实施。二十五军的优点在于情报参谋对情报重要性深为了解，参谋调职办理颇佳。劣点则是军作战指导腹案缺实施计划，兵要地志未能遵照部颁格式详细调查。① 通过比较各部队参谋机构的优劣，军令部了解各部队、机关参谋机构及人员素质的实际情况，可以有针对性地进行改进，在拟定作战计划、实施作战指导时也能根据各部队的特点布置任务。

军令部参谋视察最大的贡献，在于通过规范考核各级参谋机构上报文件的类型与种类，随时了解各部队情况及作战的得失，为军令部在业务方面的完善提供资料，提高军令部及各级参谋机构业务实施的成效。

五　余论

各级参谋机构保持正常运转，是军令部有效地实现参谋系统功能的前提。一般认为，制度的确立是系统立足根本。无论是军事委员会还是军令部，均有其他途径掌控军队以及参谋机构情况，但需要指出的是，这些非制度途径无法保证掌控的有效性与经常性。制度才是机构运行的可靠保证，舍此并无他法。按照军令部的评价，联络参谋可以使作战指导适切，并能够沟通最高统帅部与各部队意志。② 所谓参谋视察即系检阅，部队每经检阅一次，即有一次之进步，参谋亦然。③ 两项制度的运行，理论上可以促进军令部各项业务的发展，能够了解各级参谋机构业务与运转基本情况。军令部可以据此相应提出意见与建议，做出相关改进，推动参谋系统的建设。

但是，派遣联络参谋以及参谋视察实施不但烦琐，有落入文牍主义之嫌，而且效果似乎并未能达到军令部预期。一个本该行之有效的制度为何

---

① 《军令部视察第三组视察第三战区各部队参谋业务优劣一览表》（1943年），中国第二历史档案馆藏军令部档案，七六九/2219。
② 《军令部联络参谋派遣规则》（1938年7月），中国第二历史档案馆藏军令部档案，七六九/2441。
③ 《军令部第三次视察参谋第一组总报告书》（1943年），中国第二历史档案馆藏军令部档案，七六九/2219。

未能取得应有的成效呢？

首先，国民党军派系林立，派系渊源发展不同，各自的军事制度、机构、运作有相当差别，因此形成国民党军中参谋机构与业务并不统一的现象。尽管军事委员会以及军令部等部门努力进行改变，但仍然存在差异。参谋人员来源有法规规定，[①]但实际上，尽管各级参谋长十分之八系陆军大学毕业，但各级参谋十分之六系由前川军所办之各种军事教育校队、湖南干部学校及中央各种短期军事教育班队毕业。[②]

其次，组织机构不健全。蒋介石指出，"我们今后要改造军队，建立国军，第一件事就是要改造指挥部或司令部，建立全军健全的首脑"。[③]然而，作为建设参谋系统主要机关的军令部，仍然存在"机构欠健全，减少工作效率；干部不健全"的现象。[④]机构不健全，业务自然不能完全开展。

再次，国民党军参谋机构定位不明确，业务施展随之受限。军令部比较过各国参谋长职权，国民党军"向仿法日诸国，参谋长之地位则较各国为低，职权亦较各国为微，复以主官多不善运用参谋，事事均喜躬亲处理，以致纵有优秀之参谋长，亦不易尽其职责，而非优秀者则借此敷衍塞责"。[⑤]其后"明定'参谋长为司令部之幕僚长，指挥司令部各处办理一切业务'，借使主官得有闲暇思维大局，而主要之决策亦因各种理由办法，具由幕僚拟备，仅待主官抉择，即可施行。打破各国军中幕僚长仅对主官负责之通例，对于作战命令特规定应行副署，而科以连带之责任"。[⑥]

最后，作为业务纽带上关键环节的各级联络参谋能力与操守，亦存在各种问题。早在1939年，徐永昌日记中就有"对联络参谋须切实训教不受买不干求"。[⑦]又如驻刘汝明部联络参谋李诚一曾于1941年6月17日发

---

① 《修正陆军参谋任职暂行规则》（1940年6月），中国第二历史档案馆藏军令部档案，七六九/2197。

② 《第二次视察部队参谋第三组报告书》（1940年），中国第二历史档案馆藏军令部档案，七六九/2218。

③ 《第一次南岳军事会议训词（二）》（1938年11月26日），秦孝仪编《先总统蒋公思想言论总集》第15卷，第516页。

④ 《三十年度本会所属各机关自行校阅所发现一般缺点及改进事项》（1941年），中国第二历史档案馆藏军令部档案，七六九/2230。

⑤ 《参谋长职权之意见具申》（1940年），中国第二历史档案馆藏军令部档案，七六九/2438。

⑥ 《战时参谋处业务修改意见》（1942年3月），中国第二历史档案馆藏军令部档案，七六九/2436。

⑦ 《徐永昌日记》（手稿影印本）第5册，1939年8月18日。

电报申请刘部调离河南，侍从室回复"战区调整部署自有着眼，望再不呈转"。[①] 然而刘部直到 1943 年也未调离河南。[②] 显然，原本应该起到监督作用的联络参谋，帮所在部队争取利益，有失中立地位。不过考虑到李诚一在六十八军期间所有报告要经过其军部电务室传递，报告内容已然受限。加之他在经济上受刘接济，[③] 帮助六十八军请求免调也就不足为怪。无独有偶，曾担任郑洞国联络参谋的黄仁宇受到郑洞国的优待，[④] 他的报告自然有所偏向。[⑤]

由于全面抗战时期国民党军存在的"痼疾"，所以军令部设计的联络参谋与参谋视察制度并未能完全发挥其业务纽带作用。军令部报告中指出，在作战业务方面，其缺点为大多注重原理、原则，而忽略实际技术，尤其是统计数据往往不确。情报方面，各部队对情报业务常常忽略，尤其对情报技术方面多无研究。[⑥] 事实上，国民党军最大的问题并不在不能发现不足，而是在发现不足之后无法有效改进。联络参谋与参谋视察制度及实施效果，恰为这一问题的印证。

（叶铭，南京理工大学马克思主义学院暨中国工业文化研究中心副教授）

---

① 《第五战区六十八军联络参谋李诚一等有关豫南战况及湖北日伪军动态文电》（1941 年），中国第二历史档案馆藏军令部档案，七八七 /4535。

② 《刘汝明回忆录》，第 232 页。

③ 《李诚一致军令部第三厅厅长陈焯电》（1941 年 6 月 10 日），中国第二历史档案馆藏军令部档案，七八七 /2530。

④ 《黄河青山——黄仁宇回忆录》，三联书店 2001 年版，第 34 页。

⑤ 《黄河青山——黄仁宇回忆录》，第 35 页。

⑥ 《历次参谋视察对参谋业务改进概要》（1945 年），中国第二历史档案馆藏军令部档案，七六九 /1721。

战时新闻舆论与美日外交折冲

——以 1939 年南昌美侨贺兰德事件为中心

王　森

1939 年 6 月 14 日，日本《读卖新闻》刊登了一则短讯，称在南昌美国人贺兰德（Leland W. Holland）所在医院内发现大量反日宣传材料，他还资助江西省保安司令部政治训练处官员 5 万元，日军将彻底调查贺兰德反日一事。① 这则新闻迅速引发了国内外中英文报纸的持续关注，最终酿成美日外交风波，一直到当年 8 月底才得以平息。

全面抗战爆发后，新闻媒介也被卷入历史洪流，特别是交战的中日两国的媒体，更多地肩负起政治动员和意识形态宣传的责任。有鉴于此，研究者多通过"国家－社会"二元架构，将战时新闻舆论纳入国家政治体制管控，聚焦国家政权对新闻媒

---

① 「米人（南昌）の住宅が敵逆宣伝本部」『読売新聞』1939 年 6 月 14 日、第二夕刊 、1 ページ。

体主导性的一面；或是从功能主义视角出发，讨论新闻媒体在战争中的宣传和动员活动。[①] 这两种研究路径大多以传统新闻史的叙事方式展示新闻媒体的记录和宣传功能，没有勾勒出新闻媒体作为战争影响因素参与政治互动的过程。从研究对象来说，也多局限在中文或日文媒体，未探讨在华具有重要影响力的英文报刊。魏舒歌的最新研究则关注战时国民政府利用租界英文报刊进行国际宣传的活动，对战时新闻媒体与国际关系进行了深入探讨。然而，对于国际宣传的实际效果，则较少涉及。[②]

尽管学界对新闻宣传的效果长期存在争论，但是将“新闻事件”放入历史场景，以事件史的方式还原新闻媒体在政治变局中的作用，可以衡量新闻舆论对政治活动的效力。本文以 1939 年南昌美国侨民贺兰德事件为个案，分析战时新闻媒体与国际政治的互动关系，讨论民族主义情绪下战时新闻舆论的形成、传播、被接受的过程，以及对美日外交活动的影响。通过观察美日外交冲突中新闻媒体所扮演的角色，以具体事件厘清新闻舆论如何作用于战时远东国际关系。[③]

一　被捕的贺兰德：战争前线“反日”的美国侨民

1939 年 6 月 5 日，驻上海日本外交官森岛向美国驻华大使詹森

---

① 马兴达：《抗日战争时期国内媒体的舆论引导研究综述》，《抗战史料研究》2013 年第 1 辑。学界曾两次召开抗战时期新闻史的学术会议，见段京肃编《新闻春秋第五辑：抗日战争与新闻传播学术研讨会、抗战广播史研讨会论文集》，首都师范大学出版社 2006 年版；哈艳秋编《“勿忘历史：抗战新闻史”学术研讨会文集》，中国广播影视出版社 2016 年版。日本方面报纸研究见孙继强《侵华战争时期的日本报界研究（1931—1945）》，中央编译出版社 2014 年版。经盛鸿从新闻史的视角研究了西方新闻媒介关于南京大屠杀的报道，见经盛鸿《西方新闻传媒视野中的南京大屠杀》，南京出版社 2009 年版。

② 魏舒歌在书中坦承，“本书也有局限，其中之一便是对宣传效果的评估”。见魏舒歌《战场之外：租界英文报刊与中国的国际宣传（1928—1941）》，魏舒歌、李松蕾、龙伟译，社会科学文献出版社 2020 年版，第 25 页。

③ 学界已有一些关于战时日本对美国侨民暴行及其引发美日外交冲突的专题论文，见陈志刚《抗战前期日本对在华美侨的暴行与美国的应对之道》，《民国研究》2018 年第 1 期。陈文在学术史回顾中梳理了既有的几篇论文。董为民则讨论了南京大屠杀期间美日关于美国外交官被辱事件的交涉，见董为民《南京大屠杀期间美日间的外交折冲——以“阿利森事件”为中心》，《南京社会科学》2014 年第 10 期。但笔者尚未见到关于贺兰德的研究论著。

（Nelson T. Johnson）提交了一份声明书，指责国民党军队利用美国在华特权进行抵抗和宣传活动，主要针对南昌美孚石油公司和美国教会，包括中国军队依托美国建筑修建工事、建筑墙壁绘有美国国旗、美国传教士住宅墙壁有反日文字等。其中，写有"打倒日本帝国主义"的美国传教士住宅，"在日军入城后，即以墨汁予以涂抹"。①日本人所办上海《新申报》将上述南昌涉事相关照片全部刊登，以此证实日军的"指摘"。②

全面抗战爆发后，大批西方侨民因战事猝然发生而滞留战区。美国为了避免卷入远东战局，决定撤离在华1万余名平民而只保留驻军，但是这一全面撤侨政策遭到在华官员、传教士、商人的强烈反对。③以美国传教士为例，到1939年初，在华传教人员仍不少于890人，其中很多人身处前线，绘制和悬挂美国国旗成为通行做法。④

贺兰德就是留在战区的美国传教士。贺兰德1893年生于加州兰开斯特（Lancaster, California），1916年在南加州大学获得文学学士学位。1923年8月，贺兰德夫妇来到中国，长期在九江美国教会学校同文中学（William Nast College）任教。1938年8月17日，贺兰德结束在美休假回到中国，被任命为南昌医院代理院长。由于战争原因，贺兰德夫人和子女留在加州。⑤

1939年3月19日，日军在冈村宁次的指挥下进攻南昌，十天后攻下南昌城。国民政府于4月中旬调集重兵对南昌进行合围，组织了声势浩大的反击战。4月底，国民党军队一度攻至南昌近郊，还派出便衣部队入城放火。5月9日，蒋介石最终下令后撤，战役结束。⑥1939年6月14日，南昌战

---

①　《党军利用美国标帜，美应采取有效处置，日方要求美使予以考虑》，《新申报》1939年6月6日，第1版。

②　《请看党军乱用外国旗之事实》，《新申报》1939年6月7日，第3版。

③　陈志刚、张生：《抗战初期美国在华撤侨撤军决策与行动》，《安徽史学》2013年第6期。

④　〔美〕盖伦·M. 费舍编《中日战争对美国在华教育和慈善事业的影响（第一部分）》，刘家峰译，章开沅校，章开沅、马敏编《基督教与中国文化丛刊》第3辑，湖北教育出版社2000年版，第436页。

⑤　*Missionary Files of Methodist Church，1912-1949，Kiangsi Conference Part*（以下简写为 *MFMC*），Roll 100, p.442，华中师范大学东西方文化交流中心藏。

⑥　陈荣华编《江西抗日战争史》，江西人民出版社2005年版，第147—153、155—167页。

役结束仅一个多月，东京《读卖新闻》突然刊登了日本同盟社从南昌发回的通讯。报道称日军经过搜查，发现美国人房屋内有大量反日材料，这些文件与国民党向沦陷区空投的宣传材料完全一样，贺兰德还向国民党军队提供资金。虽然贺兰德对此完全否认，但日军宣称将进行进一步调查。①

日军占领南昌后很快对西方国家的产业进行详细调查，在一幅标为"极密"的日军作战地图上，南昌城内西方人产业的位置、名称、概况一览无余。从地图可以清晰地看出美国传教士的住宅、医院、学校连在一起，位于赣江的居民区，距离江西省政府主席熊式辉公馆很近。地图的文字说明指出南昌医院有两名传教士及医生，其中教会学校收容过 400 名国民党军队伤、病兵，法国的天主教堂同样曾救治大量国民党士兵。②这幅绝密的军事地图表明日军掌握了南昌西方教会情况，尤其对其救治中国士兵是非常清楚的。然而，对照 6 月 5 日公布的外交声明，可以看出日军并没有提到此事。事实上，全面抗战爆发后，中国各地很多西方教会医院都曾收治中国军队伤兵。这一行为是符合国际法的，日本军队往往加以干涉，但并不能以此作为西方人反日的证据。③

6 月 15 日，上海英文报纸《字林西报》迅速跟进报道了贺兰德"反日"一事。《字林西报》的新闻同样来自同盟社，内容却与《读卖新闻》有明显出入。《字林西报》指出遭到日军调查的有两人，除了贺兰德，还有法国天主教传教士"C. Zigenhorn"（徐庄行）。徐庄行因"窝藏"两名中国士兵，并涉嫌保护其他中国军人而被调查。贺兰德的罪名则与《读卖新闻》报道一致，不过《字林西报》还指出日军之前就曾罗列出一个罪名：贺兰德住宅曾被中国军队用来抵抗日军。④可以看出，《字林西报》的

---

① 「米人（南昌）の住宅が敵逆宣伝本部」『読売新聞』1939 年 6 月 14 日、第二夕刊、1 ページ。同盟社是日本国家通讯社，1936 年初正式成立，受日本陆军省控制，往往被认为代表日本军方立场，见孙继强《侵华战争时期的日本报界（1931—1945）》，第 127—138 页。

② 『鄱陽湖周辺敵情兵要地誌綴　昭和 14 年 1 月 14 日』（防衛省防衛研究所）、JACAR（アジア歴史資料センター）、Ref. C13070227700。

③ 李传斌：《战争、医院与外交：全面抗战之初的教会医院（1937—1938）》，《抗日战争研究》2016 年第 1 期。

④ "Two Missionaries Accused Anti-Japanese Leaflets Said to Have Been Found in American's House," *The North-China Daily News*, 1939.6.15, p.5.

新闻较《读卖新闻》更全面。

上海中文报纸也很快报道此事。6 月 16 日,《新闻报》刊出短讯："南昌城内,有天主教神父二名,一为美籍,一为法籍,已被日方以'反日'嫌疑,逮捕拘讯。"《新闻报》确认了涉事天主教神父徐庄行"私寓内藏匿华兵二名"。贺兰德则是有反日材料,并且两人都"有资助华军游击队之事实"。值得注意的是,《新闻报》的消息源是汉口"快讯社"根据九江的信息而发出。①《新闻报》还指出南昌日军已经将西方人逮捕。

美国在华外交官并未在事件发生后得到日本官方照会,他们也是从上海中英文报纸上获悉此事。美国驻上海外交官的信息源不仅包括同盟社,还引用了上海中文报纸所称贺兰德"被日本军方逮捕"(being detained by the Japanese military) 的细节描述。6 月 16 日下午 3 点,美国驻上海外交官向汉口同僚发出电报,要求同日本当局接洽。当天,美国驻汉口代理总领事戴维斯(John Paton Davies , Jr.)就和日本外交官会面。②正如魏舒歌所言,"在华外交人员视租界报刊为可靠的信息来源",③美国外交官在看到新闻后立刻采取了行动。

武汉沦陷后,汉口美国外交官负责处理华中地区事务,戴维斯在回忆录中称其主要任务就是与日方联系"抗议日军虐待美国公民或破坏美国财产"。④日方用电报和南昌方面沟通,但并无结果,双方同意向外界公布此事。美日关于贺兰德的第一次外交协商无果而终,由新闻报道促成的外交行动在向外界公开后,反过来强化了事件的"新闻性",引发更广泛的关注。

---

① 《南昌两神父遭日军逮捕》,《新闻报》1939 年 6 月 16 日, 第 9 版。

② "June, 1939, Report, Embassy of The United States of America," *Central File: Decimal File 893.00*, *Internal Affairs of States*, *China*, *Political Affairs*, May 8, 1934-February 18, 1938, Records of the Department of State Relating to the Internal Affairs of China, 1930-1939 (Part 1), pp.590-591, National Archives (United States), Archives Unbound, 2019 年 6 月 27 日访问; "Paper Handed to Mr. Yoshizawa, August 23, 1939, by the Chargé d'Affaires, Mr. Eugene H.Dooman," *Foreign Relations of the United States Diplomatic Papers* (以下简写为 *FRUS*), 1939, The Far East; The Near East and Africa, Washington, D.C.: U.S. Government Printing Office, 1939, pp.374-376。

③ 魏舒歌:《战场之外:租界英文报刊与中国的国际宣传 (1928—1941)》, 第 35 页。

④ 〔美〕约翰·佩顿·戴维斯:《抓住龙尾——戴维斯在华回忆录》, 罗清、赵仲强译, 商务印书馆 1996 年版, 第 135 页。

　　6月20日，重庆《中央日报》和安徽屯溪的《前线日报》刊登了同样一则短讯："日前日同盟电称，南昌之美传教士有抗日之活动后，美当局向日领事要求证据，日领竟无以对。今日美总领事，又向日领提出书面抗议，要求明白解释。"[①]后方中国报纸新闻来自汉口合众社，聚焦同盟社通讯引发的美日外交冲突。

　　美国国内媒体也迅速对此事做出反应，重点同样落在贺兰德是否"反日"上。贺兰德档案中的一份新闻剪报显示，6月14日，美国合众社从日本东京发出通讯。新闻来自同盟社，内容与前述《字林西报》一致。[②]6月20日，《洛杉矶时报》刊登了贺兰德被捕的新闻，在列举贺兰德被控罪名后，也报道了汉口美国外交官正在采取行动。该报还采访了贺兰德夫人，她认为丈夫的工作并未"冒犯任何人"，只是救助中国难民，并非资助中国军队，所以并不担心。[③]《纽约时报》同样在6月22日刊登了相关报道，这一天，纽约美国教会工作人员致函贺兰德夫人，提醒她注意《纽约时报》，并警惕当地报纸是否对实际情况有所夸大或删减。信中还表示教会已经和美国国务院进行联系，但是华盛顿也没有确切消息，所有关于贺兰德的情况都来自新闻媒体。[④]

　　至此，同盟社通讯引发了中、日、美三国新闻媒体的瞩目。尽管各方的新闻细节略有差异，但是贺兰德事件由新闻舆论直接促发了美日外交交锋。卢沟桥事变后，美国政府和公众舆论多持中立主义立场，但是对日军危害美国在华权益的行为则强势回应。[⑤]1939年，美国开始对日本进行坚决遏制，在东亚地区采取强硬政策。[⑥]美方对于贺兰德一事的处理原则和

---

① 《南昌敌称美教士反日》，《中央日报》(重庆各报联合版) 1939年6月20日，第2版；《驻汉美总领事向倭领书面抗议》，《前线日报》1939年6月20日，第3版。

② "U. S. Missionary Accused of Anti-Japanese Moves," Undated, *MFMC*, Roll 100, p.445.

③ "Japanese Hold Pasadena Man: Missionary in China Accused of Distributing Anti-Nipponese Papers," *Los Angeles Times*, 1939.6.19, p.2. 由于中美存在时差，为了行文统一，正文中美国时间均换算成中国时间，脚注中原始资料时间不做改动。

④ "Letter, Frank T. Cartwright to Mrs. L. W. Holland, 1939.6.21," *MFMC*, Roll 100, p.437.

⑤ 惠春琳：《美国公众舆论对美国东亚政策的影响 (1931—1941)》，世界知识出版社2014年版，第127—133页。

⑥ 〔美〕入江昭：《第二次世界大战在亚洲及太平洋的起源》，李响译，社会科学文献出版社2016年版，第92页。

其他类似案例一致，在条约特权制度下维护美国国民权益，①因而对日方展开持续的外交行动。

第一次会面后，汉口美国外交官又数次和日方交涉，要求其尽快回复。6 月 20 日，汉口日本领事馆一名武官告知美国官员，贺兰德是接受了国民党将军 5 万元资助而制作了反日材料，这和此前报道相反。6 月 22 日，汉口日军联络官高级代表樱井中佐会见美方。樱井通报了南昌日军宪兵在贺兰德同意的情况下进行调查，在图书馆（未说明何处，应是美国建筑）发现了反日材料。樱井向美国官员保证贺兰德没有被捕，但拒绝做出任何承诺，只提议居中转交信件。樱井也担忧事件不会被"官方化"（officially）处理，显示日方希望低调处理此事。美国方面对结果并不满意，不过也同意他的建议。②日方居中传递信件是有先例的，早在 4 月 11 日，贺兰德的一封信交由日军转给汉口方面。③ 6 月 23 日，汉口美方将一封信交给日方。然而，此后这封信和贺兰德的命运引发了更多的外交冲突和新闻旋涡。

二　寻找贺兰德：新闻舆论与美日外交活动

6 月 28 日，汉口美国当局正式对媒体通报了事件进展。合众社从武汉发出的通讯显示，美国官员毫无保留地公布了所有信息。新闻界再度确认贺兰德被控反日，日方在没有公布证据的情况下，只口头承诺他没有被捕。而贺兰德本人处于"失声"状态让事情更扑朔迷离。④上海的《字林西报》《大陆报》《密勒氏评论报》《中国评论周报》等主流英文报刊同时刊登了这则通讯。《新闻报》则引述美联社消息，内容大体一样，但补充

---

① 董为民：《南京大屠杀期间美日间的外交折冲——以"阿利森事件"为中心》，《南京社会科学》2014 年第 10 期。

② "Paper Handed to Mr. Yoshizawa, August 23, 1939, by the Chargé d'Affaires, Mr. Eugene H. Dooman," *FRUS*, 1939, The Far East; The Near East and Africa, pp.374-376.

③ "Letter, Frank T. Cartwright to Mrs. L. W. Holland, 1939.4.28," *MFMC*, Roll 100, p.446.

④ "U.S. Missionary's Fate Unknown Is He Being Held by the Japanese in Nanchang?" *The North-China Daily News*, 1939.6.29, p.7; "Worry Voiced on Missionary in Nanchang," *The China Press*, 1939.6.29, p.2; "Missionaries Accused of Anti-Nippon Deeds," *The China Weekly Review*, 1939.7.1, p.146; "U. S. Missionary's Fate Unknown," *The China Critic*, Vol.26, No.1, 1939, p.14.

说明贺兰德"现在南昌主持难民收容所之工作"。①

　　在媒体密集报道的同一时间，美日外交活动从汉口转移到东京。6月30日，在美国国务院指示下，美国驻日大使要求日本外务省解释贺兰德遭逮捕的传闻，强调假如贺兰德真的被捕，应立即释放。美国外交文件称这是一次"非正式行动"（an informal approach），在汉口方面外交努力无果的情况下，美国国务院指导东京方面和日本外务省进行直接交涉。7月5日，外务省向美方发出正式照会，宣称日军对贺兰德住宅的搜查发现了反日材料。随后，贺兰德被传讯到南昌日军宪兵司令部，但是没有被捕或关押。汉口日军联络官同一时间向美方传递了这些信息。7月12日，汉口方面在迟迟没有收到贺兰德回信的情况下，要求向南昌派遣代理总领事戴维斯以弄清真相。与此同时，美国驻日大使也不断向外务省施加压力。7月14日，外务省表示，鉴于贺兰德回信一直未能送达汉口，将立刻进行有效调查。对于美方提议，外务省则称需要等待日本陆军提交事件报告。②

　　可以看出，随着事态发展，美日双方外交行动逐渐升级，涉及的外交机构和官员也扩展到美国国务院和日本外务省。由于缺乏日方档案，无法判断南昌日本陆军和外务省的沟通情况，但是从美方外交档案和实际进程来看，日本陆军似乎掌握了事件主导权。外务省的照会从政治层面坐实了贺兰德"反日"，但是日方也否认各方媒体所报道的贺兰德被捕一事。美国方面则不断向日方施加外交压力，以求确认贺兰德的情况。

　　新闻界对美日外交活动同样予以密切关注。7月16日，《字林西报》刊登了汉口合众社通讯，称美国外交官未收到贺兰德回信，并指出与贺兰德同在南昌医院的还有3名女护士。③《大陆报》在3天后刊登的新闻内容与《字林

① 《南昌日军搜查美教士住宅》，《新闻报》1939年6月29日，第8版。

② "Paper Handed to Mr. Yoshizawa, August 23, 1939, by the Chargé d'Affaires, Mr. Eugene H. Dooman," *FRUS*, 1939, The Far East; The Near East and Africa, pp.374-376. 美国驻日大使格鲁（Joseph C. Grew）从5月开始返美休假到10月，由大使馆参事杜曼（Eugene H. Dooman）临时代办，见〔美〕约瑟夫·C.格鲁《使日十年——1932至1942年美国驻日大使格鲁的日记及公私文件摘录》，蒋相泽译，商务印书馆1983年版，第286页。

③ "Fears for Missing Missionary," *The North-China Daily News*, 1939.7.17, p.12.

西报》一致，但是其宣称信息来自"私人报告"，还指出华盛顿非常关注贺兰德和3名女护士的安全。① 这两份具有影响力的报纸再度强调同盟社通讯是事件的导火索。中文报纸也纷纷做出报道，上海三大中文报纸《申报》《新闻报》《时报》同时刊载了美联社通讯，指出贺兰德仍处于"失声"状态。②

7月19日，合众社再度从汉口发出通讯，声称获得来自官方的权威消息，《大陆报》在头版头条予以刊登。合众社指出贺兰德已被日军逮捕，受到严厉审讯，但是日军提供了良好的饮食和住所。据称日方有意限制贺兰德事件影响，害怕因此刺激美国国会通过废除美日商约法案。日本陆军于7月3日严惩在芜湖侵犯美国人的日军士兵，证明此类事件已经引发严重的外交危机。对于美方派人到南昌的建议，日方并未接受。③ 这篇通讯基本准确报道了美国在武汉和东京所采取的外交行动及结果，显示其信息源极有可能是美国外交界人士。更重要的是，合众社将贺兰德一案和其他类似事件对美日外交破坏的严重程度公之于众，对于日方降低事件影响的努力可谓当头一棒。此时，日军正在北方与苏联红军展开激战，又因6月封锁天津英租界，与英国关系陷入冰点，美国针对日本"践踏英国在天津的权利"，决定废除"两国在1911年签订的通商航海条约"。④ 日本承受了巨大的外交压力，因而对美采取了温和策略。

仅仅过了一天，合众社又报道戴维斯向日方提出新的抗议。⑤ 国民政府中央通讯社摘译后发出通稿，焦点仍在美日冲突上。⑥ 美国国内媒体也

---

① "U.S. Worried Over Fate of Rev. Holland," *The China Press*, 1939.7.19, p.1.

② 《美教士霍兰下落不明》，《申报》1937年7月17日，第4版；《南昌圣公会美教士霍兰失踪》，《新闻报》1937年7月17日，第7版；《南昌圣公会美教士无消息，女看护一名亦未有下落》，《时报》1939年7月17日，第2版。

③ "Rev. Holland Detained in Nanchang on Charges of Giving Guerillas Aid," *The China Press*, 1939.7.20, p.1.

④ 〔美〕入江昭：《第二次世界大战在亚洲及太平洋的起源》，第96页。

⑤ "New Protest Lodged on Holland Case," *The China Press*, 1939.7.21, p.1.

⑥ 《南昌美传教士霍兰德被寇逮捕》，《前线日报》1939年7月21日，第3版；《南昌美教士被敌逮捕》，《工商日报》（西安）1939年7月21日，第2版；《被擅捕美教士，美领抗议》，《扫荡报》（桂林）1939年7月21日，第3版；《南昌美传教士被敌逮捕》，《南宁民国日报》1939年7月21日，第3版；《南昌美教士被敌逮捕美提抗议》，《西京日报》（西安）1939年7月21日，第1版。

密切关注事态进展，合众社通讯被多次刊登。[1] 媒体的密集报道和事件迟迟无法解决，促成了贺兰德所属美国教会采取进一步行动。黄安素会督（Bishop Ralph A. Ward）在华盛顿会见美国国务院官员，督促国务院采取一切行动联系贺兰德及另外 3 位女性。[2]

东京方面，在等待了数天后，美国驻日大使又向外务省提出抗议，并表示贺兰德事件是美国国务院当下最为关切的事情。面对美方强大的外交压力，7 月 21 日，日本外务省承诺，有关贺兰德一事的报告将在两天内提交给美方。次日下午 4 点，汉口美国外交官收到了贺兰德于 7 月 6 日发出的回信。[3] 虽然这封信原件尚未发现，但是在美国驻华大使提交给国务院的报告中，对这封关键回信做了说明。[4] 信中，贺兰德否认他被日军逮捕的传闻。显然，贺兰德这一表态与日本外务省 7 月 5 日的照会前后矛盾。美国驻汉口总领事向日方表示，这封信并未完全消除美方疑虑，坚持尽快派人前往南昌。美方更进一步表示要调查九江和庐山牯岭的美国权益，日方仍未准许。

日方在通过外交渠道给出答复的同一天，于上海召开新闻发布会，向外界公开事件的来龙去脉。日军联络官宇都宫中佐宣称，"霍伦现正与日军维持友好接触，南昌日军指挥官常与霍伦互邀同餐"，至于发现的反日材料，来源于贺兰德所在医院负责管理的青年会建筑。日军还指责汉口"某美国通讯社"传播贺兰德被捕谣言，其目的"乃若干方面故意拟使美日发生争执"，因而酿成舆论风波。[5] 但是，宇都宫在回答记者相关问题，如贺

---

[1] "Japanese Holding U. S. Churchman for Espionage," *Calexico Chronicle*, 1939.7.18, p.1; "Japs Are Holding Missionary Gravels Aid Chinese Are Charged," *Madern Tribune*, 1939.7.18, p.1.

[2] "Cross Reference Sheet: L. W. Holland, 1939.7.24," *MFMC*, Roll 100, p.431. 这份文件未说明黄安素会见国务院官员时间，但是应在下文日本外务省 7 月 22 日答复之前。黄安素（1882—1958），长期在福州、四川、上海工作，与蒋介石、宋氏家族关系密切，太平洋战争后被日军关入上海集中营。

[3] "Paper Handed to Mr. Yoshizawa, August 23, 1939, by the Chargé d'Affaires, Mr. Eugene H. Dooman," *FRUS*, 1939, The Far East; The Near East and Africa, pp.374-376.

[4] "July, 1939, Report, Embassy of The United States of America," Central File: Decimal File 893.00, Internal Affairs of States, China, Political Affairs, May 8, 1934-February 18, 1938, *Records of the Department of State Relating to the Internal Affairs of China, 1930-1939*, Part 1, pp.623-624.

[5] "U. S. Officials Insist on Nanchang Visit Despite Letter From Holland," *The China Press*, 1939.7.23, pp. 1, 7, 8. 这组新闻由三篇报道组成，其中一篇通讯来自汉口美国合众社，另外两篇则来自上海，《申报》摘译后做了转载，以上引文来自《申报》。《日军联络官否认扣留美籍教士，并谓有人离间美日感情，对美国态度颇曲意奉承》，《申报》1937 年 7 月 24 日，第 10 版。

兰德回信时间、拒绝美方赴南昌等问题时均顾左右而言他，不能让人信服。

日方如此迅速地向外界公布美日交涉情况，并选择在上海召开新闻发布会，隐含着争夺话语权的企图。① 从贺兰德事件爆发，上海租界内的中英文报刊始终主导着舆论方向，即便汉口的第一手通讯也要通过上海报纸来刊登。而日军半公开地指责合众社，并暗指中国政府在背后破坏美日关系，体现了贺兰德事件中新闻舆论所起的巨大作用，也从侧面证实事件对美日关系影响颇大。

外界从美国外交官处获知收到贺兰德回信，但是美方拒绝透露信件内容。新闻界同样注意到日方新的解释和此前言论矛盾，合众社明确指出"日本和美国外交官均无法解释其与当初日军报道所指贺兰德牧师被逮捕和审讯的矛盾之处"，② 美国仍坚持向南昌派遣官员更是不同寻常。合众社还称信件部分内容显示，贺兰德是迫于日军压力写的回信，所以汉口美国外交官才会有此耐人寻味的态度。

日方这一戏剧性表态和美方的反应，引起中国媒体关注，中央社再次对合众社通讯摘译之后发了通稿。③ 值得注意的是，中央社所称"现据确息，美领署方面，恐该函系贺兰德被迫所作，决对此案继续作确切之调查"，并不准确。合众社没有称"怀疑"来自美国外交官。香港《大公报》则较为模糊地指出"内有数节，大概系在受威逼下所写"。④ 显然，舆论并不相信日方公布的结果，而美国外交官的三缄其口和奇怪表现更是加剧了外界的不信任。对于日军在南昌青年会所属建筑内发现反日材料这一新的指控，《大陆报》通过采访上海的青年会人员予以否认，上海其他西方教会则又爆出南昌方面还有一名英国女性和一名澳大利亚女性失去了联系。⑤

---

① 上海日本同盟社也发了一篇简短通讯，这也是目前笔者在事件扩大后所见的日方不多的报道。「米人監禁説は無根」『朝日新聞』1939 年 7 月 23 日、東京／朝刊、2 頁。

② "U. S. Officials Insist on Nanchang Visit Despite Letter From Holland," *The China Press*, 1939.7.23, pp. 1, 7, 8.

③ 《美教士贺兰德被敌逮捕》，《甘肃民国日报》1939 年 7 月 23 日，第 2 版；《汉美领馆调查贺兰德案》，《扫荡报》（桂林）1939 年 7 月 24 日，第 2 版；《敌在南昌拘美教士案，迷离矛盾情节可疑》，《前线日报》1939 年 7 月 24 日，第 1 版。

④ 《汉 × 虐待美军官，南昌美教士亦受威胁》，《大公报》（香港）1937 年 7 月 25 日，第 3 版。

⑤ "More Missing Missionaries Are Reported," *The China Press*, 1939.7.28, pp.1, 5.

　　在这样的舆论风潮下，美方仍力主派员到南昌，不断向日方施压，媒体也持续进行报道。[①] 7 月 25 日，宇都宫造访美国驻上海总领事高斯（C. E. Gauss）。双方讨论了派人前往南昌的方案。[②] 7 月 26 日，南昌日军宪兵队队长奥田中佐（Lieutenant Okuda）前往汉口美国领事馆。除了肯定宇都宫新闻发布会的信息外，奥田还解释同盟社最初的通讯是误会，樱井的言论也是错误的。日方让南昌宪兵负责人出面解释，还是想打消美方派员计划。而美国方面仍坚持己见，表现了对日方的不信任。[③]

　　然而，就在同一天，上海方面达成协议。7 月 26 日，宇都宫再度召开新闻发布会，公布这一决定。令人意外的是，日方的解释竟然是："外传美教士霍伦在南昌被日军扣留消息，虽经日方当局屡次加以否认，而大陆报与某通讯社尚陆续登载，日方当局为消除此项谣传起见，已准许美领当局派员前往南昌霍氏之近状。"[④] 日方的表态充分表明以美国合众社和《大陆报》为代表的新闻媒体对日方形成了强大的舆论压力。

　　日方对合众社和《大陆报》的指责并非空穴来风，魏舒歌的研究显示，国民党负责国际宣传的董显光曾秘密潜入上海租界，帮助包括《大陆报》在内的上海主流英文报纸与戴笠的情报机构建立联系，还争取国际著名通讯社如路透社、合众社的支持。[⑤] 华百纳也指出上海新闻媒体是各国

———————————

① "America Exerts Pressure Demand for Transportation to Interview the Rev. W. L. Holland in Nanchang," *The North-China Daily News*, 1939.7.25, p.5; "U. S. Officials Insisting on Nanchang Trip Consul Exerting 'Utmost Pressure' for Visit to Rev. Holland," *The China Press*, 1939.7.25, p.7;《日未允美官员飞往南昌调查》,《时报》1939 年 7 月 25 日，第 2 版。

② "Utsonimiya, Gauss Discuss Holland Case," *The China Press*, 1939.7.26.p.2;《日方保证美教士在南昌》,《申报》1939 年 7 月 27 日，第 9 版。

③ "Paper Handed to Mr. Yoshizawa, August 23, 1939, by the Chargé d'Affaires, Mr. Eugene H. Dooman," *FRUS*, 1939, The Far East; The Near East and Africa, pp.374-376.

④ "Permission Given to Visit Rev. Holland American Consular Official Allowed to Make Nanchang Trip," *The China Press*, 1939.7.27, pp.1, 7. 中央社摘编了《大陆报》新闻，并发出通稿，见《南昌美教士被拘，倭方屡加否认》,《中央日报》（桂林）1939 年 7 月 29 日，第 3 版;《美教士在南昌被扣事，敌允美派员前往调查》,《工商日报》（西安）1939 年 7 月 29 日，第 1 版;《日再否认拘捕美教士》,《工商日报》（香港）1939 年 7 月 29 日，第 2 版;《南昌美教士寇否认扣留》,《扫荡报》（桂林）1939 年 7 月 29 日，第 3 版。

⑤ 魏舒歌:《战场之外：租界英文报刊与中国的国际宣传（1928—1941）》,第 327—330、386—387 页。

的秘密战场，日本在 1940 年还采取暗杀手段打击英美报业。^①本文无意讨论报纸背后的政治力量，但是从新闻报道的角度而言，自始至终，新闻媒体特别是上海的中英文报纸并没有蓄意歪曲事实。事实上，合众社多次通过特殊渠道获得外交内幕，媒体也曾对美方提出质疑，显示了其独立性的一面。

在一个多月的美日外交拉锯战中，汉口、上海、美国以及中国后方报纸直接参与其中，并不断通过新闻形成的舆论影响美日交涉。这场由日本国家通讯社引发的事件，又在新闻舆论的不断追踪和关注下持续放大，甚至一定程度上影响了外交活动走向。8 月 7 日，路透社从南昌发回一则通讯，证实南昌所有外国人均安然无恙。就在同一天，合众社报道汉口美国外交官和日本当局完成了前往南昌的准备，并未因此而停止调查工作。^②美国方面不但对日本前后矛盾的声明充满了怀疑，就连西方主流通讯社的消息也未能打消其疑虑。

三 发现贺兰德：战时沦陷区的美国侨民与美日关系

当外界为贺兰德的命运而担忧，新闻舆论不断将其放在聚光灯下，美日双方展开持续外交行动之时，他本人则在被日军限制行动自由的情况下救济中国难民。贺兰德在南昌沦陷前后的状况，对于整个事件的走向也有一定影响。

1938 年 10 月 5 日，贺兰德刚接任南昌医院代理院长，他给美国教会写了一封信。信中，贺兰德坦承起初并不乐意接受任命，更希望去后方，不愿生活在日军飞机轰炸下。美国教会在 12 月初收到信，中间历时近 2 个月。^③1938 年初，同在南昌医院的另一名美国传教士称只有依靠收音机

① 〔美〕华百纳：《上海秘密战——第二次世界大战期间的谍战、阴谋与背叛》，周书垚译，周育民校，上海社会科学出版社 2015 年版，第 68—70 页。

② "Missionaries Will Remain at Nanchang," *The China Press*, 1939.8.8, p.1; "U. S. Consul to Begin Trip to Nanchang," *The China Press*, 1939.8.8, p.8.

③ "Letter, L.W. Holland to Frank T. Cartwright, 1938.10.5," *MFMC*, Roll 100, p.464.

才能获得新闻，^①而写信几乎是和外界唯一的联系方式。

12 月 23 日，贺兰德在一封长信中，汇报了南昌局势以及医院状况。江西省政府主席熊式辉希望医院继续开放，尽管缺乏医疗物资和医护人员，贺兰德认为应该满足政府要求。虽然他不希望日军占领南昌，但也在筹备难民救济工作。^②1939 年 3 月 24 日，南昌沦陷前三天，南昌医院一名女传教士发出了可能是他们与外界直接联系的最后一封信。她称江西省政府向医院提供了盐和大米等生活物资。虽然准备了一些应急避难的地方，但他们的日常生活没有太大变化。^③随后，邮件这一可以与外界联系而又耗时颇长的互动方式中断。

根据贺兰德三年后的报告，日军在攻城时，“教会医院和三栋传教士住房都遭到 30 毫米榴弹炮的攻击，清楚地表明日军的炮火是有意发射的，幸尚未造成伤害。后来，日军军官来检查教会住地的损害时，也提不出什么像样的借口”。南昌沦陷之初，美国教会收容了 200 多名难民，没有受到日军刁难，而法国人收容了数千人的难民营则被迫解散。除了人数较少外，贺兰德推测“日本人那时对美国采取了妥协态度”。^④另一名南昌医院的女传教士给出了更多细节描述。日本军官在他们的房门上挂上日本国旗，张贴告示，并禁止他们外出。日军给医院的三名中国职员发了通行证，供外出购置生活物资，他们和外界的所有联系方式全部中断。^⑤传教士曾三次尝试绕开日军士兵出去，事后中国职员遭到惩罚，因此他们不再外出，形同软禁。

7 月 6 日、8 日，贺兰德写了两封信，分别寄给汉口的戴维斯和上海的教会，信件由日军转交。在给上海的信中，贺兰德报告了医院情况，

---

① Michael A. Krysko, *American Radio in China: International Encounters with Technology and Communications, 1919-41*, New York: Palgrave Macmillan, 2011, p.161.

② "Letter, L.W. Holland to Frank T. Cartwright, 1938.12.23," *MFMC*, Roll 100, p.464.

③ "Letter, Evaline Gaw to Frank T. Cartwright, 1939.3.24," *MFMC*, Roll 99, p.1156.

④ 张家宝译，张虹校译《抗战时期美国传教士笔下日本侵华祸害录》，章开沅、马敏编《基督教与中国文化丛刊》第 5 辑，湖北教育出版社 2003 年版，第 509 页。

⑤ "Letter, Evaline Gaw to Friends, 1939.8.25"，"Letter, Evaline Gaw to Frank, 1939.8.25," *MFMC*, Roll 99, pp.1153-1154.

也否认了美国人被捕的传闻。① 但是，贺兰德这封信没有被及时送达，未能消除外界疑虑。南昌沦陷后，日军限制西方人的行动自由以及与外界失去联系造成贺兰德长时间处于失声状态，客观上促成了事件进一步发酵。

8月8日，经历冗长程序后，戴维斯由日本外交官陪同前往江西。他们先去庐山牯岭检查当地美国人产业。回到九江后，由于对交通工具存在不同意见，南昌之行再度受阻，一直到8月24日下午2点，他们才终于抵达南昌。日军并没有刁难他，戴维斯当天下午就见到了美国侨民。②

贺兰德在和戴维斯的会面中报告了他们的状况，对于外界相关传言非常惊讶，也确认了他7月6日所发信件的真实性。③戴维斯第二天返回汉口，随身带出一些信件，其中一封信写道："新闻舆论散布的流言没有一个是真的。我们不知道这些报道的源头。""当读到那些关于贺兰德的报道，我们意识到自己也卷入其中了。"另一封给美国友人的公开信则称："你们中的一些人毫无疑问看到了美国媒体的消息，导致你们相信我们身处的这座城市发生了不好的事情。那些公开的消息没有一个是正确的，我们也不敢想象其源于何处。"④当事人的言论一方面表明同盟社的通讯严重失真，另一方面也反映在外界无法获知确切情况时，新闻舆论成为事件发展走向的决定性因素之一。

8月31日，日军发言人召开新闻发布会，向外界公布最后的调查结果。日方宣称贺兰德事件源于同盟社的错误通讯。在解释为何阻止美国官员前往南昌时，表示"不使公众注意此事，势将扩大局势之严重性，而或

---

① "Letter, L.W. Holland to Glenn V. Fuller, 1939.7.8," *MFMC*, Roll 100, pp.434-436. 该信非常模糊，只能辨识出极少部分文字。信是贺兰德写给上海方面的教会人员的，通过日军传递出去。纽约方面最晚在当地时间9月11日收到该信。"Letter, Frank T. Cartwright to L.W. Holland, 1939.9.11," *MFMC*, Roll 100, p.422.

② 〔美〕约翰·佩顿·戴维斯：《抓住龙尾——戴维斯在华回忆录》，第139—146页。

③ "The Consul General at Hankow (Spiker) to the Ambassador in China (Johnson)," *FRUS*, 1939, The Far East; The Near East and Africa, pp.379-381.

④ "Letter, Evaline Gaw to Frank T. Cartwright, 1939.8.25", "Letter, Evaline Gaw to Friends, 1939.8.25," *MFMC*, Roll 99, pp.1153-1154. 戴维斯承诺信件不会遭到日军审查，因而其内容真实可信。

将酿成美日关系恶化”。① 日方这一态度早有预兆，早在 6 月 22 日樱井就暗示事件可能不会“官方化”。日方此后的种种阻挠行为，正是从“大事化小”的原则出发，但是因美国方面的坚持而作罢。日军的这番说辞虽充满谎言，却证实了新闻舆论的巨大影响力。

同日，汉口美国总领事斯派克（C. J. Spiker）向美国驻华大使詹森提交了事件报告。斯派克认为日军归罪同盟社的说法根本不可信，鉴于日方对报纸的审查，同盟社的蓄意歪曲报道至少得到了军方默许。日军后来抛出的新声明——在南昌青年会内发现反日材料，无从辨别真伪。虽然武汉的美国外交官相信同盟社和日方的指控是夸大其词，但是日方外务省、华中派遣军、上海军事发言人以及其他官员前后矛盾的解释，反而使美方更加困惑。② 而美国驻华大使提交给国务院的报告则提出了更多看法。他认为同盟社 6 月 14 日的通讯源于日本在中国各占领区发起的拙劣排外宣传活动，日军虚构了南昌医院内的反日材料，从而引发了整个事件。在美国当局持续不断向日方施加压力，要求调查真相后，日军才意识到在同盟社报道中所扮演的角色。因而，日方竭力阻挠进行调查，其行为其实相当无谓地把简单事情复杂化了。日方明白这一点后，在同年 8 月处理湖南和河南类似事件时，采取了完全不同的做法，并很快将其解决。③

除此以外，武汉美国外交官也认识到信息传递在战时的重要性。戴维斯提到南昌和武汉之间有航空、公路、水路等多种交通方式，但两地通信却需要日军居中传递，效率低下。贺兰德信件到达汉口美国外交官手里耗费了 15 天之久，失去了本来意义，“众所周知，这一令人费解的耽搁很自

① "Detention of Dr. Holland Recalled Japanese Military Spokesman Explains Nanchang Incident; Erroneous Japanese Report," *The North-China Daily News*, 1939.9.1, p.8; "Japanese Censure Own News Agency For Holland 'Error'," *The China Press*, 1939.9.1, p.1;《日通讯社发出不确消息，致引起南昌美教士事件，日军发言人向外界解释》,《申报》1939 年 9 月 2 日，第 11 版。

② "The Consul General at Hankow (Spiker) to the Ambassador in China (Johnson)," *FRUS*, 1939, The Far East; The Near East and Africa, pp.379-381.

③ "August, 1939, Report, Embassy of The United States of America," Central File: Decimal File 893.00, Internal Affairs Of States, China, Political Affairs, May 8, 1934-February18, 1938, *Records of the Department of State Relating to the Internal Affairs of China, 1930-1939*, Part 1, pp.661-662.

然地增加了美国政府和公众对贺兰德和其他南昌美侨的担忧"。① 因而，戴维斯建议美国政府尽快与战时散布中国各地的美国侨民建立直接的个人联系。

10 月 17 日，斯派克向美国国务院报告，美方在处理贺兰德事件上的做法成功地向日方表明了坚决维护美国在华权益和侨民安全的立场。经历这一风波后，日方开始在处理沦陷区相关事件时展示出更大程度的合作态度。② 由此可见，贺兰德事件对美日特别是日方的外交策略产生了影响。

战时沦陷区西方侨民的状态与所处位置和战事均有关系，以上海、南京、北京等大城市为例，由于西方国家派驻有外交官，处理此类事件具有先天优势，即便在南京大屠杀期间，仍然可以与外界保持密切联系。对于南昌此类处于战事结束不久的城市，外侨很容易由于军事原因而失联，同时也因缺少外交人员的保护而容易遭到攻击。

四　结语

1939 年夏，远东国际关系发生剧烈变化，贺兰德事件是这一大变局在地方的反映。5 月，日本与苏联在诺门罕兵戎相见。6 月，日本封锁天津英租界并掀起声势浩大的反英美运动，日本与苏联、英国、美国外交关系迅速恶化。贺兰德事件恰在此时发生，从既有资料来看，南昌日军和同盟社是始作俑者。日军在中国各占领区发动的反英美运动，声势浩大，相关暴行和宣传活动非常之多，贺兰德事件也是其中之一。③ 然而，令日方始料未及的是，在新闻媒体的持续报道下，这一事件从"寂寂无名"迅速成为舆论焦点。新闻报道直接促成了美国的外交行动，在美国对日逐渐强硬的外交政策下，日方由最初的强势转为温和乃至退让，努力尝试降低事件

---

① "The Consul General at Hankow（Spiker）to the Ambassador in China（Johnson），" *FRUS*, 1939, The Far East; The Near East and Africa, pp.379-381.

② "Copy transmitted to the Department by the Consul General at Hankow in his covering despatch No.26，" *FRUS*, 1939, The Far East; The Near East and Africa, p.379. 这是一份 10 月 17 日文件，附在 8 月 31 日文件的注释下。

③ 许哲娜：《日本"兴亚"旗号下的反英美运动（1937—1945）》，《东北亚学刊》2015 年第 5 期。

影响。

　　新闻舆论在事件发展过程中，充当了“信息输出者”和“放大器”的角色。正如魏舒歌研究所揭示的，战时上海租界内的英文媒体成为中国对抗日本、进行国际宣传的重要工具，也是中国媒体的消息源。汉口美国合众社、美联社往往抢先报道事件进展，而且不时有内幕消息曝出。中文报纸，包括上海主流大报《申报》《新闻报》和后方的中国报纸，往往都是通过转载和编译来跟进事态发展。在华英文报刊和国际新闻通讯社还源源不断地将消息发往美国，扩大了新闻舆论影响的范围。林郁沁在研究施剑翘复仇案时指出，民国时期公众的“同情”“植根于群众情绪并通过媒体的轰动效应而形成”。[①] 由于贺兰德是手无寸铁的平民，加之有美国女性侨民牵涉其中，媒体在报道时多指出其身份是“传教士”，并在南昌“救济中国难民”，表达了一种对无辜弱者的同情之心。中国的中英文报纸屡屡用“担忧”“担心”“忧虑”等字眼展示对贺兰德命运的关注。作为负责南昌医院的传教士，贺兰德身份对应的是人道和慈善，却被日军冠以“反日”“与国民党军队有联系”的罪名，完全具备了所谓的轰动效应。而贺兰德一直处于失声状态，美日外交行动一波三折，更是强化了事件的戏剧性。贺兰德事件之所以能够引发中外媒体的普遍关注，与此不无关系。

　　在这一事件中，新闻舆论与美日外交折冲产生了强烈互动，新闻媒体成为事件进展中影响因素，促成乃至影响了双方的外交行动。从美国方面来说，其外交行动由新闻报道所引发，在和日方交涉过程中，不断向外界公布一些进展，乃至利用在华英文媒体释放一些内幕对日方施加压力。同时也要看到，新闻记者与外交官由于职业差异也存在不同的利益诉求。美国学者伯纳德·科恩（ Bernard C. Cohen）认为新闻舆论对美国外交政策有着重大影响，但是记者和外交政策制定者往往是“天敌”。因为“记者通常信奉无论是何等国最好能在充分的信息自由下被公之于众”。[②] 以合

---

① 〔美〕林郁沁:《施剑翘复仇案：民国时期公众同情的兴起与影响》，陈湘静译，江苏人民出版社2011年版，第6页。

② Bernard C. Cohen, *The Press and Foreign Policy*, Berkeley: University of California, 1993, p.266.

众社和《大陆报》为代表的英文媒体在基本如实报道的前提下，也对美国当局的一些言论提出了质疑。日本方面最初利用国家通讯社和其所控制的《新申报》挑起事件，但是此后一直试图降低公众对此事的关注度。密集的新闻报道引发强烈的舆论旋涡后，日方也不得不多次主动公开发声，反映了日本外交策略注重新闻舆论的影响。综观事件全过程，可以说美日双方都将新闻舆论纳入政治行动的考量因素，也都在试图引导乃至控制新闻舆论。

中国方面的报纸自始至终将事件与美日关系恶化相联系，这一出于民族主义考虑的报道倾向不但形成了声势浩大的舆论，就连日本方面也指责国民政府利用此事"破坏美日关系"。不论国民政府是否真的将此事政治化乃至加以利用，都在政治行动中影响了日本的外交策略。这一点提示我们注意，在战时风云诡谲的政治局势下，新闻舆论一旦形成后，无论是否有政治势力介入其中，都有其相对独立的影响力。因而，笔者认为透过贺兰德事件可以看到，战时新闻舆论不但有其宣传的效力，而且可以实实在在影响政治行动。

珍珠港事变前，沦陷区还存在租界这一特殊区域，中外报纸可以依托英美的保护而得以幸存。战时中国的复杂政治局势，给了各国新闻媒体活动的舞台。战时新闻舆论不可避免地受到民族主义影响，无论上海租界的中英文报纸，还是中国后方的媒体，以及日方媒体，民族和国家利益都在或显或隐地起着作用。本文对此并未过多着墨，关于抗战时期新闻舆论与民族国家的关系仍然需要挖掘中、英、日等多方档案进一步加以研究。

（王淼，湖州师范学院人文学院副教授）

从民众心理看东北沦陷区"王道乐土"的幻象[*]

——以"邮政检阅档案"为线索

柳泽宇　戴　宇

伪满洲国建立之初，日伪当局便通过"满洲国建国宣言"抛出了"实行王道主义，必使境内一切民族熙熙皞皞，如登春台"之口号，[①]其后又借助溥仪的"执政宣言"，加强了"以道德仁爱为主，除去种族之见，国际之争，王道乐土，当可见诸实事"这一新"国家"的政治原理，[②]意在通过中国儒家思想与佛教思想的结合，对内欺骗民众，对外标

* 本文为国家社科基金抗日战争研究专项工程项目"吉林省档案馆藏日本侵华档案整理研究（第二期）"（项目号：19KZD001）阶段性研究成果。

① "满洲国史编纂刊行会"编《满洲国史（总论）》，步平等译，吉林省社会科学院 1990 年版，第 231 页。
② 何云峰：《最新满洲帝国六法全书》，奉天书店 1936 年版，"基本法"，第 2 页。

榜新"国家"之优势。"邮政检阅档案"[①]所收录的大量信件，不仅多角度地反映了民众面对殖民政策的一系列因应，也客观再现了"王道乐土"的真实状态。学界目前的研究多通过揭露日伪统治者的暴行来再现东北沦陷区的生活实态，而在从民众心理角度证伪"王道乐土"方面则较为薄弱，应用"邮政检阅档案"等珍贵的原始史料对日伪统治下的中国东北民众的心理进行微观研究，更是不为多见。[②] 在整理档案过程中，笔者发现，在关东军处置的信件中，民众的不满、恐惧及反抗心理主要源于三个方面，即"经济统制"、"征兵制"和殖民者常态化的暴行。因此，本文将对此三项进行分析，以期还原东北沦陷区"王道乐土"之实态。

一　"经济统制"下的无法为生

伪满洲国于 1933 年在《满洲国经济建设纲要》中提出实施"经济统制"的政策，宣布了经济原则的根本方针；1934 年 6 月，又发表了所谓的《对一般产业的声明》，进一步加强了"经济统制"的方针。七七事变后，日本不断扩大的侵略野心致使其军需物资需求量不断提高。在农产品领域，当局抓住"经济统制"这根救命稻草，将其作为物力动员的主要政策。在粮谷"出荷"[③] 与粮食配给的合力作用下，民众不可避免地陷入无法为生的状态。此种恶性循环模式致使沦陷区物价暴涨，社会经济秩序混乱。据统计，以伪满"新京"、奉天为例，1942 年批发物价指数已达到

---

① 本文所涉及的"邮政检阅档案"是吉林省档案馆所藏的关东军实施"邮政检阅"形成的报告。所谓"邮政检阅"，指关东军以"加强防谍"为名，对信件、电报、电话、出版物等实施"检阅"的制度。关东宪兵队是主要执行者，在实施"检阅"后，会对发现可资"利用"或是不利言论的通信进行处置，包括消除、没收、扣押等，并将其摘录形成报告，送交相关各机关。

② 涉及这一领域的研究主要有车霁虹《日本右翼宣扬"满洲国"是"王道乐土"之剖析》，《学习与探索》2003 年第 3 期；赵继敏《"王道乐土大满洲国"的真相解析》，《溥仪研究》2012 年第 2 期、第 4 期；杨栋梁：《侵华罪行的证言——日本关东宪兵队〈邮政检阅月报〉的研究价值》，《南开日本研究》2016 年 12 月；殷志强「日中戦争期における奉天市民生活の実態」『国際ワークショップ日中戦争の深層（1）』環東アジア研究センター年報・新潟大学コアステーション人文社会・教育科学系付置環東アジア研究センター、2011 年 3 月。

③ 在伪满洲国，农民交售粮谷被称为"出荷"。"出荷"虽然有偿，但系强制性的。参见谢学诗《伪满洲国史新编》，人民出版社 2008 年版，第 729—736 页。

1933 年的 2.8 倍之多，1938 年之后上升幅度尤为明显。① “邮政检阅档案”
涵盖大量此方面内容，多将其归类为“对经济统制不满”信件。仅以吉林
省档案馆藏 1941—1943 年奉天宪兵队形成的现存《通信检阅月报》来看，
“对经济统制不满”信件 1941 年 9 月、10 月两个月共计 27 件，1942 年 5 月、
6 月两个月共计 234 件，1943 年 3 月、4 月两个月共计 178 件，分别占同
期“有害信件”② 数量的 4.29%、15.65%、21.89%，可见其对民众生活影响
呈越发加深之态势。③ 其典型事例见表 1。

表 1　关东军通信检阅出的“有害信件”

	时间	发信方	收信方	内容
例1	1940 年 5 月	营口市[1]协和街 15 番地陈转赤尾彻生	天津日界松岛街 12 号青木一夫	“拿出来发放的面粉配给票！”“作为施政者的日本人到底在干什么？”“作为事实上指导者的日本人，难道只能是漠然地旁观‘满人’[2]的苦难吗？”在大多数“满人”心底都充斥着这样的观念。就连那些终日无知的洋车夫苦力们也总会有这种不合理的观念，一名苦力说道：“日本所诽谤的张政权……那些已经没落的昔日军阀的确十分残酷，但是还是保证了我们的粮食。”
例2	1942 年 6 月	奉天南市场李元仓	天津河北三条石小马路李良田	现在奉天的生活非常艰苦，粮食实行配给制度，配给的分量比以前减少了一半，而且配给的日期是固定的，人们必须不分昼夜地在粮食店前排着长队领取配给物品。
例3	1943 年 1 月	富锦县大平村公所内瑞金玺	铁岭县大青拉子合发兴孤家子张殿庆	即使交出所有收获的粮食还比收缴任务少 15 石……督促员被派到省、县驻扎，严格监督收缴粮食，要求全额上交，无论民食还是种子一律收缴，颗粒不留。如此下去，九口之家的我们只能饿死。

---

① 「卸壳物価類別指数」满洲国通信社『满洲国现势』1943 年、692 页。
② 侵华日军在每期对信件进行的“检阅”中，将有不利于日伪实施殖民统治内容的信件称为“有害信件”。
③ 在各期“邮政检阅档案”中，虽重点有所不同，但总体占比较大的为“反满抗日”类、“防谍”类、“军纪涣散”类等，涉及民生类占比最大的为“对经济统制不满”类。

续表

	时间	发信方	收信方	内容
例4	1943年1月	依兰县江鹿村合成屯安田	桦川县矿山小石头矿业所第三号愈致洙	县当局者来到屯内,加强巡视,命令上交家中全部的种子及粮食。若谁被发现有隐藏,便一粒也不给发放,所有粮食全部带走,并往死里打,处以大额罚款。若是初十以前没有上交,那么家中所有粮食都会被扣押。
例5	1943年1月	锦州红十字医院内科悦秉珍	牡丹江市东圣林街红十字医院张淑燕	每天早饭是豆子、小米和高粱之类的,里面还有沙子,不仅难以下咽,还很臭。午饭是两个窝头,如果不吃就得饿死,如果吃又很难下咽。

注:[1] 表中的地名均为原文表述,为行文方便,保持原文,下表同。

　　[2] 原文为"满人",指生活在东北沦陷区的中国人。

资料来源:尹怀主编《铁证如山(3):吉林省档案馆馆藏日本侵华邮政检阅月报专辑②》,吉林出版集团有限责任公司2014年版,第332—333页;杨川、王胜今主编《铁证如山(13):吉林省档案馆馆藏日本侵华邮政检阅月报专辑⑫》,吉林出版集团有限责任公司2018年版,第643页;杨川、王胜今主编《铁证如山(4):吉林省档案馆馆藏日本侵华邮政检阅月报专辑③》,吉林出版集团有限责任公司2016年版,第248、249、244页。

　　在上述5件档案中,发信人各自谈论了对"经济统制"视野下粮食供应分支方面的想法,集中揭露了在实施配给与"出荷"两项政策过程中官民之间越发不可调和的矛盾。

　　七七事变以后,日伪当局开始筹划粮食供给的统制购销,并于1940年以后实现完全意义上的配给与"出荷"制度,强制性地控制了粮食的源头及去处。据统计,1940年的预定"出荷量"为630万吨,实际"出荷量"为580万吨,其中"对日援助"数量为160万吨,关东军用为80万吨,民需为275万吨。[①]可见,粮食产量的很大一部分用于关东军军用。关于此点,"邮政检阅档案"中的日本人信件也有记载。1941年9月的一封从奉天发往东京的信件中写道:"当下仅驻扎在奉天的部队就已经非常多了,估计向全满各城市增驻的日军兵力会非常庞大。由于必须向这些军队

---

① 中央档案馆、中国第二历史档案馆、吉林省社会科学院合编《东北经济掠夺》,中华书局1991年版,第501—502页。

提供日常所需的粮食及其他军需物资，因此满洲将会进一步加大对物资的统制力度，自然也就无法满足普通民众的需求。"①加之还要"对日援助"，民需部分不足实际"出荷量"的一半。民众方面，如表1中例1所述，伪政权尚不如军阀政权，甚至连粮食都无法保障。太平洋战争爆发后，溥仪于翌日发布"时局诏书"宣称："朕与日本天皇陛下，精神如一体，尔众庶亦与其臣民咸有一德之心，夙将不可分离关系，固结共同防卫之义，死生存亡，断勿分携。"②具体到粮食方面，军需部分逐年增加，直接导致居民配给量降低，强制"出荷量"增多。表1中的后4例反映的便是在此过程中不断激化的官民矛盾。从本质上来说，这种矛盾是由当局制造并激化的。一方面，"出荷"力度强化。据统计，1941—1944年的实际"出荷量"从650万吨逐年增长至890万吨。③4年之内增长幅度为36.92%，例4与例5的发信人告诉我们：通过动用公权力，民众的粮食"一律收缴，颗粒不留"，还会行使暴力。可见，"出荷量"的大幅度增长对民众意味着灾难。另一方面，配给量缩减。"出荷量"的增长部分并未填充民需，民需部分甚至在质与量方面都有缩水趋势。据统计，1941—1944年民需部分分别为315万、260万、280万、285万吨。④仅以现存数据来看，1941—1942年"现住人口"增长率为34.32%，⑤但相应的民需部分缩减率为17.46%。加之存在"差别待遇"及抽条因素，民众只能忍饥挨饿。1942年配给大米标准显示：日本人1—2岁为3公斤，3—6岁为6公斤，7—10岁为7公斤，11—25岁为10公斤，26—40岁为9公斤，41—60岁为8公斤，61岁以上为9公斤；满系简任官以上者及其家属为3公斤，荐任官一、二等以上者及其家属2公斤，等等；在"特殊配给"中，日系及鲜系的孕妇分别为2公斤与1公斤。⑥

---

① 杨川、王胜今编《铁证如山（13）：吉林省档案馆馆藏日本侵华邮政检阅月报专辑⑫》，第423页。

② 《满洲国史（总论）》，第733页。

③ 《东北经济掠夺》，第501页。

④ 《东北经济掠夺》，第502页。

⑤ 山中峰央『「满州国」人口统计の推計』『東京経大学会誌』第245号、173頁。

⑥ 《东北经济掠夺》，第594—596页。

实际上，民众无法为生的生存状态自伪满洲国建立之初便已注定。日本利用武力占领东北后，东北农业陷入了前所未有的危机。一方面，日军竭尽暴行，农村劳动力被大量破坏，农田及房屋的破坏使农民的生产积极性遭到破坏，大批农民或是被强征为劳工，或是参加义勇军，农事荒废。据统计，1931 年东北耕地面积为 1373.3 万公顷，1934 年减少到 1189.7 万公顷，指数由 98.4 下降至 85.3。相应的结果便是，主要农产品的收获量从 1931 年的 1845.7 万吨减少至 1934 年的 1293.5 万吨，指数由 109.7 降至 76.9。[①] 另一方面，农产品对日输出逐年增多，日本的掠夺之心昭然若揭。以大豆为例，据统计，1934 年东北输往日本的大豆数量为 51 万吨，1935年为 55 万吨，1936 年为 64.9 万吨，[②] 而同时期的大豆产量并未有明显增长。由此可见，"在耕地缩小、农村破产、收获缩减等等场合之下，满洲对日农产品输出，仍能保持高度之水平线，其原因无他，即农村消费力破坏、成千成万民之死于饥馑，及饥饿未死之无数十万劳动农民生活水平之降低是也"。[③]

由上可知，伪满洲国在粮食方面的施策使民众陷入了无法为生的状态，中后期此种状态尤为显著，与"王道乐土"形成鲜明对比，其差异存在于以下两方面。其一，"王道政治"为日伪当局所宣称的首要政治原理，目标为"顺天安民为主，施政必恂真正之民意"。[④] 然而，从最基本的生存权来看，粮食无法保障，民众的基本生存权完全牺牲于日本不断扩大的侵略野心。日伪不仅通过成立兴农合作社等统制机构"合法"抢夺民众粮食，还设置"粮谷出荷督励本部"，动用武力强制"出荷"，为完成"出荷量"使农民"颗粒不留"，甚至要求超出"出荷量"，美其名曰"报恩出荷"。从民众生存权无法得到保障的实态来看，"王道乐土"缺乏真实性。其二，"五族协和"亦为"王道乐土"的突出特点之一，作为政治原理被大肆宣扬。简言之，就是"无种族之歧视，尊卑之分别"。[⑤] 然而，当局

① 满铁调查局《满洲经济统计季报》第 3 号，1943 年 8 月。
② 许道夫：《中国近代农业生产及贸易统计资料》，上海人民出版社 1983 年版，第 191—192 页。
③ 〔苏〕阿瓦林《满洲实况》，《南宁民国日报》1934 年 5 月 30 日，第 5 版。
④ 《满洲国史（总论）》，第 231 页。
⑤ 《满洲国史（总论）》，第 231 页。

实施的"差别待遇"无疑是民族歧视的方式之一，"协和"不过是欺骗性的词语，不变的前提是日本人处于"指导"地位，在伪满洲国他们有绝对优势。1937 年日本一名陆军步兵少佐大津重雄这样描述伪满"五族协和"的实际状态："在满五族表面上和乐融融，仿佛在讴歌王道乐土，而真正的五族协和之实现前途遥远。"[①] 直至我们所讨论的 1940 年以后，日伪依然表面标榜"五族协和"，实际上通过粮食差别配给来自我摧毁其政治原理，大肆破坏经济秩序，使民众陷入无以复加的灾难之中，导致官民矛盾进一步上升。据统计，"新京" 1937 年的平均生计费指数为 106.76，而 1942 年前 5 个月的平均指数已经飙升到 273.16，奉天的同期值从 107.30 飙升到 294.49，哈尔滨的同期值从 106.49 飙升到 285.58，[②] 足见"王道乐土"幻象之下的"人间地狱"。

二　"强制征兵"下的家破人亡

伪满"国防力量"主要包括关东军序列与伪满洲国军序列，在兵员补充方面，前者主要来自日本与朝鲜，后者主要来自东北沦陷区。伪满洲国建立之初，根据"日满议定书"规定，伪满洲国军不过是关东军后方支援部队。中后期，关东军主力或主攻防卫苏联，或不断南下扩大侵略战争，伪军对内镇压"反满抗日运动"，对外参战协助关东军，造成兵员严重不足。伪满洲国遂于 1940 年 4 月 11 日出台"国兵法"，强制规定年满 19 岁的男子须服三年兵役。"邮政检阅档案"收录了 1939—1943 年民众对征兵政策表达厌恶、逃避、恐惧心理的一定数量信件，当局将其作为"逃避满军征兵"或是"厌恶满军征兵"的"民心动向"加以处置。比如，仅以吉林省档案馆藏 1939—1940 年关东宪兵队形成的现存《通信检阅月报》来看，1939 年 5 月和 12 月分别为 9 件与 6 件，1940 年 1—5 月共有 20 件，且均摘录了信件详细内容，其中 1940 年反映相关内容的信件占同期"有

---

① 李力、郭洪茂编《近现代日本涉华密档·陆军省卷》第 95 卷，线装书局 2012 年版，第 193 页。
② 「生計費指数」满洲国通信社『满洲国现势』康德 10 年版、692 頁。

害信件"数量的 0.56%。[①]虽然整体占比并不很大，但数量上仅次于"对经济统制不满"类信件，其内容足以证实"王道乐土"的虚伪性。其典型事例如表 2。

表 2 "有害信件"中对有征兵不满内容的信件

	时间	发信方	收信方	内容
例 6	1939 年 12 月	河北日东县谦田生底	鞍山市昭和豆腐内梁富耀	日军的行径比土匪更让民众恐惧。现在某军队正挨家挨户地招募士兵，虽然他们很想召集一些雇佣兵，但并没有成功，只是强制性地将人掳走。
例 7	1940 年 1 月	吉林市河南街天德堂禹吉勤	桦甸县天益堂新记药店程济人	吉林市内都是强制性征兵，形势愈发严峻，民众纷纷逃亡。据说，刘仪和吴络清两人为逃避服役，今天选择了搬家，以此藏身。
例 8	1940 年 1 月	沈阳南满站中国银行内李宣良	重庆北复旦大学张承德	我在东三省，虽然身体健康，但在精神上却时常感到不快。他们有征兵考核。我们银行有 3 人被强迫参军。
例 9	1940 年 5 月	辽阳旗仓街天成号王子轩	热河省滦平县公署王文牧	早年由于有被征兵之虞，所以在户口申报的时候就将年龄少报了几岁，户口上今年应该是 21 岁，今年到了征兵制度中规定的适龄的年岁。虽然我实际上已经 26 岁了，但是修改户口也不是件容易的事情。不得已之下，我想变更住址，搬到别的地方，改回到实际的年龄，以此来避免服兵役。
例 10	1940 年 12 月	北京国立新民学院邢连元	赤峰二道街广和成皮店父亲大人	关于征兵的事情，请务必放心。幸运的是，户籍在学校，只要有学校的证明，就能够享受延期的特别待遇，我毕业之时或许就能免除服役了。
例 11	1941 年 8 月	哈市哈宾栈曹信震	山东省胶济路峀山站曹伯信	我的几个朋友都去当兵了，拜访他们的家人时，大家都愁容满面，"满洲国"如今真是无法生存。
例 12	1942 年 6 月	奉天大西街三段 184 号姜继周	北京警察局特务科王永顺	我现在长期休学，那是因为我要逃避征兵。

① 由于 1939 年 5 月的《通信检阅月报》原档案较残，缺乏"有害信件"总数量数据，无法计算所占比重。

续表

	时间	发信方	收信方	内容
例13	1943年	营口市 ***[1]	河北省安国线**园村*瑞章	现在当地正在开展"国兵"及勤劳报国队的调查，我们兴茂义有4人被征，这已经算是幸运的了。今后此类调查可能会更加频繁。如果一直这样留在这里的话，或许我也会被征入伍，所以我想尽快离开此地……

注：[1]日本战败后为掩藏罪行而欲烧毁档案，但并未来得及全部烧毁，将其埋入地下。原档案经历火烧与水浸后，有些内容为残缺，在此以"*"号代替，下同。

资料来源：尹怀主编《铁证如山（2）：吉林省档案馆馆藏日本侵华邮政检阅月报专辑①》，吉林出版集团有限责任公司2014年版，第579—580页；尹怀主编《铁证如山（3）：吉林省档案馆馆藏日本侵华邮政检阅月报专辑②》，第47、336页；杨川、王胜今主编《铁证如山（14）：吉林省档案馆馆藏日本侵华邮政检阅月报专辑⑬》，吉林出版集团有限责任公司2018年版，第137页；杨川、王胜今主编《铁证如山（5）：吉林省档案馆馆藏日本侵华邮政检阅月报专辑④》，吉林出版集团有限责任公司2014年版，第113—114页；杨川、王胜今主编《铁证如山（13）：吉林省档案馆馆藏日本侵华邮政检阅月报专辑⑫》，第645—646页；杨川、王胜今主编《铁证如山（14）：吉林省档案馆馆藏日本侵华邮政检阅月报专辑⑬》，第567—568页。

在上述8件档案中，民众对征兵的强制性及其过程中充斥的暴力表达了厌恶、逃避、恐惧心理，且程度日益加深。详言之，有两方面因素致使民众形成此种心理。

其一，"强制征兵"力度有增无减。从发展脉络来看，伪满洲国军兵员补充可分为三个阶段："募兵制"阶段、"准征兵制"阶段、"征兵制"阶段。首先，1937年以前日伪推行"募兵制"。事实上，这种制度并不"纯粹"，完全是囿于形势上并不十分紧迫以及尚未形成成熟的户籍法而"不得已"实施的，在局部区域存在"强制征兵"现象。正如1935年伪满洲国军政部所阐述，"现在兴安北省及东省警备军实施一种征兵制，按照标准向蒙古各旗分配兵员，以行政命令的形式召集壮丁"。① 所谓"行政命令"，便是指通过强制方式"募集"兵员。其次，1937年的伪军管司令官会议废除了原来的募兵法，试行向各市、县旗索取志愿从军的壮丁，依照征兵检查手

---

① 「皇国の軍隊として面目全く一新——満洲国陸海軍の威容を見る」満洲国通信社『満洲国現勢』康徳2年、171頁。

续而募集壮丁，[1] 由此进入"准征兵制"阶段。当年 2 月规定对 18—23 岁的男子进行募兵，并以"按分派制募集所要兵额"为根本方针。[2] 表 2 中例 6 至例 8 描述的正是第二阶段，据信件内容观察，此时"强制征兵"现象已经非常普遍。在例 6 发信人眼中，"虽然他们很想召集一些雇佣兵，但并没有成功"，一定程度上透露了彼时民众心理已经厌恶、逃避当兵，而"强制性地将人掳走"这一情景也明确交代了矛盾激化的源头在于当权者的暴力。例 7 与例 8 距离"国兵法"的颁布时间更近一步，已经是未颁其法先行其事，弱小的民众只能通过逃亡、搬家等方式寻找生机。当局意识到此类行为会对统治有所影响，便滥用公权力对其加以处置。比如，例 7 被宪兵队视为"因可疑而展开调查的通信"，处置为"侦察动向"。最后，1940 年 4 月 11 日，"国兵法"出笼，虽未立即实施，但已经进入事实的"征兵制"阶段。从例 9 到例 13 发信人的言论可知，彼时民众心理表现为进一步的厌恶、逃避、恐惧，想方设法地逃避兵役。此法颁布以前，民众还只是"感到不快"而已，此后已经是例 11 中所描述的感到"无法生存"了。弱小的民众不得已之下铤而走险，选择"非法"方式，比如改年龄、改地址、搬家，甚至是长期休学等，以此逃避"强制征兵"。

其二，面对民众的厌恶、逃避、恐惧心理，当局并没有保护民众，反而倒行逆施推进政策实施，并"精心粉饰"政策形象，越发激化官民矛盾。一方面，为解决户籍问题，从 1940 年 10 月 1 日开始实施"临时国势调查"，以此建立户籍制度，确定具有服兵役义务之人员。其中，对不同年龄人口统计的结果显示 17—26 岁的男性最少。[3] 如例文所示，当时的民众采取多种手段逃避兵役，这也是导致此种结果产生的因素之一。换言之，这种结果具有必然性，政策的"不得民心"直接导致民众在归属上的无法认可。

另一方面，为了把"强制征兵"美化成"王道乐土"之下的必然选择，当局为其找寻了一个主题，即"国民意识"。1940 年的《劳工协会报》

---

① 中国第二历史档案馆、吉林社会科学院编《东北"大讨伐"》，中华书局 1991 年版，第 789 页。

② 满洲国国务院总务厅秘书处『政府公报』，康德 4 年 2 月 4 日。

③ 兼桥正人・安富歩「1940 年国勢調査にみる『満州国』の実相」『アジア経済』第 52 卷第 2 号、9 頁。

指出，"国兵法的决定过程，一直有许多反对的声音"，首要原因便是"民众的国家意识不够强"。同时，列举了实施此法的"好处"："培养他们的国家意识"以及"国兵法是要求全体阶级履行义务，之前仅面对赤贫阶级实施征兵，因此变得公平化"。[①] 由此可见，对民众的心理当局是了解的，但是依然迫不及待地推行"国兵法"，并进行大力宣传和精心粉饰，强制性培养"国民意识"，这些做法于民众而言完全是厌恶与恐惧，"王道乐土"更是无从谈起。据统计，截止到 1945 年日本战败时，因"国兵法"的实施，有 16 万东北青年被迫服了兵役。[②] 并且，这些青年直至战争结束，无一人退伍。"家破人亡"一词可以反映出当时多数民众的生活状态。

由上可见，日伪无视民众的真实想法，积极推行"强制征兵"。表面上看来，这是让伪满走向"王道乐土"的必然选择。而从本质上看，至少有两点矛盾性。第一，从正式推出"国兵法"的时间上来看，当时日本正是从全面侵华战争向推行"大东亚战争"过渡的阶段，对外要防止苏联的出兵，对内要镇压多方抗日力量，需要大量兵员，实施"强制征兵"完全是在实施殖民统治与继续推进侵略战争的双重因素考量之下，与其所声称的为实现强化"国民意识"及社会公平化的双重目标完全不符，并非为实现"王道乐土"而量身打造。第二，从伪满洲国军队征兵效果上来看，并未达到强化国民意识及社会公平化的效果。一方面，伪满洲国军年年都发生大量反正事件。据日伪统计的伪满洲国军队向东北抗日联军反正事件在 1937—1939 年有 33 件，共计 1577 人。其中 10 人以上事件为 18 件，1516 人；10 人以下事件有 15 件，61 人。1940 年有 14 件，23 人。1941 年统计之时发生了"王岗事件"[③]，共有 82 人反正，在日伪军的"讨伐"之下，共有 49 人被抓捕，27 人被惨杀。[④] 可见，这些被征的士兵是何等厌恶自己的身份与生活，"国民意识"更是无从谈起。另一方面，表面上虽然

---

① 満洲工業会「工場労働者移動防止対策懇談会（下）」『労工協会報』第 3 卷第 12 号、康徳 7 年、96-98 頁。

② 傅大中：《伪满洲国军简史》，吉林文史出版社 2006 年版，第 428 页。

③ 1941 年 1 月 4 日 21 时 20 分，驻屯哈尔滨王岗的伪军第三飞行队第一、第二连军士兵 84 人逃离满军，后遭到日满军的讨伐。

④ 吉林省档案馆藏关东宪兵队司令部档案。

是所有适龄人员都有义务服兵役，但是从以上的民众信件来看，征兵带有暴力性，对于这种带有暴力的"公平性"，民众是选择逃避的，对其充满厌恶、恐惧之情。将"王道主义"系统化、理论化的伪国务总理郑孝胥在《王道救世要论》中提到："王道者，乃今日起死回生之良药，消世界之战祸，而致之于安居乐业之途者也。果行王道，必先荡涤爱国之思想，而以博爱为主。"① 这里所讲的"博爱"，便是要中国人忘记自己的民族，为日本的侵略野心服务；所谓"起死回生之良药"，便是让中国人打中国人；所谓"安居乐业"，实际上不过是"家破人亡"。其"王道乐土"的虚伪性与矛盾性显而易见。

三　殖民暴行下的"反满抗日"

沦陷区民众抵抗日本帝国主义侵略的斗争是全民族抗日战争的重要一环，与冲锋陷阵、为国捐躯的将士相比，他们产生的历史作用似乎微乎其微。然而，他们熬过了无数艰难困苦与暴行杀虐，面对敌人的镇压，他们从"不平不满"到"反满抗日"，经历了民族主义勃发下的"自我觉醒"。从这个意义上来讲，他们发挥了水滴石穿的作用，理应被历史铭记。这些"自我觉醒"被日伪作为"反满抗日"之情报搜集起来，并作为随后处置之证据。在"邮政检阅档案"中，此类信件几乎期期存在。仅以吉林省档案馆藏1938—1942年奉天宪兵队形成的《通信检阅月报》来看，1938年6月、7月共计514件，1939年4月、5月共计167件，1940年10月、11月共计66件，1941年7—10月共计502件，1942年5月、6月共计111件。其中，1938年、1940年、1941年、1942年各部分分别占同期"有害通信"的70.90%、50.38%、40.95%、7.42%。② 可见此方面内容始终为当局所"重视"。一方面，揭露了侵华日军在东北沦陷区内所犯下的罪行；另一方面，

---

① 桑畑忍：《建国精神讲话资料》，满洲图书株式会社1938年版，第51页。
② 由于1939年的《通信检阅月报》原档案较残，缺乏"有害信件"总数量数据，无法计算所占比重。另外，1942年"有害通信"中占据最多的为谈论时局的信件，因此"抗日通信"比重较其他年份要低。

反映了民众在抵抗殖民统治方面所做出的努力。其典型事例如表 3。

表 3 "有害信件"中揭露日军罪行的信件

	时间	发信方	收信方	内容
例 14	1940 年 1 月	桦甸县天益新药店继世	吉林市通天街 27 号程令馆程济人	目前留宿在各商店的士兵都极其傲慢蛮横，对此我真的是束手无策，感到非常为难。前几天，店里的伙计有 23 人被打伤。最近，"讨伐队"的行为也和匪贼一样了。
例 15	1940 年 2 月	大连市山县通 122 号何先炼	上海巨籍路何祖煌	八纮一宇是支配世界之意，由此可知日本是有多么得意忘形。然而，这种得意不会一直持续下去，挫败其傲慢之日已经不远了。
例 16	1940 年 5 月	大连市辛茹	芝罘西珠玑村信成宝号交李文朴	实在是无法忍受，而且在这样的生活中根本感受不到自己的存在……这样低级的奴隶生活让人永远敌视侵略者。……被染成鲜血一般鲜红的世界才是我们的世界。毋庸置疑，这个世界已经出现了。觉醒吧！赶快起来战斗吧，获胜吧！同时也推翻那些压迫者的暴力吧！
例 17	1940 年 6 月	吉林市岔路乡宁平胡同 21 号张善如	"新京"经济部人事科韩逢时	在乡里，这几年日军的残暴程度已经难以言状，所有乡民都东奔西逃，没有一天能安于一处。此外，粮价高涨，有人连续几天仅仅吃到三顿饭，而且还被强征高额税金。若要反抗会被立即烧杀，真是没有办法。我已有两名亲戚被他们杀死。
例 18	1943 年 3 月	舒兰县白旗屯丰君	吉林市河南街商工金融合作社张纯勇	青春韶华易逝，快乐也已成回忆之梦。估计不久便会踏上征途吧。在曲折的社会斗争中前行的这四年之中，所得之物不过九牛一毛。山河一如往昔，理想之梦却未实现半分……这世界上每一寸土地都是人们倾尽心力创造的。换言之，这些全是我们的祖先流血流汗开拓的……为了国家，为了民族，我愿以青年的热诚，卧薪尝胆，即便是流血流汗，也要达成目标。

资料来源：尹怀主编《铁证如山（3）：吉林省档案馆馆藏日本侵华邮政检阅月报专辑①》，第 29、127、311、444 页；杨川、王胜今主编《铁证如山（11）：吉林省档案馆馆藏日本侵华邮政检阅月报专辑⑩》，第 348—349 页。

从抵抗日本帝国主义侵略的形式上看，上述 5 件档案大体涵盖两个方面。

其一，通过揭露殖民暴行来反抗日本殖民统治者的心理。例 14 的发信人告诉我们，"目前留宿在各商店的士兵都极其傲慢蛮横"，并且"讨伐队的行为也和匪贼一样了"。例 16 的发信人称他们在过着"低级的奴隶生活"，并希望"推翻那些压迫者的暴力"。例 17 的发信人透露，"日军的残暴程度已经难以言状"，在这种情况下"所有乡民都东奔西逃，没有一天能安于一处"，若是他们选择反抗，那么"会被立即烧杀"。这种常态化的日军暴行渗透到了沦陷区的每一个角落。正如广濑寿助①在 1932 年 10 月的谈话中对日本人的描述："糟糕的是无论绅士还是苦力都欺负支那人，因此 4 月以来反日气氛不断高涨。在大街上见到漂亮的支那妇女就调戏，在停车场不买入场券就往里闯。动不动就大声斥责对方，'干什么？难道没长眼睛？老子是日本人！'坐火车也必须是高级车厢。……送饭车一到便蜂拥而上，举杯痛饮，猜拳行令，狂歌乱舞。……在哈尔滨，一个邮递员前来送信，日本人立刻围上去，'有俺的信吗？让俺看看！'刚说个不字，立刻被打得遍体鳞伤。"②关于殖民者的暴行，日本人在书信中也"供认不讳"。据 1941 年 11 月从齐齐哈尔发往富山的一封日本人信件记载："连接南龙门和黑河的铁道在极端秘密的情况下投入了一万多人的苦力。随着日苏关系的恶化，作为紧急工程正在加紧施工。军队的命令令人无法喘息。逃跑被捉回来的人就挖个洞，用土将他们埋到齐肩处，给他们灌水，殴打，之后把他们关起来。"③此类信件在"邮政检阅档案"中非常常见，在此不一一述及。这些日常发生的暴行看似并不如集中杀戮般残虐，实际上却是沦陷区民众日日夜夜要经历的生活，而这使普通的民众纷纷表达了抗日心理，客观上成为抗日大军中之一员。

其二，通过宣传抗日来助力抗日民族统一战线之形成。例 15、例 16、

① 时任日军第十团师团长。
② 筱原义政：《满洲纵横记》，国政研究会，1932 年（禁发），第 88—89 页，转引自〔日〕江口圭一《日本十五年侵略战争史（1931—1945）》，杨栋梁译，江苏人民出版社 2016 年版，第 73 页。
③ 庄严编《铁证如山：吉林省新发掘日本侵华档案研究》，吉林出版集团有限公司 2014 年版，第 497 页。

例 18 都是通过表达自己的抗日决心而构成了事实上的宣传抗日,从而促进了抗日民族统一战线的形成。实际上,沦陷区的中国民众之所以会形成抗日心理,并进而加入全民族抗日的大队伍,一是不满于前述殖民暴行,二是在沦陷区外抗日宣传的鼓舞下实现的"自我觉醒"。在"邮政检阅档案"的"反满抗日"类通信中,有很多涉及此方面的内容。一方面,沦陷区外民众通过信件揭露了日军暴行,并表达了抗日的决心。1940 年 7 月的一封从四川发往奉天的信件写道:"正值眼下国难之际,我们若能加深认识,以坚强的意志拼搏奋斗,防止精神动摇,谨修己身,应对国难,就一定能克服眼下的困境,取得抗战的胜利。我们应当忍受住迫害,将日寇驱出中国。为了这伟大的目标,我们应英勇向前迈进。"[1]1940 年 1 月一封从东丰台发往伪三江省通河县的信件写道:"安重根是朝鲜人,他曾刺杀日本首相伊藤,一雪朝鲜的亡国之耻,是一名忠义之士。"[2] 此类信件在档案中极其常见,在表达自身抗日决心的同时,对激发沦陷区民众的民族情感与抗日意识产生了一定的作用。另一方面,通过"抗日刊物"传递抗日消息,在激发抗日热情方面有很大的作用。这样的刊物在伪满屡禁不绝。比如,奉天地区 1940 年 11 月的"抗日通信"为 43 件,其中刊物就有 39件,1941 年 9 月"抗日通信"为 145 件,其中刊物为 142 件,足见其在宣传抗日,进而在全民族、全世界形成抗日民族统一战线中发挥了很大的作用。据 1941 年 10 月发往奉天的上海《字林西报》记载:"长沙之战的胜利表明了以下三个事实,即:(一)日本为战争消耗国力,国力日益窘迫。(二)支那是东洋民主主义战线上有力的一分子,具有消耗日本战备的实力。(三)只要支那对日战争持续进行,日本就无法对其他的第三国展开新的进攻。"[3] 另据 1942 年 9 月瑞士发往哈尔滨的一份德文报纸叙述:"支那军早晚会获得胜利,民众在'相互扶助'的口号之下,一心期望着新支那的诞生。"[4] 这些刊物为沦陷区民众传递了最新的抗日消息,亦激发了他们

---

① 尹怀编《铁证如山(3):吉林省档案馆馆藏日本侵华邮政检阅月报专辑②》,第 473 页。
② 尹怀编《铁证如山(3):吉林省档案馆馆藏日本侵华邮政检阅月报专辑②》,第 29 页。
③ 杨川、王胜今编《铁证如山(13):吉林省档案馆馆藏日本侵华邮政检阅月报专辑⑫》,第514 页。
④ 杨川、王胜今编《铁证如山(4):吉林省档案馆馆藏日本侵华邮政检阅月报专辑③》,第 90 页。

的抗日热情，促使他们实现"自我觉醒"。

在伪满洲国，从事武力抗日之人被称为"匪贼"，为从事抗日行为之人提供援助者被称为"通匪者"，伪满统治者不仅对这些人士进行了镇压，还对手无寸铁的百姓进行了镇压。从这个角度来看，"王道乐土"不可能会实现，就如日本在伪满实施的人力、物力动员不会成功一样。之所以如此，是因为"在下中层阶级大众的个体结构中，民族的纽带和家庭的纽带是一致的"，[①]然而家庭的纽带又是由每个家庭成员共同构成，试问生存于暴力统治之下的民众，民族纽带如何形成？在没有民族纽带的状况之下，必然会对反动统治进行抵抗，"太平之自由乐土"更是无从谈起。在这种背景下，沦陷区民众的抗日意识越来越强，这些都反映了民众对"王道乐土"的认同感实态，也是全民族实现"自我觉醒"的重要决定性因素。

四 结语

对于东北沦陷区的民众来说，日本占领时期可以被称为"黑暗时代"，他们日日夜夜在恐怖与不安中度过。"邮政检阅档案"真实地记录了民众的心理状态，而民众心理的真实表达告诉了我们"王道乐土"的幻象。

第一，随着战争局势的扩张，沦陷区百姓面临不断强化的经济统制，最极端的表现便是粮食的缺乏，民众陷入无法为生的境遇。一方面，伪满中后期通过对粮食实施配给与"出荷"，将大部分粮食供军需所用以及输送至日本国内，民众无法在自己的土地上吃到同胞种的粮食。另一方面，在"出荷"过程中，当局使用暴力，致使农民"颗粒无收"；在配给中，存在严重的民族差别，日本人始终处于"优势民族"地位，微薄的配给还无法保证质量，民众吃着不足量的带着沙子的粮食。

第二，沦陷区民众被强制拉入战争，胆战心惊面对"强制征兵"，陷入"家破人亡"之境遇。一方面，伪满从"募兵制"向"准征兵制"转变，进而完全推行"征兵制"。在此过程中，"强制性"逐渐加强，民众在

---

① 〔奥〕威尔海姆·赖希：《法西斯主义大众心理学》，张峰译，上海三联书店 2017 年版，第 50 页。

信件中表露出自己的厌恶、逃避、恐惧等心理，官民矛盾逐渐激化。另一方面，"强制征兵"在实施过程中充满暴力，作为弱势群体，虽然全力采取改年龄、改户籍、搬家等方法逃避，但总体上来说仍然是"家破人亡"者居多。

第三，面对殖民者的暴力，民众逐渐在琐碎的"不平不满"基础上实现了"自我觉醒"，在全民族抗日统一战线形成过程中成为至关重要的一分子。一方面，民众通过揭露殖民暴行，表达抗日之愿望，看似微弱的声音实际上预示着殖民统治的崩塌；另一方面，在全民族形成抗日统一战线的大潮中，国内外抗日人士的抗日宣传促使沦陷区的民众进一步强化了抗日决心，"反满抗日"的不断兴起进一步验证了"王道乐土"的虚伪性。

对于沦陷区历史的理解、诠释，最重要的一个视角就是民族主义，正如杜赞奇所说："历史研究的主题可以不断推翻，如王权、国家、阶级、个人、身份认同群体等，但其心照不宣的参照系总是民族。"[①]对于沦陷区的民众来说，最终实现"自我觉醒"的原因有二：其一，殖民者的暴力性及反人类性；其二，民族所持有的民族意识。正是有这两点原因，东北沦陷区民众才最终辨识了"王道乐土"乃真正的"人间地狱"；正是有这两点原因，中国人民才最终战胜了日本侵略者，取得反法西斯战争的最终胜利。

（柳泽宇，吉林大学东北亚研究院博士研究生；戴宇，吉林大学东北亚研究院教授）

---

① 〔美〕杜赞奇：《从民族国家拯救历史：民族主义话语与中国现代史研究》，王宪明译，社会科学文献出版社 2003 年版，第 15 页。

日军"慰安妇"制度在南京实施的再考察

刘广建　朱　玲

　　"慰安妇"制度是第二次世界大战期间日本政府和军队实施的一项秘密制度。1937年12月底，日军在占领南京后不久，便正式通过实施"慰安妇"制度的方案，随即在南京大规模筹建"慰安所"，招募"慰安妇"，其后也在其他地方广泛实施。太平洋战争爆发后，随着日军的不断推进，"慰安所"扩展至东南亚和太平洋的日占区。在日本全面侵华战争期间，中国至少有20万妇女沦为"慰安妇"，惨遭蹂躏。[①]

　　南京作为中国当时的首都，日军在占领期间建立了很多"慰安所"，从而使南京成为日军实施"慰安妇"制度较为"完善"的城市之一。因为缺

---

① 苏智良:《日军"慰安妇"研究》，团结出版社2015年版，第262页。

乏相应的历史材料，对日军“慰安妇”制度在南京的实施情况所做的学术研究并不多。《日本侵略者强迫中国妇女作日军慰安妇实录》[①]是目前检索到的国内最早的一篇论述日军“慰安妇”制度的学术论文。在文章中，作者运用了《沦陷后之南京》《南京魔窟实录》《血泪话金陵》等战时史料论证了日军占领南京期间实施“慰安妇”制度的罪行。《南京的慰安妇与慰安所》[②]一文从“慰安妇”制度的确立、“慰安所”的设立和“慰安所”的管理等方面介绍了日军在南京地区实施“慰安妇”制度的基本情况。《南京下关区侵华日军慰安所的调查报告》[③]是对南京下关地区日军“慰安所”调查的个案研究。作者对南京下关地区的日军“慰安所”及相关见证人进行了走访调查，基本摸清了日军在南京下关地区实施“慰安妇”制度的情况。与此类似的研究文章还有《是普通妓院还是日军慰安所——关于南京“人民慰安所”的考证》[④]和《杨春普与南京利济巷慰安所旧址——关于“普庆新村”的考证》[⑤]。《侵华日军南京慰安所研究》[⑥]一文是近年来对日军在南京实施“慰安妇”制度的较为系统的研究，该文章梳理了日军占领南京期间建立的各种类型的“慰安所”，增加了不少新发现的日军“慰安所”。此外还有一些针对南京“慰安所”的个案研究及与日军“慰安妇”制度相关的交叉学科研究，在此不一一列举。

　　由于日军“慰安妇”制度的隐秘性以及战败时日本政府和军方有组织地销毁档案资料，相关的资料较少。目前有关南京地区“慰安妇”问题的研究，或是针对南京城某一区域、某一个“慰安所”的个案研究，或是对日军在南京实施“慰安妇”制度的笼统叙述，深入研究似嫌不足，比如有关“慰安妇”的招募，尤其是日本本土“慰安妇”的招募等。本文在既有

① 稣实：《日本侵略者强迫中国妇女作日军慰安妇实录》，《抗日战争研究》1992 年第 12 期。

② 经盛鸿：《南京的慰安妇与慰安所》，《抗日战争研究》1999 年第 2 期。

③ 张连红、李广廉：《南京下关区侵华日军慰安所的调查报告》，《南京师范大学学报》（社会科学版）2000 年第 6 期。

④ 刘广建：《是普通妓院还是日军慰安所——关于南京“人民慰安所”的考证》，《档案与建设》2017年第 7 期。

⑤ 刘广建、袁志秀：《杨春普与南京利济巷慰安所旧址——关于“普庆新村”的考证》，《日本侵华南京大屠杀研究》2018 年第 1 期。

⑥ 苏智良：《侵华日军南京慰安所研究》，《日本侵华南京大屠杀研究》2018 年第 1 期。

研究的基础上，以历史档案资料为主，结合新近发现的资料，进一步深入考察日军在南京实施“慰安妇”制度的情况。

一　日军进攻南京与“慰安妇”制度的确立

“慰安妇”制度是日军在侵略中国的过程中建立和逐渐完善起来的。1932 年“一·二八”事变期间，冈村宁次担任日本上海派遣军副参谋长。为了鼓舞士气，防止日军制造强奸事件和性病在军队中蔓延，冈村宁次效仿日本海军之前实行的“慰军”办法，从日本关西征召妇女，组织“慰安妇团”来到上海，为日军官兵提供性服务。1932 年 4 月，第一批被称为“慰安妇”的日本妇女抵达上海，开始为日军服务。对于此次征召“慰安妇”一事，冈村宁次说道：“第一次上海事变之际，我任军副参谋长，（陆军）效仿海军做法，设立了慰安妇制度（战时公然这样做恐怕这是首次）。”[1] 因此，冈村宁次被认为是日军实施“慰安妇”制度的先行者。

1937 年 7 月 7 日，日军在北平制造卢沟桥事变，发动了全面侵华战争。8 月 13 日，日军又在上海制造了八一三事变，将侵华战争的战火烧至中国东南地区。11 月 12 日，日军正式占领上海，其后兵分三路进攻当时的中国首都南京。日军在向南京进攻过程中，相继占领苏州、无锡、常州和镇江等地，其间制造了大量的性暴力事件，很多当地妇女实际上已经沦为日军的“慰安妇”。《西京日报》报道称：“敌侵入苏州后，对我妇女，蹂躏备至。现在大新及大东旅社，开设妓馆两处，将我无法逃出之老幼妇女五六十名，悉数驱入其中，供其发兽欲。旅馆门前，并置有日军监视，每日由敌司令部发入门券六百张，轮流逞欲。其残忍野蛮，有如此者。”[2] 又如《新华日报》曾详细报道了镇江一户居民惨遭日军性暴行伤害的悲剧：“镇江草巷有一个老先生，名叫达琨，六十多岁了，在县府供职。家中一妻两媳三女，负担奇重，乱时不能逃出来。敌军即占镇江，年轻妇女不敢露面，白天藏在夹壁中，夜晚出来

---

① 《冈村宁次阵中感想录》，王卫星编《日军官兵日记》，张宪文主编《南京大屠杀史料集》第 8 册，江苏人民出版社 2005 年版，第 9 页。“第一次上海事变”指 1932 年的“一·二八”事变。

② 《水深火热中之姑苏，敌军奸淫掳掠兽性毕露》，《西京日报》1938 年 1 月 20 日，第 2 版。

...

进食。如是度过三四日。不料敌兵搜索妇女日紧,汉奸无法应付,遂以达琨情形见告。达琨妻女六人皆不能免,一家七口因此羞愤投河而死,遗孙六岁,竟日嚎啕大哭。"①类似的惨剧还有很多见诸报刊。大量的性暴行使日军中性病蔓延,这也为日军在南京确立"慰安妇"制度埋下了伏笔。

　　时任日军华中派遣军司令官是松井石根,副参谋长是武藤章。1918—1922年日本出兵西伯利亚期间,松井石根和武藤章是日军的中级军官,亲眼看到日军染上严重的性病,患病人数超过战死者人数,大大地减低了军队的战斗力。因此,对于日军对当地中国妇女的奸淫行为,松井石根等日军高层不会视而不见。当时日军中就有人萌生建立"慰安所"的设想。日军上海派遣军司令部参谋第一课课长西原一策大佐在"作战日志"中记载,1937年12月4日"据说第十一师团辎重队将十二三岁的少女强行带走,并在行军途中加以凌辱。根据宪兵的报告,其他类似事件还有很多,这使我感到有必要设立慰安所"。②因此,1937年12月初,在日军进攻南京的同时,松井石根命令参谋长塚田攻负责建立"慰安所",而塚田攻又将这一任务交给上海派遣军参谋长饭沼守执行。饭沼守曾在12月11日的日记中明确记载:"关于慰安设施一事,方面军来文件指示,予以实施。"③1937年12月13日,日军攻破南京城防,进入城内,其后制造了南京大屠杀惨案,与此同时日军也制造了大量的强奸和轮奸事件。由于日军对南京城内中国妇女的大量性暴行,性病迅速在日军内蔓延并扩大。日军高层认为,"与其说战争可怕,倒不如说这种花柳病更为可怕"。④因此,有效控制性病成了日军能够继续其侵华战争的重要问题。为了不使侵略的脚步停下,日军高层认为有必要在军队中建立"慰安妇"制度。⑤

　　1937年12月19日,饭沼守派遣上海派遣军参谋部第二课课长长勇前

① 荔衣:《从苏北归来》,《新华日报》1938年3月28日,第2版。
② 《上海派遣军作战日志》,王卫星编,叶琳等译《日本军方文件与官兵日记》,张宪文《南京大屠杀史料集》第32册,江苏人民出版社2007年版,第108页。
③ 《饭沼守日记》,王卫星编《日军官兵日记》,张宪文编《南京大屠杀史料集》第8册,第202页。
④ 《有关招募上海派遣军内陆军慰安所酌妇之件》,王学新编《台日官方档案·慰安妇史料汇编》,台湾省文献委员会2001年版,第3页。
⑤ 苏智良:《日军"慰安妇"研究》,第50页。

往上海，联系在南京建立"慰安所"的相关事宜。饭沼守在 12 月 25 日的日记中写道："关于妓女的事也要事先做好准备，国内的和支那的都要，一旦定下，年底即可办理开业手续。"①12 月 28 日，上海派遣军参谋部第二课在南京召集所辖各部将校开会，"审议了第二课提出的有关开设南京慰安所的方案"，②该方案在会议上获得通过。于是，"慰安妇"制度作为日军的一项正式制度在南京确立下来。此时上海派遣军已经选定第一批赴南京的"慰安妇"人选，并着手进行出发前的身体健康检查。上海派遣军军医部的渡边大佐在 1937 年 12 月 28 日的日记中写道："送走丰岛大尉，和某某联系明天对 78 人进行梅毒检查。"③由此可见，日军"慰安妇"制度确立后执行的速度非常快，也从侧面说明性病在日军中的严重程度。

二　南京日军"慰安所"的建立与"慰安妇"的招募

实际上，在正式确立"慰安妇"制度前后，日军已经开始在本土招募"慰安妇"输送至中国战场。据档案记载，1937 年 12 月 26 日，日本内务省电报兵库县警察部部长，指示其协助日军"慰安妇"招募人员办理"慰安妇"前往中国的手续。此次招募的"慰安妇"有四五十名。④"慰安妇"制度确立并在日军中推广实施后，招募"慰安妇"的工作更加紧锣密鼓地进行，各地日军纷纷派相关人员回日本招募。日军华中方面军关于招募"慰安妇"有这样的记录："此次在军部的了解下，于华中方面以慰安皇军官兵为目的，决定设立慰安所，拟以下列条件约招募五百名酌妇，事属至急，烦请办理……"⑤这里的"酌妇"实际上也是为日军服务的"慰安妇"。日军上海派遣军招募"慰安妇"的工作在 1938 年 1 月

① 《饭沼守日记》，王卫星编《日军官兵日记》，张宪文编《南京大屠杀史料集》第 8 册，第 218 页。
② 《上村利道阵中日记》，王卫星编《日军官兵日记》，张宪文编《南京大屠杀史料集》第 8 册，第 251 页。
③ 张宪文编，苏智良、陈丽菲编著《日本侵华图志》第 19 卷，山东画报出版社 2015 年版，第 63 页。
④ 《有关丑业妇渡华之由来（内务省）》，王学新编《台日官方档案·慰安妇史料汇编》，第 1 页。
⑤ 《有关招募上海派遣军内陆军慰安所酌妇之件》，王学新编《台日官方档案·慰安妇史料汇编》，第 18 页。

19日档案中有记载："为慰安此次中日事变出征的官兵，受到在上海陆军特务机关之请托，需要酌妇三千人到上海派遣军内陆军慰安所从事酌妇工作。"①"本问题自去年（1937年——引者注）十二月中旬起已付之实施，目前有二三百名正在营业。"②除了华中派遣军，其他各部侵华日军也在向日本国内积极申请，提出自己的"慰安妇"需求。日军华北派遣军招募"慰安妇"的档案记载："此次为慰问华北派遣军将士，而决定从全国招募两千五百名酌妇，请代为招募五百名，该酌妇年龄在十六岁至三十岁之间。"③日军华南派遣军也在招募"慰安妇"："为设置华南派遣军之慰安所，必须考虑让从事丑业之妇女约四百名出境赴该地，故依照本年二月二十三日内务省发警第五号通牒之宗旨来处理。拟将下记各项通知各地方厅，由其秘密的选定适当的领队（雇主），让其招募妇女，前往现地。"④从以上所列各则材料中可以看出，日军征召"慰安妇"是在政府和军队的主导下进行的有组织运作。

　　但是日本本土招募的"慰安妇"一时难以到达南京满足日军需求。因此，日军能想到的最便利的方式便是从南京本地难民营的妇女中招募"慰安妇"。当时《申报》中即有这样的报道："全城妇女，本集在金陵大学内。城陷五日后，敌逼我妇女组南北二慰安会，供其奸淫。"⑤《大公报》在社评中也说道："在上海南京等处，敌寇现在依然在各地监禁着我们几千几百的善良妇女，做营妓公娼。"⑥1937年12月22日，南京第一个日军"慰安所"——傅厚岗"慰安所"正式建立。傅厚岗"慰安所"原为国民党中央委员会公馆，是南京大屠杀期间日军指使南京当地汉奸开办的最早的"慰

---

① 《有关招募上海派遣军内陆军慰安所酌妇之件》，王学新编《台日官方档案·慰安妇史料汇编》，第2页。

② 《有关招募上海派遣军内陆军慰安所酌妇之件》，王学新编《台日官方档案·慰安妇史料汇编》，第3页。

③ 《山形县知事陈报有关招募华北派遣军慰安酌妇之件》，王学新编《台日官方档案·慰安妇史料汇编》，第7页。

④ 《内务省警保局有关渡华妇女之处置案》，王学新编《台日官方档案·慰安妇史料汇编》，第23页。

⑤ 《盘踞南京敌大部已渡江，下关划军事区，妇女惨遭污辱》，《申报》（汉口）1938年3月3日，第1版。

⑥ 《社评：妇女与抗战》，《大公报》（汉口）1938年3月9日，第1版。

安所"。据童恩华老人证实："1937 年我 14 岁……当时就知道傅厚岗有日本人的妓院……房子里有许多日本女人，穿日本和服。"① 傅厚岗"慰安所"里的"慰安妇"很大可能是日军从难民收容所挑选的中国妇女。1937 年12 月 24 日上午，日军派人到金陵女子文理学院难民所，公然向难民所负责人、金陵女子文理学院美籍教授魏特琳女士提出挑选 100 名中国妇女充当"慰安妇"的无理要求。魏特琳当天的日记这样写道：

> 10 时，我被叫到我的办公室，与日本某师团的一名高级军事顾问会晤，幸好他带领一名翻译，这是日本使馆的一名年长的中国翻译，他要求我们从 1 万名难民中挑选出 100 名妓女。他们认为，如果为日本兵安排一个合法的去处，这些士兵就不会再骚扰良家妇女了。当他们许诺不会抓走良家妇女后，我们允许他们挑选，在这期间，这位顾问坐在我的办公室里。过了很长时间，他们终于找到了21 人。②

日军在南京设立"慰安所"的情况在战时的一些出版物中也有体现。日军占领南京后不久，"汉奸为要买好日本人，一面尽量压迫民众，一面在城中设立十七个慰安所，到外面强迫美丽的女同胞，作日（本）人的牺牲品。这十七个所谓'慰安所'中，不知有几万女同胞被蹂躏牺牲了"。③ 日军还利用汉奸来搜罗妇女，在占领南京后，"即进行组织伪组织……该伪组织唯一工作，在为敌人奴隶服务，如征工运输购办，以及代觅妇女等等丑恶工作"。④ 在南京伪维新政府行政院宣传局新闻训练所编辑出版的《南京指南》中，明确列出了 9 家"慰安所"（见表 1）。

---

① 段月萍：《侵华日军南京慰安所调查》，苏智良、荣维木、陈丽菲编《滔天罪孽——二战时期的日军"慰安妇"制度》，学林出版社 2000 年版，第 178 页。
② 〔美〕明妮·魏特琳：《魏特琳日记》，南京师范大学南京大屠杀研究中心译，江苏人民出版社2000 年版，第 209 页。
③ 林娜：《血泪话金陵》，《宇宙风》第 71 期，1938 年 7 月 16 日，第 258 页。
④ 余生：《敌据南京暴行惨状记：屠杀纵火奸淫掳掠，禁绝粮食伪府丑态》，《战时青年》第 1 卷第 6期，1938 年 2 月 21 日，第 24 页。

表1　1939年南京日军"慰安所"一览

序号	名称	地址	电话
1	人民慰安所	贡院东街2号	
2	大华楼慰安所	白下路213号	
3	东云慰安所	利济巷普庆新村	21395
4	青南楼慰安所	太平路白菜园	
5	浪花楼慰安所	中山东路	21522
6	共乐馆慰安所	桃源村3号	
7	菊水馆慰安所	湖北路楼子巷25号	
8	满月慰安所	相府营	
9	鼓楼饭店中部慰安所	鼓楼饭店	

资料来源:(伪)行政院宣传局新闻训练所编《南京指南》,南京新报社1939年版,第91页。

虽然日军已经开始着手建立"慰安所"以满足日军的需求,但由于战事的原因,"慰安妇"人数远远不能达到日军的要求。所以出现了一名"慰安妇"一天之内被迫接待十几人甚至数十人的情况。

在吉林省档案馆公布的89件侵华日军遗留档案中,有两份档案是有关日军于1938年2月在南京及附近地区实施"慰安妇"制度的情况说明。现将两表中有关南京"慰安妇"人数的数据进行提取,如表2所示。

表2　南京"慰安妇"人数统计

	1938年2月1—10日		1938年2月11—20日	
	南京	下关	南京	下关
日军驻军人数	25000	1200	25000	1200
"慰安妇"人数	141	6	141	17
每个"慰安妇"对应的日军人数	178	200	178	71

资料来源:庄严主编《铁证如山:吉林省新发掘日本侵华档案研究》,吉林出版集团有限公司2014年版,第123、127页。

从表2可以看出,1938年2月1日至10日南京地区日军驻军人数是

25000 名，下关是 1200 名；南京的"慰安妇"人数是 141 人，"每个'慰安妇'所对应的士兵人数"为 178 人，这就是说一名"慰安妇"平均每天要遭受近 18 名日军的蹂躏。下关的情况更糟，"慰安妇"人数是 6 人，"每个'慰安妇'所对应的士兵人数"为 200 人，平均每天遭受 20 名日军的蹂躏。1938 年 2 月 11 日至 20 日的数据表明，十天之内，仅下关的"慰安妇"人数增加了 11 名，市内没有变化。这显然不能缓解日军对于"慰安妇"的需求，"慰安妇"遭受日军蹂躏的状况也并未得到改变。相较于驻扎的日军，南京地区的"慰安妇"缺口仍然很大。为了改变这种状况，日军在南京各处积极筹建"慰安所"，征召"慰安妇"。

南京日军利用一切可以利用的场所建立"慰安所"。例如，日军在南京城内随意霸占民房开设"慰安所"，这在一些战后的南京市民呈文中有所体现。市民黄辉凤在呈文中说道："民祖居南京下关商埠街经营商业。先父黄梓卿生前建有三层洋式楼房一所。于民国二十六年七七事变后日寇侵陷，全家逃出。讵有日商延吉秀吉随敌军陷京时，将民楼房及家具全部侵占，开设日华会馆，内附妓院即（日本慰安所）。"① 南京市民腾听涛等在呈文中说道："1938 年 2 月 12 日……铁管巷瑞福里房屋又为大日本皇军征作慰安部之用。"②

今天的南京利济巷"慰安所"旧址陈列馆是在日军"慰安所"旧址基础上修建而成，是目前南京规模最大的"慰安所"旧址。利济巷 2 号和 18 号的房屋战时被日军占据，利济巷 2 号被日军改造成东云"慰安所"，里面全部是朝鲜半岛"慰安妇"。利济巷 18 号被改造成故乡楼"慰安所"，里面全部是日本本土"慰安妇"。当时南京伪维新政府主办的报纸《南京新报》即有报道称："南京之兵站指定料亭慰安所、满月园、满月楼、清富士楼、浪花楼、故乡、东云、阳气楼、福本、花日楼等之妇女等，均已入国防妇人会，由十一月一日起，在南京车站，对于送还之伤兵等，招待

① 黄辉凤：《起诉徐秀英诉状》（1945 年 11 月），南京市档案馆藏，1003/21/186。
② 滕听涛等：《关于铁管巷瑞福里房屋被日军征用做慰安部之用申请救济呈文》（1938 年 2 月 12 日），南京市档案馆藏，1002/19/37。

茶点。"①据居住在利济巷 14 号的杨秀英老人回忆，利济巷"慰安所"的经营者千田经常到她的烟酒店买东西，她也经常看到穿着朝鲜服装的女子在"慰安所"里活动。资料显示，利济巷 2 号东云"慰安所"的老板叫作李相佑，日本名叫作松田相光，②是在南京地区经营"慰安所"实力较为雄厚的朝鲜侨民。除了利济巷的两处"慰安所"外，周围还有几家以中国"慰安妇"为主的日军"慰安所"。

在一些战时有关朝鲜半岛和日本的文件档案里也可以看到日军在南京设立"慰安所"的概况。例如在 1940 年出版的《支那在留邦人人名录》中记载有川尻金藏经营的东幸升楼"慰安所"、三轮新三郎经营的大垣馆"慰安所"、河村咲经营的浪花楼"慰安所"等。③在一份统计 1940 年在南京朝鲜人职业的表格中清楚地记载着，当时朝鲜人在南京开办"慰安所"的有 6 户，7 男 8 女，共计 15 人。④6 户意味着当时在南京有 6 家朝鲜人开办的"慰安所"。实际上朝鲜人经营的"慰安所"远远不止 6 个。另一份《在南京朝鲜人中实力人物调查表》中，列举了一些当时在南京资产较为丰厚的朝鲜人。在这张表中，出现了两个职业为"慰安所"（主）⑤的人物，一个叫元致福，一个叫金尚浩，两人资产均在 2 万元。⑥同样在《在南京朝鲜人中实力人物调查表》中，有一个叫作金炳健的朝鲜人，虽然他的职业一栏中是空白，但是根据《在支半岛人名录》中记载，他也是一名"慰安所"经营者，⑦资产与该表中的前述两位一样。因此可知，其实存在一批隐藏的"慰安所"经营者。在另一份日文材料，即 1938 年的《海外各地在留本邦内地人职业别人口表》中，统计在南京从事"艺妓、娼妓、酌妇

---

① 《料亭慰安所妇女今日招待送还伤病兵，从业妇等曾捐助百五七元》，《南京新报》1938 年 11 月 1 日，第 3 版。

② 白川秀男『在支半岛人名録』（第三版）、白川洋行、1942 年、106 頁。

③ 岛津長次郎『支那在留邦人人名』（第 29 版中支版）、金風社、1939 年、8、11、22 頁。

④ 《在南京朝鲜人职业别户口表》，杨昭全等编《关内地区朝鲜人反日独立运动资料汇编》上册，辽宁民族出版社 1987 年版，第 42 页。

⑤ "慰安所"（主）即"慰安所"经营管理者。

⑥ 《在南京朝鲜人中实力人物调查表》，杨昭全等编《关内地区朝鲜人反日独立运动资料汇编》上册，第 44 页。

⑦ 白川秀男『在支半岛人名録』（第三版）、125 頁。

其他"职业时，除了登记有 743 名日本女性，居然有 13 名日本男性被列入。而上一年度（1937 年）的登记表中仅有 2 名女性。[①] 这种现象其实不难解释。因为 1938 年初，日军"慰安妇"制度刚刚迅速推广，从前文叙述中已经看到，当时日方派遣大批人员回到日本国内招募"慰安妇"。日本军方与国内的娼妓业主展开合作，由军方提供食宿等安排，业主将"慰安妇"带到战场经营。表中"艺妓、娼妓、酌妇其他"较上一年度人数激增与此密切相关。而登记的这些日本男性即是从日本国内到南京经营"慰安所"的业主。因此，在统计日本海外人员的职业时，这些业主自然被归类于"艺妓、娼妓、酌妇其他"这一项中。从上述材料中我们可以窥见日军实施的"慰安妇"制度在南京的规模，而这些数字还没有包括中国的"慰安妇"。

在日军官方大张旗鼓设立"慰安所"的同时，一些汉奸也借机效仿日军的做法或在日军授意下设立"慰安所"。当时有报道称："现在竟有所谓'慰安会'者出现，是敌军通令组织，专为搜捕妇女供敌军强奸者。所谓'慰安会'的主持人，就是金陵大戏院的乔鸿年，他本来是夫子庙的无业游民，染烟瘾很深，以前是住在平江府的，乔逆虽然甘心做汉奸，可是那里能够填满敌人的欲壑，简直是在那里做鞭挞下的奴隶。"[②]1938 年 7 月 28 日，冯兆荣向南京督办公署呈文，表示要效仿日军"慰安所"设立商民"慰安所"，呈文中写道："幸大日本皇军贲临，随军有军慰安所之料理。而于占领之城市又竭尽辛劳，百般宣抚，除辅助商业逐渐恢复外，并抱军民同乐主义。于是，南京有人民慰安所之产生。警厅相继布告检验娼妓，但非提纲挈领无以收效。商民鉴及于斯，拟在南京慧园街大新旅社旧址，设一商民慰安所，并仿照军慰安所办法与管理……"[③]随同呈文一起递交的还有一份《商民慰安所组织法》，完全模仿日军"慰安所"规定。《商民慰安

---

① 船橋治『海外各地在留本邦内地人職業別人口表（昭和十三年十月一日現在)』不二出版、2002年、37 頁。

② 《腥风血雨中，南京痛语（一）：敌任意屠杀同胞死难五万人，"慰安会"出现汉奸毫无心肝》，《申报》（汉口）1938 年 2 月 28 日，第 2 版。

③ 冯兆荣：《关于仿照日军慰安所办法设商民慰安所的呈文》（1938 年 7 月 28 日），南京市档案馆藏，1002/1/14。

所组织法》中规定："营业时间：上午十一时开始至下午十二时止。""票价：每三十分钟一元五十钱，下午十二时后宿夜十元。""姑娘每十日受本所医生检验一次……姑娘每日御用后须消毒一次，以免传染。"①这可以说是日军在南京大规模实施"慰安妇"制度的复制品，使这一制度的罪恶性更加凸显出来。

三　南京日军"慰安所"的管理经营及其特点

日军对"慰安所"实行了严格的管理制度，无论是"慰安所"的经营管理者还是进入"慰安所"的人员，都要严格按照规定来进行。据南京利济巷"慰安所"旧址见证人张万宣老人回忆，利济巷2号的东云"慰安所"门口有日本士兵荷枪实弹站岗，军刀非常锋利，中国人根本不敢靠近。有时一些喝醉酒的日本士兵不守规矩，想闹事，"慰安所"的管理人员就会吹哨子。哨声一响，宪兵就会马上过来，这些人就自行离开了。②在1938年出版的《烽火》杂志上有一篇描写南京"慰安所"的文章，其中涉及日军对"慰安所"和"慰安妇"管理，摘录如下：

> 掳去的女人自然是供给兽兵泄欲的，可是这泄欲是并不单纯的一方面。她们还成了敌军敛财的机会，这就是说她们是被编为随营娼妓了。
>
> 铁管巷四达里（或是道达里）那数十间新造的房子且成了随营妓的总部，从那里经过远远的就能听到里面的欢笑声和饮泣声。这正是被掳的女人在遭受蹂躏了。
>
> 虽然是随营妓，但士兵们是不能随便出入的。他们如果想泄欲的话要到"樱花办事处"去登记缴纳一定的价值，领到那张"樱花票"后，而后根据那号码的所示找寻那相同号码的女人。随营妓是不能拒绝那来泄欲的兽兵的，就是敌兵也没有自由来选择一个女人。而且如

---

① 《商民慰安所组织法》，南京市档案馆藏，1002/10/14。

② 朱成山、刘燕军1999年9月8日对张万宣老人的采访笔录。

果这敌兵第二次来寻欢时必然是一个和上次不同的号码。据说这样是防止敌兵被随营妓的媚惑而泄了秘密。

倘若有个敌兵需要泄欲而身边没有钱的时候,"樱花办事处"是可以用记帐的方式来补偿的。只要有番号证明而在那票根上签个字,一样的得到一张"樱花票"。"樱花办事处"就报告那所属的部队而在颁发军饷时扣除。

随营妓每天要被支配蹂躏五次以上的,一天只有三餐。此外就只有管理人的鞑挞了。[①]

20世纪90年代,在南京下关地区发现了一块写有日军"慰安所"规定的木板,虽然经过了半个世纪,木板也有所破损,但是"慰安所"规定的主要内容依然清晰可见。因为当时未能意识到其历史价值,在留下一张照片之后木板不知去向。1999年对下关进行"慰安所"调查时,市民顾翔将拍摄的"慰安所"规定照片提供给调查人员。虽然照片中"慰安所"规定的内容有部分残缺,但综合日军在其他地区的"慰安所"规定,将复原后的规定摘录如下:

兵站指定日军慰安所的规定如下:

1. 每个兵站慰安所内的特殊妇女每隔5日必须接受宪兵分队兵站支部医官的检查。

2. 检查结果不合格者需到特殊治疗所接受诊治,未经许可严禁接客。

3. 每名慰安妇的检查结果均应有记录,全部检查结果应汇编成册,以便随时检阅。

4. 慰安所开放时间规定如左:

兵:上午10时至下午6时

官:上午10时至下午9时

---

① 李伟涛:《樱花票》,《烽火》(广州)第17期,1938年7月1日,第349—350页。

5. 慰安所使用价格规定如左：

兵：一圆（一次 30 分钟）（每次延长 30 分钟追加五十钱）

校：三圆（一次 1 小时）（每延长 1 小时追加二圆）

高等官：三圆（一次 1 小时）

官：判任官以下：一圆五十钱（每次 30 分钟）（每延长 30 分钟再追加价钱）

6. 使用指定慰安所的人员必须付费，领取和使用避孕套，而且事后必须到洗涤室清洗。

7. 除军人和辅助军人外任何人不得进入特定慰安所。

8. 严禁携带酒类进入指定慰安所。

9. 严禁酗酒者入内。

10. 不得进入所认定购买号码以外的慰安室。

11. 不按规定使用避孕套者严禁与慰安妇接触。

12. 不遵守本规定及违反军纪者勒令退出。

昭和十四年三月六日（1939 年 3 月 6 日）[①]

整个规定用日文书写，内容涵盖了"慰安妇"的卫生检查，"慰安所"的营业时间、价格、营业对象，必须使用安全套，等等。可以说，这个规定体现了日军在"慰安所"管理上的严格与细致。日军在所在地建立的"慰安所"几乎都有"慰安所"规定，这些规定大同小异。已经发现的规定与下关华月楼的规定内容基本一致，都是对"慰安妇"和进入"慰安所"的人员进行的管理规范。所有利用"慰安所"的人员都要按照这个规范来进行。"慰安妇"要定期接受身体检查，检查是否有性病，有性病的"慰安妇"是不允许继续营业的。军人或军属进入"慰安所"要买票，凭票进入，不同官阶的人价格也不同。必须按照规定的时间进入。尤其需要注意的是与"慰安妇"接触时必须使用安全套，有的"慰安所"有专人检查是否使用，不按规定的一律赶出"慰安所"。

---

① 书写文字原为日文，此处为中文译文，或有出入。

　　日军之所以要设立"慰安所",其目的之一便是企图让健康的"慰安妇"来解决日军官兵的性欲问题,防止性病的蔓延以继续侵略战争。所以,在"慰安所"普遍建立之后,"使用""慰安妇"时必须使用安全套成了一项严格规定。这在南京其他地区的"慰安所"也得到了印证。据南京浦口龙虎巷"慰安所"见证人龚兆山老人回忆,当时龙虎巷"慰安所"里有中国和日本"慰安妇",在"慰安所"外面的垃圾桶里经常能看到日本人丢弃的避孕套。因为当时中国人几乎没有见过这种东西,不知道是做什么用的,附近有些中国小孩捡到后竟然当作气球吹起来玩。[①]除了安全套外,日军还会用高锰酸钾溶液作为消毒的手段。曾经在南京汤山地区沦为日军"慰安妇"的雷桂英老人从"慰安所"逃出来时,随身携带了一些高锰酸钾。据她回忆,高锰酸钾是汤山高台坡"慰安所"内"慰安妇"消毒用的。在很多其他幸存者的回忆中,高锰酸钾作为消毒用品也经常出现。由此可见,日军对"慰安妇"实施了较为严格的卫生防疫措施。

　　对于那些不遵守"慰安所"规定的日本军人,则由所属部队或宪兵队加以惩戒。1942 年 2 月华中派遣军宪兵队司令部呈送的军人军属违纪表"违纪之概要"一栏中有这样的记载:"允许外出中,烂醉后散步至禁止单独外出之夫子庙附近区域,进入中国人慰安所,拔刀威吓并欲施暴。"[②]这是一名日军军曹私自闯入南京夫子庙地区的"慰安所",违反了军纪和"慰安所"规定。最后,这名军曹"送交所属部队,由所属部队严厉训诫"。像这样的记录,在日军的档案里比比皆是。

　　1938 年 4 月 16 日,驻南京的日军陆军、海军及领事馆等方面召开联席会议,就南京地区"慰安所"的开办和管理等问题共同商讨对策。在会议形成的决议中这样写道:"专属于陆海军之军中福利社、慰安所是由陆海军直接经营监督,故领事馆不加干涉。但为一般人所利用的军中福利社、慰安所则不在此限……总之,由军、宪、领事馆合作,以期做好军队及居

---

① 刘广建 2015 年 5 月 18 日对龚兆山老人的采访笔录。
② 《华中派遣宪兵队司令部陈送昭和十七年二月军人军属违纪表》,王学新编《台日官方档案・慰安妇史料汇编》,第 98 页。

留民之保健卫生工作并使该业能健全发展。将来依照兵站之指导而设置值军专属特殊慰安所则由宪兵队来管理，至于已经设置之慰安所则由兵站考虑一般居留民之便利，将其一部分整编入特种慰安所内……为方便领事馆处理事务，由陆或海军核准设立之军专属军中福利社及特种慰安所，于其业况，营业者本籍、住址、姓名、年龄、出生、死亡及其他身份上有异动时，应由该军方人员随时通报领事馆。"①从决议中可以看出，日军陆海军如要在南京设立"慰安所"，所设立的"慰安所"及"慰安妇"人员均要向领事馆上报备案，南京领事馆在这方面占有一定的主导权。而且可以看出，日军在南京设立了很多不同性质的"慰安所"，不同性质的"慰安所"必须由不同部门来管理，但军队直营的"慰安所"管理权在宪兵队。由此可见，日军已经在南京地区把"慰安妇"制度进一步规范化。为达到日军"慰安"的目的，日本政府和军方可谓煞费苦心。日军在满足部队官兵性欲这一方面是花了很多心思的。正如当时有文章指出："在京（指南京——引者注）日军是以各战场调回整理的居多，为了满足他们的需要，军部以极大的化妆费和服装费去创办'慰安所'。每个礼拜一次的机会给士兵去自由选择。"②

据最新的调查统计，日军战时在南京建立了大小70余个"慰安所"。③这些"慰安所"主要分为四类：日军直营的"慰安所"、日侨经营的"慰安所"、汉奸经营的"慰安所"和兵站指定的"慰安所"。随着时间的推移，不同类型的"慰安所"彼此消长。但总体来说，日军在南京设立的"慰安所"是不断增多的。纵观整个日军占领南京期间，日军"慰安所"呈现三个特点。

第一，由军队直营到侨民、汉奸经营。日军攻占南京初期，南京城处于无序状态，日军军纪也较为松散。因此，在进攻南京的日军部队中设立"慰安所"是一件普遍的事情。日军从联队中的大队到中队，甚至有些

---

① 吉见義明『從軍慰安婦資料集』大月書店、1992 年、179-180 頁。
② 任重：《南京慰安所里》，《浙江妇女》1939 年第 4 期，1939 年 9 月 15 日，第 138 页。
③ 截至 2020 年 12 月，南京利济巷慰安所旧址陈列馆在原来 64 个"慰安所"的基础上新调查发现日军"慰安所"6 个，即龙潭水泥厂"慰安所"、南京第二"慰安所"、满月楼、阳气楼、福本、花日楼。内部资料，暂未公布。

小队纷纷设立专属的"慰安所"。日军从南京城各处搜罗妇女充当"慰安妇",专门给本部队的官兵提供服务,其中日军第十六师团最为典型。日军在第十六师团第二十联队、三十三联队、三十八联队等均设立了军队直营的"慰安所"。据日军第十六师团第三十三联队第二大队老兵西田泰雄回忆:"从驻屯的地方到慰安所可以走着去,很近,那儿有繁华街区。不是百姓开的,而是军队开的慰安所。票是由商人出售的,当时用的钱是军票。"① 军队直营的"慰安所"经常对"慰安妇"进行轮换,日军"在分队训练的时候是把女人抓到驻屯地,分队养起来。呆一星期或两星期就给放了,再去抓替补的过来"。②

"慰安妇"制度在南京正式确立之后,尤其是1938年4月的联席会议召开后,日军直营的"慰安所"或被取消,或更加隐秘。而日本侨民经营的"慰安所"开始大量出现。尽管设立"慰安所"、强征"慰安妇"是一件极为秘密的工作,但随着南京局势趋于稳定,大量日本侨民拥入南京,开办"慰安所"的任务逐渐由军队转移到侨民身上。一些汉奸为迎合日军或在日军授意下也纷纷申请开办"慰安所"。在最新调查统计的70多个南京日军"慰安所"中,日军直营的"慰安所"数量为16个,其余皆为日侨或汉奸经营的"慰安所"。③ 甚至一些打着料理店、食堂名义的场所也是为日军提供性服务的地方,成为变相的"慰安所"。例如在1939年出版的《南京指南》中出现的共乐馆"慰安所",在同一年出版的《支那在留邦人人名录》中登记为乙种料理店,名称也变为"菊水馆",但地址和经营者均未改变,其实质仍是为日军提供性服务的"慰安所"。

第二,很多"慰安所"由旅馆改造而来。据不完全统计,南京的日军"慰安所"有近20个是在旅馆的基础上建立起来的。因为旅馆中有相对独立的若干房间,房间内有完整的生活设施,可以满足"慰

---

① 〔日〕松冈环编著《南京战·寻找被封闭的记忆:侵华日军原士兵102人的证言》,新内如、全英美、李建云译,上海辞书出版社2002年版,第159页。

② 〔日〕松冈环编著《南京战·寻找被封闭的记忆:侵华日军原士兵102人的证言》,第307页。

③ 详见苏智良、张建军编《南京日军慰安所实录》,南京出版社2018年版,第45—60页。

安妇"的基本生活需求。对旅馆的改造也较为简单，只需把房间标上号码，添置消毒物品和设备即可营业。一般一个房间安排一个"慰安妇"，房间既是"慰安妇"的生活场所，也是为日军提供服务的"工作场所"。

日军占领南京期间夫子庙的海洞春旅馆、慧园街的大新旅馆均被改造成日军"慰安所"。鼓楼饭店也被改造成日军的"慰安所"，列入伪维新政府的宣传册《南京指南》中。还有珠江饭店"慰安所"，白芜在《今日之南京》中写道："寇军的慰安所，则在科巷内水巷洋屋内，及珠江路珠江饭店。"① 南京一些高级酒店也被日军占据，改造成高级"慰安所"，专供日军军官，安乐酒店便是一例。南京的旅馆在"事变后毁者过半，著名几家除中央饭店为维新政府招待所外，余如安乐酒店，首都饭店均为日（本）人经营"。② 日军将安乐酒店改名为"南京饭店"，使之成为日军高级军官俱乐部，实际上是日军高级"慰安所"。酒店门口有日军宪兵站岗，不让任何中国人靠近。安乐酒店"慰安所""只准日军高级军官们进出，与一般'慰安所'不同的是那些日军高级军官享有特权，他们可以在大酒店内住上一个星期，甚至更久，由日本、韩国的青年'慰安妇'们提供性服务"。③

第三，"慰安妇"来源广泛，"慰安所"相对集中。从目前公开的资料可以看出，日军在南京的"慰安妇"有中国妇女（包括台湾妇女）、朝鲜半岛妇女和日本妇女。南京利济巷"慰安所"旧址见证人杨秀英证实，利济巷 2 号里面是朝鲜半岛"慰安妇"，18 号里面是日本"慰安妇"。南京松下富贵楼"慰安所"里的"慰安妇"大多是台湾和朝鲜半岛妇女。日军资料中也记录了南京"慰安妇"的不同来源。例如，1943 年 2 月，驻南京的日军第十五师团军医对各个"慰安所"内的"慰安妇"进行了身体检查并记录如下（见表 3）。

---

① 白芜：《今日之南京》，张宪文编《南京大屠杀史料集》第 64 册，马振犊、林宇梅等编《民国出版中记载的日军暴行》，江苏人民出版社 2010 年版，第 115 页。
② 《本市旅馆业蒸蒸日上》，《南京新报》1939 年 4 月 2 日，第 5 版。
③ 王炳毅、赵雪飞：《江苏饭店"东宫"曾被日寇辟为高级"慰安所"》，未刊。

表3 各"慰安所"内"慰安妇"数量（1943年2月）

	日本人	朝鲜人	中国人	平均一日受检人员
南京	266	14	157	437
芜湖	32	26	39	97
镇江	3	0	36	39
金坛	0	5	6	11
巢县	0	4	30	34
溧水	0	0	10	10
计	301	49	278	628

资料来源：《日本驻南京敦贺第十五师团军医部卫生业务要报》，杨昭全主编《日帝强征从军慰安妇罪行录》，第21页。

南京的日军"慰安所"地点相对集中，主要在当时南京较为繁华的区域，如太平路沿线、鼓楼、下关大马路等。因为这些地区日军驻军较多，日本侨民也相对集中。下关是南京当时重要的交通枢纽，铁路、公路和航运在此交会，自然成为"慰安所"聚集的地方。这一地区的日军"慰安所"代表有华月楼"慰安所"、铁路桥"慰安所"、东幸升楼"慰安所"、煤炭港"慰安所"、大垣馆军"慰安所"、日华会馆"慰安所"等。当时太平路一带被划为日本侨民的聚集点，被称为"日人街"，很多日本侨民也纷纷在此地开设"慰安所"，如人民"慰安所"、松下富贵楼"慰安所"、青南楼"慰安所"、东云"慰安所"、故乡楼"慰安所"、常府街"慰安所"、安乐酒店"慰安所"、吾妻楼"慰安所"、共乐馆"慰安所"、四条巷"慰安所"等。这些"慰安所"大部分是日侨经营，且持续时间很长，有些一直经营到日本战败前夕。

四 余论

"慰安妇"制度在南京确立以后迅速在日军中推广实施，各支部队纷纷在日本国内招募"慰安妇"以满足官兵的需求。具有讽刺意味的是，由于“慰安妇”制度的隐秘性，日军派回国内招募“慰安妇”的人员行为也没有公开，因此遭到当地警察部门的怀疑。最后不得不由内务省发文，指示这类事件的处理方式和办法，即不得以欺骗或秘密的手段进行招募，并且需要办理相应的手续。① 实际上，大部分日军“慰安妇”是在当地强征的，南京地区的“慰安妇”也不例外。日本社会党众议院众议员尹东秀子曾在 1992 年 2 月的一次讲话中指出：“据侵华日军驻南京部队的第 15 师团战后情报披露：在中国首都南京共有‘慰安妇’1240 人，其中 78.9% 的‘慰安妇’系就地征募，余下数字为韩国和日本本土的‘慰安妇’。”②

虽然日军设立了很多“慰安所”，但是，这些“慰安所”并不能满足日军的欲望，强奸事件仍然层出不穷。整个日本侵华战争期间，有 20 万左右的中国妇女沦为日军的“慰安妇”，被迫遭受性奴役，受到非人的待遇。可以说，只要有日军的地方就有“慰安妇”。南京是日军实施“慰安妇”制度较为完善的城市，无法估算出到底有多少妇女受害。从南京一个城市对日军实施“慰安妇”制度的再考察，可以更清楚、更全面、更深入地看出这项制度的国家犯罪和集体犯罪特征。时至今日，日本政府在“慰安妇”问题上仍然闪烁其词，尤其是针对中国的“慰安妇”问题，不仅矢口否认，拒绝赔偿，而且频频抛出“自愿说”“妓女说”等歪理邪说，令在世的中国“慰安妇”制度受害幸存者气愤不已。2013 年，中国第一次将日军“慰安妇”档案申请联合国世界记忆遗产目录，但未能成功。2016 年，中国联合韩国、日本、菲律宾、印度尼西亚、东帝汶、英国、澳大利亚、美国和中国台湾地区等 11 个国家和地区的民间机构和团体，再次向联合国教科文组织申请将“慰安妇”资料列入世界记忆遗产目录，目前处于搁置状态。虽然两次都未能成功入选“世界记忆名录”，但通过这两次申遗的尝试，日军“慰安妇”问题受到越来越多的关注，有助于让更多的人认清当年侵略者的暴行，了解战争的残酷。如今在南京又建立了利济巷“慰安所”旧址陈列馆，作为目前世界上规模最大的

---

① 《有关丑业妇渡华之由来》，王学新编《台日官方档案·慰安妇史料汇编》，第 1 页。

② 苏智良：《日军“慰安妇”研究》，第 11 页。

"慰安妇"主题纪念馆，全面展示了日军的"慰安妇"制度的完整历史。这必将加深人们对日军"慰安妇"问题的认识，对日本侵略罪行的认识，同时也启迪着人们对和平的追求和向往，使"慰安妇"问题成为人们共同的历史记忆。

（刘广建，侵华日军南京大屠杀遇难同胞纪念馆副研究馆员；

朱玲，南京出版社编辑）

国民政府审判日本战犯法庭的置废与变更[*]

曹鲁晓

抗战胜利后，国民政府在沈阳、北平、太原、济南、徐州、南京、上海、武汉、台北和广州10个城市设置了审判日本战犯军事法庭。从20世纪80年代起，这10所法庭走入学界前辈的视野，时至今日，在胡菊蓉、刘统、严海建、顾若鹏、茶园义男等国内外学者的努力下，该领域已不再是一片未垦之土。①

* 本文系国家社科基金抗日战争研究专项工程"日本战犯审判文献征集、整理与数据库建设"（项目号：16KZD012）阶段性成果。

① 胡菊蓉是国内较早研究国民政府审判日本战犯的学者，其代表作有《中国军事法庭对日本侵华部分战犯审判概述》（《史学月刊》1984年第4期）、《中外军事法庭审判日本战犯：关于南京大屠杀》（南开大学出版社1988年版）。刘统的研究成果有《国民政府审判日本战犯概述（1945—1949）》（《民国档案》2014年第1期）、《国民政府对日本重要战犯的审判》（《军事历史研究》2015年第6期）等。严海建的研究成果有《宽大抑或宽纵：战后国民政府对日本战犯处置论析》（《南京社会科学》2014年第7期）、《国民政府与日本乙丙级战犯审判》（《近代史研究》

然而，若将目光从法庭的运行概况和审判内容中抽离，单看其置废及变更，那么，一个有待爬梳和探讨的问题便现于眼前。在法庭设立及运行的过程中，不乏修改名称或变更隶属单位的情况，比较显著的是"第十一战区长官司令部审判战犯军事法庭"与"保定绥靖公署审判战犯军事法庭"，"第一绥靖区司令部审判战犯军事法庭"与"国防部审判战犯军事法庭"。在某些情况下，这只是法庭名称的更迭，而在另一些情况下，其背后则隐藏着法庭实体的变化。相关更迭和变化，不但在当时影响了审判的进程，也增加了今人查阅和理解相关史料的困难。如今，通过对报刊资料和中国第二历史档案馆所藏战犯审判相关档案的检视，一个既未被前人讨论又与想象相去甚远的军事法庭设立、变更过程逐渐浮现出来，在展示相关史实同时，也将加深学界对国民政府审判所面临的困境的认知。

一 战犯的逮捕与法庭的设置

1945 年 11 月 6 日，由国民政府军令部、军政部、外交部、司法行政部、行政院秘书处和同盟国战争罪行委员会远东分会等六个机关联合组织的战犯处理委员会成立。[1] 该委员会每两周召开一次常会，与审判战犯相关的各类事项皆由其讨论决定。1945 年末 1946 年初，审判工作的三份纲领性文件《战争罪犯处理办法》《战争罪犯审判办法》《战争罪犯审判办法

2017 年第 1 期）、《犯罪属地原则与证据中心主义：战后北平对日审判的实态与特质》（《民国档案》2018 年第 1 期）等。另有顾若鹏《从人到鬼，从鬼到人：日本战罪与中国审判》（Barak Kushner, *Men to Devils, Devils to Men: Japanese War Crimes and Chinese Justice*, Harvard University Press, 2015）；茶園義男解説『BC 級戦犯中国・仏国裁判資料』不二出版、1992 年。相关研究还有宋志勇《战后初期中国的对日政策与战犯审判》，《南开学报》2001 年第 4 期；半藤一利・保阪正康・秦郁彦・井上亮『「BC 級裁判」を読む』日本経済新聞出版社、2009 年；左双文：《国民政府与惩处日本战犯几个问题的再考察》，《社会科学研究》2012 年第 6 期；〔日〕户谷油麻：《战犯审判研究的历史意义——从东京审判到各国审判的延伸》，东京审判研究中心编《东京审判再讨论》，上海交通大学出版社 2015 年版，第 30—63 页；〔日〕小林元裕：《东京审判与中国——研究成果和课题》，《东京审判再讨论》，第 286—298 页；〔日〕林博史：《东京审判与 BC 级战争犯罪》，《东京审判再讨论》，第 363—394 页；刘萍：《从"宽而不纵"到彻底放弃——国民政府处理日本战犯政策再检讨》，《民国档案》2020 年第 1 期；等等。

① 《战犯处理委员会成立会议记录》（1945 年 11 月 6 日），中国第二历史档案馆藏，593/00163。

施行细则》通令施行。其中,《战争罪犯审判办法》第二条规定了应行设立审判战犯法庭的机构:"战争罪犯由陆军总司令部或犯罪地或犯人所在地之战区司令长官部或方面军司令部组织军事法庭审判之,无战区司令长官部及方面军之区域,由军政部或中央最高军事机关组织军事法庭审判之。"①

　　另外,《战争罪犯审判办法施行细则》的附件《审判战犯军事法庭编制表》又规定:"战犯不满十名之单位应暂缓成立军事法庭,得经解送其他有军事法庭之单位审判,但如有特殊情形必须在当地审判者,得呈经军事委员会核准后设立之。"② 由此可知,审判战犯军事法庭的设置地点须满足两个条件:(1)存在战区司令长官部或方面军司令部——保证有主持审判的军事机关;(2)战犯数量在 10 人之上——保证有战犯可审。随即,国民政府拟出一份《应行设立审判战犯军事法庭各单位一览表》。现补全各单位所在地,可得表 1。

表 1　1946 年应行设立审判战犯军事法庭各单位一览

单位名称	所在地	成立日期	备考
中国陆军总司令部	南京	2 月 1 日	
广州行营	广东	2 月 1 日	
武汉行营	湖北	2 月 15 日	
东北行营	辽宁	2 月 1 日	
第一战区长官部	河南	2 月 1 日	
第二战区长官部	山西	2 月 1 日	
第八战区长官部	甘肃		暂缓成立
第十一战区长官部	北平	2 月 1 日	
第十二战区长官部	绥远	2 月 1 日	
徐州绥靖公署	江苏	2 月 15 日	
郑州绥靖公署	河南	2 月 15 日	

① 《战争罪犯审判办法》(1945 年 12 月),胡菊蓉编《南京审判》,张宪文编《南京大屠杀史料集》第 24 册,江苏人民出版社 2006 年版,第 37 页。
② 《审判战犯军事法庭编制表》,中国第二历史档案馆藏,593/00109。

续表

单位名称	所在地	成立日期	备考
衢州绥靖公署	浙江	2 月 15 日	
第一绥靖区司令部	上海	2 月 15 日	
第二绥靖区司令部	湖南（后移驻山东）	2 月 15 日	
台湾警备总司令部	台湾	2 月 1 日	

资料来源：《应行设立审判战犯军事法庭各单位一览表》，中国第二历史档案馆藏，593/00109；万仁元、方庆秋、王奇生编《中国抗日战争大辞典》，湖北教育出版社 1995 年版。

由表 1 可见，国民政府所构想的法庭设置地可以覆盖全部的战时沦陷区。在确定设置地的同时，国民政府还限定了法庭的成立日期。由此可窥见其从全、从速处置战犯的最初构想。

然而，不久之后，一些军事机关呈报当地无法成立军事法庭。譬如，所辖主要为甘、宁、青三地的第八战区在战时属于西北大后方，没能逮捕到 10 名战犯，因而"暂缓成立"军事法庭。①第一战区（辖区主要为陕西、豫西）也因未逮捕到战犯而暂缓设立军事法庭。②第十二战区同样因"无战犯暂未设立军事法庭"。其后，郑州绥靖公署电称因战犯较少，故不设立军事法庭。③1946 年 4 月 2 日，战犯处理委员会列出已经成立军事法庭的 8 个单位：第十一战区长官部（成立法庭时间：1945 年 12 月 16 日）、东北行营（1946 年 2 月 1 日）、衢州绥靖公署（2 月 14 日）、陆军总部（2 月 15 日）、广州行营（2 月 15 日）、武汉行营（2 月 20 日）、第二战区（3 月 1 日）和第一绥靖区司令部（3 月 20 日）。对比实际成立日期与限定成立日期可知，大多法庭都没能按时成立。④6 月 11 日，衢州方面电称仅逮捕到 18 人，因人数不多，要求战犯处理委员会批准将之移送上海审理。⑤至此，在国民政府拟定的 15 个单位中，第一战区长官部、第八战区长官

---

① 《抄军委会于卅政独行电》，中国第二历史档案馆藏，593/00109。
② 《战犯处理委员会第 20 次常会记录》（1946 年 3 月 26 日），中国第二历史档案馆藏，593/00164。
③ 《战犯处理委员会第 22 次常会记录》（1946 年 4 月 9 日），中国第二历史档案馆藏，593/00164。
④ 《战犯处理委员会第 21 次常会记录》（1946 年 4 月 2 日），中国第二历史档案馆藏，593/00164。
⑤ 《战犯处理委员会第 28 次常会记录》（1946 年 6 月 11 日），中国第二历史档案馆藏，593/00164。

部、第十二战区长官部以及郑州绥靖公署、衢州绥靖公署 5 个单位均因战犯数量少而放弃设立法庭。10 所最终被设立的法庭如下（见表 2）。

表 2　各审判战犯军事法庭成立时间、地点

名称	设置地点	成立日期
国防部审判战犯军事法庭	南京	1946 年 2 月 15 日
军事委员会委员长武汉行营审判战犯军事法庭	武汉	1946 年 2 月 20 日
军事委员会委员长广州行营审判战犯军事法庭	广州	1946 年 2 月 15 日
军事委员会委员长东北行营审判战犯军事法庭	沈阳	1946 年 5—10 月
第二战区长官部审判战犯军事法庭	太原	1946 年 3 月 1 日
第十一战区司令长官部审判战犯军事法庭	北平	1945 年 12 月 16 日
徐州绥靖公署审判战犯军事法庭	徐州	1946 年 4 月 1 日
第一绥靖区审判战犯军事法庭	上海	1946 年 3 月 20 日
第二绥靖区司令部审判战犯军事法庭	济南	1946 年 2 月 15 日
台湾全省警备司令部审判战犯军事法庭	台北	1946 年 5 月 1 日

注：档案原载东北行辕审判战犯军事法庭的成立时间为 1946 年 2 月 1 日，但经考证可知并非如此，实际成立时间当在 1946 年 5—10 月，详见后文。

资料来源：《战犯处理委员会对日战犯处理政策会议记录》（1946 年 10 月 25 日），中国第二历史档案馆藏，593/00158。

　　这即是开篇所述的 10 所法庭。当然，表 2 所示的法庭名称与其他史料中的法庭名称未必一致，这是因为在 1945 年 12 月到 1949 年 1 月的整个审判过程中，10 所法庭的名称大多发生过变化。不过，无论如何变化，其命名依据都是《战争罪犯审判办法施行细则》第二条："战区司令长官或方面军司令部有变更者，关于该区域战犯之审判由与其变更前相当之军事机关组织军事法庭办理之。"[①]

　　由此可知，法庭名称的变化与所隶军事机关的变化一致。抗战胜利后，军事机关的作用从服务战争变为安民、"戡乱"，其名称自然会发生变

① 《战争罪犯审判办法施行细则》（1946 年 1 月 27 日），胡菊蓉编《南京审判》，张宪文编《南京大屠杀史料集》第 24 册，第 38 页。

化，所属军事法庭的名称也就随之改变。譬如，1946 年 6 月，中国陆军总司令部被裁撤，[①]新组建的国防部取而代之，南京法庭的名称即由"中国陆军总部审判战犯军事法庭"更名为"国防部审判战犯军事法庭"；再如，1946 年 8 月，国民政府军事委员会被裁撤，"各地军事委员会委员长行营改称为国民政府主席行辕"，[②]随即，"军事委员会委员长武汉 / 东北 / 广州行营审判战犯军事法庭"更名为"国民政府主席武汉 / 东北 / 广州行辕审判战犯军事法庭"；此外，1947 年初，"第二战区长官部审判战犯军事法庭"更名为"太原绥靖公署审判战犯军事法庭"，"第十一战区长官司令部审判战犯军事法庭"也更名为"保定绥靖公署审判战犯军事法庭"。

抗战胜利后，中国境内滞留着数以百万的日本人，各军事机关仅需逮捕到 10 个战犯便可成立军事法庭。然而，15 个机关中竟有 4 个不能满足这个要求，着实令人意外。追本溯源，最先需要检讨的是战犯逮捕政策。《战争罪犯处理办法》第四条规定，各地方军事机关可通过两种方式逮捕战犯：（1）依据国民政府下发的战犯名单逮捕；（2）依据民众的检举逮捕。[③]在实际执行中，两种方式都遇到了障碍。因为战犯名单须核报同盟国战争罪行委员会远东分会，所以国民政府对之十分慎重，规定只有罪证充分者才能被列入，如此，对那些存在嫌疑但缺乏罪证的日本人便不能随意逮捕，这导致许多实际在战争期间犯下战争罪行、在战后却无罪证可寻的日俘日侨趁机逃脱。[④]战犯名单严格的"准入门槛"体现了战犯审判应有的严谨和文明，却拉低了逮捕工作的效率，进而影响了军事法庭的成立。第二种方式一定程度上弥补了第一种方式的缺陷。国民政府十分重视这个环节，在战犯处理委员会会议上，委员们最常讨论的问题便是被民众检举的日本人能否列为战犯。然而，民众举报多空口无凭，而且"道德观

---

① 李景田编《中国共产党历史大辞典（1921—2011）》，中共中央党校出版社 2011 年版，第 572 页。
② 陈方南、陈学知：《从东北行营到东北剿总》，《社会科学战线》2003 年第 1 期。
③ 《战争罪犯处理办法》（1945 年 12 月），胡菊蓉编《南京审判》，张宪文编《南京大屠杀史料集》第 24 册，第 36 页。
④ 即便是曾在香港纵兵屠杀、高居将位的酒井隆也因罪证不足而被暂缓列入名单，可见国民政府对战犯罪证的要求之高。《战犯处理委员会第 37 次常会记录》（1946 年 8 月 13 日），中国第二历史档案馆藏，593/00165。

念极重，如遇强奸等耻辱事件，不肯向外宣扬，故现向当局告发者，要打一极大折扣，而能确定指出人名者更少，或告发之罪犯有姓无名，致对逮捕方面，极为困难"。①显然，这也不是一个有效的办法。受制于此，逮捕战犯工作进展极缓。以 1946 年 6 月 25 日战犯处理委员会第 31 次常会的数据为例，截至该日，国民政府已发布 10 批战犯名单，共计 935 名，已被逮捕者仅 53 名；经人民检举并被逮捕者共 1480 名，其中仅 153 人被列为正式战犯，而徐州、郑州、广州、东北等地被民众检举的日俘日侨中尚无一人可被列为正式战犯。②

　　另外，从 1945 年 11 月起，国民政府开始在秦皇岛、青岛、上海、高雄等 10 个港口陆续将日俘日侨遣送回国，这对于战犯逮捕工作而言无异于釜底抽薪。11 月 13 日，在战犯处理委员会第一次常会上，行政院秘书处参事张平群要求委员会商讨解决遣送日俘日侨给逮捕战犯造成的阻碍。对此，委员会的决议如下："除第 1 号名单可商请查照逮捕外，已经远东分会审查通过之第 2—7 号战犯名单在未经委座核准批示以前，对输送地日战俘在港口乘轮时得协商美方酌情逮捕。"③

　　被拟定的战犯名单须经过两重审核后才能被下发为逮捕战犯的凭据，即远东分会的审查与蒋介石的核准。此时，第 1 号名单已通过两重审核，因此委员会将之下发以"查照逮捕"战犯。同时，为配合战犯逮捕工作，尽管第 2—7 号名单尚未经过蒋介石核准，但委员会也决议将其下发各港口以便"酌情逮捕"战犯。可见，委员会已尽可能地在逮捕战犯与遣送日俘日侨之间做出协调。然而，在国民政府处理战犯的整个过程中，前后共有 26 号战犯名单，此时的第 8—26 号名单尚未被制定、审核，这意味着各军事机关和港口是在依据不完整的战犯名单从日俘日侨中搜寻战犯，其效率高低可想而知。当然，若为逮捕战犯而停止遣返工作并对全体日俘日侨实行拘留，将耗资巨大，也非明智之举。从这个角度看，国民政府是做出了一个尽量兼顾的决定。

---

① 《调查日寇暴行，搜集战犯罪证》，《和平日报》（上海）1946 年 5 月 13 日，第 2 版。
② 《战犯处理委员会第 31 次常会记录》（1946 年 6 月 25 日），中国第二历史档案馆藏，593/00164。
③ 《战犯处理委员会第 1 次常会记录》（1945 年 11 月 13 日），中国第二历史档案馆藏，593/00163。

　　为满足严格的逮捕标准和让步于更具实际意义的日俘日侨遣返工作，战犯逮捕工作的效率十分低下。受制于此，军事法庭从 15 所减少至 10 所，这代表着国民政府从全、从速地处置日本战犯的最初构想的破灭，同时必将影响国民政府处理战犯的整体效果。

二　内战与东北法庭

　　侵华战争中，东北地区首当其冲，日军在此建立伪满洲国，作为向南扩张的大本营，因此，东北是战后中国日俘日侨最密集的地区，其数量"共约一百四十五万"。[①] 基于如此庞大的日俘日侨数量以及东北地区漫长的被侵略历史，战犯的逮捕与审判都显得十分必要。然而，战后东北的局势相当复杂。苏联撤兵、国共内战、美国调停，三国四方的势力纠结于此，时动荡时胶着。[②] 国民政府组建军事法庭以及逮捕、审判战犯工作无不受到大环境的影响。

　　根据 1946 年 4 月《战犯处理委员会第 21 次常会记录》，东北行营军事法庭于 1946 年 2 月 1 日在锦县成立。[③] 然而，1946 年 10 月《战犯处理委员会对日战犯处理政策会议记录》则记载东北行营军事法庭于同年 2 月 1 日在沈阳成立。[④] 两种相互矛盾的记录不免令人对法庭成立时的驻地产生疑惑。幸而，战犯处理委员会东北督导小组曾赴东北考察，并将东北行营军事法庭的成立过程报告给委员会：东北行营驻平时曾筹设军事法庭，后行营移锦迁沈，其间有关战犯业务由行营军法处兼理，抵沈后始确定设立办公处及审判法庭于行营内部。[⑤] 可见，东北行营虽曾处理战犯工作，但都由军法处兼理，并不存在军事法庭，直到行营从锦州迁至沈阳之后，法

---

① 《处理战犯东北督导组公毕归来畅谈东北事》，《中华时报》1946 年 10 月 16 日，对日战犯审判文献丛刊编委会选编《二战后审判日本战犯报刊资料选编》第 4 册，国家图书馆出版社 2014 年版，第 387 页。

② 参见薛衔天《战后东北问题与中苏关系走向》，《近代史研究》1996 年第 1 期。

③ 《战犯处理委员会第 21 次常会记录》（1946 年 4 月 2 日），中国第二历史档案馆藏，593/00164。

④ 《战犯处理委员会对日战犯处理政策会议记录》（1946 年 10 月 25 日），中国第二历史档案馆藏，593/00158。

⑤ 《关于战犯处理及督导经过情形》（1946 年 10 月 26 日），中国第二历史档案馆藏，593/00241。

庭才实际成立。档案记录的相互矛盾与东北法庭曲折的设置历程有关。

　　按照国民政府的构想，东北行营军事法庭的理想驻地并非沈阳。早在
1945 年 8 月 31 日，国民政府便出台《收复东北各省处理办法纲要》，第
一条为："国民政府为便于处理东北各省收复事宜，特在长春设立军事委员
会委员长东北行营，综理一切。"① 可见，东北行营本应驻扎在长春，按照
军事法庭隶属军事机关的规则，东北行营军事法庭自然应该设在长春。然
而，因为抗战胜利后的东北实际掌控在苏联手中，所以，国民政府只得先
将东北行营设立于北平，之后再步步推进，接管东北。1945 年 10 月，东
北行营的官员抵达长春准备接管工作。若一切顺利，东北法庭将随行营设
在长春。事实上，长春也是一个合适的选地，作为伪满洲国"首都"，滞
留于此的日俘日侨远多于其他城市，②十分需要一所军事法庭来处理从日俘
日侨中析出的战犯。

　　在苏军的帮助下，中共军队先于国民党军进入长春。③ 1945 年 11 月
17 日，行营官员被迫从长春撤回北平。1946 年 3 月 5 日，在国民政府与
苏方几次斡旋以后，行营才再次进入东北，驻扎在锦州。④ 在国共展开几
番城市争夺战以后，东北行营于 5 月进驻沈阳。此时的长春仍在双方争夺
之中。为尽快开始审判，军事法庭及战犯拘留所便落户沈阳。⑤ 10 月下旬，
开始审判战犯。⑥

　　将上述过程梳理清楚之后，可知 1946 年 4 月《战犯处理委员会第 21
次常会记录》之所以会记载东北行营军事法庭于同年 2 月 1 日成立于锦县，

---

①　《收复东北各省处理办法纲要》(1945 年 8 月 31 日)，薛衔天编《中苏国家关系史资料汇编
　　(1945—1949)》，社会科学文献出版社 1996 年版，第 1 页。
②　国民政府拟在长春集结遣送的日俘日侨有 50 万人，沈阳、锦州则各 10 万人，可见长春地区日
　　俘日侨之多。《督导东北日侨俘管理及遣送工作报告》(1946 年 10 月)，中国第二历史档案馆藏，
　　593/00241。
③　《国民政府主席蒋介石致美国总统杜鲁门告苏联违反条约电》(1945 年 11 月 17 日)，薛衔天编《中
　　苏国家关系史资料汇编(1945—1949)》，第 38 页。
④　《国民政府主席东北行辕接收报告》(1947 年 3 月)，秦孝仪编《中华民国重要史料初编——对日
　　抗战时期》第 7 编《战后中国》(1)，台北，中国国民党中央委员会党史委员会 1981 年版，第
　　84 页。
⑤　《关于战犯处理及督导经过情形》(1946 年 10 月 26 日)，中国第二历史档案馆藏，593/00241。
⑥　《东北行辕军事法庭开始审理日本战犯》，《救国日报》1946 年 10 月 22 日，《二战后审判日本战犯
　　报刊资料选编》第 4 册，第 399 页。

大概率是因为 1946 年 4 月时东北行营就驻扎在锦县。而 1946 年 10 月《战犯处理委员会对日战犯处理政策会议记录》之所以会记载东北行营军事法庭于同年 2 月 1 日成立于沈阳，是因为 1946 年 10 月时东北行营已在沈阳。然而，在东北行营落定沈阳之前，实际并无军事法庭，也就没有曾驻锦县的说法。至于法庭的设置时间，则当在东北行营迁沈至第一名战犯受审之间，即 1946 年 5 月至 10 月，档案中所记载的 2 月 1 日显然是将法庭的应行成立日期误为实际成立日期。

除了东北行营外，东北地区还有一个军事机关——东北保安司令长官部。这个机关成立于 1945 年 10 月 16 日，专门办理东北地区的军事事务，其职权比"综理一切"的东北行营小，但不与行营存在隶属关系。东北保安司令长官部分别于 1945 年 12 月 12 日、1946 年 4 月 5 日进驻锦州和沈阳，可见，其迁移路线与行营相同，迁移时间则早于行营，[①]这是为便利行营前进而先行作战的缘故。东北保安司令长官部也参与战犯工作，譬如东北地区的逮捕战犯工作便由行营和司令长官部一同负责。[②]随着审判的推进，战犯处理委员会曾两次想要增设一所隶属于东北保安司令长官部的军事法庭。1946 年 2 月 13 日，军令部李立柏提案："东北保安司令长官部为战犯处理之最高军事执行机关之一，拟请设立军事法庭一所以便审处提请公决案。"[③]

此时的国民政府尚在斟酌应行成立军事法庭的单位。根据前述相关条例，作为地方军事机关的东北保安司令长官部理应配置一所军事法庭，所以，委员会通过了这项提案。然而，一周之后，委员会意识到此时的东北行营和保安司令长官部都驻扎在锦州，便又撤销了设立新法庭的决定。[④]

1946 年 7 月 23 日，战犯处理委员会为提高处理战犯的工作效率，再次打算添置新机构，决议如下：

---

① 辽宁省地方志编纂委员会办公室编《辽宁省志·军事志》，辽宁科学技术出版社 1999 年版，第 122 页。
② 战犯处理委员会将战犯名单同时寄给东北行营和保安司令长官部，并要求两单位按册逮捕。《战犯处理委员会第 14 次常会记录》(1946 年 2 月 13 日)，中国第二历史档案馆藏，593/00163。
③ 《战犯处理委员会第 14 次常会记录》(1946 年 2 月 13 日)，中国第二历史档案馆藏，593/00163。
④ 《战犯处理委员会第 15 次常会记录》(1946 年 2 月 19 日)，中国第二历史档案馆藏，593/00163。

1. 东北保安司令部增设军事法庭一所，设在长春，另在长春、葫芦岛各设一拘留所，均限文到十日内成立具报（军法司办）。

2. 由国防部派员前往督导，国防部派员三人，行政院外交部、司法行政部各派员一人，组长由国防部担任，订名为战犯处理委员会东北督导小组。

3. 关于东北战犯处理事宜授权于东北督导小组负责实施，并限一周内出发。①

由此便诞生了两个针对东北的战犯处理机构——长春军事法庭和东北督导小组。前者负责分担东北行营军事法庭的工作，隶属于东北保安司令长官部（驻扎沈阳）；后者负责督促、引导东北地区的战犯处理工作，隶属于战犯处理委员会。1946 年 8 月底，督导小组到达长春以后，又组织成立了长春战犯调查委员会，以推进战犯的检举和调查。②一个月之内设立三个相关机构，国民政府对东北战犯处理工作的重视程度可见一斑。

在有关战后审判的研究成果中，长春法庭从来没有被提及，因此，有必要对其做进一步阐释。1946 年 9 月 24 日，战犯处理委员会讨论有关长春法庭更换法官的议案，理由是现法官曾在战时任伪职，因而“身份能力均不适合”。③这说明长春法庭与之前郑州、衢州等胎死腹中的法庭不同，它的确存在过。当时的报刊也曾对其进行报道，例如，9 月 30 日的《和平日报》记载：“中国现有十一个军事法庭审讯战犯，其中两个在东九省，一属东北行营，一由……东北保安司令部组织。”④

不过，长春法庭并非众所周知的 10 个国民政府审判战犯军事法庭之一，审判末期的各类法庭、战犯统计文件中也没有关于长春法庭的记载，该法庭的去向令人疑惑。可以根据《战犯处理委员会常会记录》，推算长

---

① 《战犯处理委员会第 34 次常会记录》（1946 年 7 月 23 日），中国第二历史档案馆藏，593/00164。
② 《关于战犯处理及督导经过情形》（1946 年 10 月 26 日），中国第二历史档案馆藏，593/00241。
③ 《战犯处理委员会第 43 次常会记录》（1946 年 9 月 24 日），中国第二历史档案馆藏，593/00165。
④ 《日战犯东条英机，可能引渡中国审讯》，《和平日报》（上海）1946 年 9 月 30 日，第 2 版。

春法庭的大体存在时间。在 1946 年 10 月 23 日和 12 月 27 日，委员会曾分别决定将吉林高等法院和长春战犯调查委员会所检举的战犯移交沈阳法庭审讯，①据此可知，长春法庭必定在 10 月 23 日之前被撤销，否则没有理由屡次舍近求远。从 1946 年 7 月 23 日算起，长春法庭的存在时间大致为三个月。至于其被撤销的缘由，只能根据《战犯处理委员会常会记录》中的相关争论，结合时局加以推断。

1946 年 9 月，东北行辕主任熊式辉向战犯处理委员会建议裁撤长春法庭。同月，委员会还接到东北督导小组支持增设法庭的电报。来自地方机构与中央派出机构截然相反的建议令委员会为难。②东北督导小组的考量与战犯处理委员会一致：增设法庭是为尽快处理东北的战犯。然而，督导小组毕竟只考察了沈阳、长春和吉林等少数城市，③与远在南京的战犯处理委员会一样，他们对东北大多数地区的情况并不真正了解。熊式辉则深知东北实况。在给国民政府的报告中，他列举了在长春法庭成立的 1946 年 7 月，国共两党在东北展开的多次作战。④苏军撤退后，国民党接收东北的过程就是与共产党军队展开争夺战的过程，而负责作战的机构正是长春法庭所隶属的东北保安司令长官部。很难想象驻扎于沈阳的保安司令长官部如何在如此强度的作战任务下远程指挥长春法庭的审判工作，检方又如何在战乱之中搜集罪证。有鉴于此，熊式辉主张不设长春法庭也确实是迫于形势之举。毕竟对国民党来说，争夺地盘显然比清算日本战犯更具实际意义。

另外，由于东北的许多地区已被解放，国民政府仅能控制辽宁、吉林、辽北三省的 30 余县，因此"对全东北所有战犯之检举与处理，因行

---

① 《战犯处理委员会第 47 次常会记录》（1946 年 10 月 23 日）、《战犯处理委员会第 56 次常会记录》（1946 年 12 月 27 日），中国第二历史档案馆藏，593/00165、593/00166。

② "东北行辕熊主任中秋电复长春及葫芦岛无另设军事法庭及拘留所之必要……上月东北督导小组自沈阳来电，详陈沈阳、长春两地拘留战犯甚多，建议在长春葫芦岛增设军事法庭及拘留所等语与东北行辕来电所陈情形完全不同，本案究应如何办理拟请公决案。"《战犯处理委员会第 45 次常会记录》（1946 年 10 月 8 日），中国第二历史档案馆藏，593/00165。

③ 《关于战犯处理及督导经过情形》（1946 年 10 月 26 日），中国第二历史档案馆藏，593/00241。

④ 《国民政府主席东北行辕接收报告》（1947 年 3 月），秦孝仪编《中华民国重要史料初编——对日抗战时期》第 7 编《战后中国》（1），第 87 页。

政地域有限，每感困难”。① 再者，东北日俘日侨虽多，但截至1946年10月，已遣归“百万左右，其余均在大连区及共军区”，② 而大连区当时由苏联管制，也就是说，国民政府势力范围内的日俘日侨已基本遣送完毕，发现新战犯的可能性比较有限。这种情况下，长春法庭的设立就显得既不现实也无必要。1947年以后，内战愈演愈烈，9月30日，沈阳法庭难以为继，也被国民政府饬令撤销，未判案件交由地方法院草草了结。③

在负责处理战犯的各个单位中，东北法庭的设置最为曲折，效率最为低下，机构最为反复。国民政府不仅没能按照最初设想将法庭设置在长春，甚至在沈阳法庭之外增设长春法庭的弥补之举也没能完全实现。此乃局势所致，却典型地反映了陷于内战之中的国民党政权无力彻底、高效地完成审判任务。

三　南京法庭和上海法庭的分与合

在10所军事法庭中，南京法庭是最受关注的一所。当时，南京法庭因为直接隶属于国防部，同时负责审判南京大屠杀案而备受政府重视和民众瞩目，这使如今的南京审判研究尤其是南京大屠杀案研究一直是国民政府审判研究中的焦点。④ 尽管如此，相关研究仍有未尽之处，从法庭的变更看，它与上海法庭的关系尚未被厘清，而两者最终合而为一的原因更是未被前人提及但有探讨价值的问题。

从成立之初，南京法庭就拥有高于其他法庭的地位：“首都军事法庭为全国最高级者，除受理此间战犯外，并已电调各拘留所已捕之主要战犯

① 《东北沦陷十四年中，日人暴行一斑》，《和平日报》（上海）1946年10月17日，第2版。
② 《处理战犯东北督导组公毕归来畅谈东北事》，《中华时报》1946年10月16日，《二战后审判日本战犯报刊资料选编》第4册，第387页。
③ 《战犯处理委员会第77次常会记录》（1947年10月31日），中国第二历史档案馆藏，593/00168。
④ 相关研究从20世纪80年代至今延续不断，如胡菊蓉《中外军事法庭审判日本战犯：关于南京大屠杀》，南开大学出版社1988年版；严海建：《对战后南京大屠杀案审判的再认识》，《南京师大学报》2008年第3期；程兆奇：《南京大屠杀研究的几个问题》，《史林》2010年第4期；严海建：《法理与罪责：国民政府对战犯谷寿夫审判的再认识》，《江海学刊》2013年第6期；经盛鸿：《论南京“审判战犯军事法庭”对南京大屠杀案的审判》，《南京社会科学》2013年第6期；等等。

押解来京受审。"^① 所谓"主要战犯"有两类，一是"少将阶级以上"的战犯，^②二是"特别重要东京引渡或不属其他各地战犯法庭者"。^③此外，南京法庭所审战犯的逮捕和侦讯皆由陆军总部（后改为国防部）负责。所以，不同于地方军事法庭，南京法庭自始至终都是"陆军总部/国防部法庭"。这使南京法庭在人事等诸多方面获得了更多的支持，同时也承担了重于其他法庭的责任。

因为南京法庭所审的重案要犯自始至终受到民众的高度关注，所以其运作不仅关乎战罪的清算，还对国民政府审判的整体形象有着莫大的意义。从这个角度考虑，即便少将级以上的战犯的罪行证据相对充实，南京法庭也不得不格外谨慎地对待各个环节，如此，审判的预定时间被拉长，南京大屠杀罪魁、中将师团长谷寿夫的审判便是一个典型案例。1946 年 10 月 4 日，谷寿夫被押解至南京。此前，南京法庭已搜集到多达"一千八百件"的相关罪证，庭长石美瑜告诉记者：谷寿夫"年内当可判决"。^④然而，近一个月后，谷寿夫尚未开始公审，石美瑜解释道："该犯罪状累积如山，需传讯数百证人，故侦察颇费时日……经多次侦察后，始能公审，故公审日期，最快亦需在十二月上旬。"^⑤12 月，南京法庭以每周一次的频率公审谷寿夫，五轮庭审以后，开始草拟判决书。^⑥直到 1947 年3 月 10 日，才正式宣判。^⑦如此，原定在两个月内审判完结的谷寿夫案被延长为五个月——证据充实的谷寿夫案尚且如此，遑论欠缺罪证的战犯。

鉴于重犯要案的审理已经不堪重负，南京法庭实际无力兼理前述"不属其他各地战犯法庭者"。为处理这类战犯，上海法庭被赋予额外的职责。

---

① 《本市日战犯月中举行公审》，《大刚报》（南京）1946 年 4 月 9 日，《二战后审判日本战犯报刊资料选编》第 4 册，第 60 页。

② 《军事法庭十四处，日战犯已逾千人》，《和平日报》（上海）1946 年 4 月 15 日，第 1 版。

③ 《南京大屠杀案犯矶谷、谷寿夫即将提公诉》，《和平日报》（上海）1946 年 10 月 7 日，第 2 版。

④ 《日战犯谷寿夫与矶谷，昨自沪押解抵京》，《和平日报》（上海）1946 年 10 月 4 日，第 2 版。

⑤ 《战犯谷寿夫公审尚有待》，《益世报》（天津）1946 年 10 月 30 日，《二战后审判日本战犯报刊资料选编》第 4 册，第 408 页。

⑥ 《战犯谷寿夫起诉书草拟中》，《中央日报》（南京）1946 年 12 月 27 日，第 4 版。

⑦ 《南京屠杀主犯谷寿夫今宣判》，《北平新报》1947 年 3 月 10 日，《二战后审判日本战犯报刊资料选编》第 5 册，第 38 页。

从 1946 年起，便有青岛、厦门等地的战犯被押解到上海法庭受审的情形。其中，青岛的例子最为典型。无论是从军政辖属还是就近原则来看，青岛的战犯都应由济南法庭审理，然而，由于胶济铁路在战时受损无法承担运输，所以这批战犯（39 人）便被以水运经上海押至南京。国防部了解相关情况以后，以"犯罪证据，尚未调查竣事"为由拒绝接收，并"改交沪军事法庭审问"。于是这批战犯又被押解返沪。① 由此，本为地方军事法庭的上海法庭因为辅助南京法庭而扩大了职权，其性质也不再被框定在"地方军事法庭"之内。

除了外地战犯，重案要犯以及从日本引渡的战犯也有被押解上海审判的例子。比如，1946 年 8—10 月，东北地区的"若干重要日犯，均已分批押解来沪"。② 1946 年 8 月 2 日，在谷寿夫和矾谷廉介这两名与上海关系不大的要犯被从日本引渡来华时，国防部战犯管理处产生了"是否移送上海军事法庭，抑解京归案"的纠结。③ 尽管最终还是押赴南京，但这种纠结本身就反映了上海法庭超越地方属性的地位。1947 年 4—5 月，包括中将福田良三以及曾在南京斩杀数百人的大尉田中军吉在内的几批重要战犯被引渡到上海，其中，田中军吉被押送南京审判，而福田良三等就地在上海处理。可见，为了给南京法庭减负，国民政府将一部分战犯——尤其与南京无关者——都推给上海方面。

在 1947 年 8 月之前，上海法庭虽然没有在名称上由地方军事法庭改为国防部法庭，其职责却已开始发生变化。这与上海的地理位置有关。在 10 所军事法庭中，有 8 所地处东部沿海，因铁路受阻，水运是通往南京的主要运输方式，于是上海便成为押送战犯的必经之地。从日本引渡战犯赴南京受审也是如此。所以，当南京法庭忙于对大屠杀案的审理时，上海便成为一道为南京方面筛选战犯的滤网，从而减轻南京法庭的压力。然而，

---

① 《青岛解京战犯改交沪军事法庭审问，已于昨晚京沪快车解沪》，《救国日报》1946 年 10 月 23 日，《二战后审判日本战犯报刊资料选编》第 4 册，第 402 页。

② 《处理战犯东北督导组公毕归来畅谈东北事》，《中华时报》1946 年 10 月 16 日，《二战后审判日本战犯报刊资料选编》第 4 册，第 387 页。

③ 《侵华主要犯解沪，矾谷廉介为主张侵华最力，谷寿夫主使南京大屠杀案》，《中华时报》1946 年 8 月 2 日，《二战后审判日本战犯报刊资料选编》第 4 册，第 262 页。

在几波战犯接踵而至以后，上海法庭的案件堆积如山，其运行随之出现危机。对此，1947 年 6 月 5 日，战犯处理委员会做出决议：（1）将上海法庭并入国防部审判战犯军事法庭；（2）在上海设置战犯监狱。①由此，上海法庭与南京法庭合而为一，这既是实至名归，又便利了双方统筹工作、提高效率。1947 年 8 月 16 日，南京法庭庭长石美瑜赴沪办理接收工作，上海法庭正式改隶国防部，从此，"国防部审判战犯军事法庭"的一庭两部同时工作：未起诉案件以及犯罪地在上海的战犯仍在沪侦查、审理；罪证充足、已被起诉，只待走完审判程序的案件则移送南京。②至于新引渡来华的战犯，曾在南京犯下罪行的皆押往南京受审，譬如曾进行杀人比赛的向井敏明、野田毅；与南京无关的则就近在上海审判。③这样的工作分配实际与南京、上海法庭合并之前毫无二致。

1947 年末，国民政府督促各地法庭尽快审结现存案件，并计划在年底撤销所有地方法庭，仅保留国防部军事法庭以待审判尚未来得及引渡的战犯。④然而，因为仍有积压案件需要处理，且需制作各类报告、编表，各地法庭没能如期结束。直到 1948 年 3 月底，各地法庭才基本完成工作，并被全部撤销。随后，全国战犯皆被押送到上海监狱，少数未结案件则被分送京沪二地处理。

至于国防部军事法庭，国民政府原定于 1948 年 9 月底将之与战犯处理委员会同时撤销以彻底结束审判，⑤后因战犯引渡工作尚未结束而作罢。1949 年 1 月 26 日，国防部军事法庭草草审结了最后三名战犯——冈村宁次、伊东忠夫和樱庭子郎。⑥不过，这仍不代表战犯审判的终结。1949 年 8 月 9 日，在南京和上海均已解放、国民党大部已撤退到台湾的时候，海

---

① 《战犯处理委员会第 67 次常会记录》（1947 年 6 月 5 日），中国第二历史档案馆藏，593/00167。
② 《沪军事法庭，今日起撤销，石美瑜率员来沪接收》，《前线日报》1947 年 8 月 16 日，《二战后审判日本战犯报刊资料选编》第 5 册，第 282 页。
③ 《战犯处理委员会对日战犯引渡政策会议记录》（1947 年 10 月 1 日），中国第二历史档案馆藏，593/00158。
④ 《战犯处理委员会第 87 次常会记录》（1948 年 6 月 19 日），中国第二历史档案馆藏，593/00168。
⑤ 《军法庭迅谋结束，今起审三日战犯》，《申报》1949 年 1 月 26 日，《二战后审判日本战犯报刊资料选编》第 5 册，第 525 页。
⑥ 《军法庭迅谋结束，今起审三日战犯》，《申报》1949 年 1 月 26 日，《二战后审判日本战犯报刊资料选编》第 5 册，第 525 页。

南高等法院还曾电询司法行政部关于押送琼山地区战犯的事宜："战犯审判法庭仍设上海，但上海已被……占据，该战犯应移送何处？又战犯之移送应由本院抑由地检处办理，请赐电示。"①据此可知，在审结冈村宁次案之后，国防部军事法庭虽未再审理新案，但也未被撤销，而是以将废未废的状态存在至国民党迁台。

因为一贯分担南京法庭的职权，所以于上海法庭而言，并入国防部可谓水到渠成，合并所带来的变化仅体现在人事和名称上，运作方式、审判对象等诸多事项则一如既往。尽管在合并以后法庭的效率有所提高，不过，事实证明，一庭两部仍然不能将各地押送及引渡来华的战犯妥善、高效地处理完毕。在国内局势翻转的大背景下，国民政府审判最终只得不了了之。

四　余论

国民政府审判战犯军事法庭的设置历程十分曲折，从最初设想的 15 个到最终稳定下来的 10 个，法庭不断因逮捕不到足够数量的战犯而被撤销，其背后隐藏的是罪证搜集工作、民众检举工作的低效，以及大规模遣返日俘日侨对逮捕战犯造成的障碍。囿于复杂的国内外局势，国民政府不能按照计划在东北设置法庭，致使长春法庭被两立两废，周折而低效。至于南京法庭，重犯要案的冗杂程度使之不堪重负。为此，上海法庭"挺身而出"，在辅助南京法庭的过程中改变了地方法庭的属性，并最终被合并于国防部，然而，在国民党内战失利的大背景下，不论如何设法提高战犯审判的效率，也避免不了虎头蛇尾的结局。

关于军事法庭的设立和更迭，仍有问题可考。例如，《战犯处理委员会常会记录》中曾有"河南境内战犯赴汴受审"的记载，②而报刊上也有关于开封法庭的报道。③另外，战犯处理委员会曾决议，在"必须审判"的情

---

① 《海南高等法院代电》（1949 年 8 月 9 日），中国第二历史档案馆藏，593/00157。
② 《战犯处理委员会第 53 次常会记录》（1946 年 12 月 3 日），中国第二历史档案馆藏，593/00165。
③ "现北平审判战犯军事法庭，已奉命于本月底结束，保定开封等地亦已于本月结束，因有未了案件，均将全部移至本市军事法庭审理。"《审判战犯工作加速进行，军事法庭六月结束》，《正言报》1948 年 3 月 30 日，第 4 版。

况下，即便逮捕到的战犯不足 10 人，也可设置军事法庭。[①]这是否意味着，除了 10 所为人熟知的军事法庭外，在某些"必须"的地方，还有小规模法庭的存在？再者，1946 年 3 月 30 日的《华商报》还报道了共产党在承德公审战犯小苍巳之吉和汉奸朱盛林的过程。[②]可见，在国民政府组织审判的同时，中国共产党也设置了自己的军事法庭审判日本战犯，这是特例还是普遍情况，是否与国民政府审判体系相关？类似问题都有考证和探讨的必要，须待对史料的进一步挖掘。

（曹鲁晓，上海交通大学战争审判与世界和平研究院助理研究员）

---

① 《战犯处理委员会第 10 次常会记录》（1946 年 1 月 15 日），中国第二历史档案馆藏，593/00163。
② 《人民的法庭，人民的审判，承德公审战犯汉奸》，《华商报》1946 年 3 月 30 日，《二战后审判日本战犯报刊资料选编》第 4 册，第 53 页。

被蹉跎的科学：中央地质调查所战后接收与复员

李学通

1945 年 8 月 10 日傍晚，日本向盟国乞降的消息不胫而走，传遍陪都重庆，顿时全城沸腾，通宵达旦。

第二天一早，身在北碚的国民政府经济部直属中央地质调查所所长李春昱，第一时间致函顶头上司、经济部部长翁文灏，请示该所重返南京、北平的接收事宜。他表示："我公在战争期中艰苦从政，功在国家，无任钦敬。关于本所，尚有数事，拟于日内进城请示方针。如北平财产，拟请钧座电 Teilhard de Chardin（东交民巷 instituted de bio-géologie）及王竹泉（西四牌楼胡同 58 号）负责看管；南京财产拟由生电盛莘夫（现在永安）、席承藩（现在江西浮梁）于交通恢复后，立刻前往接管。钧意如何，尚祈随时见示。"[1] 急迫之情溢出纸面。这可能也是战后有关科学机构接收复员工作的第一份书面建议。

然而，现实似乎总是不尽如人意。尽管李春昱第一时间即对该所接收复员工作做了最及时的反应和最恰当的安排，但接收复员之路并不平坦。战争给该所带来的巨大创伤不仅体现在战争时期多位科学家命丧荒野、"北京人"等科学标本的遗失和大量无法统计的精神及物质财产损失，也体现在战后接收工作一再受阻，复员迟延，通货膨胀，经费不足，科学研究工作迟迟无法恢复正常，以及心灵创伤难以平复等有形和无形的后战争损失与创伤。中国科学饱受"后战争创伤"之痛，在蹉跎中度过了最暗淡的岁月。

一　再受挫的接收

经济部中央地质调查所（Geological Survey of China）1913 年成立于北京（1935 年迁至南京，北平设分所），先后归民国北京政府工商部、农商部，南京国民政府农矿部、实业部、经济部直辖，是近代中国第一个由中央政府设立的科学机构。在丁文江、翁文灏两任所长带动和领导下，至全面抗战爆发前，中央地质调查所已在地质构造理论、中国地质图填绘、矿产资源调查与研究、古生物与古人类研究、土壤学研究、地震考察与研究、中国地理研究与地图测绘，以及考古学等众多学科领域，取得了非凡的成绩，如"北京人"的发现与研究，"仰韶文化"的发现与研究，等等；培养造就了一批著名科学家，如谢家荣、杨钟健、黄汲清、裴文中等。它被蔡元培誉为"中国第一个名副其实的科研机构"，在国际科学界也颇有影响，安特生、德日进、斯文·赫定、步达生、魏敦瑞等国际著名科学家都与该所有深度合作。

七七事变后，中央地质调查所随国民政府西迁（部分科学标本、文物被迫遗留在原址），先至长沙，后至重庆北碚，1941 年正式定名为经济部

---

[1] 《李春昱致翁文灏函》（1945 年 8 月 11 日），中国第二历史档案馆藏，三七五/143。

中央地质调查所，著名地质学家黄汲清、尹赞勋、李春昱先后任所长。抗战期间，科学家们发扬"科学的真理是无国界的，但科学人才、科学材料、科学工作的地方都是有国界的"爱国精神，[①]兵戈之中不废弦诵，努力投身于西北、西南地区地质矿产调查，协助开发内地富源，参与玉门石油等重要矿产资源的开发，为全民族抗战救国做出了重要贡献。

抗战胜利之初，国民政府战后受降、接收、复员工作陷于一片手忙脚乱之中。1945 年 8 月 11 日当天，翁文灏出席了由蒋介石主持的国防最高委员会与国民党中央执行委员会紧急联合会议，随即主持召开经济部会议，研讨沦陷区经济接收工作，确定了全国七个收复区特派员人选，准备立即随军前往各地接收。作为经济部的下属机构，中央地质调查所的接收工作自然应听部里统一安排。李春昱充分利用翁文灏这个前任所长的关系，为该所接收工作争取到种种便利条件。他先是向翁文灏提出"本所为看护南京、北平两处所产似亦应派员前往"，并请经济部的特派员予以协助，[②]随即按照事先计划，电令当时正在福建永安从事地质调查的盛莘夫、正在江西浮梁从事土壤调查的席承藩，[③]立即就近抢先前往南京接收。盛、席二人分别于 9 月 26 日、29 日复电报告：现已抵京。

1937 年中央地质调查所西迁后，所址被伪政府机关占用。盛莘夫、席承藩于 9 月抢先抵达，无疑对保护该所财产、防止其在日军投降初期的混乱中遭受破坏起到了重要作用。盛莘夫、席承藩抵达南京之时，该所"南京房屋大部完好，但大部存放伪文物保管委员会之书籍与本所遗京一部图书"，首先由"总部、教部与本所及经济部加封"保护。[④]在交通条件更为方便之后，李春昱又加派该所元老级行政事务主管、1916 年入所的中国第一批地质专业学生周赞衡，于 10 月 1 日率毕庆昌由重庆搭轮东下，全面主持该所南京接收复员工作，并明确了南京接收工作由周赞衡总负责，盛

---

① 翁文灏：《再致地质调查所同人书》（1937 年 12 月 22 日），李学通编《科学与工业化——翁文灏文存》，中华书局 2009 年版，第 134 页。
② 《李春昱致翁文灏函》（1945 年 9 月 14 日），中国第二历史档案馆藏，三七五/143。
③ 盛莘夫（1898—1991），古生物学家，时任中央地质调查所技正；席承藩（1915—2002），土壤学家，时任中央地质调查所技正，后任中国科学院土壤研究所研究员，中国科学院院士（1995）。
④ 《李春昱致王竹泉函》（1945 年 10 月 30 日），中国第二历史档案馆藏，三七五/478。

莘夫负责标本，白家驹、席承藩负责图书的工作格局。①至 11 月初，"除化验室、土壤室、燃料室等处现为空军第一地区南京修理厂占用尚未收回外，已接收部分计有陈列馆，包括办公室、图书馆、职员宿舍及厨房，及其附属财产。内有图书多尚待点收。惟一部分基地现已荒芜，亟待整理。大部分房舍多有漏外，尤以图书馆为甚，且玻璃、纱窗、水电及卫生设备均必须修补"。②

位于南京市珠江路 942 号（今 700 号）的中央地质调查所，占地 40余亩，由一栋三层楼的地质矿产陈列馆及办公楼、一栋二层楼的图书馆、一栋单层的试验室即燃料研究室（从事高温炼焦及低温蒸馏试验）、一栋为氢化试验及植物油试验的厂房、一栋煤气制造室、一栋职工宿舍等建筑组成。该组建筑由华盖建筑师事务所著名建筑师赵深等设计，于 1935 年10 月建成。随着地质调查所南迁首都，这里便成为规模恢宏的中国地质科学中心，优美的建筑、雅致的环境也引起不少人的觊觎。1946 年初，军委会参谋总长何应钦致函经济部部长翁文灏，据称美国顾问魏德迈"请求借用南京地质研究［调查］所房屋为美顾问团之用"，"务祈准予暂借，并请电饬该所遵照"。③翁文灏顶住军方的压力，以将资源委员会办公楼借给美军顾问团作为替代的方式（直至顾问团撤离后的 1949 年初方归还），为科学工作保留了一块净土。

如果说南京总所的接收尚称顺利的话，与此同时进行的北平分所接收工作，则颇为曲折。1935 年中央地质调查所南迁首都后，因工作需要无法南下的部分人员与机构，如新生代研究室、地震研究室等，即改为北平分所，继续使用北平西城兵马司胡同 9 号及丰盛胡同 3 号的所址。七七事变后，北平分所部分科学家如谢家荣、杨钟健、李善邦等陆续南下，随总所西迁重庆；也有部分新生代研究室人员，如裴文中、贾兰坡等，利用与美国协和医学院的合作关系仍然继续坚持，美籍专家葛利普也仍在所工作。1939 年 12 月，伪华北政府实业部强占了兵马司胡同 9 号的地质调查所图

---

① 《李春昱致高振西函》（1945 年 10 月 29 日），中国第二历史档案馆藏，三七五 /478。

② 《李春昱呈经济部文》（1945 年 11 月 3 日），中国第二历史档案馆藏，四 /13926。

③ 《何应钦致翁文灏函》（1946 年 1 月 22 日），台北"中央研究院"近代史研究所藏，18/24/04/008。

书馆、办公楼等，一部分为伪华北地质调查研究所，一部分借与伪北京大学医学院内分泌研究所（日籍教授武永主持）使用。太平洋战争爆发后，位于协和医学院里的新生代研究室亦完全被日军强占，人员星散，"北京人"头盖骨化石等科学材料也下落不明。

　　对于北平分所的接收工作，李春昱安排了两条路线。其一，在 8 月 11 日给翁文灏信中就提出先行致电在北平的德日进、王竹泉，[①] 指派他们担负看管该所北平财产的责任，随即于 8 月 19 日和 9 月 14 日分别拍发电报和邮寄航空信函给王竹泉，委托其先行代为照管北平分所的房屋及设备。其二，指定技正高振西[②] 由重庆赴北平，正式代表总所负责北平分所接收。为防止邮路不通、函电无法及时收到，李春昱又请即将北上赴任的河北省建设厅厅长李捷（前中央地质调查所技正，1916 年入所的第一批地质学生）直接带信给王竹泉；并动用翁文灏的关系，写信或致电军方及政府接收官员，包括北平行营主任李宗仁、河北省政府主席孙连仲、经济部华北地区接收特派员王翼臣等，请他们对中央地质调查所北平分所的接收工作予以关照。

　　9 月 16 日，李春昱终于接到裴文中 8 月 18 日发自北平的来函，喜出望外的他当即复函："战事隔绝甚久，渴念殊甚，忽奉八月十八日手书，至为欣慰。……今已决定派高振西兄前往办理一切接收事宜，届时当请吾兄尽力协助。"[③] 次日，李春昱再度致函王竹泉，说明翁文灏已分别致电北平行营主任李宗仁、第十一战区司令长官兼河北省政府主席孙连仲及北平市长熊斌，请他们对北平分所予以关照，并请王竹泉先与裴文中联系，设法暂时共同维持北平分所。[④]

　　高振西按照"由渝赴沪转北平"的路线，于 10 月 1 日与周赞衡同时从重庆出发，乘船东下上海，然后寻机北上。由于从上海、南京北上的交

---

① 德日进（Teilhard de Chardin，1881-1955），法籍教士，地质古生物学家，法兰西研究院院士（1950），与地质调查所有长期合作关系；王竹泉（1891—1975），字云卿，地质调查所技正，中国科学院学部委员（1957），全面抗战之初先迁重庆，后因家庭困难不得已返回北平居住。
② 高振西（1907—1991），字化白，地质学家，时任地质调查所技正，后任中国地质博物馆馆长，中国科学院学部委员（1980）。
③ 《李春昱致裴文中函》（1945 年 9 月 16 日），中国第二历史档案馆藏，三七五 /143。
④ 《李春昱致王竹泉函》（1945 年 9 月 17 日），中国第二历史档案馆藏，三七五 /143。

通迟迟无法恢复，高振西一直徘徊于京沪间等候机会。鉴于高振西一时无法抵达北平，而正式接收工作不宜久拖不决，王竹泉奉命于 10 月 7 日上午 7 时，以"中央接收委员会主任"的名义，前往至丰盛胡同 3 号及兵马司胡同 9 号，对占据该所的伪华北地质调查研究所实施接收，办理交代一切事宜。接收工作于下午 6 时结束。①"除图书馆及土壤室、燃料室之一部分尚未能接收外，其余办公室、陈列馆及伪地质研究所图书仪器，已大致接收完竣。惟本所原有之一部分家具、图书、仪器标本，现分数处存放，尚须设法搬运集中，以便保管。"②李春昱得到北平分所顺利接收消息后，复函裴文中："为之甚慰……所产赖吾兄得以保存者为量甚多"，"非兄等敏捷迅速，待化白到平，或不免将有一部损失也"。③

同时，对于高振西北上接收的行动一直没有放弃。李春昱一方面对"仍滞南京，待机飞平"的高振西强调：如铁路不通，可乘飞机，"万不可冒险步行"；④"公务员微行最为危险，万一发生事故，对公私都不好"。⑤另一方面，至 11 月初，李春昱还在与高振西讨论搭乘上海、秦皇岛间的美国运煤船北上的可能性。⑥直到 11 月底，李春昱由重庆飞抵北平视察，北平分所的接收工作方称结束，⑦但依然留下了尾巴："丰盛胡同四十八号被中统局及军政部军马补充处分别占领，几经交涉，均蛮不讲理，且该处房屋本所无产（权）证据可资证明，将来是否可以收回殊无把握。"⑧

二 复员的困扰

接收只是战后复员的前提和序章，受交通落后以及战后复杂政治军事形势等种种条件制约，国民政府战后复员工作也是一拖再拖。中央地质

① 《接收报告》，北京市档案馆藏，J29/3/841。
② 《李春昱呈经济部文》（1945 年 11 月 3 日），中国第二历史档案馆藏，四 /13926。
③ 《李春昱复裴文中函》（1945 年 10 月 30 日），中国第二历史档案馆藏，三七五 /143。
④ 《李春昱致周赞衡函》（1945 年 10 月 24 日），中国第二历史档案馆藏，三七五 /143。
⑤ 《李春昱致高振西函》（1945 年 10 月 29 日），中国第二历史档案馆藏，三七五 /143。
⑥ 《李春昱致高振西函》（1945 年 11 月 2 日），中国第二历史档案馆藏，三七五 /478。
⑦ 《地质调查所长李春昱抵平》，《大公报》（天津）1945 年 12 月 3 日，第 3 版。
⑧ 《高平致李春昱函》（1947 年 4 月 18 日），中国第二历史档案馆藏，三七五 /421。

调查所的科学家欲壮大科研队伍、为战后国家恢复建设贡献才智的雄心壮志，也一再被“骨感”的现实击碎。

最初困扰中央地质调查所地质学家的问题是：复员究竟往何处去？

虽然战后接收的对象很明确：中央地质调查所战前南京总所、北平分所所址及财产，而复员之初则面临是否重回旧地的困扰。1945 年 10 月底，所长李春昱还有游疑，“本所迁移之举毫未准备，因国都何在，尚未决定，上级政府尚未准备迁移也”，[①]“还都消息迄无决定，更不敢预为布置”。[②] 自成立之日即作为中央政府机构的中央地质调查所，自然要设于首都，而李春昱所言“国都何在尚未决定”，也并非空穴来风。日本发动全面侵华战争 5 个月后首都即告沦陷的惨剧，引发国人对于建都南京的质疑。抗日战争后期，大后方学者曾围绕战后中国首都选址问题进行了一场持续数年的讨论。或言武汉，或言北平，或言西安，甚至有言长春者。作为中国现代地理学奠基者之一，翁文灏甚至在《大公报》上发表了一篇《建都济南议》，阐述建都济南的优势和可能。讨论中，以主张建都北平的最多，主张还都南京的成为少数派，因而战后迁都北平的传闻当时在重庆流传甚盛。面对国民政府复员工作一拖再拖的现实，李春昱的态度也由最初的兴奋和迫不及待，变得更为冷静甚至是消极：“只好以不变应万变，预备明春东行，惟眷属住宅如此困难，确甚可虑，更是以缓行为佳。”[③]

更令中央地质调查所科学家困扰，也令所长李春昱头痛的是：返回南京以后的住房问题如何解决？因为“抗战建国”工作的需要，中央地质调查所的规模在全面抗战时期得到不小的扩充，八年间新增了不少人员与家属，许多人战前并不在南京居住，更没有现成的住房。为此李春昱先后指示先行返京的高振西、盛莘夫等：“租房即是不易，不知买房有无办法，如能以数百万元买几十间房，临时可以收容，则我们不妨筹借三二百万元来解决一部分问题。”[④]“如南京有可家眷住宅之小房可买时，拟设法购置

① 《李春昱致杨钟健函》（1945 年 9 月 29 日），中国第二历史档案馆藏，三七五 /478。
② 《李春昱致盛莘夫函》（1945 年 10 月 29 日），中国第二历史档案馆藏，三七五 /478。
③ 《李春昱致函高振西》（1945 年 10 月 29 日），中国第二历史档案馆藏，三七五 /478。
④ 《李春昱致高振西函》（1945 年 11 月 2 日），中国第二历史档案馆藏，三七五 /478。

四五十间，以便还都后供多人有暂时落脚之处。"① 11 月 3 日，中央地质调查所为此专门向经济部呈报接收情形，请准予暂借接收费 500 万元。最后在翁文灏的特别关照下，经济部 11 月 14 日同意"准由部暂行垫拨三百万元，仰即派员来部具领"，②解决了部分困难。

另外，中央地质调查所的复员工作虽然启动很早，但因交通不便，南京接收工作仅有周赞衡、盛莘夫、白家驹、席承藩等数人先期返京，图书、标本清理工作繁重，人手明显不足，而重庆却无法派人赴南京协助工作。受运输条件限制，在重庆的书籍、科学标本等物品，直至 1946 年末方陆续运到南京。由于路途遥远、工具简陋，标本"运到南京后，有许多破碎不堪。破碎者要连接起来，标签失脱者要重新补上"，无形中又耗去了许多精力时间，甚至直到 1949 年南京解放，"最后也未完全完成"。虽然有不少国民党腐败官员在战后复员中"五子登科"，发了横财，"但大多数善良的公务员，则在由重庆东下途中吃亏不少，有的甚至船沉人亡，地质调查所便有数位遇此命运，衣物、书籍遗失更不鲜见"。③

三 修例风波

整个民国时期，虽然增长的速度并不均匀，但中央地质调查所的规模和科研队伍人数始终在不断地壮大。全面抗战时期，即使几家重要地质科研机构因为经费困难等，发生两广地质调查所（朱家骅创办）被裁撤，中央研究院地质学研究所（李四光任所长）化整为零、人员星散的状况，但中央地质调查所积极适应大后方工矿业建设需要，扩大矿产资源调查等应用性科研工作，组织规模和人员名额仍然得到不断扩充。然而，混乱低效的行政部门却令组织条例修订工作屡生"乌龙"，让科学家们灰心丧气。

一是 1937 年 9 月，该所呈报实业部对《地质调查所组织条例》提出修订意见，10 月 16 日由部呈院，再由行政院咨行立法院审议。立法院通

① 《李春昱致盛莘夫函》（1945 年 11 月 4 日），中国第二历史档案馆藏，三七五/478。
② 《经济部令中央地质调查所》（1945 年 11 月 14 日），中国第二历史档案馆藏，四/13926。
③ 地质矿产部书刊编辑室编《杨钟健回忆录》，地质出版社出版 1983 年版，第 132 页。

过后，于 1937 年 12 月 21 日由国民政府公布《修正〈地质调查所组织条例〉第二条第三条条文》。此次修正条例本来的目的，一是适应战时实际变化，对所内研究室设置做必要调整，撤销新生代研究室；燃料研究室改附设于化学试验室；新增设地性探矿研究室，将原地震研究室仅留其名附设其中。二是所长翁文灏忙于政府职务，对所内工作无暇多顾，故增设副所长一职。但是，不知何故，国民政府公布的修正条文，竟完全无视地质调查所原呈及原条例已有内容，胡乱修改，如将简任所长改为"简任或荐任"，职员名称由技正、技士、技佐，改为技士、调查员、助理员，而且原案规定有荐任技正 12 人，荐任或委任技士 16—18 人，但修正案则并无技正，仅设荐任或委任技士 12—14 人，使荐任人员之名额较前大为减少。

为此，所长黄汲清致函翁文灏，对该组织条例修正案表示强烈反对。他指出："一、本所技正多经验宏富之士，专门积学之材，今若降其官阶名为技士，恐难免大家灰心，欲其再努力从公不可得也。二、本所技正派赴各省调查时常应与各方接洽重要公务，今若低其官名，则彼等外出时非但不克与主席、厅长会晤，即欲与科长、科员接洽亦难免发生不便，将使所担任之事件无法进行。三、本年人员薪俸已较一般待遇低微甚多，只以同人深谅钧座苦干精神，故亦受之无怨，今若仅比较好看的名称亦靳而不实，非国家激励公务人员之道也。有此种种，清认本所组织章程有再度改正之必要。查最近公布之《矿冶研究所组织条例》，亦有技正之规定。该所与本所处同等地位，何以有此差异？"[1]建议将旧案根本撤销，由经济部重新订定。翁文灏 17 日复电表示："本所技正等职仍应照旧不改。上次修改条例，前实业部不知何以有误，本部仍当提请修正。"[2]

1938 年 4 月 4 日翁文灏呈请行政院再次修正《经济部地质调查所条例》第三条，次日行政院第 357 次会议议决通过该修正案，"转请国防最高会议核定"。然而此事迟迟没有下文，经翁文灏一再致函各方催请，终于 1938

---

① 《黄汲清致翁文灏函》（1938 年 3 月 14 日），旁附剪报刊载《经济部矿冶研究所组织条例》，其中第三条规定："矿冶研究所置所长一人，简任；技正六人至八人，其中二人简任，余荐任；技士六人至十人，其中四人荐任，余委任；技佐六人至十人，委任。"李学通编《翁文灏往来函电集》，团结出版社 2020 年版，第 127 页。

② 《翁文灏致黄汲清电》（1938 年 3 月 17 日），台北"中央研究院"近代史研究所藏，18/24C。

年 10 月 25 日由国民政府重新颁布《经济部地质调查所组织条例》。其中主要不同之处：其一，改名为经济部地质调查所；其二，恢复原有机构、技术职务名称及名额数量，其中技士由 16—18 名扩充至 16—20 名。

二是 1941 年 3 月 1 日，国民政府又颁布《经济部中央地质调查所组织条例》。新组织条例修正的主要内容包括将该所正式定名为中央地质调查所，以与各省地质调查所相区别；正副所长均为简任；另外增设简任技正 2—4 人、荐任技士 2—6 人等。即：

　　　　第二条　地质调查所设左列各馆室：一、图书馆。二、地质矿产陈列馆。三、矿物岩石研究室。四、化学试验室内附燃料研究室。五、土壤研究室。六、古生物学研究室。七、地性探矿研究室内附地震研究室。八、测绘室。

　　　　第三条　地质调查所置所长、副所长各一人，简任；技正十二人，其中二人至四人简任，余荐任；技士十六人至二十人，其中二人至六人荐任，余委任；技佐十二人至十六人，事务主任一人，事务员二人至四人，图书馆、陈列馆主任各一人，委任。[①]

　　三是抗战后期，李春昱即着手开始筹谋战后发展，为此曾于 1942 年冬向翁文灏提出修订条例扩大编制的建议。因为当时国民政府正在进行机构精简，翁文灏认为这种逆势操作成功概率不大而将此事压下。但中央地质调查所仍借助战时扩大西北开发和新疆盛世才归附之机，先后在甘肃兰州建立西北分所，在新疆迪化成立新疆地质调查所（属新疆省政府，成员自中央地质调查所调入）。1945 年初李春昱再度提出，仍被翁文灏阻止。1945 年中，经翁文灏首肯，李春昱第三度推动中央地质调查所组织条例修订工作。6 月 26 日他致函翁文灏："前蒙面谕可以修改，兹已参照中农所去年修改结果，并经本所重要职员会商讨论，拟具草案。兹特寄呈钧座，

---

① 《经济部中央地质调查所组织条例》（1941 年 4 月），《经济部公报》第 4 卷 7、8 期，1941 年，第 237 页。

请为指示。"①原案设十六七个组,"翁先生归并为若干研究室",全所人员总数核准为三百余人。②正式上报后,李春昱又积极活动。7 月 10 日致函任鸿隽,请其从旁向行政院秘书长蒋梦麟说明:"过去本所组织条例狭小之缺点,不惟不能与英美苏之地质机构相比拟,即较之国内水利农业机构亦望尘莫及,实有不得不修改之必要,并非徒事扩张也。"③7 月 11 日致函经济部矿业司司长李鸣龢,请就条例修改事帮忙:"顷接部长转下高平致彼一函,述及美国地质调查所组织情形,及其战后来华工作企图,正为吾人之参考及应注意者也。特为转上一阅,兼可供文虎先生等之参考。"④

抗战胜利消息传来后,李春昱更为兴奋:"北平要接收,东北要接收,台湾有机会亦应前往,我们真感觉人员不够用了。"⑤颇有戏剧性的是,当 10 月 9 日行政院审查《地质调查所组织条例》时,竟然依照一位鲁莽科员的签注意见,将原拟名额减去 60%,糊涂通过,并于 10 月 12 日咨送立法院。而最为关注此事的行政院副院长翁文灏恰因正在上海视察,未能出席此次行政院会议。⑥又经翁文灏、李春昱与各方周旋,据理力争,国民政府 1946 年 1 月 21 日重新公布新修正的《经济部中央地质调查所组织条例》。此次修正,一是扩大了工作范围,明确增设经济地质研究室、工程地质研究室(主要是为建设三峡大坝工程),地震室改为地球物理室;二是扩大了编制名额,技正由 12 人增至 25—45 人,其中简任由 2—4 人扩至 8—12 人,技士由 16—20 人增至 40—60 人,其中荐任由 2—6 人扩至 20—30 人。

　　　　第三条,中央地质调查所设左列各室馆:一、地质调查室。二、古生物研究室。三、新生代研究室。四、矿物岩石研究室。五、经济地质研究室。六、工程地质研究室。七、地球物理研究室。八、土壤研究室。九、测绘室。十、化验室。十一、图书馆。十二、陈列馆。

---

① 《李春昱致翁文灏函》(1945 年 6 月 26 日),中国第二历史档案馆藏,三七五 /478。
② 《李春昱致王钰函》(1945 年 10 月 9 日),中国第二历史档案馆藏,三七五 /478。
③ 《李春昱致任鸿隽函》(1945 年 7 月 10 日),中国第二历史档案馆藏,三七五 /478。
④ 《李春昱致李鸣龢函》(1945 年 7 月 11 日),中国第二历史档案馆藏,三七五 /478。
⑤ 《李春昱致高平函》(1945 年 9 月 15 日),中国第二历史档案馆藏,三七五 /478。
⑥ 《李春昱致周赞衡函》(1945 年 10 月 24 日),中国第二历史档案馆藏,三七五 /478。

……

第六条，中央地质调查所置技正二十五人至四十五人，其中八人
至十二人简任，余荐任；技士四十人至六十人，其中二十八人至三十
人荐任，余委任；技佐五十人至七十人，委任；练习员三十人，练习
生二十人均雇用。[①]

四　无法再现的辉煌

抗战胜利后，中央地质调查所还有一件颇为急迫的事情，即寻找遗失
的"北京人"。

周口店"北京人"的发掘与研究，是 20 世纪上半叶中国科学界唯一
达到世界领先水平的成果，也是中央地质调查所历史上最辉煌的成就。然
而，"北京人"头盖骨等重要科学材料，却在太平洋战争爆发之际遗失。抗
战胜利后，作为第一个头盖骨的发现者的裴文中，始终牵挂，积极寻找，
虽经数年努力，中间也曾柳暗花明，结果却空欢喜一场。

1945 年 8 月 28 日，在北平的裴文中最先向翁文灏函告："中国猿人之
全部标本，现不知存于何处，胡恒德先生及文等，均疑已为日人掠去，而
故云不知。胡先生认为有派人赴东京寻找之必要。如我师认为可行之时，
文愿任此责，赴东京一行。"12 月 3 日，因传闻遗失的"北京人"头盖骨
化石等科学材料在日本发现，裴文中对记者发表谈话："本人愿赴东京一
行，俾可接收原物返国。"[②]

翁文灏为此于 1946 年 1 月 19 日致函所长李春昱及黄汲清等，表示"北
京猿人化石既在东京，自应设法运回，但在目前国际形势之下，并不是我
们要派何人前往，其人即可顺利成功，前例具存，不易忽视。本来中央研
究院李济之君赴日，弟已托其商取此项骨骼，但李君现亦因事暂缓启行。

① 《经济部中央地质调查所组织条例》（1946 年 1 月），《经济部公报》第 10 卷第 1 期，1946 年，第 6—7 页。
② 《裴文中赴日接回"北京人"头骨》，《大公报》（天津）1945 年 12 月 4 日，第 3 版。

在此形势之中，裴文中君自亦不免有同样周折"。因此决定先致函马歇尔，"俟得回音，再为定夺"。

同日，翁文灏特意致函来华调停国共关系的美国特使马歇尔将军，"请求您帮助我把珍贵的北京人化石由日本归还中国"。翁文灏在信中首先简要介绍了在美国洛克菲勒基金会财政资助下，"我曾多年担任所长的中央地质调查所与北平协和医学校合作开展史前人类的研究……在周口店地区发现了丰富的'北京人'实物"。"战争开始后，整个北京人实物被存放在北平协和医学校解剖系的实验室里。鉴于国际局势非常紧张，1941 年夏我给该校校长胡顿博士去信，破例同意他把这些化石送到美国某学术机关保存，俟战争结束后再送回来。胡顿博士非常认真地作了布置，将装有化石遗骨的箱子委托给即将去秦皇岛港的一位美国驻平海军陆战队队员，这是胡顿博士在当年 11 月底或 12 月初所做的惟一一件事。就在这时，太平洋战争爆发，美海军陆战队员全当了日军的俘虏。……一段时间以来没人知道这些化石遗骨的下落。但日本方面在努力寻找这些化石，并最终获得成功。我不十分清楚日本人是如何找到这些化石，又如何将它们运往东京的，它们很可能在日本东京帝国大学保存着。"翁文灏告诉马歇尔，据说化石已经被交给驻东京的麦克阿瑟将军，"当我得知这些人类早期演化的珍贵遗物还在世上并将归还中国的消息时，确实非常激动"。为使化石安全归还中国，他请马歇尔致电麦克阿瑟将军，请他关心过问此事，并表示中国愿意派遣科学家前往日本接收，如果由美国军官带到中国也可以。他还特意强调："在此事上所作的任何方便之举动，都是对早期人类研究这项重要工作的巨大贡献，将会得到极高的赞誉。"[①]

然而，翁文灏不久从协和医学院来渝人员口中得知，报纸传闻"北京人"化石在东京的消息恐不甚确。为此他于 1946 年 2 月 27 日函告李春昱："北平协和医学院之 Controller Mr. Bowen and Secretary Miss Ferguson 二员来渝，弟即询及北平猿人之骨化石是否在日。据彼辈看法，日人携往东京者诚有 Anatomic Department 若干人骨，但周口店化石并不在内，报纸传

---

① 中国第二历史档案馆：《"北京猿人"骸骨化石失踪及追查经过（上）》，《民国档案》1996 年第 3 期。

闻，恐不甚确云云。彼辈（尤其 Mr. Bowen）对此事所知较切，其意见如此，则周口店化石，恐不易重为寻获。"①但是中央地质调查所及翁文灏也没有完全放弃，对从日本找到化石抱有一线希望。直至 5 月 29 日，翁文灏还以所长李春昱的名义亲笔起草了致外交部的函稿，希望能在其中找到"北京人"头盖骨化石等科学材料：

> 敬启者：日本方面在吾国掠去之各种文化物品，现已分别交还吾国，自应从早交由各主管机关保管、研究。兹查有本所前与北平协和医学院合作，由美国洛氏基金社捐款，在北平附近发掘各项化石及报告、图样等件，已由美国驻日总部移交吾国驻日代表朱世明接收，所有接收清单，现由教育部移送前来。兹特抄同清单函请贵部知照朱代表世明，早日将单开各件，送交本所。……此致外交部。中央地质调查所所长李〇〇

中央地质调查所昔日辉煌的见证——"北京人"头盖骨的消息，吊足了世人的胃口，而终究是一场空欢喜。它似乎也象征着中央地质调查所黄金时代的一去不返。

抗战胜利后，中央地质调查所不仅努力寻找遗失的科学材料，也更多地致力于开展新的发掘与研究，欲以新的成就再创辉煌，却祸生萧墙，以失败告终。

抗战胜利之初，所长李春昱即向裴文中提及，新生代的研究工作"目下罗氏基金能否成功确无把握，但本年则不应因罗氏不补助而停办"，②并强调即使罗氏基金"万一不能补助，本所拟单独推动"。③随着北平分所的恢复，抱着"我等将来不努力工作，则工作者将不是我等矣"紧迫感的杨钟健，也欲大力推动新生代研究室的恢复及研究工作的开展，再创辉煌。虽然在新的组织条例中南京总所与北平分所各设新生代研究室且财政

---

① 中国第二历史档案馆：《"北京猿人"骸骨化石失踪及追查经过（上）》，《民国档案》1996 年第 3 期。
② 《李春昱致裴文中函》（1945 年 9 月 5 日），中国第二历史档案馆藏，三七五 /421。
③ 《李春昱致裴文中函》（1945 年 10 月 30 日），中国第二历史档案馆藏，三七五 /421。

预算各自独立，但实际合二为一，杨钟健为主任，裴文中为副主任，由总所与北平分所共同担负费用。[①]原想恢复战前与协和医学院的合作，但因洛克菲勒基金会迟迟没有下文，而大规模有系统的发掘工作需用资金为数浩大，中央地质调查所经济能力有限，不得不借助外力，杨钟健等转而寻求与北京大学的合作，希望北大能提供部分经费。北京大学对合作十分热情，并于1947年划定北大五院（国会街）一楼提供给该室使用，但中央地质调查所同仁间却发生了无谓的争执。

或许是受因与协和医学院合作而存于协和的标本最终遗失的刺激，北平分所极力反对将新生代研究室设于所外（北大五院），而北平分所为新生代研究室腾挪办公室的进程又不能令杨钟健等人满意，于是新生代研究室与北平分所竟至水火不相容。虽经胡适校长于4月18日亲自出面至兵马司9号，"破费半日之功，先与德明谈，后与克强谈"，也未能奏效。[②]万般无奈的杨钟健"只有放弃北平新生代研究室的扩充愿望"，[③]于1947年6月离平南下。新生代研究室与北大的合作研究最终未能实现。一年后杨钟健仍为此耿耿于怀，向翁文灏抱怨："为新生代研究室事，所中自食诺言，见笑适之先生。"[④]

与北大合作不能实现的原因，表面上看是北平分所所长高平等与新生代研究室主任杨钟健的人事矛盾，实际背后交织着经济利益与学术声誉的双重困惑。

分所与总所因新生代研究室设于北平抑或南京早有分歧，最后虽然各自分别设立，但实际合二为一，而实体位于北平。"克强认为归总所，德明认为归分所，争执之处在所难免。"[⑤]然而，李春昱却于1947年1月18日向高平明确：新生代研究室名义上归总所。[⑥]这已令高平不快。新生代

① 《李春昱致高平函》（1947年1月8日），中国第二历史档案馆藏，三七五/421。
② 《裴文中复函李春昱》（1947年4月28日），中国第二历史档案馆藏，三七五/421。
③ 《杨钟健回忆录》，第172页；另参见李学通《解析一次未实现的科学合作》，《近代史研究》2006年第6期。
④ 《杨钟健致翁文灏函》（1948年4月9日），中国第二历史档案馆藏，三七五/421。
⑤ 《裴文中复李春昱函》（1947年4月28日），中国第二历史档案馆藏，三七五/421。
⑥ 《李春昱致高平函》（1947年1月18日），中国第二历史档案馆藏，三七五/421。

研究室确定与北大合作后，更欲将所有"裴文中经管的图书、仪器、标本、木器家具迁往"北大五院，让高平感觉"新生代室已成一特殊组织，人员薪津由分所支，而名为总所，一切与分所无涉"，愤而发出"究竟分所处何种地位？"的质问。①

据《世界日报》（副刊由杨钟健等主持）的报道，"新生代研究所由协和移北大，仍由杨钟健主持研究北京猿人。北大已将原由罗氏基金团辅助在协和设置之新生代研究所移往第五院，继续由杨钟健氏主持，研究周口店发掘之北京猿人及同时代动物"。②完全无视地质调查所的存在，更让李春昱不快。他甚至为此特意指示高平："一切决定后由本所发表一个消息，说明中央地质调查所新生代研究室在北平恢复工作，以正视听，否则报上消息似与本所无关了。"③

总之，高平认为，与北大的合作南京总所无所谓，北大大占便宜，北平分所则吃亏得一塌糊涂，而合同上根本没有分所应负的责任与义务。④于是原本主张对杨钟健"不妨从其所欲"的李春昱，也开始反对新生代研究室迁往北大，并提及黄汲清"亦不赞成搬出去"。⑤在杨钟健和北大同意研究室仍留在北平分所后，而"丰盛胡同四十八号被中统局及军政部军马补充处分别占领，几经交涉，均蛮不讲理，且该处房屋本所无产证据可资证明，将来是否可以收回殊无把握"的北平分所，⑥又迟迟腾不出足够新生代研究室利用的办公空间。于是，科学就在这无休的争执中蹉跎着。

五　持续恶化的科研环境

一方面，由于经费拮据，科学研究特别是野外地质及考古调查活动大受限制；另一方面，混乱的政局和不靖的治安更让科学家们望而却步，甚

---

① 《高平致中央地质调查所电》（1947 年 3 月 27 日），中国第二历史档案馆藏，三七五 /421。
② 《高平致李春昱函》（1947 年 3 月 22 日），附剪报，中国第二历史档案馆藏，三七五 /421。
③ 《李春昱致高平函》（1947 年 3 月 26 日）中国第二历史档案馆藏，三七五 /421。
④ 《高平致李春昱函》（1947 年 4 月 8 日），中国第二历史档案馆藏，三七五 /421。
⑤ 《李春昱复高平函》（1947 年 3 月 29 日），中国第二历史档案馆藏，三七五 /421。
⑥ 《高平致李春昱函》（1947 年 4 月 18 日），中国第二历史档案馆藏，三七五 /421。

至再度发生科学家野外调查时遇匪被劫案。

在中央地质调查所的历史上，曾不止一次地发生地质学家在野外调查时遇匪被害的惨剧。1929 年，古生物研究室主任、著名古生物学家赵亚曾在云南昭通遇匪，被戕殒命。1944 年，古生物研究室主任、古生物学家许德佑，青年地质学家陈康，及中国第一位女青年地质工作者马以思三人，同时在贵州普安被害。而在抗战胜利后，竟然再度发生地质学家在野外调查时遇匪被劫事件。

1947 年 9 月，中央地质调查所北平分所所长高平率杨杰、宋鸿年及北洋大学的王嘉荫等，赴绥远调查白云鄂博等处矿藏。16 日，高平一行乘车赴大青山调查云母矿，行经距归绥市 10 公里的乌色图村外时，遭遇携枪匪徒数人包围，所携行李衣物、小型仪器、照相机等贵重物品均遭抢劫。虽然考察队行李全失，所幸人尚平安，令大家虚惊一场。①

联想中央地质调查所历史上赵亚曾在云南遇匪，许德佑、陈康、马以思在贵州遇匪被害故事，高平一行遇匪事件可算是"平淡无奇"。除天津版《大公报》略有报道外，此事似乎也未引起社会更多关注，何况炮火连天的全面内战已经打响。但是它对科学家心理及实际科学工作，特别是野外调查工作的消极影响是不言而喻的。

恶劣的经济与社会环境不仅威胁着科学家们的科研活动、日常生活，也恶化了知识分子之间的关系。经济困难这条导火线，终于引发了中央地质调查所所长李春昱与新生代研究室主任杨钟健之间直接的激烈冲突。

据称，1948 年，杨钟健因其幼子"以严重疾病于年初入中央医院，数月以来，用去四千余万元，是以罗掘俱穷"，甚至将其所获中国地质学界的最高荣誉——葛氏纪念奖章在上海卖掉，仍然解决不了问题，最后"不得已请求所方允予借支，以为补助"。他也承认，"起初几回中，持医院证明，尚能如数支付，以后即借词推托"。为此"忍不住多日之气"的杨钟健，于 4 月 8 日"向所长严词质询"。②双方由言语冲突，"大肆咆哮"，发

---

① 《考察大青山途中遭匪劫》，《大公报》（天津）1947 年 9 月 18 日，第 3 版；《高平视察云母矿途中遭劫》，中国第二历史档案馆藏，三七五／396。

② 《杨钟健回忆录》，第 174 页。

展至"动手打人"。感觉受到"终生所未遇逢之侮辱"的杨钟健，甚至对是否在"地质调查所继续服务不能不作最后考虑"，于是在"弃之可惜，进又不能"的万分痛苦中"歧路彷徨"。①

尽管此事只见到杨钟健"一面之词"的记录，但以理推之，如果不是所内经费极端紧张可能甚至已经影响到正常科研活动，所长李春昱绝不至于对本所学术中坚、刚刚当选的中央研究院院士如此苛待。此事虽经翁文灏极力斡旋，并向杨钟健表示"凡可为助，极愿尽力"，希望他"勉谅时势之艰，负起开创之责"，②但"学术固重，气节尤要"的杨钟健"陷于极度苦闷与彷徨之境"，③最终因"灰心丧气"而离所出走，远赴西安，出任西北大学校长。真所谓一文钱难倒英雄汉，谁能想到，战后经济的困顿竟令两位大师级的科学家恶言相向，肢体冲突，反目成仇。

六　结语：后战争创伤

中央地质调查所是战后最早自觉主动开展接收与复员工作的科学机构，科学家们急迫想要重回正轨并大力推动科学工作进步，然而现实却一次又一次地将他们的梦想击碎。

杨钟健对战后这段岁月的总结是："抗战胜利后的最初几年，为我的生活最感烦闷的时期。"原因有二："一方面虽已胜利，但国内外局势不容许将已往工作认真继续下去；一方面个人生活也时受到通货膨胀的压迫。最主要的还是前者，研究不能继续。"④对于科学家而言，"研究不能继续"所带来的精神痛苦和心灵创伤尤为深重！

上述历史现象的产生都与日本的侵略战争有直接或间接的关系，可以称之为"后战争创伤"。虽然日本战败投降了，战争结束了，但是日本侵华战争给中国社会及中国人民造成的伤害和损失并没有戛然而止，这其中

---

① 《杨钟健致翁文灏函》（1948 年 4 月 9 日），台北"国史馆"藏，003/020100/0448/0043。
② 《翁文灏致杨钟健函》（1948 年 4 月 21 日），台北"国史馆"藏，003/020100/0448/0041。
③ 《杨钟健回忆录》，第 176 页。
④ 《杨钟健回忆录》，第 173 页。

既有因为战争的"惯性"而使战时伤害持续至战后时期的，如化学战、毒气战、细菌战等造成的"战争遗留问题"，也有战时产生的伤害由于其自身的迟滞性而至战后才显现出来的，还有很多则是由于长时间无法复员而产生的"次生"损失与伤害。这些"后战争创伤"既有物质的，也有精神的。

日本侵略战争持续时间特长，对中国社会与中国人民所产生的伤害巨大，自然也就加重了接收复员工作的艰难程度，加上国民党政府战后接收处置不当，造成以中央地质调查所为代表的科学机构复员工作进展缓慢；同时战争带来的通货膨胀等经济的困难，不仅让科学研究工作迟迟难以展开，也恶化了知识分子之间的关系，使原本对胜利后发展科学事业抱有极大希望与期待的知识分子倍感失落。中央地质调查所战后接收与复员工作的经历揭示并说明，虽然战争结束了，但是战争造成的损失和创伤并不可能瞬间抚平。中国科学事业也饱受后战争创伤之痛，在蹉跎中度过了最暗淡的岁月。

（李学通，中国社会科学院近代史研究所编审）

后 记

2019 年 12 月下旬，我与杭州师范大学浙江省民国史研究中心主任袁成毅教授商议，由他们研究中心与我们史料学研究室共同在杭州举办一次学术研讨会。随即，我与杭州师范大学浙江省民国史研究中心暨历史学系教授周东华拟定了会议主题，会议初步定于 2020 年 6 月初召开。那时我们尚不知新冠疫情将很快蔓延到全国，为了遏制疫情，北京与全国很多城市一样采取管控措施，非必要不能出京，我们也长时间居家办公。不得已，经商议，将会议推迟到 10 月，并决定届时如疫情仍未缓解，就以线上方式召开。

得上天眷顾，10 月，全国疫情有所缓解，北京管控措施暂时解除，我们顺利南下杭州。金秋十月，老朋友在美丽的西子湖畔相见，非常开心。会议前夕，成毅、东华等热情为我们接风，畅饮畅谈，大家说话嗓门也是一个比一个高，似乎要一吐长时间被禁闭的郁气，至今让人难忘。

歉意的是，由于疫情的原因，会议规模不得不加以限制，使许多想来参加会议的学者没能得到邀请。而在报到期间，甚至于会议开幕后，不断有参会学者或因自己，或因家人突染新冠病毒，不能前来参会。但在各方的努力下，会议顺利召开。尤其是在综合讨论环节，北京大学历史学系黄道炫教授、中国第二历史档案馆曹必宏馆长、南开大学历史学院崔岷教授、杭州师范大学袁成毅教授，以及中国社会科学院近代史研究所李学通、卞修跃研究员等的精彩发言，把会议气氛推向高潮，许多青年学者表示受益良多。

　　为了纪念那段特殊的时日，我们决定把这次参会的论文结集出版，本室同仁张淑贤、李学通、卞修跃、关康先后参加了论文的收集、编辑工作。感谢为了学术追求冒着风险前来参加会议的学者；感谢杭州师范大学师生提供的周到热情的服务；感谢社会科学文献出版社历史学分社宋荣欣总编辑慨允出版，感谢责任编辑邵璐璐的辛勤付出。

刘　萍

2024 年 1 月 18 日

图书在版编目（CIP）数据

史料与史学："战争·变革·史料"学术会议论文
集 / 周东华，刘萍主编 .-- 北京：社会科学文献出版
社，2024.4
　ISBN 978-7-5228-1752-1

　I. ①史… 　II. ①周… ②刘… 　III. ①史学 - 研究方
法 - 学术会议 - 文集 　IV. ① K061-53

　中国国家版本馆 CIP 数据核字（2023）第 071703 号

史料与史学："战争·变革·史料"学术会议论文集

主　　编 / 周东华　刘　萍

出 版 人 / 冀祥德
责任编辑 / 邵璐璐
责任印制 / 王京美

出　　版 / 社会科学文献出版社·历史学分社（010）59367256
　　　　　　地址：北京市北三环中路甲 29 号院华龙大厦　邮编：100029
　　　　　　网址：www.ssap.com.cn
发　　行 / 社会科学文献出版社（010）59367028
印　　装 / 三河市龙林印务有限公司

规　　格 / 开　本：787mm×1092mm　1/16
　　　　　　印　张：20.75　字　数：315 千字
版　　次 / 2024 年 4 月第 1 版　2024 年 4 月第 1 次印刷
书　　号 / ISBN 978-7-5228-1752-1
定　　价 / 118.00 元

读者服务电话：4008918866